학술연구총서 3

한문산문의 이론과 비평에서 창작의 지평으로

권진옥 지음

학자원

학술연구총서 간행사

한국 고전문학 텍스트 연구소는 창조와 혁신이라는 인문학의 정신을 바탕으로 대중들의 관심에서 버려져 있는 우리 고전의 가치를 새롭게 밝혀, 현대를 살아가는 사람들에게 삶의 지표와 미래의 희망을 제시하기 위해 설립되었습니다.

현대 사회를 인문학의 종말기라고 할 만큼 우리 주변에서 고전에 대한 관심은 찾아보기 어렵고, 인문학에 대한 흥미는 점점 옅어져 가고 있습니다. 그러나 현대 사회에 팽배한 인문학에 대한 폄하나 고전에 대한 그릇된 인식은 그 연원이 오래되었습니다. 인류의 역사를 되돌아보면 고전이 그 자체로 가치와 의미를 인정받았던 시기를 찾기 어렵고, 인문학이 위기가 아니었던 시대가 없었습니다. 만약 그와 같은 인식이 진실한 것이라면 우리 사회에서 고전과 인문학은 이미 자취를 감추었어야 하지만 사회가 첨예해지고 기술 문명이 발달할수록 고전과 인문학에 대한 대중들의 갈망은 커지기만 합니다. 이와 같은 모습은 고전과 인문학이 우리 사회에서 결코 소외될 수 없는 본질적이고 중차대한 것임을 보여주는 것입니다.

한국 고전문학 텍스트 연구소는 고전에 대한 왜곡된 인식과 인문학에 대한 그릇된 편견을 교정하는 마중물이 되고자 설립된 연구소입니다. 우리 연구소에서는 인문학 고전을 다양한 사회의 변화에 부응할 수 있도록 새롭게 가공하여 현대인들에게 고전과 인문학의 가치를 일깨우고 홍미를 부여하고자 합니다. 이를 위해 우리 연구소에서는 자료의 정리와 번역 가공, 개인 학술 연구, 연구소 기획 연구라는 네 방향에서 우리 고전과 인문학에 접근하고자 합니다.

학술연구총서는 이와 같은 우리 연구소의 운영 방향에 의해 발간되는 책입니다. 한 사람의 연구자가 하나의 주제에 대해 긴 시간 동안 심도 깊은 관찰과 탐색을 진행한 결과로, 연구자의 오롯한 정성과 노력이 담긴 책입니다. 그런 점에서 학술연구총서는 다양한 가치에 대한 고려를 바탕으로 학계와 대중에게 그다지 알려지지 않은 인물을 선택하여 1년 동안 공동 연구와 기획 발표라는 엄밀하고 정치한 연구를 진행한 뒤 발간하는 우리 연구소의 기획연구총서와는 여러 지점에서 변별적 의미와 가치를 가지는 것입니다.

학술연구총서를 출간하기 위해 연구자는 기나긴 불면의 밤을 보내며 수없는 고민과 갈등을 겪었을 것이고, 셀 수 없이 많은 글들을 썼다 지우면서 보이지 않는 길을 찾기 위해 헤매는 시간을 보냈을 것입니다. 책을 출간한 뒤에도 여전히 풀리지 않고 남아 있는 의문이 머리에 맴돌고 가슴을 짓누르겠지만, 마음 한편에서는 그간 무겁게 이고 왔던 묵은 짐을 내려놓는 후련함도 느낄 것입니다.

우리 연구소의 학술연구총서는 학계와 일반 대중뿐만 아니라 연구자들을 위한 책이기도 합니다. 일반 대중에게는 한 분야의 전문가가 오랜 시간 고민해 온 결과물을 통해 지식의 범주를 확장시킬 수 있도록 도울 것이고, 학계에는 오랜 시간 진행된 연구자의 진지하고 깊이 있는 고민을 통해 새로운 시각과 진전된 논의가 시작될 수 있는 계기를 제시할 것이며, 연구자에게는 혼자 짊어져 왔던 무겁고 큰 숙제를 세상에 풀어놓는 자유를 제공할 것입니다. 그런 점에서 우리 연구소의 학술연구총서는 다른 누구보다 연구자를 위한 것이라고도 할 수 있습니다. 연구자에게 나에서 우리로, 혼자에서 같이로, 다 함께 하는 논의와 논쟁의 장을 만들어 홀로 걸었던 외로움을 벗어버리고 자유로우면서도 깊이 있고 다양한 논의를 통해 더 깊은 시야를 제공할 수 있을 것이기 때문입니다.

우리 연구소의 학술연구총서 3권은 이론과 비평의 영역에서 시작하여 창작의 영역으로까지 한문산문에 대한 연구의 지평을 확장한 것입니다. 이 책에서 연구자는 17세기의 택당 이식에서부터 20세기의 운양 김윤식에 이르기까지 조선후기에 활동했던 대표적인 한문산문 작가들을 대상으로, 이들이 담론한 한문산문의 이론과 비평의 실제는 어떠하고, 또 한문산문의 제 장르에서 이들이 창작한 작품들의 문학적 가치는 어떠한지를 밝히기 위해 노력하였습니다. 한문산문의 이론과 비평의 영역에서 중요시되는 고문·문장론·비평론을 작가별·시대별로 분석하고, 이를 토대로 한문산문의 제 장르에서 이들이 창작한 실제 작품들의 문학적 가치를 확인하고자 하였습니다. 이 분야에 대한 고민의 흔적들이 고스란히 묻어있는 이 책의 출간으로 연구자는 가슴 후련한 자유로움을 느끼겠지만 한편으로는 진한 아쉬움도 가질 것입니다. 어떤 것이 더 클지는 모르지만, 이 책의 출간으로 연구자는 그간의 고민을 정리하고 새롭게 출발하는 계기를 가지게 되었을 것입니다.

우리 연구소의 학술연구총서는 연구자가 학계와 일반 대중에게 소통과 공감을 구하는 것입니다. 그런 만큼 우리 연구소의 학술연구총서는 인문학 관련 전문 연구자뿐만 아니라 일반 대중들에게도 적지 않은 가치가 있을 것이라고 생각됩니다. 이후로도 이와 같은 학술연구총서의 발간이 충실하게 이루어지기를 기대하며, 학술연구총서의 집필을 위해 애써주신 연구자와 간행에 물심양면으로 도움을 주신 도서출판 학자원의 김병환 사장님께 깊은 감사의 마음을 전합니다.

2020년 3월

단국대학교 부설 한국 고전문학 텍스트 연구소장

책을 펴내면서

고전의 현대적 의미, 고전과 현대의 소통은 오늘날 인문학의 위기를 극복할 수 있는 중요한 해법이고 이러한 책무가 고전 연구자의 소명임은 두말할 나위가 없다. 그러므로 고전 연구자는 현대적 사유와 감성을 아우르면서 고전을 이해하고 대중보다 한발 앞서 고전과 소통할 줄 알아야 한다. 다시 말해 고전을 제대로 이해하지 못하면 고전과의 소통이 불가능함은 물론이요 나아가 현대와의 소통도 요원하게 된다. 이러한 부담과 책임을 떠안아야 하는 고전 연구, 그것도 한문고전 연구 분야에 필자는 '언젠가부터' 발을 들이고 있다. '언젠가는' 고전 연구자의 소명을 감당하리라는 희망을 품고서 지금도 한문고전과 씨름하고 화해하며 고전의 이해와 소통을 위해 노력하고 있다.

이 책은 '언젠가부터' 시작된 필자의 한문고전 이해와 '언젠가는' 달성하고 싶은 한문고전 소통의 고민과 기대를 되짚어보기 위해 기획된 것이다. 필자의 학위논문에서부터 최근까지 학술지에 게재된 글, 학술대회에서 발표한 글 등을 나열해 보니 한문산문, 한문산문의 이론과 비평, 한문산문의 장르적 글쓰기라는 주제로 수렴되었고, 이를 통해 그간 한문고전의 이해와 소통에 대한 필자 나름의 고민이 여기에 있었음을 확인하였다. 그 가운데서 비슷한 주제로 묶을 수 있는 글들을 차례대로 편차하여 한 책을 구성하고 이것들을 통괄할 수 있는 제목으로 '한문산문의 이론과 비평에서 창작의 지평'이라 하였다. 총 3부로 구성하고 12편의 글을 그 아래에 배치하였다. 제1부를 시작하는 글과 책의 끄트머리에 수록된 글은 시간적으로 10여 년의 거리를 두고 있으니, 이 책은 한문산문에 대해 10여 년에 걸친 필자의 고민과 흔적이 담긴 것이라 할 수 있다. 총 3부로 구분한 이유와 해당 글들의 핵심적인 내용을 간략하게 정리하면 다음과 같다.

제1부는 '한문산문의 이론과 비평'이다. 한문산문이 순문학純文學으로서 다양한 층위와 방식으로 담론의 장에 올랐던 정황은 17세기 이후에 본격적으로 감지된다. 일찌감치 문학적 가치를 평가하고 제고하기 위해 논의되었던 시론詩論에 비해서 한문산문을 위시한 문론文論은 뒤늦게 제기되었지만, 다양한 장르성과 복합적인 문학성을 지닌 한문산문이기에 조선후기까지 수많은 문장가들과 비평가들에 의해 한문산문의 이론과 비평이 전개되었다. 제1부는 이러한 정황의 일단을 확인할 수 있는 문장가들을 선별하여 그들의 이론과 비평 양상을 살펴보았다. 또한 특정한 작가에 국한하지 않고 한문산문 창작론으로서 '양기養氣'의 이론을 통시적으로 조망하였다.

「택당澤堂 이식李植의 고문古文 비평」은 17세기 대표적 문장가인 택당 이식李植(1584~1647)의 고문古文에 대한 인식과 문장관을 살펴보고, 그가 직접 선별해서 엮고 비평批評을 가한 「대가의선비평大家意選批評」에 나오는 제하주題下注 및 비점평批點評 등을 통해 그의 고문관古文觀을 고찰한 글이다. 특히 「대가의선비평」을 통해서 이식을 비롯한 당대 문장가들의 고문 연마 방법, 고문의 전범 기준 등에 관한 실제를 눈으로 확인할 수 있다.

「목재木齋 홍여하洪汝河의 한문산문 비평」은 홍여하洪汝河(1620~1674)

의 산문 창작론 및 산문 비평 양상을 규명한 글이다. 문장의 필수요건을 편장법篇章法에 귀결시키는 태도, 편장篇章의 이해를 통한 육경六經의 온전한 체득, 근기 남인과는 차별되는 진한고문秦漢古文의 수용 양상 등은 한문산문 이론사에서 주목할 만하다.

「연암燕巖 박지원朴趾源의 '진眞' 문학론」은 연암 박지원朴趾源(1737~1805)이 편술한 『공작관집孔雀館集』을 통해 '진眞'과 관련된 박지원의 문학론에 접근한 글이다. 『공작관집』은 박지원이 안의현감 재직 중에 필사해 간직했던 수택본으로, 중국의 김성탄金聖嘆과 원굉도袁宏道의 글을 모은 책이다. 『공작관집』처럼 박지원이 특수한 이유로 엮은 자료집을 대상으로 하여, 책에 수록된 두 작가의 작품을 통해 박지원의 그것과 비교하는 연구는 특수성과 신빙성을 전제하기 때문에 유의미하다. 또한 박지원이 만년에 이르도록 김성탄·원굉도의 문장을 애독했다는 물증에 대한 폭넓은 시각을 제공한다. 18세기 후반에 박지원을 비롯한 개성적 작가들이 사유했던 창작관과 비평관이, 김성탄 그리고 원굉도를 위시한 공안파公安派의 자장 안에서 논의되고, 또 그 실체를 확인하는 연구가 활성화되고 있는 추세이다. 그 연구 성과들의 결과로 인해, 더 이상 내재적 발전론을 거론하기가 힘들어졌고, 수수 관계 – 일방적이든 – 를 통한 발전론이 주류를 이루고 있으며, 일각에서는 발전론이 아니라, 투사론·반영론까지 운위되고 있다. 이러한 논의들의 진정성은 타자와의 영향 관계를 통한 면밀한 비교분석을 통해 확보된다고 할 수 있는데, 『공작관집』을 통해 박지원의 문학론을 분석하는 작업은 그 일례라 할 수 있다.

「한문산문에서의 문예적 '양기養氣'」는 한문산문의 범주에서 논의되는 '양기養氣'의 측면을 살펴본 글이다. 양기는 이 용어가 사용되는 상황과 맥락 – 시대적 차이·철학적 분기 – 에 따라 그 개념이 달라진다. 크게는 유가儒家에서 말하는 도덕적道德的 양기와 도가道家에서 말하는 양생적養生的 연기煉氣로 나눌 수 있으며, 이와는 별도로 문예적文藝的 양기라는 것이 있는데, 이 문예적 양기는 도덕적·양생적 양기와 그 경계를 넘나들고 있다. 유가에서 철저하게 도덕적 범주에서 논의되었던 양기라는 개념이 문예적 범주로 전화轉化하는 계기는 사마천司馬遷과 소철蘇轍 같은 중국 문인들의 논의 때문인데, 우리나라에 이러한 중국의 논의들이 수용되어 고려시대부터 조선시대까지 각종 문헌들에 관련 자료들이 산견되어 있다. 이러한 문예적 양기의 여러 가지 수양 방법을 밝히고, 나아가 문예적 양기의 결과로서 평가되고 지칭되는 미적 풍격 용어를 살펴봄으로써 문학 창작론과 비평론을 유기적으로 설명할 수 있다.

제2부는 '한문산문 이론과 창작의 전개 양상'이다. 창작과 비평이 별도의 영역에서 이루어지는 현대의 문학 활동과는 달리 전통시대의 한문산문 작가들은 한 명의 창작가이면서 동시에 한 명의 비평가였다. 그렇기 때문에 특정한 작가의 한문산문에 대한 이론과 비평은 그의 실제 창작의 양태와 불가분의 관계에 있다. 다만 이러한 관계성을 명시적으로 밝히는 일은 그리 녹록하지 않다. 이론과 비평이 실제 창작물과 하나로 합일될 수도 있고 상당부분 겹칠 수도 있으며, 외려 상반될 수도 있기 때문이다. 제2부는 이론과 창작의 거리가 비교적 가까워 그 구체적인 상황을 확인할 수 있는 작가들과 그들이 창작한 한문산문 작품들을 살펴보았다.

「동강東江 신익전申翊全의 문학 성향과 망자를 위한 산문」은 신흠申欽의 아들인 신익전申翊全(1605~1660)의 문학 성향과 문장관을 살펴보고, 실제 그의 한문산문 세계를 조망하여 그 문학적 성취를 논한 글이다. 그의 문학 성향은 평이하고 순정한 문학을 추구하였으며, 문장관은 법도를 강조하는 한편 문학적 효용을 중시하여 타고난 재주, 확고한 뜻, 올바른 방법 세 가지의 층위에서 문학관을 펼쳤다. 요컨대 문장미에 있어서 창신보다는 법고에 방점을 찍은 문인이라 할 수 있다. 그의 문학 성향과 문장관이 잘 구현된 애제류 문장을 대상으로 감정의 신축이라는 특징을 부각시켰고, 전장류를 대상으로 인물의 사실적인 묘사와 대상인물에 대한 엄정한 평가에 치중하여 희작의 요소까지 탈각시킨 특징을 살펴보았다.

「도암陶菴 이재李縡의 문장론과 비지류碑誌類 산문」은 도암 이재李縡(1680~1746) 문학 연구의 일환으로, 그의 문장론을 살핀 다음 그가 문장의 전범으로 삼았던 한유韓愈와의 연결점을 확인케 하는 비지류 산문을 분석한 글이다. 이재의 문학론은 작자의 덕성·인품을 강조하는 자질론, 도를 전하고 의리에 근본해야 하는 당위를 주장한 도본문말론, 세교世敎와 교인敎人으로서의 문학의 기능을 일정 정도 인정하는 효용론으로 정리할 수 있다. 또한 그가 문장의 전범으로 삼은 작가는 사마천司馬遷, 한유韓愈 그리고 주희朱熹였다. 이재의 비지류 산문 가운데 「좌윤오공신도비左尹吳公神道碑」는 구성적인 측면에서 한유의 비지류 문장을 계승한 점이 확인되고, 이러한 특징으로 인해 신도비의 문학적 성취를 이루었다. 특히 이 작품을 분석하는 잣대로 김창협金昌協 비지론碑誌論의 핵심이라 할 수 있는 간엄簡嚴에 주목하였는데, 편장 구성에서의 간엄은 곧 묘주의 진면목을 간단하고 요령 있게 드러내는 구성 원리라고 정의하였다. 이처럼 「좌윤오공신도비」는 간엄을 성공적으로 구사하여 문학적 성취를 획득했으며, 또한 비지류 문장의 고정된 형식을 벗어나기 위해 서술 전개 방식을 의도적으로 변화시키고, 시간적 착종이나 서사·의론의 착종을 사용하며, 대화나 일화를 통해 생동감을 자아내는 등 작자가 문학성을 추구하기 위해 노력한 정황을 확인할 수 있다.

「삽교霅橋 안석경安錫儆의 한문산문 비평과 창작의 실제」는 삽교 안석경安錫儆(1718~1774)의 한문산문에 대한 주도면밀한 비평 행위가 그의 실제 산문 창작에 어떻게 작용되었는가를 고찰한 글이다. 안석경의 경우는 이론 및 비평 행위와 실제 창작과의 거리가 비교적 가까워 그 수수관계의 일단을 구체적으로 살펴볼 수 있는데, 그것은 바로 안석경의 비평 행위가 한문산문 수사 중에서도 특히 편장자구篇章字句의 운용 위에서 대부분 일어났기 때문이다. 그는 한문산문 작품을 분석함에 있어서 대체로 주제파악을 기본으로 삼아 그 편장의 구분, 편장의 배치, 자구의 운용, 자구의 안배 등 비교적 일관된 비평 의식을 보이는데, 이러한 비평 의식이 실제 창작으로 명료하게 작용한 작품으로 「원유편서遠遊篇序」와 「족호당기足乎堂記」를 꼽을 수 있다.

제3부는 '한문산문의 창작과 장르적 글쓰기'이다. 한문산문은 진필상陳必祥의 3분류법에서 요내姚鼐의 13분류법에 이르기까지 그 문체별 갈래가 다양하고, 그만큼 실제 창작에 있어 장르적 글쓰기가 요구된다. 한시에 비해 공용성과 실용성이 강조되는 한문산문이지만 창작하는 작가들의 문학적 역량, 장르의 이해도에 따라 문학성이 돋보이는 작품들이 창작되기도 한다. 제3부는 한문산문 장르 가운데 소차류, 서발류, 증서류, 논설류, 애제류, 전장류, 비지류, 잡기류를 창작한 작가들을 대상으로, 장르적 글쓰기에 충실하면서 남다른 문학성을 성취한 한문산문 작품들을 조명하였다.

「택당澤堂 이식李植의 서발류序跋類·증서류贈序類 산문」은 택당 이식李植(1548~1647)의 한문산문 중에서 서발류와 증서류 작품들을 대상으로 그 양상과 특징을 살핀 글이다. 특히 이 시기는 교유를 중심으로 한 문학 활동이 의미가 있던 시기였기 때문에 서발류와 증서류 산문은 중요한 위치를 차지하였다. 이식의 서발류 작품은 앞 단락과 이어지는 단락 혹은 단락이 건너뛰면서 연결되는 교직이 매우 정선되고 엄밀하였는데, 이는 특정 시문집에 대한 소개라는 서발류의 성격에 가장 적합한 편장을 구성한 작자의 세심함이 드러난 것이다. 증서류 작품은 의론를 통해 서정을 부각시키는 방법을 사용하였는데, 교유를 중심으로 하는 증서류 산문에 매우 효과적인 글쓰기라 할 수 있다.

「회은晦隱 남학명南鶴鳴의 망자를 위한 산문」은 회은 남학명南鶴鳴(1654~1722)이 지은 글 가운데 망자를 위한 작품들을 고찰한 글이다. 망자를 위해 짓는 산문은 장르 성격상 요구되는 미덕의 차이가 있지만 본질적으로 애도의 정서가 짙게 배어있다. 망자에 대한 작자의 비감이 때로는 망자와의 둘만의 특별한 경험을 환기시켜서 망자를 깊이 추억하려는 노력에서 드러나기도 하고, 때로는 비감을 공유하기 위해서 간엄한 필치로 독자에게 망자를 인상적으로 각인시키기도 한다. 이렇듯 애도와 비감을 주된 정조로 작성되는 작품일지라도 작자의 문학적 역량에 따라 투식적이고 규격화된 장르의 규범을 벗어나 변주하기도 하는데, 남학명이 망자를 위해 지은 작품들은 다양한 방식을 구사하여 그 대상을 추억하고, 각인시키고 있다. 이러한 점에서 남학명 한문산문의 문학적 성취를 평가할 수 있다.

「도암陶菴 이재李縡의 상소문上疏文」은 도암 이재李縡(1680~1746)가 지은 상소문의 문학적 성취를 가늠한 것이다. 이재의 문집에는 총 49편의 상소문이 수록되어 있는데, 거개가 사직상소문이다. 그는 상소문을 작성할 때 진정眞情을 가장 중요시하였고, 상황에 적실한 설득 논리를 강조하였다. 그가 작성한 상소문의 실제 양상을 살펴보더라도 이것과 어긋나지 않는다. 또한 수사적 측면에서 그의 상소문을 분석하였다. 사직이라는 분명한 목표 아래 작성되는 사직상소문은 고정된 관습적 글쓰기의 한계를 벗어나기가 쉽지 않은데, 그의 상소문은 장법이나 구법, 배비나 대구 등과 같은 구성적 측면은 물론이고 억양·비유 등과 같은 표현적 측면까지 고려하여 문학성을 돋보이기도 하였다.

「운양雲養 김윤식金允植의 기문記文」은 운양 김윤식金允植(1835~1922)이 남긴 기문記文의 문학적 특징을 규명한 글이다. 그가 창작한 기문을 개관하면, 건물에 대한 기문이 43편, 산수에 대한 기문이 6편으로 총 49편이다. 전 생애에 걸쳐 두루 기문을 창작하였으며, 건물에 대한 기문에는 누정·재실·사찰·암자·공관·별서 등을 대상으로 한 것이 있고, 산수에 대한 기문에는 특정 승경을 대상으로 하거나 유산기처럼 유람을 기록한 것이 있다. 이와 같은 기문에서 보이는 문학적 특징을 상상을 통한 재구성, 편장자구의 안배, 산수에 대한 기벽이라는 층위에서 분석하였다.

「명자설名字說의 문학성과 장르적 글쓰기」는 명자설이 산문 장르로서, 글쓰기 형태로서 어떻게 이해할 수 있는지, 즉 논설류의 하위 범주인 명자설의 문학성을 재고한 글이다. 이름·자·호를 명명命名하는 행위는, 명명하는 주체가 그 대상에게 정체성을 부여하고 명명되는 대상은 그 정체성을 사회에 표방하고 확인받는 인간관계의 산물이라 할 수 있다. 이러한 행위에 수반되는 글쓰기 양식 가운데 하나가 명자설이다. 특히 명자설은 관례라는 전통문화 안에서 자리한 고유한 글쓰기이므로, 실용성, 공공성, 문학성이 한데 어우러져있는 독특한 장르로 규정할 수 있다.

기왕에 비슷한 주제로 작성한 12편의 글들을 한데 모은 터라, 재미삼아 〈빅데이터 프로그램〉를 활용하여 빈도수에 따른 특정한 용어들을 추출해 보았다. 그 결과 빈도수가 높은 순서대로 이재李縡, 이식李植, 산문散文, 문장론文章論, 비평批評, 문풍文風, 편장법篇章法, 비지류碑誌類, 망자亡者 등의 용어들이 나열되었다. 10여 년 동안 한문고전의 이해와 소통을 위해 노력한 필자의 관심사를 적나라하게 보여주는 데이터이다. 한시보다는 한문산문에, 파격적이고 개성적인 작가보다는 이식과 이재 같은 보수적이고 정통적인 작가에, 이론과 비평의 분야에서는 한문산문 수사법에, 산문 창작의 영역에서는 망자를 위한 글쓰기에 많은 관심을 기울이고 있었다. 거창한 연구 계획 아래 장기적으로 작성한 글이 아니라, 학술대회 기획 발표, 학술지 기획 논문 등 그때그때 필요에 의해 근근이 만들어낸 글인데도 이렇게 한데 모아보니 우연이겠지만 나름의 경향과 지향점이 있음을 새삼 깨닫게 되었다. 이번 기회를 통해 지금까지 필자의 한문고전 연구가 우연이 아니라 필연일 수도 있겠다는 고무적인 생각이 들기도 하지만, 한편으로는 이전까지 필자의 한문고전 연구 방법이나 태도를 뼈저리게 반성하고 고전 연구자로서의 현재 위치를 엄정히 보정할 수 있었다. 최근에 들어 필자는 이상하게도 한시, 한문소설, 필기야담의 영역에 눈길이 쏠리고 있다. 한문산문에 대한 일종의 학문적 매너리즘이 원인이겠거니 막연히 추측하고 있었는데, 이 책을 엮고서 한문산문에 대한 깊이 있는 이해와 소통이 부족했던 필자의 핑계였음을 확인하게 되었다. '언젠가부터' 시작한 나만의 한문산문 이해와 소통을 '언젠가는' 현대와의 소통으로 완수하겠다는 포부가 민망할 따름이다.

'책을 펴내면서' 필자는 하루에도 몇 번씩 이러한 생각이 떠올라 얼굴이 화끈거리기도 하지만 이 책이 앞으로 한문산문 연구자로서의 자세를 가다듬고 정진하는 채찍이 될 것이기에 이로써 위안을 삼는다. '책을 펼치면서' 독자는 이와 같은 필자의 고민과 소회를 이해해 주길 바란다. 한문산문의 이해와 소통이 책을 펴내는 필자에서 그치지 않고, 책을 펼치는 독자와의 소통으로 이어지기를 간절히 바랄 뿐이다.

이 책을 간행하면서 필자가 지금까지 고전 연구자의 길을 갈 수 있도록 도와준 분들에게 지면으로나마 감사의 인사를 전하고자 한다. 우선 한문고전의 길에 들어설 수 있도록 인도해 주신 고려대학교의 여러 선생님들이다. 이미 정든 교정을 떠나신 한문학과의 이동환, 박성규, 윤경희, 안병학, 김언종 선생님, 지금도 후학 양성과 고전 연구에 여념이 없으신 심경호, 윤재민, 임준철, 송혁기, 양원석 선생님, 그리고 국어국문학과의 정우봉 선생님은 학부와 대학원 과정 동안 때론 엄격하게 때론 온화하게 필자를 지도하고 보듬어 주셨다. 특히 지도교수님이신 심경호 선생님은 한문고전의 망망대해에서 필자가 헤매지 않고 제 갈 길을 가도록 항상 나침반이 되어 주셨다. 또한 학제 관계를 초월하여 한문고전의 정통과 깊이를 음미하게 해주신 허호구 선생님, 학문적 선배와 동지로서 늘 옆을 지켜준 이황진, 맹영일, 이승용 선생님을 비롯한 단국대학교 한국 고전문학 텍스트 연구소 식구들에게도 감사의 인사를 전한다. 이 책의 기획 단계에서부터 간행하는 그날까지 제 일처럼 아낌없이 도와주신 단국대학교 국어국문학과의 윤재환 선생님과 도서출판 학자원의 김병환 사장님, 그리고 거칠고 부족한 원고를 꼼꼼하게 교정해 준 유진희 동학에게도 고마움을 전한다. 끝으로 학문의 단짝인 진우 형, 삶의 원동력인 옙선이, 하정이, 수혁이, 그리고 삶의 봄날에서 시간을 멈춘 지경이와 진주에게 이 책을 바친다.

2020년 3월

저자

차례

제3부

한문산문의 창작과 장르적 글쓰기

제1부

한문산문의 이론과 비평

1. 택당澤堂 이식李植의 고문古文 비평

조선중기의 한문사대가 중의 한 사람인 택당澤堂 이식李植(1584~1647)의 고문古文에 대한 인식[古文論] 및 문장관을 살펴보고, 그가 직접 선별해서 엮고 비평批評을 가한 「대가의선비평大家意選批評」에 나오는 제하주題下注 및 비점평批點評 등을 통해 그의 고문관批評觀을 고찰하고자 한다. 이에 연구 대상의 범위는 다음과 같이 한정한다. 우선 이식의 저서로는 『택당집澤堂集』, 『초학자훈증집初學字訓增輯』이 전하고, 편서로는 『찬주두시택풍당비해纂註杜詩澤風堂批解』, 『여문정선儷文程選』, 『택당총완澤堂叢玩』이 전한다. 이 글에서 연구 대상으로 삼는 것은 『택당집』에 실린 산문散文이다. 그 중에서도 『별집別集』 권14부터 권16까지 실린 여러 문체의 잡저雜著를 통해 이식의 고문관과 문장관을 먼저 살펴 본 다음, 또한 그가 엮은 「대가의선비평」에 나오는 제하주 및 비점평 등을 대상으로 한다.

1) 고문古文 인식과 문장관文章觀

일찍이 송시열宋時烈(1607~1689)은 『택당집』의 서문을 쓰면서, 이식의 문장은 모두가 의리와 관계된 내용 아닌 것이 없고, 화려하게 꾸미려고만 하여 얽어낸 것들과는 아예 비교가 되지 않는다고 평하였다. 바로 이러한 부분이 이식이 평생토록 공력을 들인 부분이고, 결실을 맺은 분야라고 말하면서 이식이 남긴 「후손에게 교시한 글[示兒孫等]」을 거론하였다.[1] 「시아손등」은 이식이 1642년 그의 나이 59세 때 지은 것으로 학업을 시작하는 후손들을 위해 반드시 읽어야 할 책[先讀]부터 과문 공부에 필요한 책들[科文工夫]까지 일목요연하게 정리해 놓은 것이다. 이 글은 「작문모범作文模範」과 함께 이식의 학문 방법론을 살피는 데에 주요한 자료로 가치가 있을 뿐 아니라, 서목書目 다음에 첨언한 다음의 글은 이식이 문장관으로 도문일치道文一致를 내세우고, 문장의 근본으로 경서를 얼마만큼 중요시 했는지를 엿볼 수가 있다.

> 經書에 대해서는 그 義理를 講究하여 날마다 行事에 드러나게 할 것이요, 한갓 口耳之學을 가지고서 많이 안다고 과시해서는 안 될 것이니, 오로지 誠敬의 자세로 독송해야만 할 것이다. 그리고 비록 우리나라 사람이 격식을 갖추어 지은 저술 중에 또한 의리가 있는 것들은 거기에서 말한 내용을 가슴에 새겨 두어야 할 것이요, 그 밖에 도리에 어긋나거나 기이하게 꾸며낸 글들은 아예 볼 생각을 하지 말아야 할 것이다. 詩賦나 四六文 등을 지을 때에도 中正하고 溫雅한 작품들을 위주로 하여 읽고 또 익힐 것이요, 孟浪하고 浮雜스럽고 剽竊한 것들은 일절 입 밖에 내지 말아야 비로소 유용한 글과 세상에 경륜을 펼치는 도구가 될 수 있을 것이다.

1 宋時烈, 「澤堂先生集序」, 『澤堂集』. "雖博極泛濫, 而擇之也精, 辨之也詳. 而其發爲文章者, 無非義理之實, 而非藻繪纂組者之可比也. 此其平生用力之地與收功之實也. 余又嘗遍觀其全帙, 而其示兒一編, 尤信其源委之有在矣."

> 대저 문장이란 것을 별개의 것으로 보아서는 안 될 것이니, 경서를 문장의 근본으로 해야 할 것이다. 따라서 科文을 지을 때에도 渾雅하며 平粹한 작품들을 학습해야 할 것이니, 그렇게 하면 壯元의 영광도 놓치지 않을 것이요, 장차 그 쓰임이 또한 크게 될 것이다. 虛誕하고 怪奇한 글을 학습하는 것이 비록 성공의 지름길이라고 여겨질 지도 모르겠으나, 이것은 命과 관계되는 일로서 구한다고 꼭 얻을 수 있는 것이 아니다. 종신토록 담벼락만 바라보고 구렁텅이에 떨어지는 결과를 면치 못한 채 선비 노릇도 제대로 할 수 없게 될 것이니, 무슨 유익함이 있다고 하겠는가![2]

이식이 활동한 17세기 초는 임진왜란과 병자호란을 겪는 동안 기존의 지배체제에 대해 동요가 일어났던 시기이다. 즉, 전통적으로 중요시한 도道와 문文의 관계가 흔들리기 시작했다. 순정한 고문을 주장해 온 이식이었기에 도와 문에 대해서 많은 이론을 제시했다. 그의 기본 생각은 항상 도의 존재와 실현여부에 국가의 홍함과 쇠함이 결정된다는 것이다.

> 도가 있는 나라는 비록 약하나 망하지 않고, 도가 없는 나라는 비록 강하나 반드시 망합니다.[3]
>
> 학문이 끊어지고 도가 없어짐이 금일보다 심함이 없습니다.[4]
>
> 내가 중하게 여기는 바는 사람과 글인데, 글에 싣는 것은 도이다.[5]

---

2 李植, 「示兒孫等」, 『澤堂別集』, 권14. "經書則講究義理, 日見於行事, 而勿以口耳夸博爲事, 十分誠敬讀誦. 雖東人體製之作, 亦有義理, 亦服膺其所言, 而悖理衒奇之文, 勿爲掛眼. 詩賦四六等作, 亦以中正溫雅爲主, 而讀之習之, 而孟浪浮雜贗勦之體樣, 切勿出口, 方爲有用之文達施之具也. 大抵文章, 不可別作一事看, 以經書爲根本. 而於科文中, 習其渾雅平粹之作, 亦不失爲壯元, 而其用大矣. 學虛誕怪奇之文, 雖是捷逕, 是有命焉, 未必得也. 終身面墻陷坑, 不得爲士矣, 有何益哉!"

3 李植, 「癸酉九月論時政玉堂箚」, 『澤堂集』, 권8. "臣等聞有道之國, 雖弱不亡, 無道之國, 雖强必亡."

4 李植, 「追錄」, 『澤堂別集』, 권15. "學絶道喪, 未有甚於今日."

5 李植, 「澤堂叢玩序」, 『澤堂別集』, 권5. "余斯重者, 人與文, 文之所載者, 道也."

위의 글은 도道의 문제를 극명하게 보여준 말이다. 도가 없는 나라는 망하기 때문에 도를 중요시 하는 나라가 되어야 한다는 것이다. 그렇게 하면 나라도 부강해지고, 학문도 성해진다는 주장이다. 성인 의리의 글을 버리고 이단의 글을 숭상하기 때문에 이단의 글을 배격하고 성현의 글들을 익혀 배워야 한다는 논리이다. 당대의 문풍을 바로잡기 위해서 문과 도가 서로 부합한 글을 짓기에 힘썼다. 이식의 이러한 생각은 「이암집후서頤菴集後敍」에 문체가 변하는 사람들을 보고 도를 잃게 되지 않을까 경계하는 내용이 나타나 있다.[6] 같은 시대에 살았던 장유張維는 약간의 편차를 드러낸다. 당대에 성행하던 양명학陽明學에 대해 이식은 부정적이었지만 장유는 그렇지 않았다. 장유는 오히려 양명학을 적극적으로 수용하고 호의적인 태도를 취했다. 그렇지만 이식은 경내의 적으로 여기고 공격했던 것이다. 이식은 당대의 문풍이 이단으로 흐르게 된 것은 경서를 공부하지 않고, 과문科文에 임했기 때문이라 지적하였다.[7] 과거는 국가의 인재를 선발하는 중대한 일이기 때문에 경서를 바탕삼지 않는 과거시험은 심각한 문제가 된다는 것이었다. 그러므로 경서는 아무리 강조해도 지나치지 않았던 것이다. 한편으로 문풍의 폐단을 과거시험을 출제하는 시관試官의 잘못이나 교육에서도 찾았던 것이다.

문장은 경서를 근본으로 삼아야 한다는 주장은 문예지향과는 상반되는 입장이다. 여기서 잘못 이해하면 문예는 필요가 없는 것으로 오해될 수도 있다. 그러나 문장의 표현과 내용과의 관계를 본말의 관계로 파악한 것이지, 대립적인 관계로 파악한 것은 아니다. 글을 읽어도 도를 구하

6 李植, 「頤菴集後敍」, 『澤堂集』, 권9. "近年以來文體遽變, 末學後生稍窺秦漢數十卷文字, 則視經訓如司空城朝書, 其言曰, '視古修辭寧失諸理.' 噫! 其文之靡, 而道之喪乎!"

7 李植, 「丙子辭免大司成兼陳弊端疏」, 『澤堂集』, 권8. "京中才俊之流, 則不事圓點治經, 專務作文, 以應別試等科. 而其爲文又不本於經書, 如韓歐近理之, 文亦視以陳言, 唯從事於馬史莊子等書, 務以壞奇相尙. 故其於經傳, 無暇學誦, 至有昧然面墻者."

는 것이 근본이고, 시문을 짓는 것은 지엽적인 문제라는 뜻이다.[8] 이식이 당대에 뛰어난 문인으로서 문장 제술을 담당하였지만, 이러한 주장을 펼친 것을 보면 의심스럽기도 하다. 즉, 관각문인으로서 시문을 짓는 것은 정신을 가장 많이 소모시킨다는 주장은 도학파적인 주장이다. 하지만 이 둘의 관계는 뗄 수가 없는 것이다. 이단의 문풍을 바로잡기 위해서 도와 문의 일치를 주장함은 필연적인 귀결점인 것이다.

이식이 "글을 읽어도 도道를 구하는 것으로 뜻을 삼지 않으면 끝내 도움 될 게 없다."[9]라고 한 말처럼 문장을 지을 때나 읽을 때나 도道를 담지하고 도道를 추구하는 것을 으뜸으로 삼았다. 옛날 성현들이 훌륭한 말씀을 남겨 후세에 드리우는 것은 모두 도道이기 때문에 이 도에서 벗어나 문장을 지으면서, 비록 기이한 것으로 예스럽게 하고 잡다란 수식으로 화려하게 하는 것을 가지고 정종正宗이라고 말하는 것은 옳지 않다고 여겼다.[10] 위의 인용문에서 보듯이, 이식은 성현의 의리를 지닌 경서를 학문의 정수로 보았으며 문장에 있어서도 경서에 근본 할 것을 주장하였다.

> 中正하고 溫雅한 詩賦와 四六文을 연마하길 독려했으며, 孟浪하고 浮雜스러운 글은 비판하였다. 역시, 科文을 지을 때에도 渾雅하며 平粹한 작품들을 학습해야지, 虛誕하고 怪奇한 글을 배우는 것을 경계하였다.[11]

8 李植, 「經筵日記」,『澤堂別集』, 권13. "大抵作詩文, 最耗精神, 敗害心術."

9 李植, 「經筵日記」, 『澤堂別集』, 권13. "讀書而不以求道爲志, 則終無所益."

10 李植, 「谿谷集序」, 『澤堂別集』, 권5. "옛날 성현들이 훌륭한 말씀을 남겨 후세에 드리우는 것은 모두 道이다. 이 도에서 벗어나 문장을 지으면서, 비록 기이한 것으로 예스럽게 하고 잡다란 수식으로 화려하게 하는 것을 가지고 偏伯과 閏統[정통이 아님]에 비견하여 全體나 正宗이라고 말하는 것은 옳지 않다.(古昔聖賢立言垂世者, 皆是道也. 外此以爲文, 雖奇僻以爲古, 藻繪以爲華, 比之偏伯閏統, 謂是全體正宗, 則未可也.)"

11 李植, 「示兒孫等」, 『澤堂別集』, 권14.

……(중략)…… 경서에 침잠한 문장 공부를 후손들에게 권면한 이식은 그가 大司成으로 성균관에 재직할 당시에도 제생들에게 강조한 바이다. 丙子年(1636)에 쓴 榜文을 보면,[12] 京中에서 재주가 뛰어난 유생들이 경서 공부는 일삼지 않은 채 오로지 문장을 짓는 데에 힘을 기울여 과거 시험에 응시하는 폐단을 지적하고 있다. 그리하여 그들이 지은 문장이 또 경서에 근본을 두지 않을 뿐 아니라, 韓愈와 歐陽修 같은 近理[義理에 가까움]한 글도 진부한 글로 여기고는 오직 司馬遷의 『史記』나 『莊子』와 같이 희한하고 기이한 것을 서로들 숭상하게 되었음을 개탄한다. 이식은 해결책으로 考講[경서의 講을 시험]과 考文[문장을 시험]의 방식을 바꿀 것을 제안하여, 결국 京鄕의 유생들이 모두 '문장을 짓는 자들도 반드시 경서에 근본하게 되고, 경서를 전공하는 자들도 반드시 문장을 잘 짓게 되어[文者必經, 經者必文]' 성현의 의리 문장으로 합치되길 꾀하였다. 그러나 이식은 경서를 근본으로 삼아 문장을 짓는 것에도 어느 정도의 한계점은 인정하였기 때문에 문장 공부를 완전 도외시한 것은 아니었다. 이 두 가지를 하나로 합쳐 융합해야 비로소 문장의 宗匠이 된다고 생각하였다.[13]

---

12 李植, 「丙子諭大學諸生榜」, 『澤堂別集』, 권14. "大司成爲知會事. 去五月二十六日, 當職自劾上疏內一款云 : '……(중략)…… 京中才俊之流, 則不事圓點治經, 專務作文, 以應別試等科. 而其爲文, 又不本於經書, 如韓歐近理之文, 亦視以陳言, 惟從事於馬史莊子等書, 務以瑰奇相尙. ……(중략)…… 臣竊念此弊之來, 蓋因考講者, 只取斷章快口, 考文者, 好取狂詞拗捏. 遂使經者無所發用, 文者不本義理, 此非其材之罪, 將其導迪者, 非其方故也. 今若於考講之時, 寬其誦式, 而至會試, 又多出文等, 則京儒之本經爲文者, 必多參第, 才俊之士, 可以慕效一變. 此本國朝大比常規, 但擧而復之, 則文者必經, 經者必文, 不至判爲兩道, 而居泮之士, 不患不多矣云.' "

13 李植, 「谿谷集序」, 『澤堂別集』, 권5. "조선에 이르러 館閣의 고관[薦紳先生]들이 경서의 가르침과 義理・情趣를 숭상하고, 韓愈와 蘇軾의 법도를 취사선택하니 正法[典刑]이 갖추어졌다. 근대의 여러 대신[鉅公]들이 진부한 말을 제거하는 데 힘을 쓰고 옛것을 법 삼아 글을 다듬으며, 『左傳』・『國語』와 班固・司馬遷의 궤적을 추구하니 변화가 나타났다. 그러나 경서를 근본으로 삼는 것은 어수룩하고 거칠어 통속적이게 되고, 문장에만 치달리는 것은 억지로 꾀고 꾸며서 광대와 같아지게 된다. 이것들을 하나로 합쳐 융합하면서도 훌쩍 뛰어넘으면 우뚝[蔚然]한 시대의 宗匠이 된다.(至于國朝, 館閣薦紳先生, 以經訓理趣爲尙, 而取裁于韓・蘇, 則典刑備矣. 近代諸鉅公, 力去陳言, 視古修辭, 追軌乎左國班馬, 則變化見矣. 然而本經者, 蒼鹵而近俗, 騁辭者, 釣棘而類俳.

이식은 당대의 문장을 논하는 자들이 한편에서는 '옛것을 본받아야 한다[法古]'고 하고, 다른 한편에서는 '근본을 힘써야 한다[務本]'고 주장하는 것에 비판을 가하면서 경서의 학설과 의리를 온전히 터득하기만 하면 이러한 문제는 걱정할 것이 없다고 강조하였다.

> 세상에서 文藝에 대해 말하는 자들은 으레 말하기를, "문장은 옛것을 본받아야 한다."고 하는데, 그 옛것이라고 하는 것이 무엇이냐고 물어보면, 『左傳』, 『國語』와 班固, 司馬遷 등이 쓴 책이라고 대답한다. 이에 이의가 있는 자들이 말하기를, "옛날이나 지금이나 두 가지 방도가 있는 것이 아니니, 문장은 마땅히 근본을 힘써야 한다."고 하는데, 그 근본이라고 하는 것이 무엇이냐고 물어보면, 仁義와 道德으로 채워져 있는 것이라고 대답한다. 내가 살펴보건대, 인의라는 것이 그냥 수립될 수 있는 것도 아니요, 古文 역시 六經보다 더 좋은 것은 없다고 여겨진다. 따라서 학자들이 만약 제대로 『詩經』, 『書經』이나 孔子, 孟子의 학설을 배워서 터득하기만 한다면, 옛것이라고 하는 것이건 근본이라고 하는 것이건 모두가 어찌 이 밖에 있겠는가![14]

고문古文의 전범으로서 인의仁義와 도덕道德이 충만한 육경六經을 최상위로 치고 있다. 그렇다면 이식이 강조하는 육경의 고문이라는 것은 어떤 것인가? 이는 이식이 「시詩를 공부할 때의 준적準的[學詩準的]」에 이어 지은 「작문作文에서의 모범模範[作文模範]」이라는 글에서 짐작할 수가 있다.

求其合而一之, 融而超之, 蔚爲一代宗匠.)"

14 李植, 「頤菴集後敍」, 『澤堂原集』, 권9. "世之談藝者必曰 : '文章當法古.' 問其所謂古者, 則左國班馬之書也. 有難之者曰 : '古今無二道, 文章當務本.' 問其所謂本者, 則仁義道德之實也. 以余觀之, 仁義不容虛立, 古文莫尙六經. 學者果能從事詩書孔孟之說而有得焉, 則其謂之古謂之本者, 夫豈外於此哉!"

> 고금의 풍속과 사정은 현격히 다른데 文章과 辭令이 그 사이에 통한다. 비록 옛날 사람이 지금 태어나더라도 반드시 지금의 문장을 쓸 것이니, 이는 詩學과 같지 않은 점이다.[15] 마땅히 唐宋 이후의 것을 법으로 삼아야 하는데, 다만 그 본원과 내력에 대해서 거슬러 올라가 알고 있어야 한다. 『詩經』·『書經』의 正文과 『孟子』의 정문은 물론이고, 『論語』·『中庸』·『大學』은 傳注까지 아울러서 우선 숙독을 하고 종신토록 溫習해야 되니, 이 義理의 本源을 하루라도 막히게 해서는 안 된다. 荀子와 揚雄의 문장은 韓愈 문장이 나온 곳으로 수십 편을 뽑아서 읽고, 이 외에 『周易』의 繫辭傳과 『春秋』 三傳의 『春秋左傳』과 『禮記』 등의 글들은 여력이 있거든 숙독하고 채집해야 한다. 한유의 문장은 문장의 正宗으로 우선 읽어야 되니 70-80개의 작품을 뽑아 읽고서 만약 志趣[臭味]를 얻은 것이 있으면 그대로 평생의 모범으로 삼아도 좋을 것이다. 그러나 末學으로 힘을 얻은 것이 적은 사람은 마치 시에 있어서 杜甫의 시를 배우는 것처럼 전적으로 한유의 문장에 귀의해서는 안 된다.[16]

이식은 문장을 지을 때, 당송唐宋 이후의 것을 법 삼아야 된다고 주장하였다. 그 중에서도 한유韓愈의 산문을 최고의 전범으로 내세운다. 이식은 순자荀子와 양웅揚雄의 문장은 한유韓愈 문장이 나온 곳이고, 유종원柳宗元은 한유와 백중지간伯仲之間이고, 구양수歐陽修·왕안석王安

15 문장과 사령 같은 것들은 時宜에 따라 달라지게 마련이지만 시는 시대를 초월하는 특성이 있기 때문이다. 이식은 「學詩準的」에서 "지금 마땅히 삼백 편[詩經]을 宗主로 삼아 숙독하면서 노래를 불러야 할 것이니, 이것이 바로 詩學의 本領이다.(今當以三百篇爲宗主, 熟讀而諷詠之, 此詩學之本也..)"라 하였다.

16 李植, 「作文模範」, 『澤堂別集』, 권14. "古今風俗事情懸殊, 而文章詞令, 通於其間. 雖使古人生於今世, 必爲今之文, 此與詩學不同. 當以唐宋以下爲法, 惟其本源來歷, 不可不遡求而知之也. 詩書正文, 孟子正文, 論語, 庸學幷傳註, 爲先熟讀, 終身溫習, 此義理本源, 不可一日塞也. 荀楊乃韓文之所從出, 數十篇抄讀, 此外易繫辭, 春秋三傳中左傳, 禮記等書, 有餘力則熟觀採穫. 韓文, 文之宗, 不可不先讀, 七八十首抄讀, 若得臭味, 仍以爲終身模範, 可也. 然末學之得力者少, 不可專爲歸宿, 如詩之杜詩也."

石・증공曾鞏은 전적으로 한유에서 나왔고, 삼소三蘇가 비록 『장자莊子』와 『국어國語』를 배웠어도 역시 한유의 모범에서 벗어나지 않았기 때문에 고문의 정맥을 한유로 보고 있는 것이다. 한유가 말하는 인의仁義의 언어란 성현의 의리에 충실한 글을 말하는 것으로, 이식은 당송의 문장이야말로 육경의 가르침을 온전히 담아낸 고문이라고 여긴 것이다.

이식은 문체에 있어서 명백간결明白簡潔하고, 심정한아深靖閑雅한 글을 높이 평가하였다. 또한 의리義理를 이야기하고 담담하게 일을 설명할 뿐 비속卑俗하게 흘러가지 않아야함을 강조하였는데, 이는 송인宋寅(1516~1584)의 시문집인 『이암집頤菴集』 서문에서 살펴 볼 수 있다.

> 선생[宋寅]이 발표한 詩文을 보면, 明白하고 簡潔하면서 深靖하고 閑雅하였다. 義理를 이야기하고 담담하게 일을 설명할 뿐 卑俗하게 흘러가지를 않았으며, 경치를 묘사하고 가슴속의 일을 술회할 뿐 浮艶으로 빠져들지를 않았다. 그러니 이것이야말로 어찌 덕 있는 사람의 말이 아니며 세상을 다스리는 音이라고 해야 하지 않겠는가! 그렇다면 저들처럼 남의 말을 따다가 짜깁기나 하면서 이를 기이하게 여기고, 難澁한 문자를 사용하면서 깊은 뜻이 있는 것처럼 여기는 자들과 비교해 볼 때, 과연 누가 옛 것에 가깝다고 해야 하겠는지를 모르겠다.[17]

물론, 시와 문장을 통틀어 품평을 한 것이지만 따로 구분 지을 필요 없이 이식의 문학관으로도 보아도 무방하다. 이식은 의리義理를 담담하게 서술하고, 가슴속의 일을 진실되게 표현해야지 비속卑俗하거나 부염浮艶에 빠지는 것을 경계하였다. 이것이야말로 덕 있는 사람의 말이며

17 李植, 「頤菴集後敍」, 『澤堂原集』, 권9. "其所出詩文, 明白簡潔, 深靖閑雅. 談理鋪事而不流於卑俗, 寫景抒懷而不鶩於浮艷. 此豈非有德之言治世之音哉! 而視彼割裂以爲奇, 鉤棘以爲深者, 未知孰爲古耶?"

세상을 경영하는 소리라 인정하고, 남의 것을 표절하거나 난삽한 문자를 교묘히 쓰는 것을 매우 비판하였다. 또한, 이식은 '사달辭達'의 문제에 있어서도 표현의 다양한 층위를 인정하되, 내용이 의리義理를 잃지만 않는다면 지극한 문장이 될 수 있음을 말하였다.[18] 그런가하면 이식은 시문의 창작에 있어 천부적인 자질이 있기 마련이지만 반드시 넓고 정대한 의리의 학문을 연마한 다음에야 '문장을 기필하지 않아도 저절로 문장이 되는[不期文而自文]' 경지에 이를 수 있다고 하였다.[19] 정리하자면, 이식이 지향하는 문장이란 성현의 의리를 내용으로 삼되, 표현에 있어서 명백하고 간결하며, 부화하거나 난삽함에 빠지지 않는 것이었다.

18 李植, 「玄洲遺稿序」, 『澤堂別集』, 권5. "옛적에 蘇長公[蘇軾]이 글을 논하면서 孔子의 '辭達'이라는 한 구절을 가지고 宗旨로 삼았는데, 이를 해설한 이는 말하기를, "達이란 자기의 뜻을 전달한다는 의미이다. 따라서 文詞를 지을 때 자기의 뜻을 전달하기만 하면 그만이니, 美辭麗句를 거창하게 나열하는 것을 높일 필요는 없다."라고 하였다. 물론 그 말은 옳다. 그러나 이 세상의 어떤 물건을 보더라도 똑같은 것은 없으니, 이것이 바로 理一分殊의 원리라고 하겠다. 이와 마찬가지로 사람들의 뜻에도 멀고 가까운 차이가 있으니, 이를 표현하는 말에도 어렵고 쉬운 차이가 있는 것이다. 우선 虞·夏·商·周의 글을 보더라도 벌써 淳朴하고 難澁한 차이가 있다. 그런데 하물며 屈宋[屈原과 宋玉]의 시대를 지나 그 이후로 六義가 分派되어 각자 말 머리를 나란히 하고 치달리게 된 때야 어떠하겠는가? 하지만 똑같이 각자의 뜻을 표현하면서도 義理를 잃지 않아 마치 잘 꾸민 수레가 먼 길을 내달리듯 표범 가죽의 斑點이 아름답게 빛나듯 광채를 발하였으니, 이것 또한 문장의 지극함이 아니겠는가!(昔蘇長公論文, 以孔子辭達一句爲宗旨, 說者謂, 達者達其意也. 詞止於達, 不必宏肆奇麗之爲尙, 是固然矣. 然惟物之不齊, 理之殊也. 意有遠近, 辭有險易. 自虞夏商周之文, 尙有渾噩詰屈之不同. 況由屈宋以來, 六義派分, 群軌竝騖? 均之各言其志, 無闕於理, 而輪轅之飾致遠, 虎豹之斑章彩, 斯不亦文之至哉!)"

19 李植, 「谿谷集序」, 『澤堂別集』, 권5. "세상에는 반드시 영특하고 순수하고 총명하고 슬기로운 자질이 있기 마련인데, 여기에 넓고 정대한 학문이 더해진 후에 문장으로 발현되면 마치 흰 깁에 붉은 색채가 펼쳐지고 샘물이 연못으로 콸콸 흘러들어가는 것처럼 본말이 상응하고 화려함과 실질이 상부하여 문장을 기필하지 않아도 절로 문장이 이루어지게 된다.(世必有英粹聰睿之資, 而加之以宏博正大之學, 然後其發於文詞, 如紈素之施丹彩, 泉源之注池沼, 本末相須, 華實相副, 不期文而自文.)"

2) 고문古文 비평관批評觀:「대가의선비평大家意選批評」을 중심으로

이식은 인조仁祖 9년(1631) 이후로 활발한 저술활동을 하였다. 후학의 심학心學 공부를 위해 지은 「심경구결心經口訣」을 시작으로 「광해군일기光海君日記」(1634년), 『속편고사촬요續編故事撮要』(1635년), 『초학자훈증집初學字訓增輯』(1639년), 『택당총완澤堂叢玩』(1639년), 『찬주두시택풍당비해纂註杜詩澤風堂批解』(1640년), 『선조수정실록宣祖修正實錄』(1641년) 등 많은 저서들을 짓거나 편찬하였다.

이 중에서 이식의 시문에 대한 비평관이나 비평 방법을 선명하게 볼 수 있는 것이 바로 『찬주두시택풍당비해』이다. 『찬주두시택풍당비해』는 이식이 시문을 창작하는 것에 만족하지 않고 두시杜詩를 새로운 안목으로 해석하고 평가하려는 시도에서 나온 결과물이다. 이 저서는 일찍부터 비교문학의 연구 대상으로 관심이 집중되어 왔으며,[20] 한시 분석을 연구하는 이들에게 매우 가치 있는 자료로 인식되어왔다.[21] 그러나 이러한 일련의 연구 작업들은 시에 국한하여 이식의 비평관을 조망하는 것이기 때문에 산문에 대한 비평관까지 나아가지 못한다. 물론, 『택당집』에 실린 몇몇 작품을 통하여 당송고문의 추숭이라는 큰 테두리의 산문 비평관을 고찰해 볼 수는 있지만, 『찬주두시택풍당비해』처럼 작품 하나하나의 비평을 통한 구체적인 비평관을 살펴보기에는 무리이다. 이러한 상황에 산문에 대한 이식의 면밀한 비평을 볼 수 있는 자료가 최근에 소개되었다.[22] 필사본으로 전해오는 『택당선생별고간여澤堂先生別稿刊餘』에

20 이창룡, 『한중 시의 비교문학적 연구』, 일지사, 1984, 267~314면.

21 안대회, 「조선시대의 두보 시 주석 – 이식의 『찬주두시택풍당비해』를 중심으로 –」, 『한국 한시의 분석과 시각』, 연세대학교 출판부, 2000 ; 김덕수, 「『찬주두시택풍당비해』 소고」, 『한국한시연구』 제10집, 2002.

22 김영진, 「조선후기 明淸小品 수용과 小品文의 전개양상」, 고려대학교 박사학위논문, 2003, 70면 ; 송혁기, 『조선후기 한문산문의 이론과 비평』, 월인, 2006.11, 216면.

수록되어 있는 「대가의선비평大家意選批評」[23]이라는 글이다. 「대가의선비평」은 이식이 당송고문을 선집選集하고 비평批評을 가한 것으로, 제하주題下注 및 비점평批點評 등의 형식으로 각 작품에 대한 분석적 비평을 가해 두었는데, 일부 작품에 대해서는 자구법字句法, 편장법篇章法에 해당하는 구체적인 분석에 이르기도 하였다. 이와 같은 실제 비평양상을 살펴보면, 이식의 시문 비평관을 더욱 폭넓게 이해할 수 있는 계기가 될 것이다.

고문의 연마와 관련하여 평評과 점點을 붙이는 방법이 발달하여 왔다. 평은 평론을 말하며, 그 가운데 원문에 붙이는 것을 특별히 비批라고 한다. 점은 문장 가운데 정채 있는 부문이나 중요한 부분에 점을 치거나 제목 아래에 수준의 고하를 표시하는데, 점 이외에 권圈·광匡·선線도 함께 이용한다.[24]

원문에 붙이는 비批는 편 머리에 붙이는 수비首批, 편 끝에 붙이는 미비尾批, 책 위의 천두天頭에 붙이는 미비眉批, 자구 옆에 붙이는 방비旁批, 원문 구절 중간에 끼워 넣는 협비夾批 등이 있다. 『숭고문결崇古文訣』은 수비를 사용하였고, 오초재吳楚材·오조후吳調侯의 『고문관지古文觀止』는 편말의 미비尾批를 사용하였고, 청 강희제의 『어선고문연감御選古文淵鑑』은 천두의 미비眉批를 사용하였다. 모곤茅坤의 『당송팔가문초唐宋八家文抄』는 수비를 이용하여 자신의 견해를 밝히고 편말의 미비에서 남의 설을 인용하였다. 여조겸의 『고문관건古文關鍵』은 방비를 사용하였다.

문장의 정묘한 곳, 전절轉折과 단속斷續, 자법·구법·장법·문법을

23 李植, 『澤堂先生別稿刊餘』, 권17, 「大家意選批評」.

24 이하 古文의 評點法에 대한 개념, 역사적 전개, 구체적 사례 등은 심경호의 「산문의 평점법」(『한문산문의 미학』, 고려대학교 출판부, 1998, 120~126면)을 참고하였다.

표시할 때는 점點 、·권圈 ○·방광方匡 □·수장선竪長線 |·말抹·별撇 ノ·절截 — 등을 사용한다. 진덕수陳德秀가 편한 『문장정종文章正宗』은 평점법이 제시되어 있어서, 그것이 조선의 문장론에 일정한 영향을 끼쳤다. 『문장정종』의 권수卷首에 예시된 「용단연법用丹鉛法」에 보면, 구두소점句讀小點 이외에, 표현이 멋지고 화려하거나 어휘가 신기한 것에 찍는 정화방점菁華旁點과 전체 글의 핵심어에 해당하는 자안字眼에 찍는 자안환점字眼圜點을 치는 방법이라든가, 의미 있고 중요한 말에 치는 말抹, 전환처轉換處에 사용하는 별撇, 그리고 단락 나누기[節段]에 사용하는 절截 등의 부호를 규정하여 두었다. 여기서 가장 중심이 되는 것은 정화방점과 자안환점이다. 논변과 의론이 중심이 된 글에서는 결론식의 문구에 권을 쓰고, 분석 예증식 문구에 점을 쓰며, 비판 반박의 문구에는 수장선을 사용하기도 한다.

이 평점법은 이미 전국 시대의 춘추삼전春秋三傳에서 문의를 소통시키기 위하여 우연히 문장 작법에 관하여 설명한 것에 맹아가 있었으나, 실제로 시문집이나 선집에 청묵과 주묵의 비점을 사용하는 평점법이 흥기한 것은 남송 때 과거에 응시하는 사람들의 췌마용揣摩用 서적이 나오면서다. 즉 여조겸의 『고문관건』 이후로 사방득謝枋得의 『문장궤범』, 진덕수의 『문장정종』이 나와 과문科文을 연마하는데 편리하도록 하였다. 이러한 선가選家를 평점가評點家라고 한다. 남송 말기에는 유진옹劉辰翁이 평점법을 예술비평의 방식으로 인식하여 『노자』·『장자』·『세설신어』·『왕마힐시집』·『두공부시집』·『맹호연집』·『육방옹집』·『도연명시집』·『위소주집』·『간재시집』 등에 평점을 붙였거나 붙인 것으로 알려져 있다. 그것들은 원나라 때 간행되어 널리 시문 연마에 널리 이용되었다. 송말의 방회方回도 『영규율수瀛奎律髓』에 평점법을 이용하였는데, 이것은 조선 성종 연간에 수용되어 널리 읽혔다.

명청 때는 평점이 대단히 발달하여, 시문과 경사經史만이 아니라 소설과 희곡에도 평점을 하였다. 명대에 산문과 관련된 평점서로 간행된 것은 모곤의 『당송팔대가문초』와 능치륭凌稚隆의 『사기평림史記評林』(이광진李光縉 증보)을 들 수 있다. 귀유광歸有光이 『사기』에 권점을 친 것은 어떤 해설본보다도 『사기』의 문장을 배우는데 유익하다는 말이 있다. 청대에는 평점을 붙인 『고문연감』이 강희제의 명으로 간행되었고, 김성탄金聖嘆은 『재자필독고문才子必讀古文』을 편하여 평점법을 크게 활용하였다. 오초재와 오조후가 평점을 한 『고문관지』도 나왔다. 동성문파의 경우 방포方苞·유대괴劉大櫆·요영박姚永樸·오여윤吳汝綸이 모두 평을 붙이고 점을 친 고문선을 편하였다. 서수쟁徐樹錚은 『고문사유찬표주古文辭類纂標注』를 엮었다. 그러나 이들의 평점에 대하여도 찬반양론이 있다.

평점을 누견陋見이라고 비판하고 평점이 붙은 선본選本을 누서陋書라고 비판하는 견해가 있다. 나근택羅根澤은 '선가選家의 미비총평眉批總評'이 전혀 가치가 없다고 하였다. 하지만 주자청朱自淸은 「시문평의 발전[詩文評的發展]」이란 글에서 평점이 점차 범위가 확대되고 영향도 커져서 "때로는 한 시기의 창작의 풍기風氣를 대표하거나 심지어 영도하였다는 것은 의심의 여지가 없어서, 전자의 예로는 송말의 방회의 『영규율수』가 있고 후자의 예로는 명말의 종성鍾惺·담원춘譚元春의 『고당시귀古唐詩歸』를 들 수 있다"고 지적하고, "문학비평사는 그러한 비평에도 적절한 지위를 부여하여야 비로소 객관적 태도일 수 있다"고 주장하였다.

우리나라의 경우 임진왜란 이전에는 유신옹의 비점[유신옹의 호가 수계須溪여서 '수계비점須溪批點'이라고 함]이 중국 고전문학을 이해하는 데 크게 참고가 되어서, 세종 때 집현전 학사들이 편찬한 『찬주분류두공부시纂註分類杜工部詩』에 수계비점을 첨입한 이외에도, 『수계교본도연명시집須溪校本陶淵明詩集』·『수계선생교본위소주집須溪先生校本韋蘇州集』·『수계선생평점간재시집須溪先生評點簡齋詩集』 등이 간행된 바 있다. 연산군은 어제찬집청御製撰集廳을 설치하여 임사홍任士洪 등으로 하여금 어제御製에 비점과 주해를 가하도록 명하기도 하였다. 광해군조에 이르러 『국조시산國朝詩刪』의 비批, 『구봉집龜峯集』의 비, 『성소부부고惺所覆瓿藁』의 비 등이 나와, 이 시기에 시문집이나 선집에 비를 부기하는 방식이 일종의 문학비평 양식으로 자리를 잡았음을 알 수 있다. 산문과 관련하여서는 임란 이후에 평점법이 본격적으로 활용되었던 듯하다. 선조 말에 최립崔岦은 『한사열전초漢史列傳抄』를 편하였으나, 각 편별로 비평을 붙이지는 않았다. 광해군 초에 이정귀李廷龜 등의 주재로 명판본 『사찬史纂』을 재편집하고 주석을 심사한 일이 있으나, 평점은 중시하지 않았다. 그러나 영조·정조 연간에 이르면 평점법이 대단히 발달하였다. 영조 연간의 조귀명趙龜命은 자신의 『건천고乾川稿』에 임상정林象鼎·이천보李天輔·이정섭李廷燮의 비批를 받았고, 정조 때의 서유구徐有榘는 자신의 초기 문집인 『고협집鼓篋集』에 이덕무李德懋 등의 비를 청해 받았는데, 산문에 대한 평점법이 개화된 주요한 예라고 할 수 있다. 정조도 『팔사수권八子手圈』을 이루었고, 남공철南公轍에게 『사권史圈』을 엮게 하였다.

평점법의 실례로, 유대괴가 소동파의 「전적벽부前赤壁賦」에 대해 붙인 권점을 보면 다음과 같다.

> 淸風徐來, 水波不興. [點]
> 少焉月出於東山之上, 徘徊于牛斗之間. [點]
> 白露橫江, 水光接天. 縱一葦之所如, 凌萬頃之茫然. [圈]
> '浩浩乎如憑虛御風'～'羽化而登仙' [點]

> 桂棹兮蘭槳, 擊空明兮溯流光. 渺渺兮予懷望美人兮天一方. [點]
> '客曰, 月明星稀'~'而今安在哉' [點]
> '逝者如斯, 而未嘗往也. 盈虛者如彼, 而卒莫消長也'~'是造物之無盡藏也, 而吾與子之所共適.' [圈]

'백로횡강白露橫江' 등 사경寫景이 생동적인 곳에는 점을 쳤고, '서자여사逝者如斯' 이하 은미한 이치를 담은 곳에는 권을 쳤다.

방포는 유종원의 글에 평점하였는데 그것이 『방망계유집方望溪遺集』 뒤에 부록으로 있다. 그는 유종원의 글에서 결함을 많이 지적하였다.

> 『辨侵伐論』 '正其名, 修其辭' ○ 旁批 '承接不洽'
> 『辨侵伐論』 '其憐雖大' ○ 旁批 '晦澁'
> 『故叔父侍御府君墓版』 '嗚呼分閫委政' ○ 評云, 意鄙而辭庸.
> 『故叔父侍御府君墓版』 '孝如方輿公' ○ 旁批 '俗套'
> 『亡妻楊氏誌』 '及許嫁于我' 以下 ○ 評云, 若效『左傳』·『國語』句調, 轉成稚拙.
> 『與楊京兆憑書』 評云, 所答三事而聯絡一氣.
> 『與楊京兆憑書』 '然立言存于其中'~'可十七八' ○ 三句圈

요내의 평은 『고문사류찬』에 보인다. 한유의 「사설師說」에서 '愛其子'~'非吾所謂傳其道解其惑者也'에 대하여 비批하기를 "授句讀及巫醫樂師百工未嘗非授業, 但非傳道解惑耳. 此兩段明使以授業之師陪傳道解惑之師, 而用筆變化, 使人不覺"이라 하였고, '三人行則有我師' 아래에는 "此段承聖人猶且從師意申說, 以終首句必有師之意"라고 비批하였다.

유대괴에게는 『당송팔가문평점唐宋八家文評點』이 있다. 구양수의 「호선생묘표胡先生墓表」에 대하여 유대괴는 평하기를 "호안정胡安定이 교학敎學을 잘한 것을 서술하였으며, 그 제자가 번성하고 현명하였을 모사하여 홍건하고 생색이 난다"고 하였다. 소동파의 「석종산기石鍾山記」에 대하여는 편장의 묘에 대해 평하였다. 「석종산기」는 물과 바위가 삼키고 토하는 소리를 묘사하는데 먼저 큰 바위, 둥지에 든 매, 황새 세 가지 빈賓을 모사하고서 '마음이 움직여 돌아가고자 한다'[心動欲還]를 '큰 소리가 물 위에서 나온다'[大聲發于水上]와 교대하였으므로, 문득 홍건함을 느끼게 된다. 또 종소리를 적은 두 부분에서는 종과 관련된 옛일을 두 가지 들어서 실증하였으므로 회궤詼詭를 갖추어 묘미가 행간에 넘쳐나기에, 소식 제일의 기記라고 하였다.

조선 영조 이후에 일정한 영향을 끼친 평점법으로는 당표唐彪의 것이 있다. 강세황姜世晃은 『독서문범讀書文範』에서 당표의 『독서작문보讀書作文譜』로부터 글을 인용하여, "책과 글에 권점이 있으면, 독자가 이해하기 쉽고 구두가 잘못이 없게 된다. 그렇지 않으면 고오古奧한 구를 만나서 윗글자를 아래로 붙여 읽고 아래글자를 위로 붙여서 읽는 것을 면하지 못한다. 또 글에는 기사奇思와 묘론妙論이 있으므로 밀권密圈을 사용하지 않으면 미경美境을 드러낼 수 없고, 계한界限과 단락段落이 있으므로 획단劃斷을 하지 않으면 장법章法과 명의命意의 묘함을 알기 쉽지 않다. 그리고 연호·국호·지명·관명이 있으므로 표기標記를 가하지 않으면 열람하는 자가 점검하느라 고생하여 일목요연할 수가 없다"고 하였다. 당표는 책과 글에 강령과 조목이 있고, 또 근인根因과 귀중歸重이 있다고 하였다. 근인과 귀중을 중시하여 표기를 한 것이 그의 평점법의 한 특징이다. 근인은 책이나 글이 쓰여지게 된 동기, 귀중은 책이나 글의 주의主意 즉 주제가 있는 곳이다. 당표의 평점법을 참고로 강세황은 '서문표기권점평주법書文標記圈點評註法'을 다음과 같이 정리하였다.

① 책과 글의 綱領과 歸重에는 ◎◎◎◎◎을 사용한다.
② 根因에는 ●●●●●을 사용한다.
③ 大界限과 大段落에는 ——을 사용한다.
④ 대소 節次의 아래에는 —을 사용한다.
⑤ 문장이 극히 잘된 [極佳處]는 ○○○○○을 사용한다.
⑥ 문장이 그 다음으로 잘된 곳에는 ○○○○○을 사용한다.
⑦ 문장이 그저 잘된 곳에는 、、、、○을 사용한다.
⑧ 지명에는 ▬을 사용한다.
⑨ 관명에는 ‖을 사용한다.
⑩ 제왕과 인명에는 ┃을 사용한다.
⑪ 국명에는 □을 사용한다.
⑫ 조응처에는 ○○○○○을 사용한다.

이러한 평점評點 및 비점批點이 택당이 살던 시기에 조야朝野에서 이루어졌음은 주지의 사실이고, 이식의 「대가의선비평」도 시대적 요구 내지는 문인으로서의 자부심을 드러내는 것이라고 할 수 있다.

「대가의선비평」에서는 한유韓愈·유종원柳宗元을 비롯한 당송팔대가唐宋八大家의 작품 41편을 거론하고 있다. 그 실제 비평 양식은 대체로 다음과 같다.

① 「贈崔復州序」: 點. '民就窮而斂愈急'曰, "主意"; 「南海神廟碑」: 點. '牲肥至胥熟'曰, "若以愧夫怖憂不牲者, 奇博恢壯." ○ 點. '刑德至耳矣'曰, "鋪張偉麗"

② 「送李愿歸盤谷序」: 題下曰, "愿乃愬之弟, 西平之子, 家世豪貴. 雖嘗隱居, 未幾出而仕爲節度使, 頗溺於群色. 此篇中, '曲眉豐頰'以下一節, 乃其所自言宜其不得久居之山林也. 退之直書其言, 而退之亦似有先知之明也."

③「內制集序」: 敍致抑揚, 結意高邁, 甚自重, 不苟巨人之言也.;「送田畫秀才序」: 敍述磊落, 言簡而事盡, 有屈折抑揚.(首評語);「馬少監墓誌」: 三哭字, 皆變文.

①의 방식은 한 작품 중에서 특정한 단어, 문장 혹은 단락에 평점評點을 찍은 다음, 이 부분에 한정하여 이식이 짤막한 비평을 가하는 것이다. 한유韓愈의「증최복주서贈崔復州序」[25]는 복주 자사復州刺史로 부임하는 최모崔某를 위해 쓴 증서贈序이다. 최모가 부임해가는 복주復州의 백성들은 일정한 수입도 없을 뿐더러 안락한 집도 없이 살아가고 있었다. 더욱이 낮은 관직의 향리鄕吏와 현리縣吏들은 재물에 눈이 멀어 힘들어하는 백성들은 나몰라 하고 세금을 거두는 데에만 혈안이 되어 있었다. 그래서 백성들이 궁해지면 궁해질수록 세금은 더욱 급박해져 갔다.[民就窮而斂 愈急] 한유는 최모에게 어질고 현명함으로 고통 받는 백성들을 구제해 내기를 당부한 것이다. 이식은 이 작품 중에서 "民就窮而斂愈急"에 평점을 찍고, 주의主意라는 평어評語를 달아 놓았다.「대가의선비평」에 보이는 평어 중에서 주의主意는 한유의「증최복주서贈崔復州序」,「송허영주서送許郢州序」,「송동소남서送董邵南序」등 세 작품에만 보인다. 평점에 해당하는 내용으로 보건대, 주의主意라는 것은 주지主旨를 의미하는 것으로 그 작품의 핵심 되는 내용으로 보면 될 것이다.「송허영주

25 韓愈,「贈崔復州序」. "有地數百里, 趨走之吏, 自長史·司馬已下數十人, 其祿足以仁其三族及其朋友故舊. 樂乎心, 則一境之人喜, 不樂乎心, 則一境之人懼, 丈夫官至刺史亦榮矣. 雖然, 幽遠之小民, 其足跡未嘗至城邑, 苟有不得其所, 能自直於鄕里之吏者鮮矣, 況能自辨於縣吏乎? 能自辨於縣吏者鮮矣, 況能自辨於刺史之庭乎? 由是刺史有所不聞, 小民有所不宣. 賦有常而民產無恒, 水旱癘疫之不期, 民之豊約懸於州. 縣令不以言, 連帥不以信, <u>民就窮而斂愈急</u>, 吾見刺史之難爲也. 崔君爲復州, 其連帥則于公. 崔君之仁, 足以蘇復人, 于公之賢, 足庸崔君. 有刺史之榮, 而無其難爲者, 將在於此乎! 愈嘗辱于公之知, 而舊游於崔君, 慶復人之將蒙其休澤也, 於是乎言."

서送許郢州序」에서는 규풍주의規風主意라고 비평을 하여, 그 주지主旨의 성격에 대해 설명해 놓기도 했다. 이 외에도 평점에 해당하는 용어들은 '感慨字, 主意眼目', '結句, 無限意思.', '語甚悲', '鋪張偉麗', '綱領一句', '馬班章法', '名言惋辭'와 같이 다양하다. 위려偉麗나 완사惋辭처럼 인상 비평뿐만 아니라 감개자感慨字, 결구結句, 마반馬班의 장법章法처럼 자구字句나 편장篇章에 대해서도 평을 하였다.

②의 방식은 제하주題下注이다. 제하주는 말 그대로 작품의 제목 아래에 이식이 주해註解를 달아놓은 것이다. 한유의 「송이원귀반곡서送李愿歸盤谷序」[26]는 태항산太行山 남쪽 반곡盤谷으로 떠나는 친구 이원李愿을 전송하며 쓴 글이다. 이 글에 대해 이식은 다음과 같은 제하주를 달았다. "이원李愿은 이소李愬의 아우로 서평왕西平王 이성李晟의 아들인데, 집안이 부귀했다. 비록 은거 생활을 했으나 얼마 지나지 않아 다시 출사하

26 韓愈, 「送李愿歸盤谷序」. "太行之陽有盤谷, 盤谷之間, 泉甘而土肥, 草木叢茂, 居民鮮少. 或曰, "謂其環兩山之間, 故曰盤." 或曰, "是谷也, 宅幽而勢阻, 隱者之所盤旋." 友人李愿居之, 愿之言曰, "人之稱大丈夫者, 我知之矣. 利澤施于人, 名聲昭于時, 坐于廟朝, 進退百官, 而佐天子出令. 其在外, 則樹旗旄, 羅弓矢, 武夫前呵, 從者塞途, 供給之人, 各執其物, 夾道而疾馳. 喜有賞, 怒有刑, 才畯滿前, 道古今而譽盛德, 入耳而不煩. 曲眉豐頰, 清聲而便體, 秀外而惠中, 飄輕裾, 翳長袖, 粉白黛綠者, 列屋而閒居, 妬寵而負恃, 爭妍而取憐, 大丈夫之遇知於天子, 用力於當世者之爲也. 吾非惡此而逃之, 是有命焉, 不可幸而致也. 窮居而野處, 升高而望遠, 坐茂樹以終日, 濯清泉以自潔, 採於山美可茹, 釣於水鮮可食. 起居無時, 惟適之安, 與其譽於前, 孰若無毁於其後, 與有樂於身, 孰若無憂於其心. 車服不維, 刀鋸不加, 理亂不知, 黜陟不聞. 大丈夫不遇於時者之所爲也, 我則行之. 伺候於公卿之門, 奔走於形勢之途, 足將進而趑趄, 口將言而囁嚅. 處穢汚而不羞, 觸刑辟而誅戮. 僥倖於萬一, 老死而後止者, 其於爲人賢不肖, 何如也?" 昌黎韓愈聞其言而壯之, 與之酒而爲之歌曰, "盤之中, 維子之宮, 盤之土, 維子之稼. 盤之泉, 可濯可沿, 盤之阻, 誰爭子所? 窈而深, 廓其有容, 繚而曲, 如往而復. 嗟! 盤之樂兮, 樂且無殃. 虎豹遠跡兮, 蛟龍遁藏. 鬼神守護兮, 呵禁不祥. 飮且食兮, 壽而康. 無不足兮, 奚所望, 膏吾車兮秣吾馬, 從子于盤兮, 終吾生以徜徉."

여 절도사節度使가 되었는데, 사치와 여색에 빠져서 살았다. 이 작품 중에서 '曲眉豊頰' 이하의 한 절은 그가 오래토록 산림에 은거하여 지낼 수 없음을 스스로 말한 부분이다. 한유는 그의 말을 직접 인용하였으니, 한유 역시 그에 관해 선견지명이 있었던 것 같다.[愿乃愬之弟, 西平之子, 家世豪貴. 雖嘗隱居, 未幾出而仕爲節度使, 頗溺於群色. 此篇中, '曲眉豊頰'以下一節, 乃其所自言宜其不得久居之山林也. 退之直書其言, 而退之亦似有先知之明也.]" 주해의 주된 내용은 이 작품의 주인공인 이원에 대한 행적이다. 이 글의 특징은 작자인 한유의 말은 앞뒤로 잠깐 등장하고, 대부분이 전송하는 대상인 이원의 말이라는 것이다. 전대의 평자들이 이를 두고서 "일별격식一別格式[또 하나의 특별한 형식]"이라 특기할 만큼 다른 증서류贈序類 작품에서는 잘 볼 수 없는 형식이라 할 수 있다.

그렇다면 한유가 인용한 이원의 말이 과연 그가 정말 했던 말일까? 아니면 한유가 그의 입을 빌어 자신의 뜻을 은근히 내비친 것일까? 후대의 평자들은 이 부분에 의문을 품었던 것 같다. 그래서 한유 당대의 이원이라는 인물에 많은 관심을 쏟았고, 그 결과에 따라 작품을 다르게 바라보았던 것이다. 즉, 이 글에서 전송하는 대상이 『신당서新唐書』에 보이는 난신亂臣 이원이라고 보는 입장에서는 한유가 이원이 반곡으로 떠나게 되자 그의 말에 가탁하여 권계勸戒의 뜻으로 써 준 글이라고 여긴다. 또 한유 당대의 동명이인으로 후대에 은자로 불리는 이원이라고 보는 입장에서는 은자로서의 지향을 확고히 드러낸 이원의 실제 말을 직접 인용하여 그를 기리고, 그와의 이별에 슬퍼하는 뜻으로 써 준 글이라고 여긴다. 이렇게 한유가 타인의 말을 작품 전체에 깔아놓는 이색적인 구성을 한 것은 그의 말이 자신의 뜻과 꼭 부합되는 말이기 때문에 직접 인용하여 그를 더욱 추켜세우기 위한 경우가 있고, 또 하나는 말 뿐이 아니라 부디 그가 꼭 그렇게 살아가기를 바라는 권계의 경우가 있는 것이다.

이식의 경우에는 제하주에서 볼 수 있듯이, 한때 잠시 산림에서의 은거 생활을 영위했었지만 이내 출사하여 온갖 사치와 향락에 빠져 지낸 인물로 상정하고 있다. 그래서 이식은 작품 대부분을 차지하는 이원의 언급 중에서, 대장부처럼 수많은 미녀들의 총애를 받으면서 지내는 것을 싫어하여 도피하는 것이 아니라는 단락에 착안하여 이원이 부귀성세에 대한 미련을 완전히 떨치지 못했음을 표현한 것이라고 설명하였다. 이처럼 「대가의선비평」에 보이는 제하주는 한 작품 전체에 대한 올바른 이해에 도움을 주기 위해서 써 놓은 것이 대분이다. 「송이원귀반곡서送李愿歸盤谷序」의 제하주는 주인공 이원에 대한 중요한 행적을 설명하였고, 「송고한상인서送高閑上人序」의 제하주에서는 "이 글은 『장자莊子』를 본받아 지은 것으로 「양생편養生篇」과 매우 흡사한데, 고인들이 이미 평을 한 부분이다. 내가 이 글을 살펴보건대, 뛰어난 예술미를 잘 구사했을 뿐만 아니라, 그 깊은 뜻은 고한상인高閑上人이 겉으로만 불도佛道를 배울 뿐이지 그 습속은 불법佛法과 상반되어 불도의 무리가 될 수 없음을 비판한 것이다.[此文學『莊子』, 酷似「養生篇」, 古人已評之矣. 余觀此篇, 不但極書藝術之妙, 其深意譏閑上人名爲學佛, 所習與其法相反, 不得爲佛之徒也.]"라고 하여, 같은 작품에 대한 전대의 비평도 소개한 다음 자신의 비평을 가한 예도 보인다.

③의 방식은 앞에서 살펴 본 평점이나 제하주처럼 일정한 형식에 기반하여 비평을 한 것은 아니고, 필요할 시에는 문장 속 해당 부분의 첫 단어 뒤에 "云云"을 적은 뒤에 비평을 하였다. 그 비평의 내용은 좀 더 종합적이고 다양한 것이 특징이다. '敍致抑揚, 結意高邁, 甚自重, 不苟巨人之言也.', '敍述磊落, 言簡而事盡, 有屈折抑揚.', '結意典重'과 같이 서술 태도

나 뜻을 드러내는 방식에 대해 비평을 한 것이 있고, '三哭字, 皆變文.'과 같이 문장 중에서 변문變文을 구사한 것을 지적한 것이 있고, '三擧進士, 進士衍文.'처럼 연문衍文을 지적한 예도 보인다. 또한 '晦翁評, 見語類'처럼 타인의 비평을 소개한 것도 있다.

이상으로 이식의 「대가의선비평」에 보이는 비평의 실제 양상을 살펴보았다. 41편의 작품들에 대해 각각 평점이나 제하주 같은 방식을 통하여 당송고문에 보이는 여러 특장들을 나열하였다. 수사修辭의 방면으로는 변문變文이나 연문衍文 같은 자구법字句法의 지적에서부터 결구結句나 장법章法 등의 편장법篇章法까지 비평을 하였다. 또한 서치敍致나 서술敍述 같은 서술 태도에 대해서도 억양抑揚, 뇌락磊落, 언간이사진言簡而事盡 같은 용어들을 사용하여 분석하였다. 어떤 작품들에 대해서는 그 주제와 입론의 가치를 높이 평가하는 등 다양한 방법으로 비평을 시도했음을 살펴 볼 수 있었다. 이러한 일련의 비평은 이식의 작문 수련의 과정이자 그 성과라고 할 수 있는데, 후대의 평자들로부터 결구結構가 정밀精密하다거나 인공人工이 매우 뛰어나다는 평가를 받는 것도 이러한 노력에 기인할 것이다. 일일이 해당 부분에 평점을 가하여 면밀하게 분석하고, 그 결의結意의 방식이 어떻게 잘 되었는지에 대해 고민하는 태도는 실제 창작에 있어서도 단어의 조합, 문장의 배치 같은 결구結構 방면에 치밀하지 않을 수 없었을 것이다.

이식은 「학시준적學詩準的」에 이어 지은 「작문作文에서의 모범模範[作文模範]」에서, "한유의 문장은 문장의 정종正宗으로 우선 읽어야 되니, 70~80개의 작품을 뽑아 읽고서 만약 지취志趣[臭味]를 얻은 것이 있으면 그대로 평생의 모범으로 삼아도 좋을 것이다."[27]라고 하였다. 이식은 문장을 지을 때, 당송唐宋 이후의 것을 법 삼아야 된다고 주장하였고, 그 중에서도 한유韓愈의 고문을 최고의 전범으로 내세웠다. 이식은 평소에 한유를 위시한 당송고문가들의 작품을 읽으면서 지취志趣를 얻는 작품이 있으면 평생의 작문모범으로 삼을 정도로 심취했을 것이다.「대가의선비평」도 그의 작문 수련의 과정으로 볼 수 있는데, 그렇다면 실제 41편의 작품이 어떤 구도로 배치되어 있는 지도 중요할 것이다. 당송고문가들의 무수한 작품들 중에서 이식은 문체별로 각기 몇 편의 작품만을 선별하였는데, 이를 정리하면 다음과 같다.

「대가의선비평」 수록 작품 작가 · 문체별 분류표

文體 / 作家	送序/贈序	序跋	遊記/樓亭記	墓碣/墓誌/墓碑	上書/疏箚	書信	합계
韓　愈	6		1	12			19
柳宗元			5	4		1	10
歐陽修	1	1	1	3			6
王安石			1		2		3
蘇　洵			1		1		2
蘇　轍		1					1
합계	7	2	9	18	3	1	41

위의 분류표에서 작가별 수록 분량을 나타내는 세로축의 합계를 보면,「대가의선비평」의 수록 작품 중에서 한유의 작품이 거의 절반에 이른다. 이에 반해, 소식과 증공의 작품은 한 작품도 실려 있지 않다. 이러한 층차는 한유의 글을 문장文章의 정종正宗으로 삼았던 이식이었기에 당연

27 李植,「作文模範」,『澤堂別集』, 권14. "韓文, 文之宗, 不可不先讀, 七八十首抄讀, 若得臭味, 仍以爲終身模範, 可也."

한 결과라 할 수 있겠다. 그 다음으로 유종원의 작품이 많이 실려 있다. 이는 유종원의 문장 가치를 한유와 비등하게 놓은 이식의 태도와 무관하지 않다. 문체별 수록 분량을 나타내는 가로축의 합계를 보면, 묘갈墓碣・묘지墓誌 등의 비지체碑誌體 산문이 거의 절반을 차지한다. 증서체贈序體와 유기체遊記體 산문이 그 다음으로 많이 수록되어 있음을 알 수 있다.

선집비평으로 「대가의선비평」이 가지는 의의는 첫째, 선집자인 이식이 전범으로 인식하는 고문의 제 양상을 살펴볼 수 있는 것이고, 둘째, 「대가의선비평」에 보이는 이식의 제하주 및 비점평 등은 이식이 고문 작법에 있어서 어디에 주안점을 가졌는지, 어떻게 실제 고문 작법에 사용하였는지에 대한 연구에 구체적인 접근이 될 수 있는 것이다. 이러한 작업은 이식 산문 전반에 걸친 연구에 꼭 필요한 과정이라고 생각되고, 아울러 조선 중기 고문가들의 고문 연마 방법, 고문의 전범 기준 등에 관한 연구에도 적잖은 도움이 될 것이다.

2. 목재木齋 홍여하洪汝河의 한문산문 비평

1) 서론

목재木齋 홍여하洪汝河(1620~1674)는 17세기 중엽 영남嶺南 남인南人의 한 사람으로서, 서인西人과의 반목으로 인해 35세부터 41세까지 짧은 관직생활을 끝으로 죽을 때까지 파주坡州·예천醴泉을 오가면서 학문과 저술에 매진한 인물이다. 그는 허백당虛白堂 홍귀달洪貴達(1483~1504)로부터 이어온 가학을 바탕으로, 우복愚伏 정경세鄭經世(1563~1633)의 문인이었던 부친 홍호洪鎬(1586~1646)로 인해 일찍부터 정경세의 학문적 영향을 많이 받았다. 뿐만 아니라 그는 부친을 따라 서울에 머무르면서 당대 문풍을 주도했던 인사들과 교유를 하면서 학문을 배웠는데, 그 대표적 인물이 택당澤堂 이식李植(1584~1647)과 용주龍洲 조경趙絅(1586~1669)이다.

기존의 홍여하에 대한 연구는 주로 역사학계에서 이루어졌다. 이들 연구는 그가 남긴 역사서 『휘찬여사彙纂麗史』와 『동국통감제강東國通鑑提綱』에 주목하여 역사의식을 고찰하고자 한 것이었다.[28] 또한 경세론과 관련하여 그의 전제田制 의식을 규명한 것이 있고,[29] 역사의식과 경세의식을 포함하여 문예의식까지 다룬 연구가 있었다.[30] 김영택이 밝힌 홍여하의 문예의식은 대체로 다음과 같다. 홍여하는 『사기史記』와 『좌

---

28 이만열, 「17·18세기의 史書와 古代史認識」, 『韓國史研究』 10, 1974; 김선화, 「洪汝河의 歷史認識」, 한양대학교 석사학위논문, 1987; 한영우, 「17세기 중엽 嶺南南人의 歷史敍述 -『彙纂麗史』와 『東國通鑑提綱』-」, 『조선후기 사학사 연구』, 일지사, 1989; 장윤석, 「17世紀 嶺南 南人 吳澐과 洪汝河의 歷史認識」, 경북대학교 석사학위논문, 2007.

29 신항수, 「17세기 중반 洪汝河의 田制認識」, 『韓國思想史學』 8, 1997.

30 김영택, 「木齋 洪汝河의 歷史意識과 文學觀 研究」, 안동대학교 석사학위논문, 2004.

전左傳』을 기본으로 하는 독서를 통해 문장의 조리와 맥락을 중시하는 구법句法을 익힐 것을 강조하였고, 이러한 문장 공부는 명대明代 의고문풍擬古文風을 긍정하는 데에 이르게 되었다는 것이다. 또한 문장을 짓는 궁극적 목표는 명도明道의 강조와 치세지문治世之文의 추구에 있으며, 이러한 문예의식은 역사관·독서론·경세론을 관류하는 성리학적 도道의 체인과 드러냄의 추구였음을 강조하였다.

이 글에서는 기왕에 검토된 홍여하에 대한 문학 연구 중에서, 우선 다음의 두 가지 문제에 대해 초점을 두어 규명하고자 한다. 첫 번째는 그가 강조하고 있는 구법론句法論을 분석하여 그 의의를 밝히고자 한다. 문장의 편장자구篇章字句를 『좌전』→주희朱熹의 『사서집주四書集註』→육경六經 등의 순서에 의해 익혀야 된다는 그의 산문 수사법은 조선시대 산문 수사학사에 비추어 볼 때, 흥미로운 국면이라 할 수 있다. 이는 그가 기초한 산문 수사법을 어떻게 실제 산문 작품에 적용시키고 득실을 상고했는지를 고찰함으로써 더욱 분명해 질 것이다.

두 번째는 그가 전범으로 설정한 문장 텍스트를 위시하여, 단편적으로 논의된 명대 전후칠자前後七子에 대한 비평이 어떤 의미를 가지고 있는 지를 규명하고자 한다. 그가 문장의 전범으로 삼고 있는 『사기』와 『좌전』은 명대 진한고문파秦漢古文派가 종주宗主로 삼고 있는 텍스트이며, 또한 그는 진한고문파 인물에 대한 긍정적인 평을 가한 것이 사실이다. 하지만 이러한 요인들로 인해 그를 진한고문파로 설정하는 데에는 무리가 있으며, 오히려 어떤 이유에서 『사기』와 『좌전』을 전범으로 삼게 되었는지 그 경위를 밝히는 것이 급선무라 생각된다.

끝으로 이상의 두 가지 국면, 즉 그의 산문 수사 및 산문 비평이 그의 역사의식과는 어떤 관련을 맺고 있는 지를 고찰함으로써, 역사학자로서의 산문비평가적 면모를 밝히고자 한다.

2) 산문 창작론

홍여하의 산문 수사법을 논의하기에 앞서서 짧게나마 그의 궁극적인 문장관을 짚고 넘어가고자 한다. 왜냐하면 앞으로 논의될 산문 수사의 국면은 결국 이상적인 문장을 위한 일개 방법론이기 때문에 그가 추구하는 이상적 문장관이 무엇인가를 우선 밝혀야 할 것이다. 그는 최치원崔致遠, 박인량朴寅亮, 이제현李齊賢, 이색李穡 등 통일신라시대부터 고려시대까지의 문장가 7인에 대한 전傳을 지어 「문원전文苑傳」이라는 글을 남겼다. 그는 이들 일곱 사람의 문장이 성대하지 못하고 오히려 유약하고 속된 풍격을 지니게 된 이유에 대해서 문장 공부 방법이 중국보다 부족했기 때문이라 하였다.[31] 그러므로 올바른 문장 공부[門路]를 통해 드러난 문장이야말로 진정한 문장임을 강조하였다. 그가 말하는 문로門路가 과연 어떤 것인지에 대해서는 앞으로 논의하게 될 편장자구의 전범에서 규명하고, 여기서는 그가 추구하는 이상적인 문장을 살펴보자.

> 우리나라는 平易한 것을 으뜸으로 여기지만, 바른 문장 공부[門路]를 얻어서 들어가는 이가 드물었다. 바른 문로를 얻지 못하면 文이라고 할 수 없다. 그러므로 다음과 같이 말한다. "道를 먼저 밝혀야만 하니, 진실로 우뚝하게 도에 견해가 있으면 몸으로 체득하고 마음에서 깨달아 말로 드러난 것은 자연히 깊고 평이하며 맑고 우아하여, 한결같이 正道에 맞게 되어 초연히 타고난 성품과 학문이 드러남을 얻게 될 것이니, 저 중화의 선비를 어찌 두려워하겠는가?"[32]

31 洪汝河, 「文苑傳」, 『木齋集』 권10. "東方之士, 若崔文昌 · 李益齋 · 牧隱, 北學於中國, 文章號稱爾雅. 然終不能若彼之盛也, 其餘數者, 或薾而不振, 或俚而不雅, 則工程局之也.".

32 洪汝河, 「文苑傳」, 『木齋集』 권10. "吾東以平易爲主, 然得其門而入者寡矣. 不得其門, 則不可謂之文也. 故曰, '莫若先明乎道, 誠卓然有見乎是, 則體之於身, 會之於心,

그는 우리나라 문장이 추구하는 풍격이 평이平易함이라고 밝힌다. 문장에서의 평이한 풍격은 도道를 위시한 문장관에서 필연적으로 도출되는 것으로, 도학道學 공부가 전제되어야 함은 물론이다. 몸과 마음으로 도를 깨달은 사람의 문장은 저절로 깊고 평이하며 맑고 우아해져서 대가大家의 반열에 오르는 것이다. 그가 대가의 문체에 대해 논하면서 그 일례로 양촌陽村 권근權近의 글이 평이하게 늘어놓으면서도 침착하게 변화하고 있음을 지적한 것도 도학가로서의 권근이 남긴 문장을 높이 평가한 것이라 할 수 있다.[33] 결국 홍여하는 여느 고문가 혹은 도학가들과 마찬가지로 도학 공부에서 발현된 순정하고 평이한 문장을 이상향으로 삼고 있다.

그렇지만 이상적 문장을 위한 방법론은 작가들마다 다르기 마련이다. 독서讀書의 방법, 독서의 대상, 서평書評 등 독서론을 내세울 수 있고, 산문 자체에 대한 수사학을 내세울 수도 있으며, 더 깊이 있는 학문 연마를 요구할 수도 있는 것이다. 홍여하는 이 중에서 구법句法이라는 산문 수사법에 기초하여 이상적 문장을 성취하고자 한다. 다음의 편지글은 홍여하가 이선李瑄(1640~1687)에게 작문作文할 때의 구법을 피력한 것이다. 그는 우리나라 문장의 가장 큰 병폐로서 구법에 대한 몰이해를 꼽고 있다. 여기서의 구법은 자구字句와 편장篇章을 아우르는 개념으로, 산문 창작이론에서 일컬어지는 편장자구법에 해당한다.

而其見於言者, 自然沖夷渾雅, 一軌于正道, 超然有得於氣稟工程之表矣, 彼中國之士, 何足畏也哉?'"

33 洪汝河, 「與李大方」, 『木齋集』 권4. "大家文體, 固不必專以此爲貴也. 夫文體以森嚴典則爲主, 君子好尙, 恐在此而不在彼也. 譬諸人物德性, 其理亦然, 嗇夫之喋喋, 豈賢於絳侯之木訥耶? 如陽村文字, 平鋪放著, 沈鬱頓挫, 非今日務爲尊經者所可彷彿萬一也."

전에 받은 편지에서 句法에 대해 물었는데, 우리나라 문장가는 구법에는 전혀 마음을 쓰지 않으니, 나인들 또 무슨 방법으로 알 수가 있겠는가? 두서너 해 전부터 비로소 구법을 연구해야겠다고 생각했으나, 아직 얻은 바가 없다네. 대개 作文에서 구법은 군사를 다스림에 먼저 대오를 정비하는 법[伍法]을 맺는 것과 같으니, 伍法이 분명하지 않으면 백만의 병사라도 쓸 데가 없다네. 작문에 구법이 없으면, 큰 바다가 뒤집히는 파도의 기세가 있더라도 글을 아는 자의 한번 비웃음꺼리도 되지 않아 볼만 한 것이 없다네. 다만 큰 바다에 물결이 치는 것 같은 필력은 요컨대 구법을 좇아서 발전하여 나온 것으로, 우리나라의 문장가들은 구법을 깨우치지 못했으므로 또한 이런 대가의 솜씨가 없는 것이 당연한 이치라네.

대개 글자가 모여서 句가 되며, 한두 자에서 십여 자가 한 구가 되네. 그 중 글자의 의미가 긴요하고 중요한 것은 뽑아서 구의 첫머리에 두고, 이어지는 글자와 앞뒤가 섞이지 않아야 하며, 구의 마지막 글자와 照應해야 한 구가 완성된다네. 『漢書』의 '상제는 짐이 본래 친히 郊祀를 지내지만 후토에는 친히 제사할 수 없다'와 같이, 글자를 배치하는데도 선후가 있음을 볼 수 있네. 晦庵의 수많은 편지들의 구법은 하나하나 이와 같네. 구가 모이면 章句가 되는데, 가장 중요한 것은 章의 첫머리에 두되 이어지는 구와 이어지고 끊어짐이 분명해야 하며, 마지막 구가 첫 구와 상응이 되도록 구를 맺은 뒤에야 한 장이 완성된다네. 다음 장은 첫 장을 이어받는 것이 중요하니 다른 뜻을 끼워 넣어서는 안 되며, 셋째 장도 두 번째 장을 이어받는 것이 중요하네. 장이 모이면 篇이 되며, 마지막 장과 첫 번째 장이 상응하도록 연결해야 한 편이 완성된다네.[34]

34 洪汝河, 「答李奉彦」, 『木齋集』 권4. "前者得書, 辱詢句法, 東國文章家, 於句法, 全然放倒, 雖僕亦何由曉得耶? 自年前始知尋討句法, 謂之有所得則未也. 大抵作文句法, 猶治軍, 先結伍法, 伍法不明, 雖百萬兵, 無所用之. 作文無句法, 則雖有大海飜瀾之勢, 不滿識者之一哂, 無足觀也已. 第大海飜瀾之筆力, 要從句法中推演出, 吾東不曉句法, 故亦無此大家數理勢然也. 大抵累字爲句, 一字二字可至十餘字爲句. 其中字意緊重者, 撥轉居之句首, 聯接字, 要不錯先後, 至句末字照應, 然後方爲一句. 如漢書上帝朕本親郊, 而后土不得親祀, 可見下字有先後處也. 晦庵許多書牘, 句法箇箇如此. 累句爲章句, 緊重者居章首, 聯接句, 皆要歷落分明, 至末句與首句, 相應結之,

편장자구법은 산문 창작에 있어서 구성이나 안배, 조직 등을 가리키는 용어로 작품 내부의 조직형태를 의미한다. 우리나라의 문장가들이 위와 같은 편장자구법을 논의한 예는 적지 않다. 홍여하가 살았던 시기는 산문 창작론에 있어 편장자구의 작법作法에 대한 관심이 증대되는 시기였으며, 특히 언어 표현의 가공과 단련의 문제, 즉 문채文采의 필요성과 중요성에 대한 인식이 강화되어 나타나고 있었다.[35]

일찍이 허균許筠(1569~1618)은 「문설文說」이라는 글을 통해 산문 작법을 편법, 장법, 자법 등 세 가지로 나누어 설명했다. 홍여하가 자구에서 편장까지 이어지는 일련의 과정을 어떻게 직조해야 되는지를 강조했다면, 허균은 산문에서 보이는 편장자구의 다양한 양상을 나열하고 있다.[36] 장유張維(1587~1638)도 단편적이긴 하지만 편장자구법에 대한 의식을 피력한 바 있다.[37] 이렇듯 편장자구법에 대한 논의는 홍여하 이전에도 편폭과 내용을 달리하면서 종종 일어났지만, 홍여하의 언급처럼 문장의 대가가 되는 필수요건을 오로지 편장자구법에 귀결시키는 태도는 주목할 만하다. 또한 그가 작문의 구법을 군사를 정비하는 대오법[伍法]에 비유한 것은 바로 박지원朴趾源(1737~1808)이 "글자를 묶어 구절이 되고, 구절을 엮어 장절을 이루는 것은 부대의 대오隊伍 행진과 같다[束

然後方爲一章. 次章要承接首章, 不當揷入他意, 第三章, 又要承接次章. 累章爲篇, 末章與首章相應結撰, 然後方成一篇."

35 정우봉, 「조선 후기 산문이론의 전개와 그 성격(Ⅰ)」, 『한국문학연구』, 고려대 민족문화연구원 한국문학연구소, 2000, 161~164면.

36 許筠, 「文說」, 『惺所覆瓿藁』 권12. "當於篇法章法字法求之. 篇有一意直下者, 或鉤連筦鑰者, 或節節生情者. 或鋪敍而用冷語結者, 或委曲繁瑣而有法者. 章有井井不紊者. 有錯落而不雜者, 有若斷而承前繳後者, 有極冗有極短者, 有說不了者. 字有響處斡處伏處收拾處, 疊而不亂處, 强而不努處, 引而不費力處, 開闔處. 字不亮則句不雅, 章不妥則意不續. 二者備而乃可以成篇."

37 張維, 13則, 『谿谷漫筆』 권1. "凡作文之體, 篇章句字, 各有法則, 合字以爲句, 合句以爲章, 合章以爲篇, 未有以一句爲一章者也.."

字爲句, 團句成章, 猶隊伍行陣也]"[38]라고 언급한 편장법과 다르지 않음은 흥미롭다.

그렇다면 그가 전범으로 제시한 편장자구법은 어떠한 것인가? 결론적으로 말하면, 핵심[緊重]과 조응照應의 문제라 할 수 있다. 핵심이 되는 글자를 구절의 첫머리에 두고, 연접한 글자와는 앞뒤가 헷갈려서는 안 되며, 구절의 마지막 글자와는 조응을 해야 하는 것이다. 그 일례로서 홍여하가 언급한 『한서漢書』의 구절을 살펴보자. "상제는 짐이 본래 친히 교사를 지내지만 후토에는 친히 제사할 수 없다[上帝朕本親郊, 而后土不得親祀]"라는 구절에서, 핵심이 되는 글자는 '상제上帝'와 '후토后土'이다. 핵심이 되는 글자에 연접한 '짐본朕本'과 '부득不得'은 주체 다음에 붙어야하는 술어에 해당하는 것이고, 또한 핵심이 되는 주어가 구절의 끝에 있는 '친교親郊'와 '친사親祀'와는 서로 호응하고 있다. 이러한 자법字法의 운용에 기초하여 구절을 엮어 하나의 장절을 이루고, 각각의 장절이 모여 하나의 글을 완성하는 것이다. 그는 이러한 편장자구법이 체현된 것으로 주희朱熹의 문장을 꼽고 있다. 주희가 쓴 편지글, 그리고 『중용』과 『대학』의 서문과 『사서집주四書集註』의 문맥[血脈]을 깊이 완색하며 익숙하게 관찰하여 글자 놓는 법을 배우게 된다면 구법에 환하게 될 수 있음을 강조하였다.[39]

---

38 朴趾源, 「騷壇赤幟引」, 『燕巖集』 권1. "善爲文者, 其知兵乎? 字譬則士也, 意譬則將也. 題目者, 敵國也, 掌故者, 戰場墟壘也. 束字爲句, 團句成章, 猶隊伍行陣也 ; 韻以聲之, 詞以耀之, 猶金鼓旌旗也. 照應者, 烽埈也, 譬喩者, 遊騎也. 抑揚反復者, 鏖戰撕殺也. 破題而結束者, 先登而擒敵也. 貴含蓄者, 不禽二毛也. 有餘音者, 振旅而凱旋也."

39 洪汝河, 「答李奉彦」, 『木齋集』 권4. "後就庸學序文集註, 潛玩血脈, 熟觀而則字下法, 則句法可以了然無疑.." ; 「答李奉彦」. "前詢屬文句法, 要先占正當路脈, 然後論其巧拙. 門路錯, 雖工無益. 莫如熟看四書集註血脈, 儘枝枝葉葉有相對, 當處妙處, 殆難形言."

한편, 홍여하는 편장자구를 연마하는 교재로서 주희의 『사서집주』 뿐만 아니라, 『사기』와 『좌전』을 언급하였다. 우리나라 문장이 조응과 정밀함이 부족한 것은 모두 『좌전』을 읽지 않는 데서 기인한 것임을 지적하였다. 이는 그가 『좌전』이야말로 조리條理와 맥락脈絡을 잘 갖추어진 글이라고 인식했기 때문이다. 다음의 편지글은 이윤해李允諧에게 보낸 것으로, 이러한 의식이 잘 드러나 있다.

> 우리나라 사람들은 『사기』를 읽는 것은 좋아하지만, 『좌전』을 읽는 이는 거의 없습니다. 『좌전』은 條理와 脈絡을 주로 삼으니 후세의 글보다 상당히 정교합니다. 우리나라의 글은 비록 때로 좋은 곳은 있으나 모두 문장의 照應과 정밀하고 분명함[精明]이 부족한 것은 『좌전』을 읽지 않기 때문입니다. 韓文公이 『좌전』을 쓸데없이 과장하였다고 지목하였는데 그의 생각은 이유가 있겠지만 우리나라 사람이 지나치게 그를 믿고 마침내 그렇다고 여기니 아마도 바보 앞에서 꿈 이야기를 하는 것이 아니겠습니까? 근래에 한유의 글 모두를 읽어보니 모두 『좌전』을 좇아 미루어 넓혀 나온 것이 분명하여 숨길 수 없습니다. 어찌 한유만 그러하겠습니까? 晦庵의 『사서집주』의 문법과 문맥[血脈]이 모두 『좌전』의 門戶를 따라서 나온 것으로 모두 이어지고 끊어짐이 있습니다.[40]

홍여하는 『좌전』의 탁월한 문장 구성을 언급하기에 앞서, 『사기』와 『좌전』의 풍격을 열거하고 있다. 『사기』는 툭 트이고 시원스러우며[疏爽], 『좌전』은 정밀하면서 치밀하기 때문에 이 두 가지의 특장을 겸한

40 洪汝河, 「答李允諧」, 『木齋集』 권4. "東人好讀馬, 讀左者絶無焉. 左氏以條理脈絡爲主, 精巧甚於後世. 吾東文字, 雖時有好處, 全欠照應精明, 坐不讀左耳. 韓文公目左氏以浮誇, 其意有在, 東人偏信之, 遂以爲然, 殆不亦癡前說夢矣乎? 近來窺破昌黎一生文字, 皆從左氏推演出, 分明諱不得也. 豈唯韓子哉? 晦庵四書集註文法血脈, 皆從左氏門戶中來, 儘有歷落."

뒤에야 껄끄럽거나 번다한 폐단이 없는 훌륭한 문장을 지을 수 있다고 하였다.[41] 그런데 그는 이 중에서도 특히 『좌전』을 강조하고 있다. 우리나라 문장가들이 『좌전』을 경시하게 된[42] 이유에 대해서, 한유韓愈가 「진학해進學解」에서 단편적으로 언급한 "『좌전』은 쓸데없이 과장하였다[左氏浮誇]"라는 말을 맹목적으로 추숭하였기 때문이라고 하였다. 사실 한유가 지적한 『좌전』의 '부과浮誇'라는 것은 기사記事와 그 표현에 있어서의 과장이지, 홍여하가 주목하는 문장 내의 조리와 맥락과는 다른 차원의 것이다. 그러므로 조리와 맥락에 주목한 그의 입장에서 보면 한유의 글 역시 『좌전』을 벗어나지 않으며, 나아가 주희의 『사서집주』 역시 그 문법과 문맥이 모두 『좌전』에 닿아 있다고 말할 수 있는 것이다.

여기에서 간과할 수 없는 것은 문장의 전범으로서 『좌전』을 강조한 그의 입장과 주희의 『사서집주』의 연원을 『좌전』에서 찾고 있는 그의 견해이다. 우선, 『사기』와 『좌전』을 강조하는 그의 입장은 일견 명대明代 전후칠자前後七子 즉, 진한고문파秦漢古文派를 연상케 한다. 주지하다시피, 이들은 『사기』와 『좌전』를 비롯하여 『한서漢書』와 『국어國語』 등 진한시대의 산문을 종주宗主로 삼는다. 그러다보니 자구의 운용이 당대의 시문時文과 괴리되고, 이로 인해 자구만을 모의하여 험벽하고 난삽하다는 평가를 받게 된다. 물론, 유몽인柳夢寅(1559~1623)처럼 『좌전』이 오

41 洪汝河, 「答李允諧」, 『木齋集』 권4. "不讀馬則已, 旣讀, 左氏不可不讀也. 中國人讀馬者, 必讀左, 要以相資而盡其美也. 蓋左精而馬粗, 馬疏爽而左工緻. 讀左而不讀馬, 必有澁滯之患, 讀馬而不讀左, 則踔厲壯浪而欠裁約. 必取而相資, 然後全其美, 而無二者之患也."

42 대표적으로 李宜顯(1669~1745)을 꼽을 수 있다. 그는 『좌전』이 너무 浮誇하여 비교적 글이 簡奧하고 의리가 純正한 『公羊傳』·『穀梁傳』과는 비교도 안 된다고 비판하였다. 李宜顯, 「陶峽叢說」, 『陶谷集』 권28. "今則尤無治公·穀者. 公·穀雖或有違戾於聖人本旨者, 大較文字簡奧, 義理純正, 大非左氏浮誇之比, 而擧世主彼而棄此, 亦後世尙華不務實之病也歟?"

히려 간결하면서도 상세하여 말이 요약되었다[43]고 자구의 층위에서 긍정하는 의견도 보인다. 그런데 홍여하가 『좌전』에서 배우고자 하는 것은 자구의 층위가 아니라 오히려 편장의 층위, 즉 문장 내의 조리와 맥락이다. 그리고 이러한 『좌전』의 편장법이 『사서집주』에 적용된다는 그의 견해는 다음의 글에서 이해할 수 있다.

> 『中庸』과 『孟子』 등의 책에 註를 단 방법을 살펴보니, 모두 첫 大文을 綱領으로 삼고, 아래 문장들이 구절마다 상응하며, 關鍵이 매우 치밀하여 가득찬 물이 새지 않는 것과 같습니다. 朱先生의 긴요함[喫緊]과 精力이 모두 여기에 있습니다.[44]

주희가 남긴 『사서집주』에 대해 편장의 측면에서 평가한 것이다. 첫 대문大文을 강령綱領으로 삼아서 그 이하 문장들을 상응하게 만들었으며, 문장 사이의 관건關鍵을 매우 치밀하게 구성하였다는 것이다.[45] 이러한 평가는 앞서 살펴본 「답이봉언答李奉彦」에서의 편장자구법과 일치하고 있다. 한편, 『좌전』은 경문經文, 大文과 전문傳文으로 구성되어 있으며, 짤막한 경문의 기사에 대한 부연 설명을 전문을 통해 밝히고 있다. 간혹 하나의 경문에 대한 여러 개의 전문이 달리기도 하는데, 2개 이상

43 柳夢寅, 「與尹進士書」, 『於于集』 권5. "左氏簡而詳也, 故語約而不遺纖微."

44 洪汝河, 「答柳拙齋」, 『木齋集』 권4. "竊見中庸・孟子等書註法, 皆以初大文爲綱領, 而下文節節相應, 關鍵甚密, 盛水不漏. 朱先生喫緊精力, 都在此處."

45 예컨대, 朱熹의 「中庸讀法」을 보면 편장과 관련한 다음과 같은 서술이 있다. "讀書, 先須看大綱, 又看幾多間架, 如'天命之謂性, 率性之謂道, 修道之謂教', 此是大綱, '夫婦所知所能, 與聖人不知不能處', 此類是間架. 譬人看屋, 先看他大綱, 次看幾多間, 間內又有小間, 然後方得貫通."; "中庸, 當作六大節看, 首章, 是一節, 說中和, 自'君子中庸'以下十章, 是一節, 說中庸, '君子之道費而隱'以下八章, 是一節, 說費隱, '哀公問政'以下七章, 是一節, 說誠, '大哉聖人之道'以下六章, 是一節, 說大德小德, 末章, 是一節, 復申首章之義."

의 전문일지라도 반드시 경문에서 언급한 인물, 사건 등에 대해서만 일목요연하게 서술하고 있다. 홍여하는 이러한 『좌전』의 경문과 전문의 구성과 연결 방식이 바로 주희의 집주集註 구성에 맞닿아 있다고 주장한 것이다.

지금까지의 논의를 정리해보면, 홍여하는 도학이 전제된 훌륭한 문장을 짓기 위해서는 우선 산문 창작에 있어서 오로지 편장자구를 연마해야 하는데, 그 전범은 『좌전』 그리고 주희의 『사서집주』인 것이다. 이런 논의의 과정에 덧붙여 홍여하는 다음과 같이 말한다.

> 우리나라 사람은 늙을 때까지 시문을 지으면서도 끝내 朱熹의 門路도 깨우치지 못하는 것은 또한 『좌전』을 읽지 않기 때문입니다. 그러나 『좌전』과 『사기』를 읽고 회암의 『사서집주』를 읽지 않으면 오히려 옛 것에만 치우쳐 事情에 절실하지 못하게 됩니다. 그대가 이미 『사기』 읽기를 좋아하고 지금 『좌전』을 보려하니 여기에서 그칠 것이 아니라 바로 그 회암의 글을 읽어 路脈을 깨우쳐야 합니다. 더욱이 이를 통해 경서의 立言한 뜻을 구한다면 아마도 깨우치고 해득할 이치가 있을 것입니다! 바른 문로를 얻어 들어가지 않는다면 아무리 힘쓰고 고생하여도 오히려 헤매고 어둡게 되니 무슨 유익함이 있겠습니까? 모름지기 『좌전』와 『사기』를 읽고서 회암를 구하고, 회암의 글을 읽고서 六經을 구하면, 분명 서로 어그러지지 않으니 천만번 노력해야 합니다.[46]

46 洪汝河, 「答李允諧」, 『木齋集』 권4. "我國人至老做文章, 終不曉晦庵門路, 亦坐不讀左耳. 雖然讀左・馬, 而不讀朱註, 則猶爲僻古, 而不切事情. 見左右旣好讀馬, 今欲其讀左, 非謂如是而止, 正欲其讀晦庵, 以曉路脈. 況由是以求之經中立言之旨, 庶有悟解之理也哉! 不得其門而入, 雖用力專苦, 轉見迷闇, 何益哉? 須讀左・馬, 以求晦庵, 讀晦庵, 以求六經, 斷不相誤, 千萬努力."

여기서 홍여하는 『좌전』과 『사서집주』의 중요성을 양자의 상호관계에서 밝히고 있다. 『좌전』의 편장을 익히 연마한 사람만이 『사서집주』의 문맥과 도의道義를 깨우칠 수 있고, 『사서집주』의 문맥과 도의를 제대로 이해해야 『좌전』의 한계에서 벗어나 육경六經에 이를 수 있는 것이다. 즉, 『좌전』을 통해 『사서집주』로 이어지는 편장 공부의 의의는 산문창작의 국면에서만 찾을 수 있는 것이 아니라, 주희의 도의를 깨우쳐 육경의 온전한 이해까지 나아가는 도학 공부와 직결되어 있음을 알 수 있다.

그렇다면 17세기 영남 남인이었던 홍여하가 강변한 『좌전』과 『사서집주』를 통한 구법 연마가, 당대 진한고문을 추숭한 근기 남인의 그것과는 어떻게 변별할 수 있을까? 예를 들어, 근기 남인 계열의 허목許穆(1595~1682)과 신유한申維翰(1681~?)은 친절한 문맥의 이해와 자구의 평이한 표현을 일삼는 주소어록체注疏語錄體에 대해 폄하하였지만,[47] 홍여하는 오히려 산문창작의 마지막 귀결처로 삼고 있다. 이는 그들과 달리 홍여하가 주소어록체의 편장에 주목했기 때문이다. 또한, 그들이 진한고문의 구기口氣를 체득하자는 슬로건을 내세우면서 자구 모의模擬에 대한 혐의를 벗어나고자 했다면, 홍여하는 진한고문의 편장법을 통해 그 혐의를 벗으려는 시도를 한 것이다.

산문 창작의 요결처要訣處로서 편장자구를 제시한 홍여하의 글들을

47 허목은 명백한 내용 전달과 친절한 설명을 위하여 문체상의 '煩蔓'을 문제 삼지 않는 주소어록체는 진정한 의미에서의 古文과는 거리가 멀다고 하였고, 신유한은 주소어록체의 단점으로 虛字를 많이 사용하여 의미맥락을 분명히 함으로써 누구나 쉽게 이해할 수 있는 平易한 표현으로 풀어 쓴 점을 꼽고 있다.(송혁기, 『조선후기 한문산문의 이론과 비평』, 월인, 2006, 89~91면)

살펴보았다. 그가 살았던 시기를 전후하여 편장자구에 대한 논의가 다기하게 제시되었는데, 가장 집약적으로 논의된 것으로는 김창협金昌協(1651~1708)의 『농암잡지農巖雜識』를 꼽을 수 있다. 그러므로 홍여하의 논의가 산문 이론사에서 지니는 의의는 일개 양상에 불과할 것이다. 그렇지만 문장의 대가가 되는 필수요건을 오로지 편장자구법에 귀결시키는 태도, 그 전범의 텍스트로서 『좌전』과 『사서집주』를 거론하고 있는 점, 편장의 이해를 통한 육경의 온전한 체득, 근기 남인과는 차별되는 진한고문의 수용 양상 등은 산문 이론사에서 주목해 볼 만한 것이라 생각된다.

3) 산문 비평 양상

홍여하가 명대 전후칠자를 어떻게 수용하고 또 극복하려고 했는지를 고찰하고자 한다. 그는 명대 전후칠자가 전범으로 삼은 텍스트를 인정하되, 자구 모의에 대해선 비판하였다. 물론 이것은 이들과 대척점에 있던 당송고문을 추숭한 일련의 무리들뿐만 아니라, 진한고문을 추숭한 이들 역시 자각했던 사안이다. 그러므로 어떻게 이것을 극복하려고 했는지는 다양하게 제기되었다. 앞에서 언급한 것처럼, 일각의 진한고문가들이 진한고문의 구기口氣를 체득하자는 슬로건을 내세우면서 자구 모의를 극복하려는 시도가 있었다면, 홍여하는 진한고문의 편장법 체득을 내세웠다.

홍여하의 이러한 편장법에 대한 관심은 당송고문에까지 이어졌는데, 편장법을 위시한 당송고문 비평은 명대 전후칠자를 극복하는 하나의 계기를 마련하게 된다. 다음은 그가 한유의 비지문碑誌文 독법讀法을 구체적으로 밝히고 있는 부분이다.

> 韓愈의 碑文을 읽는 법은 體制가 대개 세 가지가 있습니다. 墓誌는 짧은 글로 수십 행을 넘지 않지만, 首尾와 關鍵이 되는 부분이 반드시 相應되는 곳이 있어야 하니, 예컨대 「唐故河南令張君墓誌銘」에서 '모두 남쪽 지역 현령이 되었다[俱爲縣令南方]', 「唐河中府法曹張君墓碣銘」에서 '어린 아이 변[嬰兒汴也]', 「貞曜先生墓誌銘」에서 '鄭·郢은 모두 강남 지역' 등이 이러한 부류입니다. 또한 盧東美를 위해 지은 「考功員外盧君墓銘」은 관건이 상세·치밀하고 중복되며, 글자마다 상응하므로 銘에서 다시 언급하지 않았습니다. 「平淮西碑」와 「衢州徐偃王廟碑」 등 장편의 글은 서두와 끝부분이 반드시 상응하지는 않은데, 어째서이겠습니까? 장차 銘文 중에서 거듭 펼쳐 서술하여, 하나하나 서문과 더불어 상응하고 關鎖하기 때문입니다. 또한 편폭의 대소에 관계없이, 명문을 시작하는 글자는 자주 서문의 시작하는 글자를 취하여 썼습니다. 그래서 孔戡의 묘지명[孔司勳墓誌]에서는 첫 머리에 '孔君'이라 칭하였으므로 명의 첫 머리에 '允義孔君'이라 하였고, 張徹의 묘지명[張給事墓誌銘]은 첫머리에서 그 이름을 불렀으므로 명에서 '嗚呼徹也'라고 말하였고, 子厚의 묘지명[柳子厚墓誌銘]에서는 시작부분에서 '子厚'라 칭하였으므로 명에서 '是惟子厚之室'라 말하였고, 「정요선생묘지명」·「평회서비」·「구주서언왕묘비」 등이 모두 그러합니다. 이 법을 익숙히 보아 환하게 깨달으면, 『사서집주』의 門戶를 깨달을 수 있습니다.[48]

한유의 비지문 독법이라고 명명했지만, 기실 홍여하가 제시한 하나의 비지문 창작법이라 할 만하다. 그는 비지문 구성 체제體制에 있어서 수

48 洪汝河, 「答朴定卿」, 『木齋集』 권4. "讀韓碑法, 則體制大槩有三. 墓誌小文字, 雖不出數十行, 首尾關鍵, 必有相應處, 如云'俱爲縣令南方', '嬰兒汴也'. '鄭·郢皆在江南'之類. 且如盧東美誌文, 關鍵詳密重複, 字字相應, 故不復爲銘也. 如平淮西·徐偃王等大文字, 序末不必相應, 何者? 將就銘文中重鋪敍, 一一與序文, 相應關鎖故也. 又勿論篇大小, 銘文起頭字, 輒取序文起頭爲之. 故孔戡序, 首稱'孔君', 故銘首曰, '允義孔君', 張徹則首稱其名, 故銘曰, '嗚呼徹也.' 子厚首稱'子厚', 故銘曰, '是惟子厚之室', 孟貞曜·平淮西·徐偃王碑, 皆然. 熟看此法透得, 則可以曉四書註門戶矣."

미상응의 세 가지 법칙을 지적한다.

> ① 짧은 비지문 일지라도 수미·관건의 상응처가 있어야 함
> ② 긴 비지문은 銘文을 통하여 수미를 상응하게 해야 함
> ③ 명문을 시작하는 글자는 서문의 시작하는 글자를 사용함

①, ②, ③ 세 가지 법칙은 모두 비지문에 있어서 수미·관건의 조응 문제가 명문銘文을 어떻게 운용하느냐에 달려 있음을 말한 것이라 할 수 있다. ①의 법칙은 "현령남방縣令南方", "영아嬰兒", "풍영酆郢" 등 각 작품의 핵심 단어들을 글의 서두와 말미에 글자 그대로, 혹은 어법을 달리하여 재차 서술함으로써 전편의 맥락이 관통하도록 하는 것이고, ②의 법칙은 비교적 긴 편폭의 비지문을 서술할 때 명문을 이용하여 전편의 핵심 내용들을 총괄함으로써 수미상응 효과를 내게 하는 것이며, ③의 법칙은 바로 이러한 효과를 내게 하는 명문의 기술記述 방법을 제시한 것이다. 김창협 역시 한유 비지문에 있어서 명문의 운용을 지적한 바 있는데,[49] 이것은 한유가 해당 인물의 인품과 용모를 표현할 때 간결한 명문을 사용하여 읽는 이에게 깊은 인상을 주게 하였음을 김창협이 고평한 것이다.[50] 그러므로 홍여하가 수미상응을 이루게 하는 관건과

49 金昌協, 「雜識·外篇」, 『農巖集』 권34. "韓文如孔左丞墓誌敍, 歷官行事頗該, 而顧不詳其爲人, 似簡略. 然銘云, '白而長身寡笑與言', 只此八字, 孔公之容貌氣象, 宛在目中. 又序中, 載公請留疏云, '守節淸苦, 論議正平, 憂國忘家, 用意至到', 則其爲人大體, 尤可具見, 固不待復煩敍述也. 王弘中誌文, 亦於銘中, 詳其爲人曰, '氣銳而方, 又剛而嚴. 愛人盡己, 不倦而止. 與其友處, 順若婦女', 王之資稟性行, 盡於此, 皆可法也."

50 한편, 이러한 명문의 효과는 앞의 내용을 반복하지 않기 때문에 간결하면서도 효과적으로 인물을 부각시킬 수 있는 장점이 있다.(안득용, 「16세기 후반~17세기 전반 비지문의 전범과 서술 양상에 대한 고찰」, 『한국한문학연구』 39, 2007, 228~229면)

운용으로서의 명문을 거론한 것과는 차이가 있다.

한편, 홍여하는 한유의 비지문 독법과 함께, 운자韻字를 사용한 장법章法을 지적하기도 하였다. 예컨대, 진덕수眞德秀가 「심경찬心經贊」을 지으면서 평성平聲－거성去聲－평성平聲으로 운을 변용하면서 장章을 구성한 점, 두보杜甫의 시는 사운四韻 단위로 두 개의 장章으로 구분하여 의미를 이해해야 됨[51]을 피력한 것은 편장법에 대한 그의 높은 관심을 여실히 보여주고 있다. 또한, 그는 한유의 비지문 독법, 두시 독법 등을 거론하면서 그 귀결처가 바로 사서집주에 대한 독법임을 다시 한 번 강조하고 있다.

그렇다면 홍여하가 편장법을 위시하여 당송고문, 그것도 비지서사에 중점을 두어 비평하게 된 원인은 무엇일까? 미리 말하자면, 진한고문을 문장에서의 정법正法으로 여기는 문장가들이 항상 직면하게 되는 문제, 즉 명대 전후칠자의 아류라는 혐의를 씻어버리기 위한 하나의 방편이었다.

우선, 명대 전후칠자에 대해 홍여하가 남긴 비평을 살펴보자.

> 우리나라에서 문장이 뛰어난 자는 괴이한 소리[詭音]와 표절[竄句]에 힘쓰면서 스스로 『史記』와 『漢書』를 본받았다고 하지만, 그 품격과 역량을 말한다면 晩宋에도 미치지 못한다. 문장이 하찮은 자는 섬약하고[纖脆] 거칠고 상스러우며[粗諺], 가볍고 약삭빠르고[輕儇] 산만하지만[決裂], 스스로 옳다고 여기며 중국을 낮추어 본다. 말이 嘉靖·隆慶에 미치면 옥

51 洪汝河, 「答朴定卿」, 『木齋集』 권4. "西山心經贊章法, 最好看. 首章押平, 次章押上去, 第三章, 又押平, 迭押高低, 井然不紊. 晦庵諸箴亦然, 須看得不放過, 儘有意味也."; 같은 글. "又如看杜詩法, 以四韻分爲二章, 則其意自躍如矣. 岳陽樓四韻, 精神意趣, 都在'今上岳陽樓'五字上. 蓋'吳楚之坼', '乾坤之浮', 今始因上此樓而後覺得故也. '親朋老病'之句, 別爲一段, 與'戎馬關山'之句, 相應. 他篇及百韻, 皆用此法."

> 술잔처럼 평소 쓸데가 없고 표주박처럼 쓸모없는 것이라 하니, 진실로 자기 자신을 헤아리지 못할 뿐이다. 가정·융경 연간의 글은 진실로 험하고 괴이하지만[險怪], 門路는 또한 바르다. 특히 재료로 삼은 것이 모두 『左傳』, 『國語』, 『荀子』, 『사기』로, 우리나라 사람들은 알지 못하고서 헐뜯을 뿐이다. 우리나라는 平易한 것을 으뜸으로 하지만, 바른 문로를 얻어서 들어가는 이가 드물었다. 바른 문로를 얻지 못하면 文이라고 할 수 없다.[52]

우리나라에서 『사기』와 『한서』를 통해 문장을 연마한 이들, 이른바 진한고문가들의 한계를 "섬약[纖脆]", "거칠고 상스러움[粗諺]", "가볍고 약삭빠름[輕儇]", "산만함[決裂]" 등으로 나열하고 있다. 마찬가지로 명대 전후칠자 역시 옥 술잔처럼 예쁘기만 하고 평소에는 쓸데가 없으며, 문사가 험하고 괴이하다고[險怪] 비판하고 있다. 홍여하는 이런 한계와 문제점은 바로 전범을 배우는 자들이 핵심은 이해하지 못하고, 지엽적인 국면에만 치중한 데에서 비롯되었음을 간파하였다. 이렇게 진한고문의 자구와 같은 지엽적인 학습에서 벗어나지 못한다는 비판은 홍여하 뿐만 아니라, 당송고문가들 역시 빈번하게 지적하였다. 그래서 당송고문가들은 당송고문을 통해 그들의 문로를 열게 되었는데, 그럼에도 불구하고 홍여하는 진한고문을 여전히 바른 문로임을 고수하였고, 그 바른 문로의 체득은 편장법 학습에 있음을 강조하였다. 위에서 살펴본 한유의 비지문 독법은 겉으로는 당송고문 학습을 주장하여 진한고문의 습기를 제거하려는 노력의 일환으로 보이기도 하지만, 기실 한유 문장의 원천으로 『좌

52 洪汝河, 「文苑傳」, 『木齋集』 권10. "高者, 務詭音竄句, 自謂標軌史·漢, 然語其格力, 猶不逮晩宋. 下者, 纖脆粗諺, 輕儇而決裂, 方自以爲是, 俯視中國. 語及嘉隆, 則謂玉巵無當, 瓠落無用者, 眞不自量已. 夫嘉隆誠險怪矣, 門路亦正. 特其庀材也, 皆左·國·荀·馬, 東人不知而訾之耳. 吾東以平易爲主, 然得其門而入者寡矣. 不得其門, 則不可謂之文也."

전』을 지적한 홍여하이었기에, 진한고문의 전범성을 더욱 더 부각시키려는 의도가 담겨 있음을 간과할 수 없다.

다음은 왕세정王世貞의 자구 모의를 비판한 김창협의 언급으로, 홍여하가 편장법에 기초한 논의를 피력할 수밖에 없었던 단서를 볼 수 있다.

> 王弇州는 스스로 班固와 司馬遷을 배웠다고 여겼다. 그는 碑誌敍事를 지을 때 있는 힘을 다해 모방하였는데, 마치 모방 자체로 고인을 좇으려는 듯하였다. 그러나 사실은 송나라의 歐陽修나 王安石에 훨씬 미치지 못하였다. ……(중략)…… 弇州는 고인이 글을 지을 때 이끌어 나가고 뒤섞는 오묘함은 모른 채 단지 자구로써 뒤따르거나 모방하려고 하였다. 그러므로 그는 비지서사를 지을 때 크고 작음과 중요한 정도를 막론하고 모두 쓰거나 다 기재하여 쓸데없이 길고 자질구레한 것들로 지면을 가득 채웠다. 강령과 안목을 이끌어 내어 집중시키는 것을 잘하지 못했으며, 수미와 본말은 전혀 신축이나 변화가 없었다. 제 스스로 風神과 景色이라 생각한 것들은 단지 사마천의 글자나 반고의 구절을 이용하여 꾸미거나 부회한 것에 불과하다.[53]

비지문에 있어서 반고班固와 사마천司馬遷을 배웠으나 그저 자구 모의에 그쳤을 뿐이고, 비지문 편장법의 핵심인 "강령을 이끌어 내고[提挈]", "구성을 안배하는[錯綜]" 방법에 대해선 소홀히 했음을 지적하고 있다. 한구정맥韓歐正脈을 표방한 김창협이 명대 당송파唐宋派와 그 궤를 같이하여, 왕세정을 비롯한 명대 전후칠자의 고문 학습을 이처럼 자구

53 金昌協, 「雜識·外篇」, 『農巖集』 권34. "王弇州自謂學班·馬. 其爲碑誌敍事, 極力摹畫, 若將以追踵古人, 而其實遠不及宋之歐·王. ……(중략)…… 弇州不知古人提挈錯綜之妙, 而只欲以句字步趣模擬. 故其爲碑誌敍事, 不問巨細輕重, 悉書具載, 煩冗猥瑣, 動盈篇牘. 綱領眼目, 未能挈出點注, 首尾本末, 全無伸縮變化. 其所自以爲風神景色者, 不過用馬字·班句緣飾傅會耳."

모의의 혐의로 비판하면서 그 대안으로 자구가 아닌 글 자체의 법도法度, 즉 편장법의 차원에서 고문을 배워야 함[54]을 역설한 것이라 할 수 있다. 『좌전』과 『사기』 등 진한고문 연마를 강조한 홍여하의 입장에서는 이와 같은 당송고문가들의 비판은 피할 수 없는 사안이었고, 이 때문에 그는 한유의 비문을 읽는 법 3가지를 편장법[수미, 관건, 관쇄, 조응의 구법]에 기초하여 제시함으로써 극복하고자 한 것이다. 게다가 진한고문, 당송고문을 막론한 편장법 연마가 결국은 사서집주의 그것으로 귀결되고, 사서집주의 노맥路脈을 체득함으로써 육경·성현의 도를 온전히 이해할 수 있다는 그의 논리는 모의와 표절 같은 잔단 혐의를 방지하는 것은 물론이고, "재도론載道論"·"관도론貫道論" 같은 피상적인 문학론에서 한층 구체화된 면모를 보이고 있다.

4) 역사의식과의 접점

지금까지 홍여하가 피력한 산문 창작론 및 산문 비평 양상을 살펴보았다. 그는 우선 산문 창작의 요결처로서 편장자구를 제시하였다. 물론, 경서經書에 침잠하고 역사학자로서 자임했던 홍여하가 보여준 일련의 산문 관련 이론 및 비평 의식들은 그에 대한 연구의 일부분에 불과하다. 게다가 본 연구의 주요 텍스트로 삼은 자료들이 대부분 그의 젊은 시절에 사유했던 이러저러한 단상이기 때문에 더욱 그러하다. 또한, 홍여하가 살았던 시기에 문인지식인으로서, 순문학純文學에 대해 확고한 의식을 가지고 입론立論한 이들이 과연 몇 명이었겠는가? 홍여하보다 30년 뒤에 태어났던 김창협이 산문 이론사에서 확고하게 입지를 굳히기까지는, 홍여하는 물론이고 동시대 대부분 문인지식인들은 산문 이론 및 산

54 송혁기, 앞의 책, 243면, 각주 93번.

문 비평에 대한 관심과 연구가 서서히 태동하는 단계로서 유의미한 언급들을 남겨 놓았을 뿐이다. 이러한 상황에서 홍여하가 문장의 대가가 되는 필수요건을 오로지 편장자구법에 귀결시키는 태도, 그 전범의 텍스트로서 『좌전』과 『사서집주』를 거론하고 있는 점, 편장의 이해를 통한 육경의 온전한 체득, 근기 남인과는 차별되는 진한고문의 수용 양상 등은 산문 이론사에서 주목해 볼 만한 것이라 생각된다. 한편, 홍여하가 당대 문학사조文學思潮로서 명대 전후칠자를 어떻게 수용하고 또 극복하려고 했는지를 고찰해 보았다. 그는 명대 전후칠자가 전범으로 삼은 텍스트를 인정하되, 자구 모의에 대해선 비판하였다. 그래서 일각의 진한고문가들이 진한고문의 구기口氣를 체득하자는 슬로건을 내세우면서 자구 모의를 극복하려는 시도와는 별도로, 그는 진한고문의 편장법 체득을 내세웠다. 이런 과정에서, 홍여하는 당송고문의 편장법, 그것도 비지서사에 중점을 두어 비평 작업을 하게 되는데, 그 이유는 진한고문을 문장에서의 정법正法으로 여기는 문장가들이 항상 직면하게 되는 문제, 즉 명대 전후칠자의 아류라는 혐의를 씻어버리기 위한 하나의 방편으로 보인다. 『좌전』과 『사기』 등 진한고문 연마를 강조한 홍여하의 입장에서는 당송고문가들의 비판은 피할 수 없는 사안이었고, 이 때문에 그는 한유의 비문을 읽는 법 3가지를 편장법에 기초하여 제시함으로써 극복하고자 한 것이다.

끝으로, 홍여하가 젊은 시절부터 말년까지 오랜 세월동안 심혈을 기울였던 역사 문제, 사서史書 편찬이 위에서 살펴본 산문 비평과는 어떤 관계를 맺고 있을지, 혹은 그 접점은 무엇인지를 대략적으로 살펴보자. 홍여하는 그의 나이 19살 무렵에 편찬한 『휘찬여사彙纂麗史』, 세상을 떠나기 2년 전인 53살 무렵에 편찬한 『동국통감제강東國通鑑提綱』을 통해

17세기 영남 남인의 역사의식을 대표적으로 보여주었다. 또한 그의 역사의식과 사서들은 이후 18세기 근기 남인 이익李瀷(1681~1763)과 안정복安鼎福(1712~1791) 등에게도 많은 영향을 끼쳤다.

홍여하가 편찬한 사서를 통해 명료하게 지적할 수 있는 특징은 정통론正統論과 강목체綱目體이다. 그가 내세운 정통론은 중국 문화를 이어받은 기자箕子를 중시하고, 기자 이후에 그 전통을 이어받았다고 생각하는 마한馬韓과 신라新羅를 한국사의 주류로 거론한 것이다. 17세기 초까지는 기자를 중심으로 하는 역사의식이 이어져 왔지만, 삼한三韓과 삼국三國 시대까지 그 정통을 인정한 것은 홍여하가 처음이었다.[55] 한편, 그가 편찬한 『휘찬여사』는 『좌전』의 예에 의거해서 쓰고, 『고려사』의 사초를 수집하여 번거로운 것은 깎아내고 강목을 갖추어 요점을 뽑아 정리한 것이며, 『동국통감제강』은 기존의 『동국통감東國通鑑』을 산삭하고 주희의 『자치통감강목資治通鑑綱目』 체제를 사용한 것이다.

조선의 정통이 기자 이후 삼한과 삼국시대에 단절된 것이 아니라 계속 이어져 왔음을 주장한 것은 홍여하의 극단적인 상고의식尙古意識을 보여준다고 할 수 있으며, 사서의 서술에 있어서 기전체紀傳體가 아니라 강목체를 사용한 것은 일목요연한 구성과 맥락을 강조하는 그의 사유를 엿볼 수 있다. 앞에서 살펴본 그의 산문 창작론, 산문 비평이 『좌전』과 『사기』 등의 사서에 집중되어 있는 점이 평생에 걸쳐 공력을 들인 역사 문제와 맞닿아 있음은 물론이고, 구체적으로 표명한 진한고문, 『사서집주』의 정통성은 그의 극단적 상고주의 역사의식과, 그 정통성을 산문 작법의 하나인 편장법으로 귀결시키는 사유는 강목체 사서 서술 방식과 비교해 볼 수 있을 것이다.

55 장윤석, 앞의 논문, 36~38면.

3. 연암燕巖 박지원朴趾源의 '진眞' 문학론

1) 서론

이 글에서 주목하고자 하는 자료는 연암燕巖 박지원朴趾源(1737~1805)의 『공작관집孔雀館集』[56]으로, 안의현감 재직[1792년 이후] 중에 필사해 간직했던 수택본手澤本이다. 표제는 '공작관집'으로 '공작관'은 박지원이 1769년 무렵부터 쓰기 시작한 당호堂號이면서, 또한 훗날 안의현 관아 부속 건물에 붙인 이름이기도 하다. 이 책은 박지원의 개인 저작이 아니고 김성탄金聖嘆(1608~1661)과 원굉도袁宏道(1568~1610)의 글을 모은 것이다. 『공작관집』 1책에는 김성탄의 『관화당제육재자서서상기貫華堂第六才子書西廂記』에 있는 서문序文 2편, 독법讀法, 몇 종의 총평總評·협비夾批 등, 그리고 『관화당제오재자서수호전貫華堂第五才子書水滸傳』 서문 1편이 수록되어 있으며, 2책에는 원굉도가 지은 「광장廣莊」, 「병사甁史」, 「상정觴政」 등의 작품이, 3책에는 역시 원굉도가 지은 서문序文·기문記文·전장문傳狀文·소품문小品文 등 수 편이 수록되어 있다.[57]

56 『孔雀館集』의 원본은 日本 天理大學[今西龍文庫(9243-5)]에 소장되어 있고, 국립중앙도서관은 그 복사본을 소장하고 있다. 『今西博士蒐集 朝鮮關係文獻目錄』(日本 天理大 おやさと연구소, 1959)을 보면, "『孔雀館集』, 不分卷, 朴趾源編, 朝鮮, 鈔, 線三本."이라고 되어 있다.

57 『孔雀館集』은 실제 3冊으로 이루어져 있다. 각 책마다 수록된 글은 다음과 같다.(참고로 版心題는 "燕岩山房")
○ 1책 : "吳門 金仁瑞聖嘆 外書"(『莊子』를 내편·외편으로 구분하듯이, 박지원이 의도적으로 나눈 것으로 추측됨) / 西廂記序 2편, 西廂記讀法 18則, 西廂記篇題抄, 續西廂記評抄, 舊本序(水滸傳 序文)
○ 2책 : "公安袁宏道中郎著" / 「廣莊」(말미에 「答李子髯牘」 부기), 「甁史」(말미에 「答李子髯牘」·「題甁史」 부기), 「觴政」(말미에 「酒評」·「書遠柳浪文後」 부기)
○ 3책 : 원굉도의 小集에 대한 타인의 서문("遠石公集序"로 표기)과 원굉도 작품("遠石公文"으로 표기)으로 구성되어 있음 / 「甁花齋集序」(曾可前 지음), 「瀟碧堂集序」(雷思霈 지음), 「敝篋集序」(江盈科 지음). 「敍小修詩」, 「敍陳正甫會心集」, 「雪濤閣集

이 책의 가치에 대해서 김영진은 유만주兪晩柱(1755~1788)의 언급[58]으로만 남아 있던 '연암의 김성탄·원굉도 문장 애독'에 대한 물증이자, 그 애독이 젊은 날 한 때에 그친 것이 아닌 만년에까지 일관된 것이었음을 알려준다는 데에 있다고 논한 바 있다.[59] 한편, 강명관은 연암의 비평이 주체적으로 형성된 것이 아니라, 타자 – 양명학→이탁오→공안파로 이어지는 사유의 흐름 – 의 비평을 절취하여 성립한 명증明證으로써 이 『공작관집』을 지적한 바 있다.[60]

기존에 김성탄과 원굉도를 위시하여 박지원을 조명한 연구는 꾸준히 이어져 왔다. 앞서의 강명관을 비롯하여 심경호,[61] 이우일[62] 등은 원굉도를 초점으로, 한매,[63] 이승수[64] 등은 김성탄을 중심으로 박지원의 사상

序」, 「敍竹林集」, 「壽洪太母七十序」, 「徐文長傳」, 「拙效傳」, 「公安儒學梁公生祠記」, 「余大家祔葬墓石記」, 「禹穴」, 「鑑湖」, 「六陵」, 「五泄」, 「齊雲」, 「高梁橋遊記」, 「抱甕亭記」, 「文漪堂記」, 「由天地踰含皤嶺至三峽澗記」, 「開先寺至黃巖寺觀瀑記」, 「華山記」, 「遊蕪門山百泉記」/3책의 말미에는 藝文館 檢閱 李宜哲이 찬한 「平嶺南碑」가 함께 수록되어 있음. 「平嶺南碑」 작품 끝에 "藝文館檢閱李宜哲 撰. 碑在大邱府城南愍忠祠舊址"라는 내용이 기록되어 있음.

58 兪晩柱, 『欽英』 22책, 1786년 11월26일 조. "그[박지원]는 스스로 문장에 대해 다음과 같이 자부했다. '나의 문장은 左丘明·公羊高를 어루만진 것이 있고, 司馬遷·班固를 어루만진 것이 있으며, 韓愈·柳宗元을 어루만진 것이 있고, 袁宏道·金聖嘆을 어루만진 것이 있다.(其自許文章也則云, '吾之文, 有撫左·公者焉, 有撫馬·班者焉, 有撫韓·柳者焉, 有撫袁·金者焉.)."

59 김영진, 「조선후기의 明淸小品 수용과 小品文의 전개양상」, 고려대 박사논문, 104~105면.

60 강명관, 「공안파 비평에 대한 이해의 심화와 비평의 실천」, 『공안파와 조선후기 한문학』, 소명출판, 2007, 396~399면.

61 심경호, 「조선후기 한문학과 袁宏道」, 『韓國漢文學研究』 34, 한국한문학회, 2004.

62 이우일, 「원굉도와 박지원의 잡기류 소품문 연구」, 『한문고전연구』 7, 한국한문고전학회, 2003 ; 「원굉도와 박지원의 사상 비교연구」, 『한문고전연구』 8, 한국한문고전학회, 2004.

63 韓梅, 「朝鮮後期 金聖嘆 文學批評의 受容樣相 研究」, 성균관대 박사논문, 2002.

64 이승수, 「金聖嘆의 사유과 글쓰기 방식 –『貫華堂批第六才子書』의 批評을 중심으로–」, 『한국언어문화』 26, 한국언어문화학회, 2004 ; 「<虎叱>과 <許生傳>의 讀法

및 문예미학에 접근하는 시도를 하였다. 그 결과 조선후기 한문학, 특히 박지원 연구에 있어서 원굉도와 김성탄은 그의 사유에 지대한 영향을 미친 외재 요인으로 공공연하게 인정되기에 이르렀다. 본 연구자는 이러한 당대 문화 조류 및 영향 관계를 참고하여, 『공작관집』에 수록되어 있는 두 작가의 특정 작품을 대상으로 비교분석하여 박지원의 사유 혹은 문예미학에 접근하고자 한다. 이와 같은 작업이 비록 기존의 연구 성과를 재확인하는 데에 머물 수 있지만, 박지원이 '특수한' 이유로 엮은 자료집을 대상으로 하여, '자료집에 수록된 두 작가의 작품'을 통해 박지원의 그것과 비교하는 일은 특수성과 신빙성을 전제하기 때문에 유의미하다고 본다. 물론, 이와 같은 작업은 박지원이 만년에 이르도록 김성탄・원굉도의 문장을 애독했다는 물증에 대한 폭넓은 시각을 제공하고, 나아가 타자와의 영향 관계에서 박지원을 바라볼 수 있는 또 하나의 계기가 될 것임은 두말할 나위가 없다.

아래에서는 『공작관집』에 수록된 김성탄의 서문 3편과 원굉도의 서문 2편에 주목하여, '진眞'과 관련된 박지원의 문학론 일면을 고찰하는 데에 그 목적이 있다. 물론, 이전에 '진眞'과 관련하여 박지원을 연구한 성과가 없는 것은 아니다. 더욱이 '진眞'에 대한 담론은 박지원 연구에 있어 없어서는 안 될 테마로서 총체적이든 구체적이든 다양한 접근이 있었다. 그것들을 일별하면 크게 사실성寫實性과 진솔眞率[김도련],[65] 당대성・일상성・개별성[이현식],[66] 동심童心의 태도와 투철한 작가정신[박수밀],[67] 인

하나 - 金聖嘆 서사론의 적용 -」, 『고소설연구』 20, 고소설학회, 2005.

65 김도련, 「연암 문학에 대한 소고 - 고문론을 중심으로 -」, 『한국학논총』 2, 국민대 한국학연구소, 1981.

66 이현식, 「燕巖 朴趾源 文章의 硏究」, 연세대학교 박사학위논문, 1993.

식과 언어 차원에서의 진眞[강명관][68]의 등으로 나눌 수 있다.

이러한 연구 성과들을 참조하되, 다음과 같은 차별성을 염두하고서 타자-김성탄과 원굉도-와의 영향 관계 속에서 접근하고자 한다. 우선, 창작자의 특수성과 현재성이다. 이는 박지원의 '진眞' 문학론이 전개되는 양상에 있어서 그 주체의 문제와 구체성과 관련되는 것이라 할 수 있다. 설명하자면, 외부의 사실성과 현실성을 강조하는 사유[69]가 아니라 '사의寫意'와 '사진寫眞'을 창작 주체의 태도로 간주하며, 나아가 창작 시에 일어나는 창작 주체만이 경험하는 '사의眞意'를 그려내는 구체적인 태도를 말한다. 한편, 이러한 구체적인 창작 행위는 박지원이 지향한 당대성·일상성·개별성 등의 개념[70]으로 설명될 수 있지만, 이것이 바로, 창작 시에 일어났던 미세한 창작환경과 심지어 창작자까지도 시간과 공간에 의해 망각되는 사실에 주목하여 물이 흘러가고 구름이 걷히고 바람이 달리고 번개가 치듯이 자연스럽게 창작행위를 영위해 나가고 그 결과라든지 평가라는 잣대는 초연해야 함을 강조한 김성탄의 사유와 맞닿아 있음은 간과할 수 없다.

다음으로, 창작자의 주체적 정신이다. 이와 관련하여, 일각에서는 '동심설童心說'에 기인한 공안파의 문학론이 박지원의 문예 사유에 끼친 영향을 연구한 바 있다. 예컨대, 박지원이 강조한 진솔眞率은 공안파가 동심童心을 진심眞心이라 하여 이와 같은 성령性靈의 발현을 통하여 지문至文을 지을 수 있다고 하는 주장과 일맥상통하는 것[71]임을 지적하였으

67 박수밀, 「연암 박지원의 '眞' 문학론」, 『동방학』 1, 한서대 동양고전연구소, 1996.

68 강명관, 앞의 책, 2007, 369~370면. 다만, 강명관은 박지원의 사유가 "眞"을 초점으로 삼아 인식과 언어 두 지평에서 이루어지고 있음을 주목하여, "眞"의 의미보다는 그 유래처를 면밀하게 고구하였다.

69 김도련, 앞의 논문, 220~222면.

70 이현식, 앞의 논문, 66~104면.

며, 또한 어린아이의 눈을 통해 말하고자 한 창작자의 태도는, 전심득망專心得忘 – 일체 외부의 잡것이 들어가지 않는, 선입견에 사로잡히지 않는 상태에서 진眞의 문학이 창출 – 의 태도, 그리고 가식과 편견을 버리고 진실하고 솔직한 마음으로 대상을 바라보는 진솔한 태도[72]를 가리킨다고 하였다. 이는 창작자의 주체적 입장에서 인식되는 대상과 자유롭게 표현하는 작자의 의지를 중시한 것인데, 여기서 주목해야 할 것은 이러한 태도가 바로 박지원이 강조한 올바른 법고法古와 참신한 창신刱新의 중요한 인자로 작용했다는 것이다. 박지원이 같아지려고 하는 것, 거울처럼 맹목적인 추숭에 대해 반대하고 창작자의 주체적 입장에서 참모습을 담아내는 것이야말로 진정한 글이라고 언급한 것은 창작자의 주체적 정신을 강조한 법고창신法古刱新의 논의임은 두말할 나위가 없다. 그리고 이런 박지원의 사유의 기저에 바로 창작자의 주체적 정신을 그대로 유출시키는 것을 강조한 원굉도의 문학론이 오롯이 자리 잡고 있었던 것이다.

대상 자료에서 문체를 서문에만 한정한 이유는 서문에는 문예미학과 관련한 작자의 작법 태도나 문장관·비평관 등이 비교적 다른 문체보다 명료하게 드러난다고 할 수 있고, 『공작관집』 내에 수록되어 있는 김성탄과 원굉도의 서문 편수가 비교적 다수이기 때문이다. 그러므로 이 글에서 다루는 영향 관계의 범주 및 비교 대상은 작법 기술상에 기인한 제반 수사법이라기보다는 주제나 내용에 기초한 의론과 사유 – 진眞 – 에 대한 담론 – 임을 밝혀둔다.

71 김도련, 앞의 논문, 220~222면.

72 박수밀, 앞의 논문, 110~119면.

앞으로 살펴볼 김성탄의 글은 『관화당제육재자서서상기』 서문 2편[편의상 「서상기西廂記·서일序一」·「서상기西廂記·서이序二」라 칭함]과 『관화당제오재자서수호전』 서문 1편[편의상 「수호전水滸傳·구본서舊本序」[73]라 칭함]이고, 원굉도의 글은 「서죽림집敍竹林集」과 「설도각집서雪濤閣集序」이다.

2) 사진寫眞 – 창작자의 현재성과 특수성

박지원은 고법古法·격식格式 등과 같은 엄정하고 근엄한 작법을 긍

73 이 글은 金聖嘆의 『貫華堂第五才子書水滸傳』에 있는 「貫華堂所藏古本水滸傳前自有序一篇今錄之」[「序一」·「序二」·「序三」, 「讀第五才子書法」에 이어서 수록되어 있음]라는 제목의 序文을 朴趾源이 전문 그대로 뽑아 놓은 것이다. 이 글은 일반적으로 施耐庵(1296~1371, 名 子安·肇瑞, 字 彦端, 號 耐庵) 이름에 가탁하여 金聖嘆이 위작한 것으로 본다. 그러나 김성탄 당대의 賀復徵이라는 사람은 이 글의 마지막에 있는 "東都施耐庵序"라는 내용 때문에 시내암의 自序라고 보았다. 그가 편찬한 『文章辨體彙選』(권327)에는 「水滸傳自序」가 수록되어 있는데, 제목 아래에 "施伯雨"라고 부기하여 작자를 시내암으로 비정했다. 최근에 王學鈞(「施耐庵·施伯雨與"水滸傳自序"」, 『東南大學學報』 9卷2期, 哲學社會科學版, 2007)은 이에 관해 면밀히 고찰하였는데, 하복징은 김성탄 동시대 사람인데 그가 김성탄 『貫華堂第五才子書水滸傳』의 서문을 보고서는 시내암의 自序로 오인하였다고 결론지었다. 또한 조선후기의 문인 兪晩柱도 『欽英』(권2)에서 "근세에 金聖嘆이 70회 이후부터 羅貫中이 續作한 것이라고 단언하고, 또한 나관중을 극구 폄하할 뿐 아니라 다시 施耐庵의 序文을 앞에다 위작하였다.(近金聖嘆自七十回之後, 斷爲羅所續, 因極口詆羅, 復僞爲施序於前.)"라고 하여 이 서문을 김성탄의 위작으로 보고 있다.[『水滸傳』 및 김성탄의 위작 서문에 대한 유만주의 평가와 인식은 韓梅(「朝鮮後期 金聖嘆 文學批評의 受容樣相 硏究」, 성균관대 박사논문, 2002), 39~44면에 자세히 나와 있음] 참고로, 淸나라의 周亮工(1612~1672)은 掌故에 精通하여 일찍이 『賴古堂集』·『因樹屋書影』·『閩小紀』·『尺牘新鈔』 등을 저술했는데, 『因樹屋書影』에 "金聖嘆自『水滸傳』七十回之後, 斷爲羅貫中所續, 因極口詆羅, 復僞爲施序於前."이라는 내용이 이미 보인다. 이로 보건대, 兪晩柱는 김성탄의 위작에 관한 기존 논의를 재인용한 것으로 보인다. 아울러, 박지원이 『孔雀館集』에 김성탄의 『第六才子書西廂記』 중에서 여러 글들을 수록한 다음에, 바로 이어서 『貫華堂第五才子書水滸傳』 序文을 뽑아 놓아 것을 봐도 박지원 그는 서문의 작가가 김성탄임을 확신하고 있었다.

정하지 않았다. 이는 글을 창작하는 주체의 개성과 더불어 작품 창작 시에 일어나는 현재성·일회성과도 무관하지 않다. 다음의 글은 박지원이 『공작관문고孔雀館文稿』에 붙인 자서自序이다. 분량이 짧은 관계로 전문을 인용하였다.

> 글이란 뜻을 그려내는 데 그칠 따름이다. 저와 같이 제목을 앞에 놓고 붓을 쥐고서 갑자기 옛말을 생각하거나, 억지로 經書의 뜻을 찾아내어 일부러 근엄한 척하고 글자마다 정중하게 하는 것은, 비유하자면 畫工을 불러서 초상을 그리게 할 적에 용모를 가다듬고 그 앞에 나서는 것과 같다. 시선을 움직이지 않고 옷은 주름살 하나 없이 펴서 평상시의 태도를 잃어버린다면, 아무리 훌륭한 화공이라도 그 참모습을 그려내기 어려울 것이니, 글을 짓는 사람도 어찌 이와 다를 것이 있겠는가? 말이란 거창할 필요가 없으며, 道는 지극히 미세한 데까지 분포되어 있나니, 말할 만한 것이라면 부서진 기와나 벽돌인들 어찌 버리겠는가. 그러므로 檮杌은 사악한 짐승이지만 楚나라의 國史는 그 이름을 취하였고, 몽둥이로 사람을 때려죽이고 몰래 매장하는 것은 극악한 도적이지만 司馬遷과 班固는 이에 대한 기록을 남겼으니, 글을 짓는 사람은 오직 그 참을 그릴 따름이다. 이로써 보자면 글이 잘되고 못되고는 내게 달려 있고 비방과 칭찬은 남에게 달려 있는 것이니, 비유하자면 귀가 울리고 코를 고는 것과 같다. 한 아이가 뜰에서 놀다가 제 귀가 갑자기 울리자 놀라서 입을 다물지 못한 채 기뻐하며, 가만히 이웃집 아이더러 말하기를, "너 이 소리 좀 들어 봐라. 내 귀에서 앵앵 하며 피리 불고 생황 부는 소리가 나는데 별같이 동글동글하다." 하였다. 이웃집 아이가 귀를 기울여 맞대어 보았으나 끝내 아무 소리도 듣지 못하자, 안타깝게 소리치며 남이 몰라주는 것을 한스럽게 여겼다. 일찍이 어떤 촌사람과 동숙한 적이 있는데, 그 사람의 코 고는 소리가 우람하여 마치 토하는 것도 같고, 휘파람 부는 것도 같고, 한탄하는 것도 같고, 숨을 크게 내쉬는 것도 같고, 후후 불을 부는 것도 같고, 솥의 물이 끓는 것도 같고, 빈 수레가 덜커덩거리며 구르는 것도 같았으며, 들이쉴 땐 톱질하는

> 소리가 나고, 내뿜을 때는 돼지처럼 씩씩대었다. 그러다가 남이 일깨워 주자 발끈 성을 내며 "난 그런 일이 없소." 하였다. 아! 자기만이 홀로 아는 사람은 남이 몰라줄까 봐 항상 근심하고, 자기가 깨닫지 못한 사람은 남이 먼저 깨닫는 것을 싫어하나니, 어찌 코와 귀에만 이런 병이 있겠는가? 문장에도 있는데 더욱 심할 따름이다. 귀가 울리는 것은 병인데도 남이 몰라줄까 봐 걱정하는데, 하물며 병이 아닌 것이야 말해 무엇 하겠는가? 코 고는 것은 병이 아닌데도 남이 일깨워 주면 성내는데, 하물며 병이야 말해 무엇 하겠는가? 그러므로 이 책을 보는 사람이 부서진 기와나 벽돌도 버리지 않는다면, 화공의 渲染法으로 극악한 도적의 돌출한 귀밑털을 그려낼 수 있을 것이요, 남의 귀 울리는 소리를 들으려 말고 나의 코 고는 소리를 깨닫는다면 진정한 작자의 뜻에 거의 가까울 것이다.[74]

박지원은 글을 짓는 행위를 가지고서 화공畵工의 화법 · 귀의 울림과 코 고는 소리에 비유하였다. 화공이 초상화를 그리는 때에, 그로 하여금 엄숙하고 정중함을 강요하여 자신만의 화법을 구사하지 못하게 하는 것은, 글을 지을 때에 옛말[古語]과 경서經書의 뜻[經旨]에 얽매어 자신만의 글을 짓지 못하게 되는 경우와 같다고 박지원은 생각하였다. "글이란 뜻을 그려내는 데 그칠 따름[文以寫意則止而已矣]"이고, "글을 짓는 사람은

74 朴趾源, 「孔雀舘文稿自序」, 『燕巖集』 권3. "文以寫意則止而已矣. 彼臨題操毫, 忽思古語, 强覓經旨, 假意謹嚴, 逐字矜莊者, 譬如招工寫眞, 更容貌而前也. 目視不轉, 衣紋如拭, 失其常度, 雖良畵史, 難得其眞, 爲文者亦何異於是哉? 語不必大, 道分毫釐, 所可道也, 瓦礫何棄. 故檮杌惡獸, 楚史取名, 椎埋劇盜, 遷固是叙, 爲文者惟其眞而已矣. 以是觀之, 得失在我, 毁譽在人, 譬如耳鳴而鼻鼾. 小兒嬉庭, 其耳忽鳴, 啞然而喜, 潛謂鄰兒曰, '爾聽此聲, 我耳其嚶, 奏鞸吹笙, 其團如星.' 鄰兒傾耳相接, 竟無所聽, 閔然叫號, 恨人之不知也. 嘗與鄕人宿, 鼾息磊磊, 如哇如嘯, 如嘆如噓, 如吹火, 如鼎之沸, 如空車之頓轍, 引者鋸吼, 噴者豕狗. 被人提醒, 勃然而怒曰, '我無是矣.' 嗟乎! 己所獨知者, 常患人之不知, 己所未悟者, 惡人先覺, 豈獨鼻耳有是病哉? 文章亦有甚焉耳. 耳鳴病也, 閔人之不知, 况其不病者乎? 鼻鼾非病也, 怒人之提醒, 况其病者乎? 故覽斯卷者, 不棄瓦礫, 則畵史之渲墨, 可得劇盜之突鬢, 毋聽耳鳴醒我鼻鼾, 則庶乎作者之意也."

오직 그 참을 그릴 따름[爲文者惟其眞而已矣]"이라고 언급한 것은 박지원에게 있어서 올바른 창작의 기준이 바로 '사의寫意'와 '사진寫眞'임을 밝힌 것이다.[75] 이러한 '사의寫意'와 '사진寫眞'의 잣대에서는 부서진 기와나 벽돌, 극악한 도적 등도 훌륭한 제재요 주제인 것이다. 박지원 자신의 『공작관문고』를 보는 사람이 부서진 기와나 벽돌도 버리지 않는 독자라면, 화공의 선염법渲染法[76]으로 극악한 도적의 돌출한 귀밑털까지도 잘 그려낼 수 있는 사람일 것이라 하였다. 또한 박지원은 글이 잘되고 못되고는 자신에게 달려 있고 비방과 칭찬은 남에게 달려 있음을 강조하여, 이를 제 자신이 귀가 울리고 코를 고는 것에 비유하였다. 귀가 울리는 것은 병인데도 남이 몰라줄까 봐 걱정하고, 코 고는 것은 병이 아닌데도 남이 일깨워 주면 성을 내는 아이러니한 상황을 두고서, 진정한 작자라면 모름지기 남의 귀 울리는 소리를 듣는 데에 연연해하지 말고 자신의 코 고는 소리를 깨달아야 한다고 주장하였다.[77] 아래에서 논의할 김성탄

75 '寫意'와 '寫眞'의 개념을 창작론과 관련하여 본다면, 구체적으로 창작하려는 대상이라기보다는 창작하는 주체의 관점에서 논의된다고 할 수 있다. 기존의 논의에서는 '寫意'와 '寫眞'을 박지원의 '사실주의 정신'을 말한다고 일관되게 이해되어 왔으며, 이 '사실주의'는 박지원의 주된 사유양식으로 볼 수 있다. 박수밀은 이러한 박지원의 문학론을 '寫意得眞論'이라고 명명한 뒤, '寫意'라는 것은 작가가 대상이 지닌 본질의 모습을 그려내는 태도이고, 작가 자신의 목소리를 그대로 드러내고자 하는 정신이라고 하였다. 즉, 가식을 부리거나 모방하는 것이 아니라 작가의 내면세계를 구김 없이 드러내며 마음속의 한 점 생각까지 털어내는 것으로, 수동적인 인식의 차원이 아니라 주체적인 형상화 차원에서 이해해야 된다고 하였다. 박수밀, 「연암 박지원의 '眞' 문학론」, 『동방학』 1, 한서대 동양고전연구소, 1996, 110~119면. 이 글 역시 '寫意'와 '寫眞'을 창작 주체의 태도로 간주함은 같은 맥락이라 할 수 있지만, 이와 아울러 "글이 잘되고 못되고는 내게 달려 있고 비방과 칭찬은 남에게 달려 있는 것[得失在我, 毁譽在人]"이라는 비평관과 함께 통시적인 외적 평가로부터 초연한 상태에서 창작 시에 일어나는 창작 주체만이 경험하는 '眞意'를 그려내는 구체적인 태도를 말하고자 한다.

76 동양화에서 먹을 축축하게 번지듯이 칠하여 붓 자국이 보이지 않게 하는 수법을 이른다. 몽롱하고 침중한 묘미를 나타내는 화법으로 산수운연의 흐릿한 감이나 우중의 정취, 어스름한 달 등을 표현하는 데 쓴다.

과 관련하여 주목할 것은 '사의寫意'와 '사진寫眞'이라는 창작 태도와 "글이 잘되고 못되고는 내게 달려 있고 비방과 칭찬은 남에게 달려 있는 것[得失在我, 毁譽在人]"이라는 비평관이다.[78]

---

77 박지원에 있어서 진정한 작자란 남의 귀 울리는 소리를 듣는 데에 연연해하지 말고, 자신의 코 고는 소리를 깨닫는 사람이다. 이는 창작 태도에 있어서 외적 환경[시간성 · 공간성]에 구애되어 자신만의 의연한 글을 짓지 못함을 경계한 것이라고 볼 수 있는데, 김성탄도 「西廂記 · 序一」에서 시간과 공간을 배제한 채 창작 시의 의연한 주체로서 자신의 글을 지어 스스로의 消遣을 하는 작법태도를 중시하였다. 창작 시에 일어났던 미세한 창작환경과 심지어 창작자까지도 시간과 공간에 의해 망각되는 사실에 주목하여, 물이 흘러가고 구름이 걷히고 바람이 달리고 번개가 치듯이 자연스럽게 창작행위를 영위해 나가고 그 결과라든지 평가라는 잣대는 초연해야 함을 강조한 것이다. "만약 후대 사람이 내가 오늘 지은 글을 읽으면 참으로 내가 오늘 이 문장을 지었을 때에 또 이 벌과 이 개미가 있었다는 것을 반드시 아는 것은 아니다. 대개 후대 사람은 나의 오늘에 이 벌과 이 개미가 있었다는 것을 알 지 못할 것이다. 그렇다면 후대 사람들은 끝내 나의 오늘에 이러한 내가 있었다는 것도 알 수가 없다. 후대 사람 중에 내 글을 읽을 사람을 나는 이미 알 뿐이니, 그 또한 물이 흘러가고 구름이 걷히고 바람이 달리고 번개가 치 듯 함을 어찌할 수 없어, 마지못해 내 문장을 가져다가 스스로 消遣을 한다고 할 뿐이리라. 후대 사람이 내 글을 읽으면 곧 그 마음에 마지못할 것이 없게 되어 그것으로 소견을 삼지는 않을 것이다. 그러나 나는 끝내 알 뿐이니, 결국 또한 물이 흘러가고 구름이 걷히고 바람이 달리고 번개가 치 듯 함을 어찌할 수 없을 뿐이다.(若後之人之讀我今日之文, 則眞未必知我今日之作此文時, 又有此蜂與此蟻也. 夫後之人而不能知我今日之有此蜂與此蟻, 然則後之人竟不能知我之今日之有此我也. 後之人之讀我之文者, 我則已知之耳, 其亦無奈水逝雲卷風馳電掣, 因不得已而取我之文自作消遣云爾. 後之人之讀我文, 卽使其心無所不得已, 不用作消遣, 然而我則終知之耳, 是其終亦無奈水逝雲卷風馳電掣者耳.)."

78 박지원의 문풍을 김성탄과 비교하여 지적한 사례는 문헌에 산견되어 있는데, 그 중에서 박지원을 비롯한 李用休 · 李德懋 등이 김성탄을 모의했다고 비평한 내용이 兪晚柱의 『欽英』에 보이고, 박지원을 김성탄의 後身으로 지적한 내용이 金魯謙(1781~1853), 『性菴集』에 보인다. 22책, 1786년 9월26일 조. "박지원의 문장은 참으로 外道 · 異端이지만, 이 역시 재주가 과하고 깨달음이 깊어서일 뿐이다. 근대의 문장에는 奇와 正의 두 부류가 있으니, 正은 唐宋八家로 규범을 잘 준수하는 것이고, 奇는 施耐庵 · 金聖嘆의 四書로 현묘함을 투철히 하고 훔치는 것일 뿐이다. 당송팔가의 여파가 흘러가 사대부의 문장이 되었고, 시내암 · 김성탄의 여파가 흘러가 남인과 서얼 무리 문장이 되었으니, 南有容 · 黃景源은 당송팔가의 규범을 모방하였고, 李用休와 李德懋【惠寰 · 懋官】는 시내암 · 김성탄의 현묘함을 모의하였다.(美公文章, 固外道異端, 而此亦因才過而悟深故然耳. 近代文章有奇正二家, 正則唐宋八家循軌遵轍是已, 奇則施金四書透玄竊

일찍이 김성탄은 어느 한 순간 혹은 어떤 특정한 영감의 가치를 높게 생각하고, 이러한 사유로 그의 일상과 글 쓰는 행위를 영위해 갔다.[79] 이러한 태도는 「수호전水滸傳・구본서舊本序」에서 "그 때를 어기면 할 일이 쉬이 다 지나가버린다.[用違其時, 事易盡也.]", "과거의 나는 이미 전부 변하여 사라졌음을 알 수 있고, 이와 같을 뿐만 아니라 내가 글을 쓰다 이 구句에 이르렀는데 이 구句 이전의 것은 이미 빠르게 변화하여 사라졌으니 이 때문에 애통해 할만하다.[可見已往之吾, 悉已變滅, 不寧如是, 吾書至此句, 此句以前已疾變滅, 是以可痛也.]" 라는 표현을 통해 알 수 있다. 뿐만 아니라 그의 「서상기西廂記・서이序二」에서는 이러한 인식이 더욱 도드라져 있다. 그는 바로 이 곳[此處]과 바로 지금[今日]이라는 찰나의 공간・시간에 글 짓는 행위를 강조하여, "내가 오늘 하늘이 맑고 햇살이 밝으며, 창이 밝고 책상이 깨끗하며, 붓이 좋고 벼루도 좋아 마음으로 짓고 손으로 쓴다.[我今日天淸日朗, 牕明几淨, 筆良硯精, 心撰手寫.]" 라고 하였다. 이러한 현재성과 일회성을 강조한 김성탄의 사유는 그의 「독제육재자서서상기법讀第六才子書西廂記法」 22조條[무성심無成心・무정규無定規・홀연무단忽然無端]와 21조條[척투擲骰의 비유], 그리고 「독제오재자서수호전법讀第五才子書水滸傳法」 1조條[무사無事・심한心閒・불면신

妙是已. 唐宋餘波, 流而爲士大夫文章. 施金餘波, 流爲南庶輩文章, 南黃倣傚唐宋之軌轍, 二李【惠寰・懋官】摹擬施金之玄妙.)."(兪晩柱, 『欽英』 22책, 1786년 9월26일조); "東坡 이후에 聖嘆이 있고 성탄 이후에 燕巖이 있으니, 성탄은 동파의 孽子요 연암은 성탄의 後身이다[東坡以後有聖嘆, 聖嘆以後有燕巖, 聖嘆東坡之孽子, 燕巖聖誕之後身, 其言亦絶倒]."(金魯謙, 『性菴集』 권7, 「囈述」 조목. 김윤조, 『역주 과정록』, 태학사, 1997. 68면, 각주 106번 재인용)

79 이러한 김성탄의 사유를 이승수는 "一刻捉住論 – 문학작품의 성공은 순간의 포착에 달려있다 –"으로 설명하였다. 김성탄이 끊임없는 분절과 자리 바꾸기를 통해서 존재의 순간을 포착하려고 하였으며, 이는 자연스레 기존의 질서를 와해시키는 데에까지 나아갔다고 지적한 바 있다. 이승수, 「金聖嘆의 사유과 글쓰기 방식 – 『貫華堂批第六才子書』의 批評을 중심으로 –」, 『한국언어문화』 26, 한국언어문화학회, 2004, 4~7면.

지농필不免伸紙弄筆]에도 보인다. 다음의 인용문은 김성탄의 「수호전水滸傳・구본서舊本序」 마지막 부분인데, 자신의 창작 태도를 명료하게 밝히고 있어 주목된다.

> 이 『水滸傳』은 71권[80]은 내 친구가 돌아간 후에 등불 아래에서 재미삼아 쓴 것이 대부분이고, 풍우가 심하여 아무도 방문하지 않은 때에 절반을 썼다. 그러나 마음속으로 이래저래 구상하기를 오래하여 습관이 된 것이지, 반드시 종이를 펼쳐놓고 붓을 잡은 후에야 본격적으로 써내려 간 것은 아니다. 대개 저물녘[薄暮] 울타리 아래에서 혹은 새벽녘[五更]에 이불을 덮고 누워있는 와중에, 머리를 빼고 허리춤을 잡고서 흘끗 사물을 볼 때에도 모두 뜻에 맞는 바가 있었다. 혹자가 "이미 일찍이 모아서 한 책으로 만든 적이 없다고 말해놓고 왜 유독 이 『水滸傳』 만은 있는 것인가?"라고 묻는다면, 어찌 다음과 같은 이유를 들지 않겠는가. 이 『수호전』은 지어봐야 이름날 게 없고 없어도 그만인 것이 첫 번째요, 마음이 한가해서 재미삼아 짓고 솜씨 내는 것[舒卷]을 내키는 대로 한 것이 두 번째요, 현명할 것도 어리석을 것도 없이 읽지 못할 게 없는 것이 세 번째요, 문장의 득실에 관해 조금도 후회할 게 없는 것이 네 번째다. 아, 애통하구나! 내 수명은 유한하여 後人 중에서 내 책을 읽는 자가 뭐라고 말할 지 내 어찌 알겠는가? 다만 지금 내 친구에게 보이고 내 친구가 읽고서 즐거워하면 이에 만족할 뿐이다. 장차 내가 죽은 후의 後身[來世의 자신]이 읽고서 뭐라고 말할 지 알 수 없고, 또한 내가 죽은 후의 後身이 책을 얻어서 읽을 수 있을지 알 수 없지만, 내 또한 어찌 그 염려하는 바이겠는가![81]

80 김성탄이 지은 세 번째 序文의 맨 처음에 "施耐庵의 『水滸傳』은 正傳이 70권이고, 또 楔子가 1권이고, 原序 1편을 다시 1권으로 만들어 모두 72권이다.(施耐庵『水滸』, 正傳七十卷, 又楔子一卷, 原序一篇亦作一卷, 共七十二卷.)"라고 하였다

81 金聖嘆, 「水滸傳・舊本序」. "是『水滸傳』七十一卷, 則吾友散後, 燈下戲墨爲多, 風雨甚, 無人來之時半之. 然而經營於心, 久而成習, 不必伸紙執筆, 然後發揮. 蓋薄暮籬落之下, 五更臥被之中, 垂首撚帶, 睇目觀物之際, 皆有所遇矣. 或若問, '言旣已未嘗集爲一書, 云何獨有此傳?' 則豈非此傳成之無名, 不成無損, 一, 心閒試弄, 舒卷自

이 인용문의 앞부분에는 『수호전水滸傳』이라는 책을 집성하여 후인後人들에게 주려고 했으나 착수하지 못한 네 가지 이유를 들고 있다. 명성을 구하는 마음은 이미 다했고 그 마음에 의욕도 없는 것, 미언微言[미묘한 말/은미한 말]은 즐겁지만 글로 쓰는 것은 마음이 괴로운 것, 다들 죽은 이후에는 잘 읽어 줄 사람이 없다는 것, 올해 지어 놓으면 내년에 반드시 후회할 게 뻔하다는 것[82]이 그것이다. 하지만 버젓이 『수호전』을 완성하게 되자, 자부심이 섞인 변명을 꺼내 놓는다. 명성을 구하거나 의욕의 상실은 지어봐야 이름날 게 없고 없어도 그만이기 때문에 괜찮고, 글쓰기 고충은 마음이 한가해서 재미삼아 내키는 대로 한 것이라 괜찮고, 잘 읽어 줄 사람이 없지만 사실 현명할 것도 어리석을 것도 없이 쉽게 읽힐 수 있고, 제 자신이 후회하게 될 것은 문장의 득실에 관해 조금도 후회할 게 없어서 괜찮다는 것이다. 결국, 여타의 외적 구속이나 바람 없이 내키는 대로 써 내려간 자신의 소견법消遣法으로서의 작법 태도를 드러낸 것인데, 사실 이것이야말로 김성탄 자신의 창작과 작법에 대한 깊은 자부심과 긍지를 은연 중 표명한 것이라 할 수 있을 것이다. 자신의 생명이 유한하기 때문에 후대의 평가는 내 알 바가 아니고, 심지어 내세來世의 자신이 이 책에 대해 어떤 평가를 할지조차 염려하지 않는 그의 태도는 한편으로 자신의 작품에 대한 통시적인 제 평가를 교묘히 빠져나가려는 구실을 제공하는가 하면, 창작 시에 주체적이고 의연한 태도로 임하는 창작자의 자부심마저 내포하고 있다고 볼 수 있다. 앞서 박지원이 강조한 '사의寫意'와 '사진寫眞'이라는 창작 태도와 "글이 잘되고 못되

若, 二, 無賢無愚, 無不能讀, 三, 文章得失, 小不足悔, 四也. 嗚呼哀哉! 吾生有涯, 吾嗚呼知後人之讀吾書者謂何? 但取今日以示吾友, 吾友讀之而樂, 斯亦足耳. 且未知吾之後身讀之謂何, 亦未知吾之後身得讀此書者乎?"

82 金聖嘆, 「水滸傳・舊本序」. "名心既盡, 其心多懶, 一, 微言求樂, 著書心苦, 二, 身死之後, 無能讀人, 三, 今年所作, 明年必悔, 四也."

고는 내게 달려 있고 비방과 칭찬은 남에게 달려 있는 것[得失在我, 毁譽在人]"이라는 비평관은 김성탄의 그것과 무관하지 않은 것이다. 글이란 "뜻을 그려내는 것[寫意]"일 뿐이면 그만이기 때문에, 고풍스러운 말과 경서經書의 주지만을 드러내어 근엄한 척하고 정중한 자구의 표현에 집착해서는 안 되고, 오로지 평상시의 태도를 잃지 않고 창작 시에만 경험할 수 있는 창작자의 현재성과 특수성으로 "그 참을 그려내는 것[寫眞]"이야말로 진정한 창작태도인 것이다.

3) 사법眞法 – 창작자의 주체적 정신

박지원의 문학론 혹은 문장관에 있어서 늘 인용되는 작품으로 「초정집서楚亭集序」[83]를 꼽을 수 있다.[84] 법고法古와 창신刱新의 중도적 합의를 추구한 것으로 "오늘날의 문장이 옛 문장이 될 수 있는[今之文, 猶古之文]" 중요한 준거를 제시한 글이다.[85] 여기에서 주목할 부분은 박지원이

83 참고로, 이정선은 「楚亭集序」의 개작 이전의 것과 이후의 것을 면밀히 검토하고, 이를 토대로 박지원의 작법태도를 밝히려고 했다. 이는 박지원이 개작 과정에서 보여준 작법태도와 사유방식에 주목한 성과라 할 수 있다. 이정선, 「연암 박지원의 「楚亭集序」를 통해 본 작법태도」, 『溫知論叢』 8, 온지학회, 2002.

84 박지원의 대표적 문학론인 '법고창신 문학론'은 '善變', '合變'이라는 구체적 개념과 함께 그의 다양한 글에 산재되어 있다. 본고에서 다룬 「楚亭集序」는 그 중에서 선명하고 구체적인 논지를 밝히고 있다는 이유에서 특별히 많은 연구자들의 이목을 끌었다. 이 외에도 「騷壇赤幟引」, 「嬰處稿序」, 「贈左蘇山人」, 「綠天館集序」, 「孔雀館文稿自序」, 「鍾北小選」 등도 빼놓을 수 없는 작품임을 밝혀 둔다.

85 박기석은 이러한 박지원의 '법고창신'의 문학론을 '善變의 문학론'으로 귀결시키고 이를 현실을 중시한다는 점에서 '현실주의 문학론'이라고 하였다. 논자가 주장한 '善變의 문학론'은 옛 것에 대한 무조건적, 무비판적인 답습이나 모방이 아니고, 옛 것을 전범으로 하되, 작가가 사는 현실, 또는 현재라는 상황에 맞게 글을 써야 하며, 눈앞에 펼쳐진 대상을 진술하고 꾸밈없이 쓸 때라야 참된 글이 쓰여 진다는 것이다. 논자의 이러한 논의는 앞서의 '寫意'와 '寫眞'의 창작론 및 비평관과 무관하지 않다. 박기석, 「연암 박지원의 문학론」, 『국어교육』 110, 한국어교육학회, 2003, 423~432면.

인식했던 명明나라 전후칠자前後七子와 공안파公安派에 대한 태도라 할 수 있는데, 올바른 법고法古의 방법과 창신刱新에 대한 경계는 원굉도의 서문 작품에 나타난 그것과 무관하지 않다. 다음은 박지원의 「초정집서楚亭集序」 중에서 그의 문학론에 관련된 의론만을 절록한 것이다.

> 문장을 어떻게 지어야 할 것인가? 논자들은 반드시 '法古해야 한다.'고 한다. 그래서 마침내 세상에는 옛것을 흉내 내고 본뜨면서도 그것을 부끄러워하지 않는 자가 생기게 되었다. 이는 王莽의 『周官』으로 족히 禮樂을 제정할 수 있고, 陽貨가 孔子와 얼굴이 닮았다 해서 만세의 스승이 될 수 있다는 셈이니, 어찌 法古를 해서 되겠는가! 그렇다면 刱新이 옳은 것인가? 그래서 마침내 세상에는 괴벽하고 허황되게 문장을 지으면서도 두려워할 줄 모르는 자가 생기게 되었다. 이는 세 발 되는 장대가 국가 재정에 중요한 度量衡器보다 낫고, 李延年의 新聲을 종묘 제사에서 부를 수 있다는 셈이니, 어찌 刱新을 해서 되겠는가! 그렇다면 어떻게 해야 옳단 말인가? 나는 장차 어떻게 해야 하나? 아니면 문장 짓기를 그만두어야 할 것인가? 아! 소위 法古한다는 사람은 옛 자취에만 얽매이는 것이 병통이고, 刱新한다는 사람은 常道에서 벗어나는 게 걱정거리이다. 진실로 法古하면서도 변통할 줄 알고, 刱新하면서도 능히 전아하다면, 요즈음의 글이 바로 옛글인 것이다.
>
> ……(중략)…… 박씨의 아들 齊雲이 나이 스물셋으로 문장에 능하고 호를 楚亭이라 하는데, 나를 따라 공부한 지 여러 해가 되었다. 그는 문장을 지음에 있어 先秦과 兩漢 때 작품을 흠모하면서도 옛 표현에 얽매이지 않는다. 그러나 진부한 말을 없애려고 노력하다 보면 혹 근거 없는 표현을 쓰는 실수를 범하기도 하고, 내세운 주장이 너무 고원하다 보면 혹 常道에서 자칫 벗어나기도 한다. 이래서 明나라의 여러 작가들이 法古와 刱新에 대하여 서로 비방만 일삼다가 모두 정도를 얻지 못한 채 다 같이 말세의 자질구레한 폐단에 떨어져, 道를 옹호하는 데는 보탬이 없이 한갓 풍속만 병들게 하고 교화를 해치는 결과를 낳고 만 것이다. 나는 이렇게 되는 것이

> 두려우니, 刱新을 한답시고 재주 부릴진댄 차라리 法古를 하다가 고루해지는 편이 낫다고 생각한다.[86]

박지원에 있어서 법고法古라는 것은 옛 자취에만 얽매이는 것이 병통이고, 창신刱新이라는 것은 상도常道에서 벗어나는 게 걱정거리였다. 진실로 법고法古하면서도 변통할 줄 알고, 창신刱新하면서도 능히 전아하다면, 요즈음의 글이 바로 옛글인 것이었다. 명明나라의 여러 작가들, 즉 전후칠자前後七子와 공안파公安派가 법고法古와 창신刱新에 대하여 서로 비방만 일삼다가 모두 정도를 얻지 못한 채 다 같이 말세의 자질구레한 폐단에 떨어져, 도를 옹호하는 데는 보탬이 없이 한갓 풍속만 병들게 하고 교화를 해치는 결과를 낳고 말았다고 단언하였다. 이와 관련하여 다음의 글이 주목되는데, 원굉도가 왕이명王以明, 즉 왕로王輅의 시문집에 붙인 서문[87]에는 법고法古와 창신創新에 관한 중요한 언급이 보인다.

---

86 朴趾源, 「楚亭集序」, 『燕巖集』 권1. "爲文章如之何? 論者曰, '必法古' 世遂有儗摹倣像而不之耻者. 是王莽之周官, 足以制禮樂, 陽貨之貌類, 可爲萬世師耳, 法古寧可爲也! 然則刱新可乎? 世遂有怪誕淫僻而不知懼者. 是三丈之木, 賢於關石, 而延年之聲, 可登淸廟矣, 刱新寧可爲也! 夫然則如之何其可也? 吾將奈何無其已乎? 噫! 法古者, 病泥跡, 刱新者, 患不經. 苟能法古而知變, 刱新而能典, 今之文, 猶古之文也. ……(중략)…… 朴氏子齊雲年二十三, 能文章, 號曰楚亭, 從余學有年矣. 其爲文慕先秦, 兩漢之作, 而不泥於跡. 然陳言之務祛則或失于無稽, 立論之過高則或近乎不經. 此有明諸家於法古刱新, 互相訾謷而俱不得其正, 同之並墮于季世之瑣屑, 無裨乎翼道而徒歸于病俗而傷化也. 吾是之懼焉, 與其刱新而巧也, 無寧法古而陋也."

87 1599년(만력 27년 기해)에 북경에서 지은 것이다. 권15에 「王以明이 納貲하고 小竹林으로 돌아가기에 주다[贈王以明納貲歸小竹林]」라는 시가 있는데, 이 글은 그 당시에 쓴 것이다. 『湖北詩徵』 권30에 다음과 같은 기록이 있다. "王輅는 나이 스물인데, 無生의 본지에 즉시 계합하여, 李卓吾 · 陶石簣 · 袁白修와 性命의 교유를 하였다. 別駕에 임명되자마자 즉시로 茂林으로 돌아가 책을 쓰고, 高逸로 자처하였다. 『소죽림시문집』이 있다." 또 『三楚文獻錄』에 의하면 왕로가 거처한 죽림은 공안의 平樂村에 있다고 하였다.

예전에 형님 白修와 함께 董玄宰[董其昌]를 방문하였다. 형님이 이르길, "근대 畵苑의 여러 명가로, 文徵仲, 唐伯虎, 沈石田 등은 자못 고인의 筆意가 있지요, 그렇지 않습니까?"라고 하자, 현재는 "근대의 고수 가운데는 하나의 필적도 고인을 닮은 자가 없습니다. 대저 닮지 않은 것이 없음은 곧 닮은 것이 없음이니, 그림이 없다고 말하더라도 가할 것입니다."라고 말하였다. 내가 듣고 깜짝 놀라 "이것은 道를 깨달은 말씀입니다."라고 하였다. 예전의 그림을 잘 그린 자는 사물을 스승 삼았지 사람을 스승 삼지 않았고, 학문에 뛰어난 사람은 제 마음을 스승 삼았지 道를 스승 삼지 않았고, 시를 잘 짓는 사람은 삼라만상을 스승 삼았지 선배를 스승 삼지 않았다. 唐詩를 본받은 자가 어찌 그 機格[構思의 布局과 格律]과 字句를 말하겠는가? 漢이지 않고 魏이지 않고 六朝이지 않으려는 마음을 본받을 뿐이다. 이것이 眞法이다. 이런 까닭에 부엌 수를 줄여서 적에게 일부러 군사력이 약한 듯이 보이는 병법[減竈]과 군사들이 죽음을 각오하고 싸우도록 背水의 진을 치는 병법이 있는 것이니, 먼저의 자취를 붙좇아 하여 패하는 것은 먼저의 자취를 거꾸로 하여 승리함만 못하다. 무릇 그것은 이미 자취로서 실행된 일이 일어난 원인을 거꾸로 뒤집는 방법이다. 지금의 작자들은 사물을 닮은 남의 한 마디 말을 보고 新詩라 지목하고, 고인의 한 두 마디 공허한 말을 취하여 자구의 법식으로 삼아 復古라고 잘못 여기니, 이것은 그 방법을 자취로 삼아 붙좇는 것이지 그 승리한 이유를 붙좇는 것이 아니므로, 이것은 망하는 길이다. 아! 이것은 마치 분 바르고 눈썹 먹 칠한 사람을 두고서 곧장 그를 蔡中郎[蔡邕]이라 일컫는 것과 같으니, 어찌 크게 잘못되지 않겠는가? 이제 지금의 時文[팔고문]은 하나의 말기일 뿐이다. 앞에는 注疏가 있고, 뒤에는 功令이 있으니, 천하 사람들을 내몰아 신기한 것을 짓지 못하면 안 되게 만드는 것은, 새롭지 못하면 程式[과거 문체의 법식, 규범]에 합치하지 못하기 때문이다. 대저 선비는 정식에 합치함을 古로 여길 뿐이니, 평범함과 기이함을 어찌 논의할 겨를이 있겠는가? 王以明 선생은 내 과거공부의 스승인데, 그가 시를 짓는 것은 法을 따르지 않음을 法으로 삼고 古를 따르지 않음을 古로 여기니,

> 그런 까닭에 나는 그의 뜻을 이와 같이 서술한다. 아! 이것은 정말로 徐熙 등 여러 사람에게 말해 주어야 할 것이다.[88]

박지원 당시의 문단은 기존의 문학형식을 새로운 각도에서 재활용하거나 새로운 문학형식을 창출하는 한편, 민중의 정서와 감수성을 적극적으로 참고함으로써 새로운 사조를 형성하였다. 이렇게 새로운 경향을 띠기 시작하였을 때에 원굉도의 문학 역시 참고로 되었을 것이다.[89] 위의 원굉도의 서문은 전후칠자前後七子의 복고주의復古主義를 배격하고, 각 시대마다 그 시대의 문학이 전개된다는 사실을 중시하였음을 볼 수 있다. "예전의 그림을 잘 그린 자는 사물을 스승 삼았지 사람을 스승 삼지 않았고, 학문에 뛰어난 사람은 제 마음을 스승 삼았지 도를 스승 삼지 않았고, 시를 잘 짓는 사람은 삼라만상을 스승 삼았지 선배를 스승 삼지 않았다." 라는 언급은 창작자의 주체적 입장에서 인식되는 대상과 자유롭게 표현하는 작자의 의지를 중시한 것이다. 이는 곧 시교詩教라는 근엄하고 정중함에서 벗어난 창작과정이며, 창작 시의 자유로운 연상을

88 袁宏道, 「敍竹林集」, 『袁中郎集』 권18. "往與伯修過董玄宰. 伯修曰, '近代畫苑諸名家, 如文徵仲 · 唐伯虎 · 沈石田輩, 頗有古人筆意不?' 玄宰曰, '近代高手, 無一筆不肖古人者. 夫無不肖, 卽無肖也, 謂之無畫可也.' 余聞之悚然曰, '是見道語也.' 故善畫者, 師物不師人. 善學者, 師心不師道. 善爲詩者, 師森羅萬像, 不師先輩. 法李唐者, 豈謂其機格與字句哉? 法其不爲漢, 不爲魏, 不爲六朝之心而已. 是眞法者也. 是故減竈背水之法, 迹而敗, 未若反而勝也. 夫反所以迹也. 今之作者, 見人一語肖物, 目爲新詩, 取古人一二浮濫之語, 句規而字矩之, 謬謂復古, 是迹其法, 不迹其勝者也, 敗之道也. 嗟夫! 是猶呼傅粉抹墨之人, 而直謂之蔡中郎, 豈不悖哉! 今夫時文, 一末枝耳. 前有註疏, 後有功令, 驅天下而不爲新奇不可得者, 不新則不中程故也. 夫士卽以中程爲古耳, 平與奇何暇論哉? 王以明先生爲余業擧師, 其爲詩能以不法爲法, 不古爲古, 故余爲敍其意若此. 噫, 此政可與徐熙諸人道也."

89 심경호는 "情意 중시의 문학론과 袁宏道 문학론의 유비적 관계"라는 장을 통해서, 원굉도의 문학적 주장들이 조선후기의 시문이 진실 · 정감을 담는 경향을 띠게 되면서 일정하게 참고되었음을 지적한 바 있다. 심경호, 「조선후기 한문학과 袁宏道」, 『韓國漢文學研究』 34집, 한국한문학회, 2004, 127~133면.

중시하는 논리인 것이다. 그래서 "당시唐詩를 본받은 자가 어찌 그 기격機格과 자구字句를 말하겠는가? 한漢이지 않고 위魏이지 않고 육조六朝이지 않으려는 마음을 본받을 뿐이다. 이것이 진법眞法이다."라고 결론을 짓고, 법法을 따르지 않음을 법法으로 삼고 고古를 따르지 않음을 고古로 여기는 작자의 창작 논리를 주장한 것이다.[90]

원굉도는 문학이란 "자아自我의 성령性靈을 표현할 뿐 격식에 얽매이지 말아야 한다[獨抒性靈, 不拘格套]고 하였다.[91] '독서성령獨抒性靈'이란

90 이렇게 法古에만 매몰된 明代 前後七子 문인들에 대한 경계는 江盈科(1555~1605, 字 進之, 綠蘿山人)의 문집인 『雪濤閣集』에 쓴 序文[「雪濤閣集序」, 『袁中郎集』 권18]에 더욱 잘 드러나 있다. "문학이 과거의 것에서 말미암아 현재의 것으로 바뀔 수밖에 없는 것[옛날의 체식에서부터 변화하여 현대의 체식으로 됨]은, 시대가 그렇게 만드는 것이다. 바탕이 아름다우냐 추하냐 평가하는 것은 사람의 눈이 본래 지닌 好惡를 좇는 것이 아니고 시대의 변화를 좇는다. 이 때문에 草木은 無情함에도 불구하고 鞓紅과 鶴翎과 같은 모란꽃은 左紫와 溪緋의 모습으로 자신의 본래 모양을 바꾸지 않을 수 없다. 오직 시대를 아는 선비만이 홍수에 무너지듯 하는 이런 잘못된 풍조를 막으면서 필시 변할 수밖에 없는 발전의 추세에 통하여 그런 추세를 이끌 수가 있다. 대개 과거에는 과거의 시세가 있었고 현재에는 현재의 시세가 있는 것이니, 고인이 남긴 언어의 외면적인 자취를 답습하여 감히 옛것이고자 하는 것은 바로 엄동설한에 처하여 여름 갈옷을 그대로 입는 것과 같다. ……(중략)…… 후대 사람 중에서 그것을 모의하여 시문을 지으려 하는 사람이 있었지만 끝내 비슷할 수 없었다. 어째서인가? 저들은 다만 『離騷』 안에서 『이소』의 체식을 구하려 했기 때문이다.(文之不能不古而今也, 時使之也. 姸媸之質, 不逐目而逐時. 是故草木之無情也, 而鞓紅鶴翎, 不能不改觀于左紫溪緋. 唯識時之士, 爲能隄其隤而通其所必變. 夫古有古之時, 今有今之時, 襲古人語言之迹, 而冒以爲古, 是處嚴冬而襲夏之葛者也. ……(중략)…… 後之人有擬而爲之者, 終不肖也, 何也? 彼直求騷于騷之中也.)"

91 원굉도는 「敍小修詩」에서 이를 다음과 같이 주장하고 있다. "(袁中道의) 발자취가 이른 곳이 거의 천하의 절반인데 詩文또한 그로 인해 날로 진보하였다. 대개 오직 性靈만을 펴내고 격식의 구애를 받지 않아 자기의 마음속에서 흘러나온 것이 아니면 붓을 대려하지 않았다. 어떤 때에는 감정과 지경이 어우러지면서 순식간에 천자나 되는 글을 마치 강물이 동쪽으로 흘러가듯이 써내어 사람들로 하여금 혼이 빠지게 하였다. 대개 그 사이에는 좋은 곳도 있고, 흠이 되는 곳도 있는데 좋은 곳은 스스로 말할 필요도 없거니와 흠이 되는 곳이라 하더라도 本色을 지닌 독창적인 말이 많았다. 그렇지만 나는 곧 그 흠이 되는 곳을 매우 좋아한다. (세상 사람들이) 좋다고 하는 것들은 아직도 修飾하고 옛것을 답습하고 있어서 안타깝지 않을 수 없으니 이는 근대 文人들의 습관을 다 떨쳐

내용면에서 자신만의 독특한 감정을 표현하고 자신의 말을 하라는 의미이고, '불구격투不拘格套'는 형식면에서 자신만의 독창적인 정신을 발휘하고 고정된 격식에 얽매이지 말라는 의미이다. 의고擬古를 비판하고 '독서성령獨抒性靈'을 주장하였으니, 작위적이지 않고 구속되지 않은 자유로운 감정을 자연스럽게 유출할 때 비로소 참다운 문학이 성립한다고 본 것이다. 작자가 외부세계에 의해 간섭받고 강제될 때 작자와 그 표현으로서 문학은 자유로울 수 없는 것이다. 외부세계의 간섭과 강제는 창작자의 주체적 정신의 유출을 왜곡하고 그것은 허위와 가식의 표현으로 나타나기 일쑤다. 원굉도의 진眞의 문학론, 혹은 진법眞法이라는 것은 이처럼 창작자의 주체적 정신을 그대로 유출시키는 데 요체가 있었다.[92] 이는 앞에서 언급한 박지원의 작법 태도이자 문학론이라 할 수 있는 '사의寫意'·'사진寫眞'과 무관하지 않고, 올바른 법고法古와 참신한 창신刱新의 중요한 인자로 작용했다고 할 수 있다. 박지원이 「녹천관집서綠天館集序」에서 같아지려고 하는 것, 거울처럼 맹목적인 추숭에 대해 반대하고 창작자의 주체적 입장에서 참모습을 담아내는 것이야말로 진정한 글이라고 언급한 것[93] 또한 창작자의 주체적 정신을 강조한 법고창신法

버리지 못하였기 때문이라고 여겨진다.(足跡所至, 幾半天下, 而詩文亦因之以日進. 大都獨抒性靈, 不拘格套, 非從自己胸臆流出, 不肯下筆. 有時情與境會, 頃刻千言, 如水東注, 令人奪魄. 其間有佳處, 亦有疵處, 佳處自不必言, 卽疵處亦多本色獨造語. 然予卽極喜其疵處; 而所謂佳者, 尙不能不以粉飾蹈襲爲恨, 以爲未能盡脫近代文人其習故也.)"

92 심경호가 이미 지적한 사항이지만, 본 연구자는 심경호가 거론한 작자의 "自我" 문제를 창작자의 주체적 정신으로 置換하고자 한다. 심경호, 앞의 논문, 132면.

93 朴趾源, 「綠天館集序」, 『燕岩集』 권7, 別集. "古人을 모방하여 글을 쓰기를 거울이 물체를 비추듯이 하면 같다고 할 수 있겠는가! ……(중략)…… 무엇 때문에 같아지려고 하는가? 같음은 眞이 아니다. 세상에서 서로 같은 것 끼리를 말할 때는 반드시 '아주 닮았다'라 하고 서로 구별하기 어려운 것 끼리를 말할 때도 '진짜에 가깝다'고 하는데, 이렇게 '가깝다', '닮았다'고 말하는 가운데 이미 '가짜'와 '다르다'는 뜻이 그 속에 있는

古刱新의 논의임은 두말할 나위가 없다.

4) 소결

김성탄과 원굉도의 글을 수록한 박지원의 수택본『공작관집』을 대상으로, 박지원의 "진眞" 문학론이 김성탄과 원굉도의 그것으로부터 일정 정도 영향을 받고 있음을 확인하고자 하였다. 확증의 일환으로, 이 책에 수록되어 있는 두 작가의 특정 작품을 박지원의 "진眞"과 관련된 문학론과 함께 비교분석하는 작업을 하였다. 그 작업의 결과는 다음과 같다.

첫 번째로, 박지원의 "사진寫眞"을 김성탄의 "창작자의 현재성과 특수성"과 비교분석하였다. 박지원은 고법古法·격식格式 등과 같은 엄정하고 근엄한 작법을 긍정하지 않았는데, 이는 글을 창작하는 주체의 개성과 더불어 작품 창작 시에 일어나는 현재성·일회성을 강조한 김성탄과 무관하지 않다.

두 번째로, 박지원의 "진법眞法"을 원굉도의 "창작자의 주체적 정신"과 비교분석하였다. 박지원은 법法을 따르지 않음을 법法으로 삼고 古를 따르지 않음을 古로 여기는 진법眞法을 강조하였는데, 이는 창작자의 주체적 정신을 그대로 유출시키는 데 요체가 있는 원굉도의 문학론과 무관하지 않다.

이와 같은 작업은 박지원이 만년에 이르도록 김성탄·원굉도의 문장을 애독했다는 물증에 대한 폭넓은 시각을 제공할 것이며, 나아가 타자와의 영향 관계에서 박지원을 바라볼 수 있는 또 하나의 계기가 될 것이다.

것이다.(倣古爲文, 如鏡之照形, 可謂似也歟? ……(중략)…… 夫何求乎似也? 求似者非眞也. 天下之所謂相同者, 必稱酷肖, 難辨者亦曰逼眞, 夫語眞語肖之際, 假與異在其中矣.)"

18세기 후반에 박지원을 비롯한 개성적 작가들이 사유했던 창작관과 비평관이, 시내암과 김성탄 그리고 원굉도를 위시한 공안파의 자장 안에서 논의되고, 또 그 실체를 확인하는 연구가 활성화되고 있는 추세이다. 그 연구 성과들의 결과로 인해, 더 이상 '내재적 발전론'을 거론하기가 힘들어졌고, 수수 관계 – 일방적이든 – 를 통한 발전론이 주류를 이루고 있으며, 일각에서는 발전론이 아니라, 투사론 · 반영론까지 운위되고 있다. 본 연구자 역시 타자와의 영향 관계를 통한 면밀한 비교분석만이 그 진정성을 담보할 수 있다고 믿고 있기에, 앞으로는 영향 관계의 범주 및 비교 대상을 주제나 내용에 기초한 의론 · 사유를 기초로 작법 기술상에 기인한 제반 수사법까지 확대하고자 한다.

4. 한문산문에서의 문예적 '양기養氣'

1) 서론

이 글은 한국 전통 문학 가운데, 한문산문의 범주에서 논의되는 양기養氣의 측면을 살펴본 글이다. 양기養氣의 일반적인 뜻은 "원기元氣를 보양保養하다", "본래 지니고 있는 정기正氣를 함양涵養하다" 정도로 풀이할 수 있다. 그런데 이 양기라는 용어가 사용되는 상황과 맥락 – 시대적 차이 · 철학적 분기 – 에 따라 그 개념이 달라진다. 크게는 유가儒家에서 말하는 '도덕적道德的 양기'와 도가道家에서 말하는 '양생적養生的 연기煉氣'로 나눌 수 있으며, 이와는 별도로 '문예적文藝的 양기'라는 것이 있는데, 이 문예적 양기는 도덕적 · 양생적 양기와 그 경계를 넘나들고 있다.[94]

도가에서의 양기는 차치하더라도, 유가에서의 양기는 그 연원이 『맹

94 양생적 양기와 문예적 양기의 관계에 대해선 육조시대의 劉勰(465~521)이 『文心雕龍』「養氣」편에서 거론한 바 있다. 그는 氣를 보존하는[衛氣] 하나의 방법으로 문예 창작 행위를 제시하였다. 대략적인 내용은 다음과 같다. 문예 창작 시에는 마음을 맑고 평화롭게 가지며 기를 적당히 펼쳐내는데, 번다해지면 바로 버려서 막히지 않게 한다. 착상이 떠오르면 생각을 펼쳐서 붓을 놀리며, 사고가 침체되면 붓을 놓고 생각을 거두어들인다. 여유롭게 거닐면서 수고로움을 달래고, 담소를 나누면서 권태를 고친다. 항상 예리한 재능을 여유롭게 놀리며, 문장의 필치를 넉넉하게 해서 한 번 칼을 뽑게 되면 새 칼날처럼 되게 하고, 사고의 흐름을 막힘이 없게 한다. 이러한 과정을 통해서 영위하는 문예 창작 행위는 비록 胎息 같은 오묘한 養生의 술법은 아니지만, 이 역시 기를 보존하는 하나의 방책이 된다는 것이다. 劉勰, 『文心雕龍』, 「養氣」. "志於文也, 則申寫鬱滯, 故宜從容率情, 優柔適會. 若銷鑠精膽, 蹙迫和氣, 秉牘以驅齡, 灑翰以伐性, 豈聖賢之素心, 會文之直理哉? 且夫思有利鈍, 時有通塞. 沐則心覆, 且或反常, 神之方昏, 再三愈黷. 是以吐納文藝, 務在節宣. 淸和其心, 調暢其氣. 煩而卽捨, 勿使壅滯. 意得則舒懷以命筆, 理伏則投筆以卷懷. 逍遙以針勞, 談笑以藥勸. 常弄閑於才鋒, 賈餘於文勇, 使刃發如新, 湊理無滯. 雖非胎息之邁術, 斯亦衛氣之一方也."

자孟子』임은 자명하다. 즉, 맹자孟子의 '호연지기浩然之氣 함양'이 그것이다. 맹자가 "나는 말을 알며, 나는 나의 호연지기를 잘 기른다.[我知言, 我善養吾浩然之氣.]"라고 한 이후에, 유가에서는 '지언知言'과 '양기'라는 것이 각각 지혜의 발양과 도덕적 수양이라는 명제로 인식되어 유가적인 삶의 필수요건이 되었다. 주희朱熹의 말을 빌리자면 다음과 같다. 지언이라는 것은 "마음을 다하고 성性을 알아서 모든 천하의 말에 그 이치를 궁구하고 지극히 하여, 그 시비득실의 소이연所以然을 알지 못함이 없는 것이다.[盡心知性, 於凡天下之言, 無不有以究極其理而識其是非得失之所以然也.]" 또 양기에서의 '기氣'는 "이른바 몸에 충만 되어 있다는 것이니 본래는 스스로 호연浩然하되, 기름을 잃기 때문에 부족하게 된다. 오직 맹자孟子만이 이것을 잘 길러 그 본초本初의 상태를 회복한 것이다.[所謂體之充者, 本自浩然, 失養故餒, 惟孟子爲善養之, 以復其初也.]" 주희가 설명한 지언과 양기의 지향점은 바로 도의道義에 밝아서 천하의 일에 의심스러운 바가 없으며, 도의에 배합되어서 천하의 일에 두려운 바가 없는 상태이다. 이렇게 철저하게 도덕적 범주에서 운위되었던 양기라는 개념이 문예적 범주로 전화轉化하는 계기가 있었으니, 바로 사마천司馬遷과 소철蘇轍이다.

> 열 살이 되었을 때 고문을 외웠다. 20세가 되어서는 남쪽으로 장강과 회수로 유력하여, 회계산에 올라 우혈을 탐방하고 구의산을 살펴보고 원수와 상수에서는 배를 탔다. 북쪽으로 문수와 사수를 건너가서 제나라와 노나라 수도에서는 강학하고, 공자의 유풍을 관찰하였으며 추땅의 역산에서 향사를 참관하였다. 파·설·팽성 등에서는 한동안 곤란과 재액을 겪다가 양나라와 초나라를 거쳐 돌아왔다. 이때 나는 낭중이 되어 조정의 명을 받들어 서쪽으로는 파촉 이남 방면을 정벌하고, 남쪽으로는 공·작·곤명 등의 지방을 공략하고 돌아와 복명하였다.[95]

사마천은 10대에 고문을 배우고 난 뒤에, 20대에 천하유력天下遊歷을 떠나게 된다. 남쪽으로는 장강과 회수, 회계산과 구의산을, 북쪽으로는 제나라와 노나라, 양나라와 초나라를 유람하고, 서쪽으로는 파촉 이남 지방을 정벌하고, 남쪽으로는 공·작·곤명 등의 지방을 공략하고 돌아왔다. 이를 두고서 소철蘇轍은 천하 사방에 걸친 유력과 정벌로 인해 사마천의 문장은 소탕疎蕩하고 기기奇氣하게 되었으며,[96] 이 결과물로 『사기史記』가 나오게 된 것이라 하였다. 이는 사마천이 천하를 유력하여 다양한 산수의 풍기와 인적 풍속을 감수하여 그것을 문장으로 전화시키고 발양했음을 지적한 것인데, 바로 이 지점이 도덕적 양기가 문예적 양기로 변화되는 단초를 보여준다고 할 수 있다.

다음은 소철의 언급인데, 문예적 양기의 구체적인 모습을 보여주고 있다.

> 저는 태어난 지 10년하고 또 9년입니다. 집에서 지내면서 함께 노는 이들이라고는 이웃과 고장의 보통 사람들에 불과했습니다. 보는 것이라고는 수백 리 거리를 넘어서지 못해서, 올라가 둘러봄으로써 스스로를 광대하게 할 만한 높은 산 넓은 들도 없었습니다. 여러 가지 책을 비록 읽지 않은 것이 없었으나 모두 옛사람들의 묵은 자취일 뿐, 志氣를 격발하기에 부족했습니다. 이러다간 마침내 이 속에 침몰하고 말 것 같아 결연히 버리고 떠났습니다. 그래서 천하의 기이한 소문 장대한 구경을 추구하여 천지의 광대함을 알기로 하였습니다. 秦漢의 고도를 지나면서 終南山과 嵩山·

95 司馬遷, 「自序」, 『史記』. "年十歲則誦古文. 二十而南游江淮, 上會稽探禹穴, 闚九疑, 浮於沅湘. 北涉汶泗, 講業齊魯之都, 觀孔子之遺風, 鄕射鄒嶧. 戹困鄱薛彭城, 過梁楚以歸. 於是遷仕爲郎中, 奉使西征巴蜀以南, 南畧邛笮昆明, 還報命."

96 蘇轍, 「上樞密韓太尉書」, 『欒城集』. "太史公行天下, 周覽四海名山大天, 與燕趙間豪俊交游, 故其文疎蕩, 頗有奇氣."

> 華山의 높음을 맘껏 보고, 북쪽으로 黃河의 奔流를 돌아보며 개연히 옛날의 호걸들을 떠올렸습니다. 서울에 이르러서 천자의 궁궐의 장대함과 곡식 창고, 진귀한 물건 창고, 성곽, 해자, 동산의 부유스럽고 큼을 우러러보고 난 뒤에야 천하의 거대함과 다채로움을 알게 되었습니다. 한림 구양공을 뵙고 그 언론의 굉달함을 듣고 그 용모의 빼어나고 우람함을 보고, 그 문인 현사・대부들과 놀고 난 뒤에야 천하의 문장이 여기에 모여 있음을 알게 되었습니다.[97]

소철은 온갖 책을 읽었지만 묵은 자취로만 인식되자, 자신의 지기志氣를 격발激發시키기 위해서 천하유력을 떠난다. 자신의 지기를 격발시킨다는 것은 역시 양기의 범주로 볼 수 있는데, 소철은 앞서의 사마천 못지않게 장대하고 기이한 산하를 유람하여 천하의 거대함을 알게 되고, 도성에 이르러서는 천자의 궁궐의 장대함과 곡식 창고, 진귀한 물건 창고, 성곽, 해자, 동산의 부유하고 큼을 우러러보고서 천하의 다채로움을 알게 된다. 더욱이 소철은 양기의 방법으로 도성에서 가졌던 문인지식인들과의 지적 교유까지 포함하고 있다. 이로 보건대, 사마천이 산수에 대한 감수・감응을 문예적 양기의 중요한 요소로 보았다면, 소철은 문예적 양기의 요소를 산수를 포함하여 인적 교유까지 확대하였다.

이렇듯 중국에서는 자연에서의 미적 체험과 도성에서의 인적 경험이 문예적 양기의 중요한 미덕으로 인지되어 왔다. 문예적 양기, 특히 한문

97 蘇轍,「上樞密韓太尉書」,『欒城集』. "轍生十有九年矣. 其居家所與游者, 不過其鄰里鄉黨之人, 所見不過數百里之間, 無高山大野, 可登覽以自廣. 百氏之書, 雖無所不讀, 然皆古人之陳迹, 不足而激發其志氣. 恐遂汨沒, 故決然捨居, 求天下奇聞壯觀, 以知天地之廣大. 過秦漢之故都, 恣觀終南嵩華之高, 北顧黃河之奔流, 慨然相見古之豪傑. 至京師, 仰觀天子宮闕之壯, 與倉廩府車城池苑囿之富且大也, 而後知天下之巨麗. 見翰林歐陽公, 聽其議論之宏辯, 觀其容貌之秀偉, 與其門人賢士大夫遊, 而後知天下之文章聚乎此也."

산문의 범주에서 운위되는 양기의 측면을 집중적으로 조명하고 있는 일례로, 다음의 글을 꼽을 수 있다. 명明나라의 초기 송렴宋濂(1310~1381)의 「문원文原」이라는 작품인데, 문장의 요체로서 양기를 거론하였다.

> 문장을 짓는 것은 반드시 기를 함양하는데 달려있다. 기는 천지와 함께 하는 것이니, 진실로 기가 능히 천지를 채울 수 있다면, 三靈(天地人 혹은 日月星)과 짝하여 순서를 맞추고 만물을 관장할 수 있다. ……(중략)…… 기를 함양할 수 있으면 두루 미치지 않는 것이 없고 끝까지 이르지 않는 곳이 없으며 천지자연을 가려 뽑아 문장을 짓는데 참고하지 않는 것이 없고 포함하지 않는 것이 없다. 구천의 가장 높은 곳은 그 높이를 엿볼 수 없고 팔산을 기둥으로 늘어놓은 것은 그 두께를 헤아릴 수 없지만 우리 문장의 국량은 그것을 얻게 된다. ……(중략)…… 아! 사람이 능히 기를 함양할 수 있다면, 뜻은 깊어지고 문채는 밝게 빛나며, 기는 성대해지고 조화는 신묘하게 되어 당연히 천지와 공능을 함께 하게 된다.[98]

문학적 성취를 위한 양기의 측면을 구체적으로 적시하고 있다. 문장을 짓는 것은 반드시 기를 함양하는데 달려있다. 기를 함양할 수 있으면 두루 미치지 않는 것이 없고, 천지자연을 가려 뽑아 문장을 짓는데 참고하지 않는 것이 없고 포함하지 않는 것이 없다. 그렇기 때문에 기를 함양한 문장은 그 뜻이 깊어지고 문채가 밝게 빛나며, 기는 성대해지고 조화는 신묘하게 되어 천지와 공능을 함께 할 수 있는 것이다. 문학에서의 양기의 공능을 극단까지 미루어 간 과도함이 없진 않지만, 이는 앞에서 살펴본 문예적 양기의 수양 방법과 아울러, 문예적 양기의 귀결처를 보

98 宋濂, 『宋學士全集』, 「文原」. "爲文必在養氣, 氣與天地同, 苟能充之, 則可配序三靈, 管攝萬彙. ……(중략)…… 氣得其養, 無所不周, 無所不極也. 攬而爲文, 無所不參, 無所不包也. 九天之屬, 其高不可窺, 八柱之列, 其厚不可測, 吾文之量得之. ……(중략)…… 嗚呼! 人能養氣, 則情深而文明, 氣盛而化神, 當與天地同功也."

여준다는 면에서 참고할 만하다.

우리나라 한문산문에서 논의되는 문예적 양기의 몇몇 지점들은 위와 같은 중국에서의 논의에 기초하고 있으나, 고려시대부터 조선시대에 이르기까지 산견되어 있는 자료들을 살펴보면 다양한 스펙트럼을 보여주고 있는 게 사실이다. 이를 위시한 연구 성과들이 기존에는 '문기론文氣論'라는 개념으로 진행되어 왔다.[99] 예컨대 중국에서 문기론을 대표하는 맹자孟子, 조비曹丕, 유협劉勰 등에 집중하여 각각의 논의들을 비교하기도 하였으며,[100] 이와는 달리 우리나라에서 논의된 문기론의 양상에 집중하기도 하였다.[101] 이 글에서 다루고 있는 한문산문에서의 문예적 양기 양상들은 기존에 우리나라 문헌에서의 문기론의 양상들을 살펴본 연구에서 인용한 자료들과 중복되는 경우도 있으나, 이 글의 연구 목표는 한문산문에서의 문예적 양기의 여러 가지 수양 방법을 밝히는 것이고, 나아가 문예적 양기의 결과로서 평가되고 지칭되는 미적 풍격 용어를 살펴봄으로써 문학 창작론과 비평론을 유기적으로 설명하는 것이다. 이를 위해 2장에서는 한문산문의 범주에서 문예적 양기를 위한 3가지 수양

99 文氣論은 문장을 지칭하는 산문에서부터 이를 포괄하는 문학에 이르기까지 작자의 기氣가 어떻게 작용하고 어떻게 발현되는지에 대한 담론을 총칭하는 것이다. 본 논문에서 다루고 있는 문예적 養氣는 산문 문학에서 작자의 氣가 어떻게 배양되는지에 주목한 것이다.

100 김민종, 「『典論·論文』 文氣論의 형성 배경 고찰」, 『중국연구』 37, 한국외국어대학교 중국연구소, 2006, 69~82면; 김민종, 「孟子 · 曹丕 · 劉勰의 文氣論 비교」, 『중국학연구』 37, 중국학연구회, 2006, 33~50면; 조성식, 「『文心雕龍』의 '文氣'에 관한 一考察」, 『철학 · 사상 · 문화』 17, 동국대학교 동서사상연구소, 2014, 218~243면.

101 이화형, 「문학적 氣의 개념과 성격에 대한 제고 - 고려 詩話를 중심으로 -」, 『동아시아고대학』 11, 동아시아고대학회, 2005, 55~85면; 홍우의, 「韓國 文氣論 硏究」, 서강대학교 박사학위논문, 2005; 허남욱, 「조선 전후기 문학의 본질에 대한 인식 변화 연구」, 『한문고전연구』 7, 한국한문고전학회, 2003, 224~250면.

방법을 제시하고, 3장에서는 그 문학적 성취로 거론되는 미적 풍격 용어들을 비교분석할 것이다.

2) 문예적 양기養氣를 위한 수양 방법

(1) 외적 체험을 통한 문예적 양기養氣

우리나라 한문산문에서의 문예적 양기를 보여준 사례 중에서, 가장 이른 경우는 고려 중엽의 임춘林椿(?~?)을 꼽을 수 있다. 그의 「상이학사서上李學士書」라는 글에서는 양기 중심의 문학관이 잘 나타나 있다.

> 글의 어려움은 오랜 문제이지만, 배워서 능할 수도 없는 것입니다. 대개 지극히 강한 기운[至剛之氣]이 흉중에 충만하여 용모에 넘치고 말에 나타나는데도 스스로 알지 못하는 것이니, 만약 그 氣를 기를 수 있다면 비록 붓을 잡고서 배운 적이 없다고 하더라도 문장은 더욱 저절로 기이할 것입니다. 그 기를 기르는 것은, 名山·大川을 두루 유람하여 천하의 기이한 風聞과 장대한 경관을 찾아보지 않는다면 역시 스스로 흉중에 있는 뜻[胸中之志]을 넓힐 수 없을 것입니다. 이 때문에 蘇子由는 말하기를, "산에 있어서는 終南山과 崇山·華山의 높음을 보았고, 물에 있어서는 黃河의 큼을 보았습니다. 인물에 있어서는 歐陽公과 韓太尉를 본 뒤에야 천하의 크다는 구경을 다하게 될 것입니다."라 하였습니다.[102]

임춘은 글이란 배운다고 해서 능할 수 있는 것이 아니고, 지극히 강한

102 林椿, 「上李學士書」, 『西河集』. "文之難尙矣, 而不可學而能也. 蓋其至剛之氣, 充乎中而溢乎貌, 發乎言而不自知者爾. 苟能養其氣, 雖未嘗執筆以學之, 文益自奇矣. 養其氣者, 非周覽名山大川, 求天下之奇聞壯觀, 則亦無以自廣胸中之志矣. 是以, 蘇子由以爲於山見終南·嵩·華之高, 於水見黃河之大, 於人見歐陽公·韓大尉, 然後爲盡天下之大觀焉."

기운[至剛之氣]이 흉중胸中에 충만하여 용모에 넘쳐나고 말에 나타나서 스스로도 알지 못하는 것이라고 하였다. 또 이 기氣를 기를 수 있다면 굳이 붓을 잡고 배운 적이 없다고 하더라도 문장이 절로 기이해질 것이라고 하였다. 즉 문장은 잘 쓰기 위해 노력한다고 가능한 것이 아니며 오히려 내면에 있는 기를 잘 수양한다면 저절로 좋아진다는 것이다. 임춘의 이러한 문학관은 앞서 살펴본 소철의 견해를 수용한 결과이다.[103] 소철 역시 글은 기가 나타난 것이며 배운다고 해서 가능한 것이 아니란 견해를 드러낸 바 있다. 또한 호연지기浩然之氣를 잘 기른 맹자와 천하를 유람했던 사마천을 예로 들어 이들은 문장을 배운 적이 없으며 기가 흉중에 충만하여 용모에 넘쳐나고 그 말에 동하여 그 문장에 나타나는데도 스스로 알지 못한 것이었다고 하였는데,[104] 이를 보면 임춘이 소철의 문예적 양기론을 전폭적으로 받아들이고 있음을 알 수 있다. 임춘은 이 문예적 양기의 방법으로 사마천과 같이 명산·대천을 유람하여 천하의 기이한 풍문과 장대한 경관을 찾아볼 것을 제안하였다. 이렇게 하지 않으면 흉중에 있는 의지[胸中之志]를 스스로 넓힐 수 없다는 것이다. 결국 임춘의 견해는 지강지기至剛之氣의 수양을 위해 흉중지지胸中之志의 확대가 필요하며 또 흉중지지의 확대를 위해 명산·대천의 유람이 필요하다는 것으로 요약해볼 수 있다. 지志와 기氣의 관계에 대한 그의 이러한 인식은 맹자의 "지志는 기氣를 부리는 장수이고 기는 몸을 꽉 채우고 있

103 徐居正(1420~1488) 역시 이러한 사유를 온전히 반영하여 「遊松都錄序」라는 작품을 남겼다. "蘇穎濱嘗論, 文者氣之形. 孟子善養浩然之氣. 司馬遷遠遊以壯其氣. 故其爲文. 有宏博焉. 有跌蕩焉. 穎濱亦欲求大觀以壯其氣. 則覽終華之窮祟. 瞻黃河之奔放. 及覩京師宮闕之壯麗. 人物歐韓之俊偉. 然後乃曰, '天下之文章. 盡在是矣.' 馬子才亦曰, '子長之文. 不在書. 在學遊. 不學遊而學文. 乃腐熟常常耳.'"

104 蘇轍, 「上樞密韓太尉書」, 『欒城集』. "轍生好爲文, 思之至深, 以爲文者氣之所形. 然文不可以學而能, 氣可以養而致. ……(중략)…… 此二子者豈嘗執筆學爲如此之文哉? 其氣充乎其中而溢乎其貌, 動乎其言而見乎其文而不自知也."

는 것이니, 지가 첫째이고 기가 그 다음이다.[夫志氣之帥也, 氣體之充也. 夫志至焉, 氣次焉.]"라고 한 말에 바탕을 둔 것으로 보인다. 맹자의 말대로라면, 지志는 기氣를 부리는 장수이므로 지志의 확대는 자연히 기氣의 수양으로 이어질 수 있는 것이기 때문이다.

임춘의 문학관은 비록 소철의 견해를 수용한 것이기는 하지만, 철저히 양기만을 중시하고 문장의 학습을 무의미한 것으로 간주한다는 점에서 다소 지나친 감이 있어 보인다. 그러나 임춘이 살아가던 시기가 장옥문학場屋文學을 숭상하고 미문위주美文爲主의 형식적 문풍으로 만연되어 있었다는 점을 고려해볼 때, 그의 이러한 의식은 문학의 형식론이 아닌 본질적 문제에 대한 관심을 보여주었다는 점에서 그 의의를 찾을 수 있을 것이다.

다음에 인용할 작품은 김종직金宗直(1431~1492)의 「발성경숙관광록후跋成磬叔觀光錄後」로, 성현이 1472년에 형 성임成任을 따라 중국에 사행을 다녀오면서 지은 시집 『관광록』에 대해서 쓴 글이다. 그 중에서 문예적 양기와 관련한 부분은 다음과 같다.

> 경숙씨[成俔]는 예의의 나라에서 생장하여 제왕의 도읍을 두루 돌아다니면서 장대한 산하와 성곽, 풍부한 舟車와 인물, 그리고 화려한 예악과 문헌, 융숭하고 아름다운 경치와 풍속을 눈으로 접촉한 것이 있으면 곧 마음으로 응했고, 마음으로 응한 것이 있으면 문장으로 드러냈으니, 그 여유롭고 넉넉함은 마치 자신의 가슴속에서 평소 온축되어 습관이 된 것이 발현된 것 같았다.
>
> 아아! 경숙이 보고 들은 것은 참으로 넓고 광활했고, 경숙의 언어와 문장은 진실로 기발하고 우뚝하며 크고 드넓었다. 만약 燕과 薊를 말미암아 齊와 魯의 유적지를 내달리고 楚와 越의 맑은 풍광을 느끼며 周와 秦의 오랜 풍속을 관찰하였다면, 보고 들은 것과 언어와 문장이 마땅히 이와

같음에 그치지 않았을 것이다.[105]

김종직 역시 임춘과 마찬가지로 견문의 확충을 통한 문예적 양기를 거론하고 있다. 김종직의 지적처럼 우리나라 문인들이 견문을 넓히고, 이를 통해 문학적 성취를 제고하는 방법 중에서 주로 제시하고 있는 것은 선진문물인 중국의 제도와 풍속·경치를 직·간접적으로 접하는 것이었다. 직접적으로 견문을 넓히는 것은 주로 사행을 통해서 이루어졌고, 간접적으로 그것을 확장하는 것은 서적의 수입을 통해서 이루어졌다. 이러한 사실을 통해 보면, 다음의 몇 가지 사항들을 확인할 수 있다. 첫째, 김종직의 이 작품처럼 타국으로 사행을 떠나는 사람에게 장유壯遊와 견문으로 문예적 양기를 당부하는 것은 이때부터 투식화되었던 것 같다. 둘째, 타인의 견문기, 혹은 유행록 등의 서적들이 독자들의 문예적 양기에 보조재로 사용되고 있다는 것이다. 이렇듯 중국과 우리나라를 막론하고, 문예적 양기에 있어서 주요한 요소로 작용하는 경험은 장유壯遊, 혹은 원유遠遊라 할 수 있다.

(2) 내적 성찰을 통한 문예적 양기養氣

다음에 인용할 작품은 김정金淨(1486~1521)의 「송한겸겸부관북서送韓謙謙赴關北序」인데, 그의 친구 한창유韓昌愈(? ~?)가 관북으로 가게 되자 그 상황에 대해 의미를 부연한 글이다. 여기서는 양기의 대상인 기氣의 본질적 측면과 이 기를 어떻게 운용하느냐에 따른 문예적 양기의 측면을

105 金宗直, 「跋成磬叔觀光錄後」, 『佔畢齋集』. “磬叔氏, 生長乎禮義之邦, 遊歷乎帝王之都, 其山河城郭之壯, 舟車人物之富, 禮樂文獻之宏麗也, 光景風俗之融侈也, 有觸于目, 卽應于心, 有應于心, 卽發于文, 其遊刃恢恢, 若吾胸中素所蘊畜之, 而習慣者然. 噫! 磬叔之於見聞, 誠博洽矣, 磬叔之於言語文章, 信奇偉浩瀚矣. 苟由燕薊, 而騁齊魯之遺墟, 挹楚越之淸風, 觀周秦之故俗, 其見聞, 其言語, 其文章, 不當如是而止耳.

구체적으로 설명해 주고 있다.

천지는 거대한 物이다. 해와 달이 임하는 곳이며 燭龍이 빛을 밝히는 곳이고 층층의 물[層水]이 모이는 장소이며 악성 질병[瘴癘]이 발생하는 장소이고, 동쪽에는 啓明星이 있으며 서쪽에는 長庚星이 있으니 그것은 참으로 아득하고 원대하도다! 사람이 그 속에 붙어 있는 모습은 비유하자면 개미 둑 속 한 마리 개미와 같고, 사람이 遊動하는 일은 작은 틈 사이로 들어오는 빛 속 먼지가 氣를 타고 오르내리는 것과 같으니 비록 세속을 초탈한 선비라도 끝내 정해진 한계[範圍]의 밖으로 뛰어넘어 갈 수는 없다. 저 천지는 거대하여 장관이 무궁하니 멀리 유람함은 좋은 일이지만 마치 새장에 갇혀 있는 듯, 한 모퉁이에서 골몰하는 일과 같으니 어찌 말할 수 있겠는가? 비록 그렇다고 해도 장관을 다 유람하고자 하는 사람이 氣가 원대하고 見識이 높아야 하는 이유는 무엇인가?

천지는 거대하기 때문에 힘써 다하고자 하는 일은 夸父가 해를 좇는 것과 같아서 몸이 매우 위태로워지리니 죽음으로도 구하지 못할 것이다. 저 천지는 기로써 형성되었고 사람 또한 기로써 발생하였으나 사람을 천지에 비교한다면 참으로 미미하다. 그런데 천지도 無極과 太虛의 가운데에서는 단 한 점의 미미한 物일뿐이니 이로써 말한다면 천지 또한 반드시 거대하지는 않고, 사람도 참으로 반드시 작지만은 않다. 기가 원대하고 견식이 고명한 사람은 광달하게 스스로 동서남북을 모두 다할 수 있고, 천지를 그의 눈 속에서 작게 여기며, 그의 마음속에서 구름과 달을 삼킬 수 있다.

예전의 왕자 진[子晉]이 緱嶺에 오르자 난새와 학이 날면서 춤을 추었고, 張博望이 은하수[河源]에 이르자 성신이 빽빽이 늘어섰다. 그리고 趙知微가 천주봉에 오르자 달빛이 환하여 대낮과 같았으며, 蘇子가 黃州에 폄적되었을 때, 도사가 꿈으로 들어왔다. 이 몇 사람은 유람한 바가 그리 넓지는 않았으나 원대한 기운과 고명한 견식으로 천지의 밖에서 걸출하여 천년 동안이나 달인이라고 칭해지니 누가 감히 그들을 가볍게 보겠는가?

> 예컨대 退之가 潮州로 가고 柳州가 유주로 가며 東野가 溧陽으로 간 것처럼 참으로 멀리 떠났을 때, 근심하고 탄식하며 가슴 아파하였기 때문에 秦嶺·藍關의 시는 지금까지도 슬프게 한다. 그런데 끝내 문장에서 분발하여 백세 동안 이름을 떨치게 한 것은 먼 유람에서 얻어서 기질이 변화된 바가 대체로 이와 같았던 것이다. 장부가 천지 사이에 태어나 쌓아 둔 바가 위대하고 탁월하여 문장과 사업에서 발휘됨이 빛나고 사람을 놀라게 할 만한 것이 어찌 우연이겠는가?[106]

김정은 우선 천지와 인간, 즉 삼재三才의 측면에서 기의 본질을 논하고 있다. 천지는 거대한 물物로서 존재하고, 사람은 그 속에 붙어 있는 미물微物일 뿐이다. 그러므로 아무리 세속을 초탈한 선비라도 자연에 대비되는 본연적인 인간의 한계로 인해 그 밖을 넘어설 수 없는 것이다. 이러한 본연적인 한계를 극복하는 방안으로 김정은 양기를 강조한다. 그는 인간으로서 천지자연의 장관을 유람하는 자는 반드시 원대한 기상과 고명한 식견을 가져야 함을 피력한다. 왜냐하면 천지와 인간은 모두 기로써 형성되었고, 더욱이 천지도 무극無極과 태허太虛의 가운데에서

106 金淨, 「送韓謙謙赴關北序」, 『冲庵集』. “天地, 鉅物也. 日月所臨, 燭龍所燭, 層水之所聚, 瘴癘之所起, 東有啓明而西有長庚, 其亦邈乎遠矣哉! 人之寓生其間者, 譬之一蟻之於垤冢, 人之遊行者, 譬之隙光之塵, 乘氣上下焉, 雖有絶俗之士, 終亦未有能超蛻範圍之外者. 夫天地之大, 而壯觀無窮, 則遠遊爲可尙, 汨落一隅, 如縶樊籠者, 烏足數哉? 雖然, 欲極壯觀者, 以氣遠, 以見高, 何也? 天地之大, 而欲以力窮者, 是夸父逐日, 身旣危矣, 而莫之救以死也. 夫天地以氣而形, 人亦以氣而生, 以人而比天地, 固微也. 天地在無極太虛之中, 特一點眇眇之物耳, 以是而言之, 則天地未必爲大, 而人固未必爲小也. 氣之遠大, 見之高明者, 曠然自可以窮東西南北, 而小天地於目中, 呑雲月於胸襟矣. 古之如子晉登緱嶺, 鸞鶴翔舞, 張博望窮河源, 星辰森列. 趙知微登天柱峯, 月色如晝, 蘇子謫黃州, 道士入夢. 是數子者, 所遊不甚廣, 而遠大之氣, 高明之見, 絶出天地之外, 千載稱達, 誰敢輕之哉? 若夫退之之於潮, 柳州之於柳, 東野之於溧陽, 彼其遠行之時, 愁歎悽愴, 秦嶺藍關之詩, 至今傷之. 然其終能奮文章而鳴百世, 是其遠遊所得而氣質變焉者蓋如此. 丈夫生天地間, 所蘊者奇偉卓絶, 而發於文章事業, 煥赫驚人, 豈偶然哉?”

는 단 한 점의 미물일 뿐이니, 이에 기반하면 천지 또한 반드시 거대하지는 않고, 인간도 반드시 작지만은 않은 것이다. 이는 장유壯遊를 통해 문예적 양기를 성취하는 사람으로서 갖추어 할 미덕을 제시한 것이다.

내적 수양과 성찰을 거쳐서 원대한 기상과 고명한 식견을 지닌 사람은 광달하게 스스로 동서남북을 모두 다할 수 있고, 천지를 그의 눈 속에서 작게 여기며, 그의 마음속에서 구름과 달을 삼킬 수 있는 것이다. 예컨대, 한유韓愈와 유종원柳宗元이 장기간 변방으로 유배생활을 하기는 했지만, 이들이 끝내 문장으로 백세에 이름을 남기게 된 이유는 바로 원유遠遊를 통해 자신의 기질이 변화되었기 때문이다. 이 작품은 장대한 유람을 통한 문예적 양기에서의 중요한 선후관계를 밝히고 있다. 즉, 장유를 통한 이후에 기질이 변화되는 양기의 측면에 앞서서, 우선 유람자의 내적 수양과 성찰을 강조한 것이다.

다음에 인용한 글은 윤근수尹根壽(1537~1616)가 윤춘년尹春年(1514~1567)이 정작鄭碏(1533~1603)에게 준 전별시를 보고 그것을 그대로 베껴서 자신의 만록에 기록한 부분인데, 윤춘년이 시를 통해 문학에서 작자의 성정性情과 지향하는 뜻, 작자의 양기와 혈기血氣를 피력한 부분이다.

> 性과 情은 원래 담박한 것, 오직 뜻[意]만이 북돋울 수 있네. 슬픔과 즐거움이 각기 서로 호응하고, 안과 밖은 원래 같은 법칙이지. 元氣는 참으로 정대하고 강직하니[浩然], 大樂에 어찌 악보가 있으랴? 調切은 문자에 부치고, 節奏는 종과 북소리에 응하네.
>
> 아! 나는 옛글을 읽어, 십 년 동안 부지런히 애를 썼네. 다행히 하루아침에 깨달아, 감히 눈으로 보듯 훤하다 말할 수 있네. 鄭君은 비록 나이 어리지만, 그 마음은 옛글을 몹시 사모했네. 나를 따르며 여러 번 물어왔지만, 부끄럽게도 도와준 것이 없네. 養氣를 근본으로 삼고, 독서를 보조로 삼게나. 血氣가 진실로 성대하지 않으면, 만 권의 서적도 끝내 구차할 뿐이네.

> 원컨대 그대 귀 기울여 듣게나, 내 말은 진심이라네. 어찌 문장을 짓는 법뿐이겠나? 도를 배움도 여기서부터 구해야하네.[107]

이 시에서 윤춘년은 문장에는 정맥正脈이 있는데, 그 중에서 작자가 작품을 통해 지향하는 뜻, 즉 의意를 가장 중요하게 여겼다. 이 의라는 것이야말로 담박한 성정性情을 고무시키는 요체로서, 작자로서의 최고의 덕목인 것이다. 하지만 이러한 수준에 이르기 위해서는 특히, 젊은 시절에 부단한 노력을 해야 하므로 그 중요한 방법론으로서 양기와 혈기를 주장하고 있다. 시에서 말했듯이, 그는 양기를 근본으로 삼고 독서를 보조로 삼으며, 혈기가 성대하지 않으면 만 권의 서적도 끝내 구차할 뿐이라고 했다. 도식적으로 말하면, 윤춘년이 내세운 문장론은 '성대한 혈기와 양기 → 꾸준한 독서 → 올바른 뜻의 추구 → 성정의 도야'로 정리할 수 있다. 여기서는 앞에서 강조한 문예적 양기의 외재적 측면 이외에, 내재적 측면을 일면 보여준 사례라 할 수 있다.

다음은 이항복李恒福(1556~1618)이 임제林悌의 문집에 쓴 서문으로, 임제가 오로지 자신의 기를 길러서, 임제 시의 풍격이 마음속에 조금도 구애되는 바 없이 사물에 빗대어 창작한 것이며, 문자의 한계를 벗어나 일가를 이루어 냈음을 강조한 부분이다. 다만 한문산문이 아닌 한시에 대한 논의이긴 하지만 작자의 내적 기질과 기상을 어떻게 배양하는지와 관련된 문예적 양기의 중요한 자료이기 때문에 인용하였다.

---

107 尹根壽, 「漫錄」, 『月汀集』. "性情本湛然, 惟意能鼓舞. 哀樂各相應, 表裏元一矩.. 元氣信浩然, 大樂安有譜? 調切寄文字, 節奏應鐘鼓. 嗟余讀古書, 十年勤自苦. 一朝幸有得, 敢謂如目覩. 鄭子雖年少, 其心甚慕古. 相從已屢問, 自愧無所補. 養氣以爲本, 讀書以爲輔. 血氣苟不盛, 萬卷終鹵莽. 願君聽殷勤, 我言出肺腑. 豈徒作文法? 學道從此取."

나는 일찍이 공과 경치를 마주하고 수창한 적이 있었는데, 가만히 시 짓는 것을 보니 우선 흉중에 막힘이 없어[胸中無滯礙] 사물에 빗대어 말을 엮는 순간 실로 이미 문자의 범위를 초탈하였는데, 사람을 미혹시키는 根塵을 떨쳐내면서도 함양하여 바로잡는 것이었다. 그러므로 뜻이 가는 대로 말이 따라와[意行言從] 마치 생각지도 못한 가운데 물이 솟구치고 구름이 피어오르듯 하여 절로 一家를 이루었다. 오색 신기루가 바다에 떠서 텅 빈 누각을 이루는데 도끼질은 생각할 겨를도 없는 것과 같으니, 이 어찌 韓愈가 말한 바 "물이 광대하면 그곳에 뜨는 물건은 큰 것이든 작은 것이든 모두 다 뜬다는 것이 아니겠는가? 훗날 공의 경지에 오르고자 하는 자가 계단을 밟지 않으려 하고 곧장 바람을 타고 오르려한다면 오직 자신의 氣를 잘 길러야만[養其氣] 거의 가능할 것이다.[108]

임제는 특출한 재주와 기이한 행실로 정평이 나있는 인물이다. 중년에 그가 문득 깨닫고는 협객俠客에 대한 언급을 꺼리고, 경서와 역사서에 힘을 기울이며, 천하의 명산을 두루 유람하며 자신의 분방奔放하고 호일豪逸한 기질을 도와 모두 시로 드러내었다.[109] 이러한 시들은 뜻이 가는 대로 말이 따라와[意行言從] 마치 생각지도 못한 가운데 물이 솟구치고 구름이 피어오르듯 하여 절로 일가一家를 이룬 경지였다. 이는 바로 한유韓愈가 말한 바 "물이 광대하면 그곳에 뜨는 물건은 큰 것이든 작은 것이든 모두 다 뜬다."라는 문학적 성취라고 칭탄할 수 있는데, 모

108 李恒福, 「林白湖集序」, 『林白湖集』. "余嘗與公遇景酬唱, 竊覵其所爲, 先自胸中無滯礙, 比物屬辭, 固已脫然超乎文字之外, 而能剔去根塵, 涵而揉之, 故意行言從, 渙若不思, 而水湧雲騰, 自爲一家. 若彩蜃浮海, 結成空樓而忘乎斤斧矣, 是豈非韓子所謂水大而物之浮者大小畢浮者乎? 後之欲昇公堂者, 如不欲歷階, 而直將御風也, 則惟善養其氣幾矣云云."

109 李恒福, 「林白湖集序」, 『林白湖集』. "中忽自悟, 稍諱言俠, 遂屈首書史. 因遍遊名山, 以佐其奔放·豪逸, 而洩之以詩. 往往若晴虹之舒卷于空明而不可得以摸也者, 雖由天造, 而至於丹青綵繢, 得之樊川而弁髦之者多矣."

든 물건을 띄울 수 있는 광대한 물, 즉 임제가 자신만이 지니고 있는 분방하고 호일한 기상을 잘 길러내었기 때문에 가능한 것이다. 앞에서 말한 문예적 양기의 내재적 측면에서 보면, 수양과 성찰보다는 천부적인 내적 기질과 기상을 어떻게 잘 길러내느냐에 초점을 맞춘 사례라 할 수 있다.

(3) 서적 탐독을 통한 문예적 양기養氣

다음에 인용한 글은 「현곡집서玄谷集序」의 일부분으로, 조경趙絅(1586~1669)이 조위한趙緯韓(1567~1649)의 문집에 대해 쓴 서문이다. 그중에서 '이기위주以氣爲主'의 문장론을 피력하면서, 문예적 양기의 수양 방법론으로서 관련 서적의 탐독을 언급하였다.

> 昌黎氏는 문장을 논하여 "물은 기운이고 말은 뜨는 물건이니, 물이 크면 사물 중에서 뜨는 것은 크건 작건 모두 뜬다."고 하였고, 蘇長公 또한 "시를 창대하게 하는 데에는 그 기를 창대하게 하는 것 만한 것이 없다."고 하였다. 나는 이에 문장은 기를 위주로 한하는 설은 고금을 통해서 바뀔 수 없음을 알았다.
>
> 나의 宗人 玄谷翁은 마땅히 융흥하여 만물이 흥성할 때에 태어나, 품부받은 氣가 본디 두터워 어려서부터 문장을 즐겨하였는데, 문장은 先秦과 兩漢의 글이 아니면 읽지 않았고 시는 開元과 天寶의 대가들의 기교가 아니면 눈에 담지 않았다. 깊이 탐독하기는 太史氏와 『戰國策』의 弘辯의 설들을 가장 깊이 하여, 이로써 기운을 돕고 필력의 바탕으로 삼았다.[110]

110 趙絅, 「玄谷集序」, 『龍洲遺稿』. "昌黎氏論文章曰, '水氣也, 言浮物也, 水大而物之浮者大小畢浮.' 蘇長公亦曰, '昌詩不如昌其氣.' 不佞於是, 迺知文章以氣爲主之說古今不可易也. 吾宗人玄谷翁生當隆, 萬盛際, 稟氣固厚, 才結髮, 喜文章, 文非先秦兩漢不讀也, 詩非開天大家數不眼之也. 其所嗜韱, 最深於太史氏及『戰國』弘辯之說, 以助其氣, 以資其筆勢."

조경은 조위한을 평가하기를, 품부 받은 기氣가 본디 두터워 어려서부터 문장을 즐겨하였는데, 문장은 선진先秦과 양한兩漢의 글이 아니면 읽지 않았고, 시는 성당盛唐의 대가들 기교가 아니면 눈에 담지 않았다. 깊이 탐독하기는 『사기』와 『전국책戰國策』의 홍변弘辯의 글들을 위주로 하였는데, 이로써 자신의 기운을 돕고 필력의 바탕으로 삼았다고 하였다. '이기위주以氣爲主'의 문장론은 문기론文氣論으로 대칭되는데, 이 역시 문예적 양기를 중시하는 것이다. 여기서 중요한 것은 조경이 이러한 문기론을 설명하면서 작자가 타고난 기질 즉, 문예적 양기의 내재적 측면을 강조하면서도 양기를 돕는 방법으로 『사기』와 『전국책』 같은 홍변弘辯의 문장을 탐독하는 외재적 측면을 밝힌 것이다.[111]

3) 문예적 양기가 배태한 미적 풍격

지금까지 우리나라 한문산문과 관련된 문헌에서 산견된 문예적 양기의 여러 양상들을 살펴보았다. 문예적 양기의 수양 방법으로는 외적 체험, 내적 성찰, 서적 탐독 등이 요구되는데, 내적 성찰은 다시 맹자의 호연지기처럼 본성으로서의 기氣의 발현과 천부적인 내적 기질氣質의 형상화로 나누어지고, 외적 체험은 장유壯遊를 통한 기질의 변화와 관련

111 壯遊와 같은 외적 체험 없이 『사기』와 『전국책』 같은 문장 자체의 장대하고 웅혼한 기풍으로 문예적 양기를 도모하는 방법이 있는가 하면, 원나라의 郝經은 유가경전의 탐독을 통한 내적 성찰, 즉 內遊를 강조하였다. 隮山・喬嶽이 높다한들, 長江・大河가 성대한들, 자신의 도와 기에는 간접적으로 영향을 줄뿐, 그대로 자신의 도와 기가 높아지고 성대해질 수 없으니, 外遊를 떠나는 사람은 반드시 유가경전의 공부를 통한 내적 성찰, 즉 內遊를 해야 한다는 것이다.(「內遊」, 『陵川集』. "身不離於衽席之上, 而遊於六合之外, 生乎千古之下, 而遊於千古之上, 豈區區於足跡之餘觀覽之末者所能也? 持心御氣, 明正精一, 遊於內而不滯於內, 應於外而不逐於外. ……(중략)…… 彼隮山喬嶽, 高則高矣, 於吾道何有? 長江大河, 盛則盛矣, 於吾氣何有? 故曰, '欲遊乎外者, 必遊乎內.'")

서적 탐독을 통한 상상 체험으로 나누어진다. 그런데 조선 중기에 이르면, 이러한 문예적 양기의 담론을 그대로 유지한 채, 문예적 양기가 배태한 문학적 성취를 미적 풍격 용어로 언급한 사례들이 빈번하게 보인다.

다음에 인용할 글 역시 조경의 작품으로, 이민성李民宬(1570~1629)의 문집에 서문을 쓰면서 그의 문학적 성취의 중요한 인자因子로서 문예적 양기를 강조한 부분이다.

> 옛날에 사마천司馬遷은 『史記』의 自序를 지으면서 다음과 같이 말했다.
> "열 살이 되었을 때 고문을 외웠다. 20세가 되어서는 남쪽으로 長江과 淮河로 유력하여, 會稽山에 올라 禹穴을 탐방하고 九疑山을 살펴보고 沅水와 湘水에서는 배를 탔다. 북쪽으로 汶水와 泗水를 건너가 제나라와 노나라 수도에서 강학하고 공자의 유풍을 관찰하고는, 양나라와 초나라를 거쳐 돌아왔다. 또 조정의 명을 받들어 서쪽으로는 巴蜀 지방을 정벌하고, 남쪽으로는 邛·笮·昆明 등의 지방을 공략하였다."
> 사마천은 하늘이 부여한 재주에다 고문 외는 것을 보태었고, 약관의 나이부터는 천하의 명산과 대천을 두루 유람하는 것을 보태었고, 제나라와 노나라에서 강학하는 것을 보태었는데, 마치 夫子의 가르침을 받든 듯한 연후 밖으로 드러내어 문장을 지은 것들은 웅건하고 굉대하며[雄肆宏壯], 정밀하면서도 호방하며[精嚴磊落], 은근하고 예스러워[詳婉古雅], 모두 그의 壯遊와 닮아 있었다.[112]

112 趙絅, 「敬亭先生集序」, 『敬亭集』. "昔司馬子長著自序曰, '十歲誦古文. 二十而南遊江淮, 上會稽探禹穴, 闚九疑浮沅湘. 北涉汶泗, 講業齊魯之都, 觀孔子遺風, 過梁楚以歸. 又奉使西征巴蜀, 南略邛笮昆明.' 太史公以天授之才, 加以誦古文, 自弱歲加以遊遍天下名山大川, 加以講業齊魯, 如承夫子之謦欬, 然後發而爲文者, 雄肆宏壯, 精嚴磊落, 詳婉古雅, 無不肖其壯遊."

조경은 이민성이 사마천과 같은 장유壯遊로 인해 문학적 성취를 크게 이루었음을 강조하였다. 이에 대한 준거로서 소철이 「상추밀한태위서上樞密韓太尉書」에서 "태사공은 천하를 돌아다니며 널리 사해와 명산·대천을 둘러보고 연나라와 조나라의 준걸들과 교유하였기에 그의 문장은 소탕하여 자못 기기가 있습니다.[太史公行天下, 周覽四海名山大川, 與燕趙間豪俊交游, 故其文疏蕩, 頗有奇氣.]"라고 하는 장유의 중요성을 언급하고 있다. 여기서 말한 소탕疏蕩과 기기奇氣라는 풍격과 더불어 굉박宏博과 홍변弘辯 등은 이전시대까지 문예적 양기의 담론에 자주 등장하는 개념들이다. 그런데 이 글에서는 더욱 구체적이고 세밀한 풍격 개념들이 쓰이고 있다. 문예적 양기의 결과물로서, 양기를 통해 드러난 미적 풍격으로서, 조경은 사마천이 천하유람을 통해서 그의 문장이 웅건하고 굉대하며[雄肆宏壯], 정밀하면서도 호방하며[精嚴磊落], 은근하고 예스러워졌음을[詳婉古雅] 지목하였다.

다음에 인용한 글은 서종태徐宗泰(1652~1719)의 「해악창수집발海嶽唱酬集跋」로, 이희조李喜朝(1655~1724) 형제가 풍악산楓嶽山을 유람하고 지은 시집에 붙인 발문이다. 앞에서와 마찬가지로 양기를 통해 문학적 역량을 높일 수 있음을 논한 글인데, 문예적 양기의 소산으로서 기조氣調와 음절音節에 대한 미적 풍격을 언급하였다. 다만 한문산문이 아닌 한시에 대한 논의이긴 하지만 문예적 양기가 배태한 미적 풍격의 다양한 사례를 보여주기 때문에 인용하였음을 밝혀둔다.

> 무릇 사람이 산기슭과 골짜기에 오르고 모래톱에 임하여 外物을 읊어 시가 된 것은 쉽게 아름다운 경지에 이르는데, 아마도 본 것은 작지만 우리의 氣가 거두어들일 수 있었기 때문이다. 산과 바다의 드넓고 큰 승경에 이르러서는 비록 옛날에 문장에 능하다고 이름났던 이라도 종종 겨우 한

> 두 멋진 말을 얻는데 그쳤으니, 어찌 그 본 것이 더욱 클수록 그 기가 더욱 빼앗기고 시력은 한계가 있는데 외물[物態]은 끝없이 摸寫하기 때문에, 스스로 공교롭게 쓰기가 어려워서 그런 것이 아니겠는가?
>
> 지금 李同甫와 그 동생 樂甫는 靈芝山에 있으면서 날마다 산꼭대기와 물가를 노닐다가 시를 짓기만 하면 모두 아름다운데 이것은 오히려 그들에게 일상적인 일이다. 그들이 함께 楓嶽山에 들어가서 내금강·외금강을 둘러보다가 동쪽으로 渤海를 건너 돌아왔다. 내가 그 『唱酬集』을 꺼내 읽어보니 맑고 깊은 물 같이[瀏瀏] 어기와 성조[氣調]가 깨끗하고 音節이 호탕하였다. 무릇 산과 바다의 빼어난 곳은 眞靈이 머무는 곳이고 造化가 숨겨져 있는 곳이어서 사람으로 하여금 놀라 두려워하게 한다. 바람, 구름, 파도가 갑자기 수없이 변하여 다만 마음으로 깨달을 뿐 말로 할 수 없는 것을 모두 말[觚舌]로 담아내고 거친 것들을 포용하여[凌暴陶鎔] 형용한 것 중에 닮지 않은 것이 없었다.[113]

바위계곡과 시냇가에서 영물시詠物詩를 지으면 아름다운 의경을 만들 수 있는데, 이는 보는 바가 작아서 자신의 기氣로 능히 섭렵할 수 있기 때문이다. 그러나 큰 산악과 바다를 보고 문장에 뛰어난 자라도 좋은 작품을 한두 개 밖에 얻지 못하는 것은 보는 바가 클수록 자신의 기氣를 빼앗기기 때문이다. 이희조 형제가 풍악산을 유람하고 지은 시를 보니 맑고 깊은 물 같이[瀏瀏] 어기와 성조[氣調]가 깨끗하고[淸] 음절音節이 호

113 徐宗泰, 「海嶽唱酬集跋」, 『晩靜堂集』. “夫人上崖谷臨洲渚, 其詠物爲詩, 易造佳境, 蓋其觀小而吾之氣能有以收攝故也. 至若嶽海宏曠闊大之勝, 則雖古之名能文藻者, 往往廑得其一二雋語而止. 豈非其觀愈大而其氣愈奪, 詩力有限而物態無窮摸寫, 故自難工而然哉? 今李君同甫及其弟樂君, 在靈芝山中, 日遊山巓水涯, 輒有詩而皆美, 此猶其常焉耳. 及其同入楓嶽, 歷觀內外山, 東迤浮渤海而還也. 余出其『唱酬集』而讀之, 瀏瀏乎氣調淸而音節宕. 凡山海之瑰鉅雄秀, 靈眞所宅, 造化所秘, 使人可愕可慑. 與夫風雲波濤, 倏忽千變, 只可心會而口不能言者, 悉驅而囿之於觚舌間, 凌暴陶鎔, 靡不狀而肖之.”

탕하였다[宕]. 이로써 산수자연을 통해 기氣를 기르면 심흉心胸과 안목眼目 또한 따라서 증대될 수 있음을 알 수 있다는 것이다. 문예적 양기의 측면에서 보면, 일반론이라 할 수 있으나 여기서 간과할 수 없는 부분은 심상한 경관과 장대한 경관이 작자에게 주는 미적 체험의 차이점을 구체적으로 밝히고 있다는 것이다. 아울러, 장관壯觀을 통한 미적 체험이라는 것은 일시적이고, 거대하기 때문에 대부분의 작자들은 압도되지만, 이들 형제들은 모두 시재詩才가 뛰어나고 기상이 충일하여[114] 감당할 수 없는 미적 체험을 그대로 감수하여 문예적 양기의 풍격으로 형상화한 것이다.

다음에 인용한 글은 이헌경李獻慶(1719~1791)의 「답이태보논문서答李台甫論文書」로, 이승연李承延(?~?)에게 자신의 시문론詩文論을 장편으로 서술하였다. 그중에서 양기를 강조한 문장의 전범으로서 성현의 문장을 꼽고 있는데, 그 미적 성취를 혼호渾浩와 순방淳厖으로, 그 대척점에 있는 문장가의 미적 성취를 지리支離와 천착穿鑿으로 설명하고 있다.

> 형께서 문장에 대해 논함에 모두 理氣에 근원을 둔 것은 진실로 옳다고 생각합니다. 理는 성현과 우매한 이들이 모두 동일하게 가지고 있는 것이지만, 氣는 천만가지의 등급이 같지 않음이 있습니다. 언어와 문사는 모두 氣가 드러난 것으로, 그 품격이 가지런하지 않은 것은 氣에 달려 있습니다. 그 氣의 순수하며 두터움을 얻은 이는 理에 밝지 않음이 없어서 그 말이 막힘이 없고[渾浩] 순박하고 도타워[淳厖] 성현의 문장이 되며, 그 氣의 편벽되고 얇은 것을 얻은 자는 理가 가려진 바가 있기 때문에 그 말이 지루하고 따분하며[支離] 穿鑿하여 문사의 문장이 됩니다. 그래서 맹자께

114 徐宗泰, 「海嶽唱酬集跋」, 『晩靜堂集』. “嗟夫! 二君臞然, 體不勝衣, 而文弱甚, 猝然遇天下宏曠闊大之觀, 不爲所摧壓, 而其爲詩, 乃能覰天巧奪萬色, 振奮頡頏而若相與之角者, 此不特觀其詩力浩乎, 其氣之充可知也.”

서는 "나는 말을 알며, 나의 호연한 기를 잘 기른다." 고 말씀하셨습니다. 氣를 기르지 않고서 말을 알 수 있는 자는 없으며, 말을 알지 못하면서 氣를 기를 수 있는 이도 없습니다.[115]

이헌경은 문장의 본질을 기氣로 설명하고 있다. 이理라는 것은 성현과 우매한 이들이 모두 동일하게 가지고 있는 것이지만, 기는 천만가지로 다르다. 여기서 이라는 것은 본성本性으로서의 이요, 기라는 것은 품부받은 기질, 혹은 기상으로서의 기이다. 개인이 발양하는 언어와 문자라는 것 역시 모두 기가 드러난 것으로, 그 문학적 성취와 품격은 모두 기에 달려 있는 것이다. 그 기가 순수하며 두터우면 이에 밝아서 그 말이 순박하고 도타워 성현의 문장이 되며, 그 기가 편벽되고 얇으면 이가 가려진 바가 있기 때문에 그 말이 지루하고 따분하여 문장가의 문장이 되는 것이다. 이를 통해서 보면, 이헌경이 말하는 양기는 도덕적 양기의 측면에 가깝다고 할 수 있다. 맹자의 호연지기를 언급하여, 자신의 기를 잘 기르는 것만이 훌륭한 문장, 즉 성인의 문장을 짓는 지름길이라고 지적한 것 역시 도덕적으로 순정하고, 본연적으로 충일한 기를 함양하는 도덕적 양기의 수양 방법을 언급한 것이라 할 수 있다.

다음에 인용한 2가지 글은 남공철南公轍(1760~1840)이 김재련金載璉(1750~?)에게 문장을 논하며 보낸 편지글의 일부분으로, '이기위주以氣爲主'의 문장론을 피력하면서 양기와 육경六經의 관계를 언급한 내용이다.

115 李獻慶, 「答李台甫論文書」, 『艮翁集』. "兄之論文章, 以爲皆原於理氣者誠是矣. 理者聖愚賢不肖之所同得, 而氣有千萬品之不齊. 言語文辭, 皆氣之發也. 其品之不齊, 稱其氣也. 得其氣之粹而厚者, 理無不明, 故其言渾浩淳厖, 爲聖賢之文, 得其氣之偏而薄者, 理有所蔽, 故其言支離穿鑿, 爲文士之文. 是以孟子曰, '我知言, 我善養吾浩然之氣.' 不養氣而能知言者, 未之有也. 不知言而能養氣者, 亦未之有也."

문장은 氣를 위주로 하고, 법도는 그 다음이다. 무엇을 기라고 하는가? 기는 六經에 담겨 있으니, 반드시 먼저 육경을 읽고서 도리의 깊고 오묘함을 궁구하여 온축됨을 함양하고 광휘를 충실히 하며, 자신의 기를 기르고 자신의 기를 통달시킨 이후에 문장으로 발양한다면 그 문장은 기를 기약하지 않아도 저절로 기가 되는 것이다. 육경은 바로 正氣이다.[116]

西漢과 唐宋 이래로 올바른 기를 체득한 사람은 매우 드물다. 겨우 司馬遷만이 天縱한 재주를 가지고서 천하의 명산대천을 유람하고, 또 齊나라와 魯나라에 이르러 성현의 絃誦과 揖讓하는 유풍을 들었으니, 그 깨끗함을 체득하였다. 韓愈는 孟子의 학문을 천년 이후토록 전하고 斯文의 흥기를 자신의 소임으로 삼았으니, 그 순정함을 체득하였다. 歐陽修는 禮樂仁義의 실제를 드러내어 공자에까지 이르렀으니, 그 아정함을 체득하였다. 蘇軾은 호방하고 특출난 자질, 강직하고 흔들리지 않는 절개로써, 그 만년에 이르러서는 기괴하고 웅걸한 문채와 풍격이 천하를 떨쳤으니, 그 기이함을 체득하였다. 깨끗함, 순정함, 아정함, 기이함이라고 말한 것들은 모두 각각의 氣를 말한 것이니, 이는 육경을 배운 것으로 정도를 위배한 것은 아니다.[117]

남공철은 육경은 정기正氣라고 천명한다. 문장에 있어서 기氣가 위주이며, 법도는 그 다음이다. 기라는 것은 육경에 담겨 있으니, 반드시 먼

116 南公轍, 「與金國器論文書」, 『金陵集』. “文章以氣爲主, 法次之. 何謂氣? 氣在六經. 必先讀六經, 以竅其理道之淵藪, 涵泳渟蓄, 充實光輝, 以養吾氣, 以達吾氣, 然後發之於文, 文不期氣而自氣. 六經, 正氣也.”

117 南公轍, 「與金國器論文書」, 『金陵集』. “西漢唐宋以來, 得氣之正者, 絶罕. 僅有司馬遷, 以天縱之才, 游天下名山大川, 又至齊魯, 得聞聖賢絃誦揖讓之遺風, 得其潔. 韓愈, 傳孟子之學於千載之後, 以興起斯文爲己任, 得其醇. 歐陽修, 著禮樂仁義之實, 以達於孔氏, 得其雅. 蘇軾, 以豪邁拔俗之姿, 淸剛不撓之節, 及其晩節, 岐嶇嶺表, 文采風槩, 有足高天下, 得其奇. 曰潔, 曰醇, 曰雅, 曰奇, 皆謂之氣. 此皆學六經而弗畔正.”

저 육경을 읽고서 도리의 깊고 오묘함을 궁구하여 온축됨을 함양하고 광휘를 충실히 하며, 자신의 기를 함양한 이후에는 작자의 문장이 바로 작자의 기가 되는 것이다. 육경이 정기라면, 개별 작가의 문장은 각각의 기가 되는 것이다. 예컨대, 사마천司馬遷은 깨끗함을[潔], 한유韓愈는 순정함을[醇], 구양수歐陽修는 아정함을[雅], 소식蘇軾은 기이함을[奇] 각각의 기로써 미적 풍격을 이루어 내었다.

4) 소결

양기養氣는 이 용어가 사용되는 상황과 맥락 - 시대적 차이 · 철학적 분기 - 에 따라 그 개념이 달라진다. 크게는 유가儒家에서 말하는 '도덕적道德的 양기'와 도가道家에서 말하는 '양생적養生的 연기煉氣'로 나눌 수 있으며, 이와는 별도로 '문예적文藝的 양기'라는 것이 있는데, 이 문예적 양기는 도덕적 · 양생적 양기와 그 경계를 넘나들고 있다.

유가에서 철저하게 도덕적 범주에서 논의되었던 양기라는 개념이 문예적 범주로 전화轉化하는 계기는 사마천司馬遷과 소철蘇轍 같은 중국 문인들의 논의 때문이라 할 수 있다. 우리나라에서는 이러한 중국의 논의들이 수용되어 고려시대부터 조선시대까지 이르는 각종 문헌들에 관련 자료들이 산견되어 있다. 다만 그 양상과 의의는 시대적 상황과 문풍文風에 따라 다기한 양상들을 보이는데, 이 글에서는 이러한 양상과 의의에 집중하기보다는 한문산문에서의 문예적 양기의 여러 가지 수양 방법을 밝히고, 나아가 문예적 양기의 결과로서 평가되고 지칭되는 미적 풍격 용어를 살펴봄으로써 문학 창작론과 비평론을 유기적으로 설명하는 것이다.

이를 위해 한문산문의 범주에서 문예적 양기를 위한 3가지 수양 방법을 제시하였다. 첫 번째는 장유壯遊와 견문을 통한 외적 체험이다. 고려시대 임춘林椿은 소철의 문예적 양기론을 전폭적으로 받아들였는데, 그는 사마천과 같이 명산・대천을 유람하여 천하의 기이한 풍문과 장대한 경관을 찾아볼 것을 제안하였다. 조선시대 들어와 김종직金宗直 같은 경우는 장유壯遊를 통해 선진문물인 중국의 제도와 풍속・경치를 직・간접적으로 접함으로써 자신의 문예적 양기를 도모하는 것이었다.

두 번째는 작자의 성정 및 혈기의 수양을 통한 내적 성찰이다. 김정金淨은 앞서의 임춘과 김종직처럼 작자의 원유遠遊를 강조하기는 했지만, 그보다 먼저 유람자 - 작자 - 의 내적 수양과 성찰을 내세웠다. 내적 수양과 성찰을 거쳐서 원대한 기상과 고명한 식견을 지닌 사람은 광달하게 스스로 동서남북을 모두 다할 수 있고, 천지를 그의 눈 속에서 작게 여기며, 그의 마음속에서 구름과 달을 삼킬 수 있기 때문이었다. 윤춘년尹春年은 작자의 성정性情과 지향하는 뜻, 작자의 양기와 혈기血氣를 피력하였으며, 이항복李恒福은 수양과 성찰보다는 천부적인 내적 기질과 기상을 어떻게 잘 길러내느냐에 초점을 맞추었는데, 모두 문예적 양기의 내재적 측면을 잘 보여준다고 할 수 있다.

세 번째는 양기를 돕는 관련 서적의 탐독이다. 조경趙絅은 작자가 타고난 기질 즉, 문예적 양기의 내재적 측면을 강조하면서도 양기를 돕는 방법으로 『사기史記』와 『전국책戰國策』 같은 홍변弘辯의 문장을 탐독하는 문예적 양기의 외재적 측면을 밝혔다.

마지막에서는 그 문학적 성취로 거론되는 미적 풍격 용어들을 비교분석하였다. 앞서 살펴보았듯이, 문예적 양기의 수양 방법으로는 외적 체험, 내적 성찰, 서적 탐독 등이 요구되는데, 내적 성찰은 다시 맹자의 호연지기처럼 본성으로서의 기氣의 발현과 천부적인 내적 기질氣質의 형상화로 나누어지고, 외적 체험은 장유壯遊를 통한 기질의 변화와 관련 서적 탐독을 통한 상상 체험으로 나누어진다. 그런데 조선 중기 이후부터 이러한 문예적 양기의 담론을 그대로 유지한 채, 문예적 양기가 배태한 문학적 성취를 미적 풍격 용어로 언급한 사례들이 빈번하게 보인다. 소탕疏蕩과 기기奇氣, 굉박宏博과 홍변弘辯 등은 그 이전시대까지 문예적 양기의 담론에 자주 등장하는 개념들이다. 그런데 조선 중기 이후부터는 더욱 구체적이고 세밀한 풍격 개념들이 쓰이고 있다. 문예적 양기의 결과물로서, 양기를 통해 드러난 미적 풍격으로서, 조경 같은 경우는 웅건하고 굉대함[雄肆宏壯], 정밀하면서도 호방함[精嚴磊落], 은근하고 예스러움[詳婉古雅] 등의 풍격 용어를 사용하였다. 또 18세기 중반의 이헌경李獻慶은 양기를 강조한 문장의 전범으로서 성현의 문장을 꼽으면서, 그 미적 성취를 혼호渾浩와 순방淳厖으로 그 대척점에 있는 문장가의 미적 성취를 지리支離와 천착穿鑿으로 대별하여 설명하였다. 18세기 후반의 남공철南公轍은 육경은 정기正氣라고 천명하면서, 개별 작가의 문장을 각각의 기로 설명하였는데, 사마천司馬遷은 깨끗함을[潔], 한유韓愈는 순정함을[醇], 구양수歐陽修는 아정함을[雅], 소식蘇軾은 기이함을[奇] 각각의 기로써 미적 풍격을 부여하였다.

제2부

한문산문 이론과 창작의 전개 양상

1. 동강東江 신익전申翊全의 문학 성향과 망자를 위한 산문

1) 서론

16~17세기 문학사에서 가학家學을 토대로 계승·발전한 경우로 신흠申欽(1566~1628) 집안을 꼽을 수 있다. 신흠의 박학博學의 학문 태도, 폭넓은 사상의 수용, 복고주의 문학론 등은 아들인 신익성申翊聖(1588~1644)과 신익전申翊全(1605~1660)에게, 그리고 손자인 신최申最(1619~1658)와 신정申晸(1628~1687)에게까지 대대로 영향을 끼쳤다. 특히, 복고주의 문학론과 관련해서는 후대의 비평가들이 신흠, 신익성, 신최 등에 주목하였고, 신익성의 외손이자 신최의 제자였던 김석주金錫胄(1634~1684)까지 아울러 논의되었다. 이에 반해, 문학사에서 신익전에 대한 후대의 비평은 좀처럼 찾아보기 힘든 게 사실이다.[1]

1 기존에 신흠 가문의 연구사도 이를 반영하고 있다. 신흠에 대한 연구사는 논외로 하고, 신익성에 대한 연구로는 김은정, 「樂全堂 申翊聖의 문학 연구」, 서울대 박사학위논문, 2005 ; 김은정, 「東陽尉 申翊聖의 駙馬로서의 삶과 문화활동」, 『열상고전연구』 26, 열상고전연구회, 2007. 등이 있고, 신최에 대한 연구로는 이군선, 「春沼 申最의 文學的 性向과 文學觀」, 『동방한문학』 28, 동방한문학회, 2005 ; 김은정, 「春沼子 申最의 詩文學 연구」, 『한국한시연구』 16, 한국한시학회, 2007 ; 김경희, 「春沼 申最의 散文 硏究」, 성

『실록實錄』에 수록된 신익전의 졸기卒記에는 "집안 대대로 유아儒雅했는데 익전翊全 역시 문사에 뛰어났다. 사람됨이 순박하고 겸허하였으며, 명가의 자제로 현달한 관직을 역임하였는데 권요權要의 직책에 당하게 되면 사양하고 거하지 않았다."[2]라고 소개되어 있다. 그의 부친과 가형의 졸기만 보더라도[3] 이들 삼부자의 문명文名은 당대에도 공인되었다. 이렇듯 가학을 통해 문장력을 인정받은 신익전이었지만 후대의 평은 놀라울 만큼 간소하다. 기실 신익전은 그의 부친과 형에 비해서 본인이 선명한 문장관을 피력한 적이 없고, 추측할 수 있는 자료로는 제3자의 언급들이 전부이다.

아래 글에서는 우선 신익전의 문학 성향과 문장관을 간접적인 자료를 통해 추출하고자 한다. 후대의 연구자들로 하여금 다양한 논쟁거리를 제공해 준 신흠·신익성과는 달리 신익전은 현전하는 그의 문집에서 몇 마디의 언급 외에는 본격적인 문장관을 드러낸 적이 없는 것으로 보인다. 병란으로 인해 젊은 시절의 글이 산일된 자료적 한계도 있거니와, 후술하겠지만 당대 문학 사조에 대해 가학의 토대에서 개성적인 문체보다는 담박하고 간중한 문체를 추구한 결과, 문장에 대한 다양한 담론을 펼치지 않았던 면이 작용한 것으로 보인다.

다음으로 그의 산문 중에서 망자亡子를 위해 쓴 작품들과 인물 형상을

균관대 석사학위논문, 2009 ; 박동주, 「申最 原體散文의 時代綱領的 의미」, 『한국언어문화』 45, 한국언어문화학회. 2011. 등이 있다.

2 『顯宗改修實錄』, 원년(1660) 2월30일. "家世儒雅, 而翊全亦優長於文辭. 爲人醇質謙愼, 以名家子, 歷職華顯, 而職當權要, 遜避不居."

3 申欽(1566~1628)의 졸기에는 "欽爲人莊重簡潔, 善文章, 早負儒林重望."(『仁祖實錄』, 6년 6월29일)이라고 되어있고, 申翊聖(1588~1644)의 졸기에는 "尙氣節, 善談論, 文章筆法皆絶人."(『仁祖實錄』, 22년 8월2일)이라고 되어있다.

위주로 한 작품을 통해 그의 문학 세계를 조명하고자 한다. 본 연구자가 신익전의 산문을 검토한 결과, 그의 문학적 특징이 잘 드러난 문체가 주로 망자를 위해 쓴 작품들이었다. 이에 그가 남긴 비지류碑誌類·애제류哀祭類·전장류傳狀類 등의 작품을 통해 그의 문학적 특징을 검토하고, 나아가 문학적 성취에 대해서도 언급하고자 한다. 비지류, 애제류를 위시하여 망자를 위해 남긴 작품들은 대부분 신익전의 가까운 인척이 그 대상이었고, 그 가운데는 요절한 인물이 많았다는 특수성이 있다. 비지류에 대해서는 구성과 서술의 측면에서, 애제류에 대해서는 행간에 침투된 감정의 운용 측면에서, 전장류에 대해서는 인물 묘사 방식의 측면에서 각각 문학적 특징을 점검할 것이다.

2) 신익전의 문학 성향과 문장관

일찍이 신흠은 어린 시절 신익전을 두고서 아래와 같이 평하였다.

> 우리아이 全은 글자를 배운 지 수년이 되어도 어리석어 文義를 분간하지 못하였는데, 올 가을부터 갑자기 첩경을 체득하였다. 근래에 읊은 시구에는 제법 경발한 말들이 있기에 장난삼아 시 한 편을 지어 기쁨을 기록하는 바이다. 옛날에 자기 아이를 칭찬하는 버릇이 있던 자가 바로 나와 같은 늙은이가 아니겠는가. 우리 집의 두 아이와 세 손자 및 아우 집의 두 아들과 한 손자 가운데, 장자는 혹 이미 문장을 이루었고, 소자들도 모두 시를 좀 지을 줄 안다.[4]

시학詩學에 눈을 뜬 어린 신익전이 기특하여 그 기쁨을 노래한 신흠의

4 申欽, 「示翊聖翊亮幷小序」, 『象村稿』. "全兒學字數年, 癡不分文義, 自今秋忽得蹊逕. 近來口占, 頗有警語, 戲成一篇志喜. 古有譽兒癖者, 得非老夫耶? 吾家兩兒三孫及季氏家二兒一孫, 長者或已成章, 少者皆有格韻."

소회이다. 신흠의 언사를 미루어보면, 신익전은 가형인 신익성에 비해 시 공부가 더디었던 것으로 보인다. 재주에 있어서는 신익성이 신익전보다 뛰어났으며,[5] 문장에 있어서 아들인 신익성을 지기知己로까지 인정하여[6] 대필代筆까지 맡겼던[7] 신흠의 입장에서는 신익전이 못내 아쉬웠던 모습이 역력하다.

그렇다면 신익전이 장성하여 출사를 하고부터 문장 공부는 어떠했는지, 그리고 문장이 난숙했을 즈음의 당대 평가들은 어떠했는지 살펴보자. 아래에 인용한 글은 신익전의 아들 신정이 부친의 「가장家狀」을 작성하면서 언급한 내용들이다.

> 일찍이 옥당에서 입직할 때 薛文清의 『讀書錄』을 보고 마음속으로 각성하여 이때부터 『近思錄』과 『心經』 등과 같은 고금의 性理書들을 모두 가져다가 잠심하고 사색해서 그 귀취를 이해하셨다. 특히 『周易』을 즐겨 읽었는데, 인간 세상의 지극한 즐거움 가운데 이것과 바꿀 만한 것은 없다라고 생각하셨다.[8]

5 申欽, 「示翊聖翊亮幷小序」, 『象村稿』. "少兒强解事, 哦詩能動人. 爾才旣可教, 爾兄素絶倫."

6 金尙憲, 「東陽尉申公神道碑銘」, 『淸陰集』. "文章鴻暢朗俊, 讀之令人神聳. 詩格高調逸, 文不顓一家, 悉取先秦『史』『漢』, 擬議成變. 文貞公於文少許可, 見其所爲, 稱之曰能, 父子間常自爲知己."

7 신흠은 송서문 1편, 비지문 4편을 아들 신익성에게 대필을 맡길 정도로 그 문학적 재능을 인정하였다. 신익성의 「送都元帥張公晩出師序」, 「永昌大君墓誌銘」, 「奉正大夫 ……(중략)…… 趙公墓碣銘」, 「輔國崇祿大夫 ……(중략)…… 金公神道碑銘」, 「輔國崇祿大夫判中樞府事金公神道碑銘」 등이 그것이다.

8 申最, 「家狀」, 『東江遺集』. "嘗直玉堂, 覽薛文淸『讀書錄』, 有警惕於心者, 自是悉取古今性理諸家如『近思錄』·『心經』等書, 潛心玩索, 會其歸趣. 尤喜讀『易』, 以爲人間至樂, 無以易此." 참고로, 『東江遺集』에 수록된 「家狀」은 申最과 申暈 두 아들이 함께 작성하였는데, 역대 선조와 부친에 대해서는 신정이 쓰고 모친인 趙氏에 대해서만 신엽이 썼다.

> 문장에 있어서는 일찍 첩경을 체득하여 소싯적에 지은 글이 文貞公에게 크게 칭찬을 받으셨다. 과거에 급제하여 출사한 뒤에도 더욱 부지런히 노력하여 시는 당나라의 杜甫를 본받았고 문장은 班固와 韓愈를 모범으로 삼았으며, 또한 명나라 대가들의 글도 접하여 조예가 깊었지만 평소 성품이 겸손하여 한 자 한 구도 남에게 자랑하거나 과시한 적이 없었기 때문에 부군이 문장에 뛰어나다는 사실을 아는 사람이 적었다. 오직 澤堂 李植 공만은 부군이 課製로 지은 글들을 보고 극구 칭찬하면서 東陽公에게 말하기를, "당신 아우님의 문장은 氣力은 비록 공보다 조금 못하지만 典雅함은 나은 듯하오."라고 하였다. 매번 호당의 선발에 천거되었으나 시대 상황이 초창기였으므로 실행되지 않았다. 상국 洪瑞鳳은 남의 문장에 대해 인정하는 경우가 드물었는데 부군의 응제문을 보고 또한 감탄사가 끊이지 않았고 그의 당질 洪命夏에게 이르기를, "내가 죽은 뒤에 賜祭文은 반드시 아무개에게 부탁하거라."라고 하였다. 상국이 세상을 떠나자 홍공이 과연 그 말대로 공에게 찬진하는 일을 부탁하였다. 趙錫胤 공 또한 "부군은 마땅히 文苑에 있어야 한다."라고 하였다. 천거되어 예문관 제학에 의망되었는데 끝내 임명되지는 못하셨다.[9]

첫 번째 인용문에서는 신흠 가문의 주된 가학인 『주역周易』에 신익전 역시 침잠했음을 알 수 있다. 두 번째 인용문에서는 그가 전범으로 삼았던 시문의 텍스트와 당대 명사들의 문학평, 그리고 서예의 수준을 추측할 수 있다. 신익전은 한시의 전범으로 두보杜甫를, 산문의 전범으로 반

9 申晸, 「家狀」, 『東江遺集』. "於文章早得蹊逕, 少時述作, 大爲文貞公獎賞. 及至釋褐之後, 勤厲彌篤, 詩取唐杜, 文範班·韓, 亦頗染指於皇明諸大家, 造詣旣深, 而素性謙抑, 未嘗以一字一句向人揚扢誇詡, 故世鮮知府君有文. 惟澤堂李公植見課製諸作, 極加稱賞, 謂東陽公曰, '季公之文, 氣力雖少遜於公, 典雅則殆過之.' 每擬薦入於湖堂之選, 以時事草刱未果. 洪相國瑞鳳於文少許可, 見應製文, 亦嘖嘖不容口, 謂其堂姪洪公命夏曰, '吾死之後, 賜祭文必須托諸某甫.' 及卒, 洪公果屬諸公撰進如其言. 趙公錫胤亦謂, '府君合處文苑.' 薦擬藝文提學, 終未拜."

고班固와 한유韓愈를 삼았으며, 명明나라 문장에도 조예가 깊었다. 뿐만 아니라 선진고문을 비롯하여 한당漢唐과 송명宋明의 문장까지 전범의 텍스트 범위가 넓었다.[10] 산문의 전범으로 반고와 한유, 즉 양한兩漢이후로부터 당唐나라까지 학습하는 것은 기실 신익전 당대의 문학 사조에 비추어보면 특기할 만한 사항은 아니다. 오히려 시대를 초월한 산문 공부의 정로正路를 충실하게 수행했다고 볼 수 있다. 다만, 16~17세기 산문론의 쟁점이 되는 진한고문秦漢古文 일군에 신흠과 신익성이 심상하지 않게 등장하기 때문에[11] 신익전의 이러한 문장 공부가 눈길을 주지만, 유파로 변별되고 논증되는 산문사의 시각을 탈각하면 선진양한으로부터 당송唐宋, 그리고 당대에 유행했던 명나라의 문장까지 골고루 섭렵하였고 여기에는 가학의 전통이 많은 영향을 끼쳤다는 정도로 온건하게 이해하는 게 타당할 것이다.[12] 한편, 겸손한 성품으로 인해 문장력을 남

10 申晸, 「東江遺集跋」, 『東江遺集』. "暨釋褐, 勤勵彌篤, 悉取先秦古文漢唐諸家, 下逮盛宋皇明, 靡不咀嚼, 以臻於漑根食實."

11 심지어 조선후기 沈魯崇(1762~1837)은 다음과 같이 말한 바 있다. 沈魯崇, 『孝田散稿』, 「聞見外編」. "國朝詞章之學, 有中葉前後之異. 明・宣以上, 不有刻劃之型範, 務立博厚之基址, 尙有大羹之味, 大帛之用. 以下稍稍以法度自好, 元氣日削, 眞風日萎. 此是曆啓諸子爲之倡, 而東人艶慕模擬, 一變而至. 時則月汀・象邨兩公, 首其事也. 申東淮翊聖酷喜王弇洲詩文, 臥起自隨, 未嘗或捨. 其大人象邨嘗曰, '此兒始生, 吾夢紅袱裹書, 自天降下, 是其善爲文耶!' 客曰, '裹中書, 必是『王弇洲集』.' 一時笑之." 전후칠자의 문풍을 조선에서 창도한 사람으로는 尹根壽와 申欽으로 꼽고 있으며, 신익성의 출생과 관련하여 王世貞 애호를 재미있게 서술하고 있다.

12 신흠을 위시한 복고주의 문학과 관련해서는 김우정의 「申欽의 散文과 前後七子」(『대동문화연구』 69, 성균관대 대동문화연구원, 2010), 김우정의 「申欽의 '視古修辭'와 이정구의 '隨意抒寫'에 관하여」(『한문학논집』 30, 근역한문학회, 2010)에 의해서 상세히 고찰된 바가 있고, 소위 진한고문 논쟁에 대해서는 강명관의 「16세기 17세기 초 秦漢古文派의 산문비평론」(『대동문화연구』 41, 성균관대 대동문화연구원, 2002) 이래로 김우정의 「선조・광해 연간 文風의 변화와 그 의미 - 前後七子 수용 논의의 반성적 고찰을 겸하여 -」(『한국한문학연구』 39, 한국한문학회, 2007), 이성민의 「'秦漢古文派'의 성립 배경과 秦漢古文에 대한 인식」(『한국어문학연구』 48, 한국어문학연구학회, 2007)에 이어서 최근 장유승의 「前後七子 수용과 秦漢古文派 성립에 대한 비판적 고찰」(『한문학

에게 과시하지 않았다는 언급은 신흠과 신익전의 경우처럼 당대 문학 사조에 대한 열띤 공론의 장에서 활발하게 담론하지 않고, 한 발 물러나 자신의 문장 공부에 더욱 침잠했음을 엿보게 한다.

역시 두 번째 인용문에서는 이식李植(1584~1647)이 신익성과 신익전의 글에 대해서, 기력氣力과 전아典雅함의 기준으로 논평하였다. 신익전의 글에 대해 전아하다는 평은 아래에 인용한 박세채朴世采(1631~1695)의 언급에도 반복이 된다.

> 문장은 집안의 가르침에 근본을 두었으며 매우 부지런히 힘썼는데 고금의 여러 대가들의 문장을 접하지 않은 것이 드물었다. 그 성취를 요약하자면 典雅하고 簡重하여 진귀한 拱璧과도 같았다.[13]

신익전의 문학에 대한 평가를 좀처럼 찾기 힘든 상황에서는 환기할 만한 평어라 할 수 있다. 박세채의 언급에서도 그가 문장 공부는 가학을 토대로 하고 있으며, 그 학습 대상의 범주가 넓었음을 알 수 있다. 박세채가 평한 전아典雅와 간중簡重 가운데 앞의 인용문에서 이식은 신익전의 문장을 두고 전아하다는 평을 하였는데, 이러한 이식 역시 그의 문장은 후대에 전아하다는 평이 주를 이루고 있다. 이식의 문장 성향은 대체로 당송고문을 위시한 법도와 시의時宜를 강조하여 전아한 문풍을 이루었는데, 신익전도 문장의 법도와 효용을 강조한 결과 이러한 평이 나왔으리라 짐작된다. 좀 더 천착해서 보자면, 신익성의 기력에는 미치지 못

논집』 36, 근역한문학회, 2013)까지 논의가 진척되어 있다.

13 朴世采, 「神道碑銘」, 『東江遺集』 附錄. "爲文章, 本於家庭, 用力甚勤, 古今諸大家鮮不染指. 要其所就, 典雅簡重, 如拱璧然."

하지만 전아함은 낫다는 평가는 문장의 기세氣勢 혹은 어세語勢에 주목하여 기발한 문학을 추구하지 않고 평이하고 순정한 문학을 추구했음을 짐작할 수 있다. 또한 간중이라는 평어 역시 '기굴奇崛'이나 '난삽難澁'과는 대척점이 있는 문학적 성취라 할 수 있다. 이외에도 신익전의 외종손인 김석주는 그의 시문에 대해 담박澹泊하다는 평을 남겼고,[14] 생질인 조귀석趙龜錫(1615~1665)은 그의 시문은 쉼 없이 화려하게 드러난다고 평하였다.[15] 이로 보건대, 신익전이 문학적으로 이룬 성취는 조귀석의 평을 제외하면 대체로 전아하고 담박함에 있다고 말할 수 있다.

한편 신익전은 문장 공부에 있어서 궤도軌度 즉 법도를 강조하였고,[16] 관도지기貫道之器라는 문학적 효용을 중시하여 타고난 재주[才], 확고한 뜻[志], 올바른 방법[方] 세 가지의 층위에서 문학관을 펼쳤다.[17] 이와 관련해서 신익성이 신익전에게 보낸 편지 한 통이 주목할 만하다. 신익성은 한유의 글 40편을 선별하고서 편지와 함께 신익전에게 보내었다. 참고로, 신익성의 문집에 남아있는 척독尺牘 가운데 동생인 신익전에게 보낸 편지는 2통이 전해지는데 공교롭게도 모두 문학과 관련된 내용이다.[18]

---

14 金錫胄, 「祭文」, 『東江遺集』 附錄. "恬靜之操, 淳篤之質, 澹泊之文, 雅飭之筆, 今皆已焉, 寧復見否."

15 趙龜錫, 「祭文」, 『東江遺集』 附錄. "嗚呼! 挹公之儀者, 莫不曰恂恂乎仁也, 聆公之談者, 莫不曰斷斷乎誠也, 讀公之文者, 莫不曰亹亹乎章也, 觀公之筆者, 莫不曰爽爽乎神也."

16 申翊全, 「筆意跋」, 『東江遺集』. "凡爲文章, 固有軌度, 舍是宜無能有成."

17 申翊全, 「筆意跋」, 『東江遺集』. "噫! 夫文章不朽盛事, 貫道之器也. 蔑其才者, 固不足企及, 才矣而志不確, 或確而迷方者, 要之皆無成焉."

18 비단 신익전에게 보낸 편지뿐만 아니라 신익성의 척독 가운데 대부분은 문장을 품평하거나 작문 방법을 논한 편지글이다. 李植, 蔡夢硯, 沈悅, 程龍, 尹暉 등에게 보낸 편지가 그것이다.

> 네가 배우려 하는 바가 창려의 전체를 얻는 것이냐, 아니면 하나의 체제만을 얻는 것이냐? 너의 글 짓는 법을 보니 자못 가시를 치고 다듬으려고 할 줄은 알지만 뜻의 확립이 크지 않고 용어의 표현이 기발하지 않으며, 두려움이 지나쳐 도리어 비굴한 겸손이 되었다. 뿌리가 무성하지 않아 결실이 번창하지 못하고 가지와 잎이 시들어 빛깔과 윤기가 흐르지 않는 것 같다. 뜻을 얻은 작품은 간혹 예스럽고 우아한 듯하나, 뜻을 얻지 못한 작품은 매우 서툴며, 전체적으로 辭操의 화려함은 없고 마른 풀뿌리와 같다. 대저 너의 병통은 자못 집요함에 가깝다. 선입견이 위주가 되었기 때문에 가시를 치고 다듬으려는 마음이 이미 가슴 깊은 곳에 있어 어떤 책을 읽더라도 마음을 비우고 받아들이지 못하는 것이다. 만약 마음을 비우고 받아들이지 못한다면 만 권의 책을 읽더라도 읽지 않은 것과 같다. 만약 한유의 글을 읽으려 한다면 그 심오하고 호방한 기운을 구하고, 기발하고 독특하여 변화무쌍한 자태를 본받으며, 푸릇푸릇 울창한 빛깔을 취하고, 조화롭고 웅대한 소리를 음미한 뒤에야 비로소 한유의 글을 읽은 자라고 말할 수 있으니, 그렇게 하지 않는다면 한유의 글을 읽을 필요가 없다. 너의 오랜 생각만 지키려하면 보잘 것 없는 글이나 이루고 말 것이다.[19]

한유의 문장을 전범으로 삼아 문장 학습에 매진하고 있던 신익전에게 일침을 가하고 있다. 시기적으로 문장력이 난숙해지기 전의 신익전에게 올바른 문장 공부 방법을 전수하고 있는데, 젊은 시절 신익전의 문학 성향을 엿볼 수 있다. 신익성은 그의 문장 학습을 두고서 "자못 가시를

19 申翊聖,「汝萬」,『樂全堂集』. "汝之所欲學者, 欲得昌黎之全體耶, 抑欲得其一體耶? 觀汝爲文之道, 頗知去棘求鍊, 而立志不大, 發語不奇, 過於畏憚, 轉成卑謙. 本根不茂, 委歸不暢, 枝葉凋落, 色澤未敷. 得意之作, 或似古雅, 而不得意處則甚拙, 全無藻華, 有似枯荄. 大抵汝之病痛, 頗近執拗. 先入爲主, 故去棘求鍊之心, 先在肚裏, 雖讀某書, 不能虛心受用. 若不虛心受用, 則讀盡萬遍, 如不讀也. 若欲讀韓文, 則求其深沈宏肆之氣, 法其奇屈變幻之態, 取其蒼然鬱然之色, 叩其渢渢泱泱之音, 然後方可謂讀韓文者, 不然不必讀韓文. 守汝之故, 拙約成章也."

치고 다듬으려고 할 줄은 알지만 뜻의 확립이 크지 않고 용어의 표현이 기발하지 않으며, 두려움이 지나쳐 도리어 비굴한 겸손이 되었다"고 하였다. '거극구련去棘求鍊'이라는 표현은 문장 자구에 얽매여 조탁에 힘을 쓰는 것인데, 그러다보니 신익전의 문장은 뜻이 크지 않고 표현이 기발하지 않게 되었다. 두려움이 지나쳐 도리어 비굴한 겸손함이 되었다는 지적 역시 문장을 운용하는 것이 소극적이었음을 말한 것이다. 신익성은 한유 문장의 핵심인 심오하고 호방한 기운과 기발하고 변화무쌍한 자태를 본받아서 개성적인 문학을 추구하기를 종용하고 있다. 다른 한 통의 편지에서도 신익성은 신익전에게 고문을 볼 때 자구에만 뜻을 두지 말고 그 서사敍事・논사論事의 느리고 빠름, 자세하고 간략함과 정신精神・기맥氣脈의 변화무쌍하고 나뉘어 풀어지는 곳에 대해 집중해서 그 가운데 껍데기는 버리고 정수만 취하기를 강조하였는데,[20] 한결같이 신익전으로 하여금 자구를 벗어난 개성적이고 활달한 문장 운용을 기대하고 있다. 앞서와 같이 문장 공부에 있어서 법도를 강조하고, 문장의 입지立志와 문장 운용법을 피력하였지만, 젊은 시절 신익전은 문장의 변화 편폭이 그리 넓지 못했음을 알 수 있다. 훗날 신익전의 문학에 대한 평가가 이식의 경우처럼 기력보다는 전아함을 강조하고, 김석주의 경우처럼 담박함으로 소급되는 것 역시 신익성의 지적과 무관하지 않으리라 생각된다.

이제부터는 신익성을 비롯한 제가의 평과 신익전 자신이 추구했던 문풍을 토대로, 실제 작품은 어떠했는지를 살펴보고자 한다. 동생인 신익전으로 하여금 개성적이고 활달한 문풍을 강조했던 신익성은 과연

20 申翊聖,「汝萬」,『樂全堂集』. "看古文勿留意於字句, 而耽討其敍事・論事之緩急詳略, 精神・氣脈之動盪分解處, 捨其膚而取其髓, 蓄其源而揚其流, 斯可以入其藩而望其堂室矣."

어떤 문풍을 보였는지, 창신創新보다는 법고法古에 주안점을 두었고 제가들로부터 전아하고 담박하다는 평을 들었던 신익전은 문학적 성취가 어떠했는지를 비교함으로써 신익전의 면모가 더 선명하게 드러날 것이다. 그 대상 작품은 수서壽序이다. 16~17세기 산문사에서 수서라는 문체는 그 시사하는 바가 심상치 않다. 운문의 부속물로서 지어졌던 수시서壽詩序에서 벗어나 완전한 하나의 독립된 산문 작품으로 수서가 지어졌던 시기가 이 때이고, 이러한 수서를 남긴 작가들이 바로 명대 복고주의 문학에 경도되었던 일군의 사람들이었으니[21] 신흠을 비롯한 신익성, 신익전 역시 그 가운데 속해 있다. 다음에 인용할 작품은 신익성이 칠순을 5, 6년 남겨둔 심열沈悅(1569~1646)을 축수하기 위해 쓴 서문이다. 1,000여 자로 작성된 장문으로 수서로서는 꽤 긴 편에 들고, 구성에 있어서도 일반적인 수서 형식을 탈각하고 있다. 전문이 긴 관계로 단락별로 요약하면 다음과 같다.

> ① 우리나라는 전국의 모든 인재가 서울에서만 거주하고 있다는 점을 문제시하고 서울에서 벼슬살이를 하다가 나이가 차서 휴가를 청하는 경우가 극히 드물다는 것을 강조함.
> ② 심열은 하루아침에 휴가를 청해 교외 강가에 거처를 마련하여 물러난 점을 부각시킴.
> ③ 심열의 가계를 서술하고, 그의 공업을 칭송함.
> ④ 수서를 짓게 된 찬술 동기를 밝힘.
> ⑤ 2가지 의론으로서 심열의 장수를 축원하고 글을 마무리함.[22]

21 김우정, 「宣祖 연간의 文風의 변화와 壽序」, 『동방한문학』 47, 동방한문학회, 2011, 72면.

22 申翊聖, 「南坡沈公悅壽序」, 『樂全堂集』. "① 吾東方畫八區, 畿封在中, 其實七也. 西北塞土, 嶺以東民物彫鮮, 無顯仕者, 兩南稱人材府庫, 而大姓世祿者, 自勝國改籍而家京師. 鄉曲之士仕宦登朝者, 比京師不能十之二三, 而其中號俊傑才能, 以去就重輕者, 蓋亡幾焉. 京師子弟, 席父兄緖業, 生於斯長於斯, 無論事君任職者, 衣縫掖處

비록 단락별로 내용만을 언급했지만, 편폭이 제법 긴 작품인데도 불과하고 글의 구성이나 문장의 짜임새가 치밀하다. 전문을 두고 꼼꼼하게 분석하면 문학적 성취를 심도 있게 다룰 수 있을 듯하나 여기에서는 신익전의 비교대상으로 이 작품을 인용했기에 몇몇 중요한 국면만을 언급

寒窶守佔畢, 終身而不能出郛郭一步而振其業. 自是邦俗, 抑亦風氣使之然歟? 是以士大夫束髮登本朝, 至老死不去, 或以肩重, 或以懷祿, 肩重者不得去, 懷祿者不能去, 其勢雖殊, 不去均也. 德・靖以來, 告年致事者, 蘇退休世讓・鄭贊成宗榮僅數公, 而非世家京師者也, 引年丐休者, 掌故絶書久矣. ② 大司徒沈公, 一朝請急, 謝機務讓祿賜, 卜居于江郊, 扁其堂曰'盍歸', 顏其軒曰'止足'. 闔戶自靖, 不通賓客, 而不佞聖以通家之誼, 得拜牀下. 其容淸羸, 其神甚王, 其境牢騷, 其意甚得, 泊焉嗒焉, 不叩不應. 往往抨摧, 諳委典章, 論國體則曠之音也, 談世務則丁之族也. 處江湖猶廊廟, 伴漁釣若縉紳, 所謂惟所處而安者, 其得於『易』之謙者爲多云. ③ 公之世, 逖而華, 靑城疇庸裕后, 安孝開邦以祥而亘而延, 至忠惠而益大, 族蕃且貴. 公之仲父靑陽公, 以鄧・竇之親, 負士林重望. 先大司馬公, 先國後家, 世稱忠朴, 太夫人稱孫於靖陵, 門闌舃赫, 富貴尊榮. 公生於其家, 夙負雋才, 聲華藹蔚, 游乎賢關, 不露圭角, 如李子堅之不知爲郃之子也, 識者已器重之. 弱冠釋褐, 蜚英省署, 皁囊一封, 姦宄氣死, 遂秉銓軸, 望實愈孚. 時際宣廟重恢之治, 方講民事, 公乃以政術顯, 杖節而出, 隱然當人主心膂之寄, 荀羨早譽, 不獨擅於前代矣. 朝廷虞北, 公則北, 虞西公則西, 席不暇暖, 而時事已大謬矣. 改玉之初, 公入贊黃扉, 判涖地部, 預機政資廟謨, 紓主眷而得物情, 而夔夔如畏, 卒能超然於物表, 遂其撝謙之志. ④ 昔之蘇・鄭二公, 告老而退, 人猶難之, 以爲美譚, 況公年貌未全衰, 而果於去朝, 朝之聽公去奚以哉? 公之志已決, 視赫世之業軒冕之榮, 不翅脫屣, 則世莫得以攖之耶! 以公觀之, 出處在人不在地, 曙矣. 公立朝餘四紀, 歷事累朝, 人之視公爲大耋高年, 而考其春秋, 距懸車之期尙饒五載矣. 十一月十三日, 卽公懸弧之夕, 公之嗣熙世氏, 具酒食以饗之. 不佞聖從席次起, 奉觴稱壽. 退而敍公之跡, 頌其壽徵也. ⑤ 夫生於天地之間, 宥於氣機之中, 脩短信絀, 皆有定數, 而一贏一輸, 較若左券. 有其才而用不盡則壽之徵也, 負其能而位不滿則壽之徵也, 不竭其精力則壽之徵也. 天道益謙, 地道流謙, 鬼神福謙, 孰違乎盈虛, 孰戾乎動靜? 受虛而能靜, 於公之志見之矣. '盍歸', 所以守虛也, '止足', 所以就靜也. 公昔盈矣, 今以虛, 公昔動矣, 今以靜. 夫好盈則天必虛之, 好動則天必靜之. 靜於不欲靜, 虛於不欲虛, 則天安得虧之, 地安得變之? 而受福於鬼神而爲壽徵也. 公之文藝, 少致力焉, 則足以華國, 見以爲技, 公之筆翰, 屢登金石, 爲世所珍, 而欲辭其名, 竝廢其書, 用才可謂不盡也. 公之明識英猷, 足以經國澤民, 而斂而歸之於爭限爭席之地, 得位可謂不滿也. 不盡其才, 不滿其位, 騏驥之程, 未千里而止焉, 則精力固未竭也. 此三者非仁壽之徵也耶? 大椿之算, 始爲一籌, 從今往爲期爲頤, 以膺黃耉之章, 而國家修執珍問政之禮, 則不佞聖當從門墻, 張喙而申其說焉."

하고자 한다. 우선, 이 작품은 일반적인 수서 형식에서 벗어나고 있다. 일반적으로 수서는 찬술 동기에 이어서 주인공의 공업을 서술하여 칭송하고, 작자의 의론을 개진하여 주인공의 장수를 축원하는 형식으로 이루어진다. 이에 반해, 이 작품은 찬술 동기는 후반부에 잠깐만 소개되고[23] 주인공의 공업과 관련된 서사는 한 단락에만 할애하고 있으며, 전편에 걸쳐서 작가의 의론이 이어지고 있다. 수서에 있어서 서서와 의론이 강화되어 비지류나 전장류와 흡사한 느낌을 주는 것은 이 당시 명대 문학을 애호하였던 일군의 작가들의 수서 작품에서도 간취할 수 있는 특징[24]이라 할 수 있다. 이 작품은 세태를 꼬집는 한 가지 의론으로 글을 시작하여 인생관을 피력하는 두 가지 의론으로 글을 마무리하였는데,[25] 이렇게 한 편의 논변문을 방불케 하는 서술 방식과 문체 착종은 개성적인 문학을 신익성의 전략이라 할 수 있다.

신익전은 한 편의 수서 작품을 남겼다. 이색적으로 부녀자의 장수를 축원하는 수서를 포함하여 총 8편의 수서를 남긴 신익성에 비하면 적다고 할 수 있지만, 이 당시 수서 작품을 남긴 것 자체로 유의미한 것으로 해석할 수 있다. 이 작품은 김수현金壽賢(1565~1653)의 미수米壽 축하연을 기념하기 위해 쓴 글인데, 앞서 인용한 신익성의 작품에 비해 편폭이

23 申翊聖, 「南坡沈公悅壽序」, 『樂全堂集』. "11월 13일은 바로 공이 태어난 날인데, 공의 후사 희세씨가 술과 음식을 마련하여 잔치를 열었다. 나 익성은 여러 사람과 함께한 자리에서 일어나 술잔을 들어 장수를 축원하였다. 물러나 공의 사적을 서술하면서 공이 장수한 징조를 송축하노라.(十一月十三日, 卽公懸弧之夕, 公之嗣熙世氏, 具酒食以饗之. 不佞聖從席次起, 奉觴稱壽. 退而敍公之跡, 頌其壽徵也.)"

24 김우정, 앞의 논문, 84면.

25 [1] 단락에서 신익성은 우리나라 모든 인재의 서울 집중 현상을 문제시하는 의론을 개진하였고, [5] 단락에서는 장수하는 3가지 징조에 대한 의론, 하늘과 인사 관계에 대한 의론 등을 개진하였다. 특히, [5] 단락에 보이는 의론들은 바로 주인공에 대한 신익성의 안타까운 비감이 자연스레 스며들어 있다.

짧고 구조가 단조롭기 때문에 전문을 인용하기로 한다.

1 崇禎 기원 25년(1652 효종3) 9월 모일에 현 左相 潛谷 金公이 나를 찾아와 말씀하셨다. "나의 선친께서 성균관에 들어가신 해가 만력 을유년(1585)이었으니, 그대 부친과 同年이시네. 동년끼리 형제처럼 대하는 것은 예부터 그러하다. 그 자제나 조카들이 백부나 숙부처럼 섬기는 것도 당연한 일이라 하겠네. 돌아보니 그대와 나는 부모를 잃은 슬픔을 안고 있구려. 을유년에서 지금까지 한 갑자하고도 8년이 지났네. 손꼽아보면 동년 급제하신 분 중에서 오직 참찬 金公만이 여든여덟 살로 아무 탈 없이 강녕하게 지내시네. 선친께서 교유하던 일을 생각해보아도 지금은 어쩔 수가 없으니, 선친이 형제처럼 지낸 분을 뵈면 선친을 뵙는 것과 같다네. 항상 조정의 동료 중 이 같은 마음을 품은 사람들과 함께 한 번 공께 장수를 기원하는 잔치를 열 계획을 세웠다네. 그러나 그 당시는 시절이 어려울 때라 세월만 보내고 거행하지 못했네. 다음 달에 날을 잡아 상국인 白江 李公, 綾川府院君 具公, 도승지 이공, 舒川郡守 이후李侯, 설서 이후, 사서 이후 등 몇 사람과 함께 참찬공께 장수를 기원하는 잔치를 하네. 백강 이공, 능천부원군, 서천 군수 및 나와 그대는 아들 항렬이고 도승지와 설서와 사서는 손자 항렬이니, 격세지감이 없지 않구려. 공이 성균관에 들어간 해로부터 한 갑자하고도 팔년을 지내시면서 아직도 아무 탈 없이 강녕하시니 어찌 지금 세상에 보기 드문 일이 아니겠는가." 나는 상국의 말씀을 듣고 나도 모르게 목이 메어 삼가 알았다고 대답하고 물러나와 그날이 되기를 기다렸다.

2 10월 11일 기해일에 상국께서 과연 여러 공들과 함께 참찬공의 댁에 자리를 마련하였다. 휘황한 서대와 금옥을 차고 수레와 말을 타고 찾아오니, 좋은 음식이 가지런히 놓여있는 가운데 차례대로 술잔을 들었다. 두 분 상국께서 의관을 갖추고 허리를 굽혀 子姪의 예를 갖추었는데, 두 분의 춘추를 헤아려보면 또한 나이가 일흔이 넘었다. 참찬공은 창백한 얼굴에 붉은 뺨을 하고서 말씀을 나누는 예절에 조금도 어긋남이 없었으니 옛날

에 이른바 지상의 신선이라 한들 어찌 이보다 더하겠는가. 그러나 곁에서 그 얼굴빛과 말씀을 살피니 스스로 나이가 많다고 자처하지 않으며 겸손해 하셨는데 두 분 상국은 허리를 굽히며 예를 갖추었다. 저녁 무렵이 되어 음악이 연주되었는데, 자리에 있던 모든 사람들이 기쁘고 흡족해 마지않았다. 모두 운문을 지어 공을 칭송하고자 했는데, 나의 서툰 글 솜씨로 시를 읊을 수는 없었지만 가슴 속에 깊이 감개한 바가 있었다.

③ 傳에 '達尊'을 말하면서 세 가지 모두를 갖추기는 어렵다. 『시경』에서 '孝思'를 찬미하였으니 錫類의 효심이 더욱 아름답다. 아, 우리 참찬공께서는 유생 시절부터 삼가고 겸손하여 변란에도 뜻을 잃지 않고 편안히 지내며 천진함을 지켜 천성을 온전히 보존하셨다. 장원급제하여 淸要職을 역임하고 결국 원로를 우대하는 은전으로 판서에까지 올랐다. 여든을 넘은 뒤로도 식사도 더 잘 하시고 아주 작은 글자도 잘 읽으셨다. 성균관에 들어간 시절로 거슬러 올라가면 한 갑자하고 8년이 지났으니 이 세 가지를 다 갖추었다고 이를 만하다. 그러니 백강 이공과 잠곡 김공이 재상의 존귀한 신분을 낮추고서 일흔의 老軀를 잊은 채 의관을 갖추고 허리를 굽혀 자질의 예를 행한 것은 석류의 효심이 선대에 형제로 지낸 분에게 부족함이 없는 것이다. 이는 참으로 빛나는 우리 조정의 성대한 일이자 기록하여 후세에 남겨야 할 아름다운 일이니 내가 어찌 문장에 서툴다는 이유로 한 마디 하지 않을 수 있겠는가. 이에 삼가 그 전말을 서술하고 또 아래와 같이 축사를 쓴다. "북두성은 하늘의 중추이고 태산은 땅의 진산입니다. 중추이시고 진산이시니 공의 만수무강을 빕니다. 성대한 이 잔치 자리는 나이와 관직 때문이 아닙니다. 나이와 관직 때문이 아니라 효성이 끝이 없기 때문입니다."[26]

26 申翊全, 「金參贊壽賢乙酉蓮榜同年子姪上壽序」, 『東江遺集』. "① 崇禎紀元之二十五年九月日, 今左相國潛谷金公辱臨睨某, 若曰, '吾先子之上庠, 蓋在萬曆乙酉, 而實與子先子同年. 夫同年之以弟兄視古矣, 則其子姪之事以伯叔若亦固也. 顧吾與子, 旣抱風木之痛. 乙酉距今, 周甲有八祀, 屈指先榜同年, 惟參贊金公以八十八歲而康寧無恙. 追先誼而莫逮, 拜先人之所弟兄, 則如先人焉. 肆每與同朝搢紳之同此懷者, 謀一壽公, 而屬時艱虞, 荏苒不擧. 涓吉開朔, 將偕白江相國李公 · 綾川府院君具

[1] 단락은 일반적인 수서 형식대로 글을 짓게 된 동기를 서술하고 있다. 특기할 만한 점은 작자의 언사가 아닌 축하연을 초대한 김육金堉(1580~1658)의 입을 통해 그 상황을 설명하고 있다는 것이다. [2] 단락은 축하연의 장면을 상세하게 서술하여 주인공의 덕망을 칭송하고 있다. [3] 단락에서는 주인공이 "달존達尊"임을 강조하면서 간단한 사적을 진술하고 끝으로 축사祝辭의 시를 부기하였다. 단락별로 내용만을 살펴본 것이지만 수서로서의 형식을 온전히 지키고 있으며, 전문을 읽어보아도 화려한 문장미보다는 사실적이고 평이한 문체를 사용하고 있음을 알 수 있다. 앞서 인용한 신익성의 수서가 형식적으로나 내용적으로 개성적인 문예미가 두드러진 것에 비해 신익전의 이 작품은 전통적인 장르 규범을 충실히 지키고 있다. 운용하고 있는 전고나 문장만 보더라도 신익성은 『주역周易』, 『대학大學』, 『시경詩經』, 『자치통감資治通鑑』, 『장자莊子』 등을 망라하고 있지만 신익전은 『맹자孟子』와 『시경』의 전고를 사용할 뿐 담박하고 평이한 문장을 구사하고 있다.

公·知申事李公·舒川守李侯·說書李侯·司書李侯若而人, 擧觴于參贊公. 而白江·綾川·舒川暨余與子, 子行也, 而知申·說書·司書, 孫行也, 則不能無人代之感. 而公能周甲有八於上庠之年, 尙康寧無恙, 詎非斯世所希覯哉?' 不佞拜相國敎, 不覺中咽, 謹唯唯退以竢期. [2] 越十月十一日己亥, 相國果偕諸公, 設席于參贊公第. 犀金輝映, 軒騶交沓, 籩豆有楚, 盞斝序擧. 兩相公冠帶磬折, 執子姪禮. 計其春秋, 亦過耆耇. 而參贊公蒼顔丹輔, 不少愆談諧之節, 卽古所稱地上仙, 奚以加焉? 然竊從旁瞯其色辭, 謙謙若不自居其大耋, 而兩相國之磬折執禮彌虔. 日之旣夕, 絲竹迭奏, 凡在座者, 靡不懽愉欣洽. 胥將爲有韻之文頌公, 雖以不佞之不嫺於辭, 無能竊吹, 而抑深有慨於衷者. [3] 夫傳稱達尊, 備三爲難, 詩讚孝思, 錫類尤美. 噫, 我參贊公自在章甫時, 惟斤斤抑抑, 不隕穫於嬗變, 引恬葆眞, 以全其天. 魁大庭歷華膴, 卒用優老之典, 至躋八座. 望九之後, 益善匕箸, 能辨蠅頭字. 而溯求上庠之歲, 周甲有八, 則於斯三者, 可謂備矣. 而乃若白江李公·潛谷金公之屈大相之尊, 忘七袠之老, 冠帶磬折, 執子姪禮者, 惟其錫類之孝, 不匱于其先之所弟兄焉耳. 斯固熙朝之盛擧, 合紀嫩以貽後者, 則不佞惡可以不嫺於辭, 不一言哉? 玆謹敍顚末, 又爲祝辭曰. '維斗樞天, 維岱鎭地. 樞焉鎭焉, 公壽以只. 於赫斯筵, 匪惟齒爵. 匪惟齒爵, 孝思無斁.'"

이 시기에 수서가 지니는 산문사적 위상이 유의미하기 때문에 신익성과 신익전의 수서 작품을 비교해 보았다. 수서를 지을 때, 주인공이 장수했다는 사실 그 자체를 대상으로 삼지 않고 인생 전반에 걸친 인생관 문제로 주제를 확장시켰던 신흠이나 장유張維[27]와 신익성은 그 궤를 함께 한다고 할 수 있고, 신익전은 개성적이고 기발한 서술 전략보다는 문체적 미덕을 강조하여 법고에 충실한 문풍을 구사하였다고 할 수 있다.

신익전의 문학 성향과 문장관을 살펴보았다. 문학 성향과 관련해서는 주로 제3자의 평가를 토대로 구성해 보았고, 문장관과 관련해서는 단편적인 언급에 머물렀다. 기실 문장관을 살펴볼 수 있는 자료가 거의 없는 상황이기에 간접적인 자료를 통해서 짐작하는 데 머문 한계가 있다. 우선, 문장관으로 그가 전범으로 삼은 텍스트는 선진양한으로부터 당송, 그리고 당대에 유행했던 명나라의 문장까지 골고루 섭렵하였고, 이는 가학의 영향에서 비롯되었다. 문학 성향은 기발한 문학을 추구하지 않고 평이하고 순정한 문학을 추구하였으며, 이로 인해 후대에 대체로 전아하고 담박하다는 평을 받게 되었다. 아울러, 이러한 문학적 성취를 분석하기 위해서 신익성과 신익전의 수서 2편을 비교하였는데, 신익전은 개성적이고 기발한 서술 전략을 보인 신익성과는 달리 장르의 문체적 미덕을 강조하여 법고에 충실한 문풍을 구사하였다.

3) 망자를 위한 글쓰기와 인물 형상화 특징

아래에서는 신익전의 글 가운데서 망자를 위해 지은 작품들을 중심으로 그의 문학세계를 조망하고자 한다. 당시 평산平山 신씨申氏 가문은

27 김우정, 앞의 논문, 88면.

요절하는 사람이 많았는데, 이러한 특수성로 인해 신익전이 망자를 위해 지은 작품들이 대부분 인척을 대상으로 하고 있고 그 비애의 정서도 여타 인물을 대상으로 한 것에 비해 깊다고 하겠다. 망자를 위해 짓는 글은 대체적으로 비지류 문장과 애제류 문장을 통해 구현되는데, 문체 성격상 요구되는 미덕의 차이가 있지만 본질적으로 애도哀悼의 정서가 짙게 배어있다. 망자에 대한 작자의 비감悲感이, 때로는 운문적 성격이 강한 애제류 문장보다 엄정한 필치를 강조하는 비지류 문장에서 오히려 더욱 증감되기도 하는데, 이는 작자가 글을 지으면서 감정의 신축伸縮을 어떻게 운용하느냐에 따라 독자의 감정 이입도가 달라지기 때문이다. 이러한 면에서 신익전은 망자를 위한 글이지만 자신의 감정을 투영하기도 하고, 망자·자신의 복합적인 감정을 잘 운용하여 독자로 하여금 비감을 생생하게 느끼게 하는 글쓰기를 구현하였다.

신익전이 망자를 위해 지은 글은 그 대상 인물이 대부분 인척 관계의 사람이다.[28] 그 가운데서도 신익전은 생전에 가형인 신익성을 비롯하여 조카인 신면申冕(1607~1652), 신경申炅(1613~1653), 신최 등을 먼저 떠나보냈고, 이들에 대한 제문祭文을 지었다. 신익성은 비록 가형이었지만 부친처럼 따랐던 인물이었고 조카들은 비슷한 나이로 함께 학문을 해나

28 「祭伯氏東淮公文」은 가형 신익성, 「祭炅姪文」은 신익성의 셋째 아들 申炅(1613~1653), 「祭最侄文」은 신익성의 넷째 아들 신최, 「祭第二姊趙參判夫人文」은 둘째 누님이자 趙啓遠(1592~1670)의 처, 「祭朴姊淑人遷兆文」은 셋째 누님이자 朴瀰(1600~1644)의 처, 「祭姊子趙掌令文」은 누님의 아들 趙晉錫(1610~1654), 「祭內兄李正文」은 외사촌형 李厚基(1573~1650), 「祭從姊貞敬夫人申氏文」은 사촌 누이이자 洪命耉(1596~1637)의 처 申氏, 「重林道察訪閔公墓誌銘」은 이종사촌 閔聖任(1590~1651), 「領敦寧府事漢原府院君趙公行狀」은 장인 趙昌遠(1583~1646), 「祭沈校理文」은 사돈 沈熙世(1601~1645), 「祭姊夫朴掌令文」은 姊夫 朴瀰, 「祭冢婦沈氏文」은 맏며느리 沈氏.

가는 동료에 가까웠다. 다음에 인용한 글은 신면에 이어서 세상을 떠난 신경을 위해 지은 제문 가운데 마지막 부분이다.

> 지금 크게 통곡하는 내 목소리를 너는 혹 듣느냐? 영원히 이별하는 술잔을 너는 혹 흠향하느냐? 아, 천지는 만물이 머물다 가는 여관이고, 덧없는 인생은 꿈처럼 허망하다. 너는 진실로 죽었지만 너의 영혼은 남아 있느냐? 생전의 너는 더러운 세상을 싫어하여 선현의 길을 따르고자 하였고, 늙고 혼미하여 정신없이 달리는 사람을 보면 일찍이 상대하지도 않았다. 바닷가 모퉁이, 깊은 산 속에서 외롭게 지낸 것을 너는 죽을 때까지 후회하지 않았으니, 이것이 바로 네가 편안히 여기는 일이다. 꿈처럼 허망하고 잠깐 머물다 가는 인생을 조금 연명하여 비굴하게 영합하는 것을 어찌 네가 부러워하겠느냐. 아, 슬프구나. 네가 편안하다고 여기면서도 내 눈물은 하염없이 흐르고, 네가 바라던 일이라 하면서도 내 마음은 찢어지는구나. 아, 슬프구나. 다시 무슨 말을 하겠느냐.[29]

"천지는 만물이 머물다 가는 여관이고, 덧없는 인생은 꿈처럼 허망하다.[天地, 一逆旅也, 浮生, 一夢幻也.]"라는 표현에 신익전의 심정이 함축되어 있는 듯하다. 집안의 불우, 부친을 비롯한 가형과 조카들의 연이은 생사이별은 만년의 신익전에게 있어서 인생을 달관하게 만든 주요한 요인이었다. 더욱이 이들 대부분은 요절하였는데, 이러한 특수성으로 인해 신익전의 제문에는 인생관이 더욱 도드라지게 표현되고 있다. 바닷가

29 申翊全, 「祭炅姪文」, 『東江遺集』. "今我大聲之哭, 汝或有聆, 永訣之觴, 汝或有假耶? 嚱噫! 天地, 一逆旅也, 浮生, 一夢幻也. 汝固亡矣, 其亦有不亡者存耶? 方汝之生, 旣已厭汚濁而企前修矣, 見人之老洫顚冥行盡如馳者, 曾不欲置齒牙間. 其所以孑孑飄飄於海隅嶺表, 死而無悔, 卽汝所安. 少延於夢幻逆旅之中而營營夸毗, 豈汝所羨? 嗚呼痛矣! 謂汝爲安, 而我淚如迸, 稱汝所企, 而我腸如裂. 嗚呼痛矣! 其復何喩?"

모퉁이, 깊은 산 속에서 외롭게 지낸 것을 후회하지 않고 오히려 편안히 여기며, 꿈처럼 허망하고 잠깐 머물다 가는 인생을 조금 연명하여 비굴하게 영합하지 않는다고 망자를 위로하는 말 속에 신익전의 인생관이 적잖이 녹아들어가 있다. 신경과 사별을 하고서 5년 후에는 다시 신최와 사별을 하게 된다. 신최는 조카 가운데서도 가장 문재文才가 뛰어났는데, 그래서인지 신최를 위해 지은 제문은 다른 제문보다 문장미가 더욱 돋보인다.

> [1] 아득한 저 하늘은 앎이 있는가, 앎이 없는가? 경사와 재앙에 대한 증험이 옛 가르침에 분명하게 나타나 있으니, 이를 벗어나 다시 어디에서 그 증험을 구하랴. 우리 선친께선 덕업을 심고 후세를 보살펴 우리 형님을 이끌어주셨고, 형님께선 선대의 미덕을 잇고 집안을 계승하여 다섯 아들을 기르셨다. 손자와 증손이 헤아릴 수 없을 만큼 많아 장성한 아이들은 관례와 혼례를 올리고 藝를 이루었으며 어린 아이들도 두각을 드러내고 있으니 우리 집안의 남은 경사는 끝이 없을 듯하다. 그렇다면 하늘이 앎이 없다고 말할 수는 없으리라. 십 수 년 이래 세상이 수시로 변하여 미처 손쓸 틈도 없이 뜻밖의 화란이 일어나는 것이 숲속의 나무와 연못의 물고기에 비할 바가 아니었으니 차례라도 있는 듯이 앞서거니 뒤서거니 죽어갔다. 우리 형님의 다섯 아들 중에 지금 너와 네 중형만 살았으니, 이런 혹독한 재앙은 또 어찌하여 그런 것이냐? 그렇다면 하늘이 앎이 있다고 말할 수도 없으리라.[30]
>
> [2] 네가 평소에 나와 고금의 일을 토론하면서 경사와 재앙이 내리는 이

30 申翊全, 「祭最侄文」, 『東江遺集』. “悠悠彼蒼, 其有知耶? 其無知耶? 慶殃之徵, 于訓炳然, 外是而求, 其復安憑? 夫以吾先子之種德燾後, 啓我伯氏, 而伯氏之趾美承家, 育五男兒. 孫曾之繁, 指不勝屈, 大者冠昏藝成, 小者亦見頭角, 吾門餘慶, 似若未艾, 則謂蒼蒼無知不可也. 十數年來, 時變衣狗, 奇禍之作於駭機, 不翅林木池魚, 后先淪喪, 有如長第. 我伯氏五箇男兒在世者, 唯汝與汝仲, 則降割之酷, 又奚其然? 謂蒼蒼有知不可也.”

치가 오랫동안 어긋난 것에 대해 어찌 탄식하며 마음 아파하지 않은 적이 있었더냐. 그러나 내가 때때로 네 글을 보니 문장이 고상하고 화려하며 법칙이 있어 일가의 말을 이루었더구나. 네 글을 끝까지 다 읽기도 전에 나는 항상 가만히 이렇게 생각하였다. "이 사람이 태어날 적에 우리 선친께서 꿈에 봉황이 나는 모습을 보았으니, 어린 시절에 '協'이라 이름 지은 것도 이 때문이다. 이 사람의 넓은 학식을 보면 과연 입신양명하여 세상을 돕기를 기대할 만하니, 단지 시문이 뛰어나서 나라를 빛내기에 충분한 정도에 그치지 않는다. 그렇다면 어찌 이런 사람을 내고서 복을 누리지 못한 채로 끝나게 하고 말겠는가. 또 저 두각을 드러내는 재주 있는 손자와 증손들이 더욱 많으니, 오늘날 하늘이 앎이 없다고 했던 것을 훗날 앎이 있다고 말하게 될지 어찌 알겠느냐."[31]

③ 그런데 어찌하여 한 번의 병을 고치지 못하고 아득히 떠나서 은연중 기대했던 것이 모두 허사가 되고 끝내 영원히 결별하는 말만 하게 되었단 말이냐. 아, 슬프구나. 네 나이 마흔으로 일찍 죽는 것을 면치 못했고, 벼슬 겨우 5품으로 관찰사를 보좌하는 자리였다. 나라를 빛낼 문장은 변방에서 시나 읊으며 조금 시험하였고, 세상을 도울 뜻은 산골에서 한가로이 읊조리면서 헛되이 내버렸구나. 험한 산과 푸른 바다, 사나운 눈과 거센 바람이 네 몸을 상하게 하고 네 속을 뒤흔든 것이 본래 이미 심했거늘 술로 시름 달래어 몸을 취하도록 두었으니, 자신도 모르는 사이에 和氣가 손상되어 한 번 병에 걸리자 고치지 못하게 되었구나. 아, 슬프구나.[32]

31 申翊全, 「祭最侄文」, 『東江遺集』. "蓋汝之生平對我討論今昔, 何嘗不吁咄掩抑於慶殃之理久忒? 而抑余之時閱汝所著, 高華典則, 成一家言, 讀未終篇, 恒自隱度而曰, '之人之降, 瑞羽之儀, 夢眣於吾先子矣, 童丱之名, 故命以協. 而之人之曠識博學, 果可蘄其立揚輔世, 不亶詩聲文軌有裕華國, 則作人如許, 夫豈終於顑頷而已乎? 且彼孫曾之見頭角者, 更多才良, 則安知此日之謂無知者, 竟歸於謂有知乎?'"

32 申翊全, 「祭最侄文」, 『東江遺集』. "夫何一疾無醫, 冥然長逝, 期待於隱度者, 擧成虛牝, 而乃徒形言於永訣之辭乎? 嗚呼痛矣! 以年及强, 未免夭矣, 以官階五, 厪佐臬矣. 華國之辭, 薄試於絶徼之吟哢, 輔世之志, 虛抛於峽邑之坐嘯. 陰山青海, 虐雪饕風, 鑠汝之外, 撼汝之中, 固已深矣, 而排愁杯棬, 託身醉鄕, 不自覺其暗損委和, 一疾無醫. 嗚呼痛矣!"

> [4] 네 영혼이 육신을 떠난 지도 어느새 두 달이 되어 무덤이 만들어지고 장례치를 날이 정해졌다. 네 처가 울부짖건만 너는 듣지 못하고, 네 자식들이 가슴을 치건만 너는 살피지 못하는데 두각을 드러내는 자손들은 상복을 입고 있구나. 내가 와서 너에게 술을 따르는데 어찌하여 가득 찬 술잔은 기울여지지 않는 것이냐. 아득한 저 하늘이 앎이 없는 듯하지만, 장차 상자에 들어있던 글이 불후의 작품이 되고, 상중에 있던 자손이 선대가 누리지 못한 복록을 받는 날이 오지 않겠느냐. 아득한 저 하늘이여! 어찌 이다지도 심하신가. 영령이 어둡지 않다면 반드시 이 말을 흠향하리라.[33]

신익전의 여타 제문과는 달리 「제최질문祭最侄文」은 글의 서두에서 집약적인 의론을 개진한다. 사마천司馬遷의 「백이열전伯夷列傳」에서 쟁점이 되는 '천도天道'를 연상시키는 것처럼 신익전은 하늘의 지각 문제를 거론한다. [1] 단락에서 맨 처음에 등장하는 "아득한 저 하늘은 앎이 있는가, 앎이 없는가?[悠悠彼蒼, 其有知耶? 其無知耶?]"라는 명제는 전편을 이끌어가는 문안文眼으로 사용된다. 물론 망자를 위한 글에서 이러한 명제는 이미 투식이 되어버렸지만 전편을 아우르며 흡인력 있게 적재적소에 환기시키고 문장을 이어가는 것은 문장미를 고려한 결과라 할 수 있다. 다시 [1] 단락을 살펴보면, 하늘의 지각에 대해 의구심을 내세우면서 그 이유를 두 가지로 서술하고 있다. 우선, "하늘이 앎이 없다고는 할 수 없다[蒼蒼無知不可]"는 이유로는 부친과 형님의 가업, 손자와 증손의 번창 등을 꼽았으며, "하늘이 앎이 있다고는 할 수 없다[蒼蒼有知不可]"는 이유로는 십 수 년 이래 집안이 당한 재화와 연이은 형제들의 죽음을

33 申翊全, 「祭最侄文」, 『東江遺集』. "今汝之棄汝四大, 倏浹兩月, 佳城營矣, 遠期涓矣. 妻嘷而汝不聞, 子擗而汝不省, 見頭角者服衰且絰. 我來酌汝, 胡湛湛之盈觴而不見傾倒乎? 彼蒼蒼者, 儘若無知, 而豈將以藏篋之藁爲不朽之傳, 處堊之孤收不食之報乎? 悠悠彼蒼! 曷其極只? 靈如不昧, 必格斯言."

꼽고 있다. 기본적으로 하늘의 지각 문제를 의심하는 것은 하늘이 지각이 없다는 것에 무게가 실리기 마련이다. 본질상 하늘에 대한 의심은 무정한 하늘에 대한 호소라 할 수 있다. 이러한 인식과 감정은 [1] 단락만 보아도 비교적 선명하게 드러난다. 그러나 신익전은 비통한 감정에만 치우치지 않고 망자를 위한 위로와 남은 후손에 대한 희망을 반복적으로 섞어가면서 균형을 찾고자 한다. 이어지는 [2], [3], [4] 단락이 그것이다. [1] 단락에서 하늘의 지각을 부정한 내용으로 마무리한 다음, 바로 [2] 단락에서는 대상 인물의 재주를 언급하면서 위로와 희망의 정조로 감정을 치환하고 있다. [2] 단락 말미에서 "오늘날 하늘이 앎이 없다고 했던 것을 훗날 앎이 있다고 말하게 될지 어찌 알겠느냐.[安知此日之謂無知者, 竟歸於謂有知乎?]"라고 한 것이나 [4] 단락 말미에서 "아득한 저 하늘이 앎이 없는 듯하지만, 장차 상자에 들어있던 글이 불후의 작품이 되고, 상중에 있던 자손이 선대가 누리지 못한 복록을 받는 날이 오지 않겠느냐.[彼蒼蒼者, 儻若無知, 而豈將以藏篋之藁爲不朽之傳, 處堊之孤收不食之報乎?]라고 한 것은 감정의 억양을 잘 안배한 결과이다. [2], [3], [4] 단락의 정조는 계속해서 희망→좌절→기대→좌절→위로의 순으로 반복되는데 이러한 감정의 순환은 독자로 하여금 비통함을 더욱 극도로 이르게 하는 효과를 낳는다. 앞서 인용한 「제경질문」이 한결같이 인생사에 달관한 듯한 자세로 초연하게 슬픔을 토로한 제문이었다면, 이 제문은 작자 자신의 감정의 억양을 순환적으로 배치하여 곡진한 애도의 서정성이 잘 구현된 작품이다.

이외에도 신익전은 대상 인물인 가형의 행적과 일화를 중심으로 감정을 억제한 「제백씨동회공문祭伯氏東淮公文」이나 둘째 누님에 대한 그리움과 슬픔으로 전편을 4자구로 지은 「제제이자조참판부인문祭第二姊趙

參判夫人文」처럼 대상 인물에 따라 다양한 정조와 형식을 차용하였다. 공기公器로서 작법의 투식이 요구되는 비지류 문장보다는 비교적 형식이 자유로운 애제류 문장에서 신익전의 문장미가 더욱 발현되었다. 신익전이 남긴 비지류 문장은 이종사촌 민성임閔聖任(1590~1651)을 위해 쓴 「중림도찰방민공묘지명重林道察訪閔公墓誌銘」과 유몽익柳夢翼(1522~1591)을 위해 쓴 「군자감첨정유공묘지명軍資監僉正柳公墓誌銘」이 있는데, 이 두 작품은 묘도문자墓道文字의 기본적인 서술구도를 충실하게 따르고 있어서 당시에 기존의 투식적인 서술에 반성적으로 대응한 일군의 작가들[34]과는 달리, 묘도문자에서도 전아하고 간중한 문체를 추구하여 문체 본연의 성격을 지키려 하였다. 당시 묘도문자에서도 자신의 문재文才를 드러내려는 시도가 있었는데, 신익전은 이에 휩쓸리지 않고 자신의 문체를 고수한 것이다. 요컨대, 개성적인 문체를 추구하는 대신 장르가 요구하는 전범적 서술 방식을 온전히 지키면서 전아하고 순정한 문체를 추구하여 자신의 문학적 성취를 이루어 내었다. 앞에서도 살펴보았듯이 수서라는 장르에 도전하고 그 장르 안에서 자신의 개성적인 문예미를 발휘하고자 노력했던 작가들(특히 신흠과 신익성)의 자장 안에 있으면서도 신익전은 수서라는 장르에 접근하되 도발적이지 않고 전범과 법도를 추구하는 문예미를 발휘한 것이다. 젊은 날 신익성으로부터 문장자구에 얽매여 조탁이 지나치다는 지적까지 받을 만큼 화려하고 세련된 문예미에 집중한 신익전이, 문장이 난숙해졌을 때 이러한 자잘한 문예미는 씻어버리고 평순하고 전아한 문풍을 추구하게 된 데에는 부친과 형님의 영향 아래에서 자신만의 문학적 이상을 결단한 것이라 할 수 있다.

---

34 안득용, 「16세기 후반~17세기 전반 碑誌文의 典範과 서술 양상에 대한 고찰」, 『한국한문연구』 39, 한국한문학회, 2007.

다음으로는 대상 인물의 형상화 방식을 통해 신익전의 문학적 특징을 살펴보고자 한다. 그는 일찍이 과제課製로써 「벽계옹전碧繼翁傳」이라는 인물전을 지었다. 비슷한 시기에 정두경鄭斗卿(1597~1673)도 「벽계옹전」을 지었는데, 가전假傳의 형식으로 백로를 의인화하여 서술하였다. 이에 비해, 신익전은 희작戱作 성격을 버리고 사실적으로 묘사하면서 사적을 평가하고 있다. 우선, 정두경의 「벽계옹전」은 오유공烏有公이라는 가상의 인물을 등장시켜, 오유공과 벽계옹碧繼翁 사이의 일화를 중심으로 구성되어 있다. 여기서 등장하는 오유공은 바로 정두경은 자신이 가탁한 인물이고, 벽계옹은 백로白鷺를 의인화한 것이다. 이들이 주고받은 대화와 시를 보면, 세상을 초탈하여 구애됨이 없이 살아가는 백로에 대해 한없이 동경하는 정두경의 정서가 짙게 배어 있다. 다시 말해, 정두경의 「벽계옹전」은 은거하며 세상과 동떨어져 살아가는 자신의 처지와 심정을 가전을 통해 드러낸 희작인 것이다. 벽계옹, 즉 백로를 소재로 삼은 대부분의 시문들도 이러한 주제의식을 벗어나지 않는다. 그런데 신익전의 「벽계옹전」은 이와는 상당히 차별화되어 있다. 그 전문은 다음과 같다.

> 碧繼翁은 애초에 이름이 무엇이었는지 알 수 없으며 성과 자도 자세하지 않다. 篁棲叟와 뜻이 맞아 신선술을 익혔다. 신선술이 정묘해지자 하늘로 날아오를 수 있었지만 학이나 난새를 탄 적도 없고 정해진 방향 없이 둥둥 떠다닐 뿐이었으니, 도술에 뛰어나다는 사람들도 벽계옹을 만나는 일이 드물었다. 다만 剡 땅에 있는 鏡湖를 좋아하여 신선 세계를 노닐다가 틈이 있으면 간혹 호숫가를 다녀가곤 하였는데, 옷을 걷고 발을 담그기도 하였다. 한번은 좋은 날을 맞아 황서수와 함께 연 밭에 마주 서 있었는데, 섬 땅 사람 賈傳이 마침 이들을 만났다. 翁과 叟는 하루 종일 이야기를 나누는데, 가전은 들어도 무슨 말을 하는지 이해할 수 없었다. 다가가서

> 들은 것을 물으려 하였는데, 옹이 수에게 눈짓하여 말하지 못하게 하였다. 잠시 후 옹은 수를 황서수라 부르고, 수는 옹을 벽계옹이라 불렀다. 그리고는 곧 몸을 솟구치더니 해오라기로 변하여 날아갔다. 가전이 뒤를 쫓았으나 이미 구름 너머로 아득히 멀어져갔다. 가전은 실망하여 돌아와 섬 땅 사람들에게 이 이야기를 전하였고, 섬 땅 사람들도 옹의 종적을 찾지 못하였다. 그래서 수가 부른 대로 마침내 벽계옹이라 하였다. 벽계옹은 아마도 이인일 것이다.
>
> 태사공은 말한다. "내가 듣기로 섬 땅에는 이단을 공부하는 사람이 많은데 불도를 닦는 것이 아니라 신선술을 단련한다고 한다. 벽계옹과 황서수는 아마도 이러한 무리일 것이다. 그렇지 않다면 신묘한 도술을 지녀 겉모습을 바꾸고 속세를 떠나면서도 그리 넓지 않은 경호에 연연해하는가. 아, 벽계옹이 과연 그렇게 하였다면 벽계옹은 참으로 기이한 사람이지만 올바른 군자가 달갑게 여기는 바는 아니다. 孟子가 이르기를, '『書經』을 모두 믿으면 『서경』이 없는 것만 못하다.' 하였으니, 나는 이 일에 대해서도 그렇게 말한다."[35]

벽계옹은 주지하다시피 백로의 이칭으로 사용되는데, 이와 관련해서는 당唐나라 유도劉燾(1512~1598)가 편찬한 시화집 『수훤록樹萱錄』에 소개된 내용이 주목할 만하다. 실제 『수훤록』에는 "섬 땅 사람 가전이 경호

35 申翊全, 「碧繼翁傳」, 『東江遺集』. "碧繼翁, 不知始何名, 亦不詳其姓字. 與篁棲叟合志, 治僊術. 術旣妙, 能羽化飛騰沖天, 未嘗駕鶴驂鸞, 浮游不定所指, 號善道者, 亦罕遇翁. 顧喜剡之鏡湖, 玄圃閬苑之暇, 或往來湖上, 甚至褰裳濡足. 嘗偕篁棲叟趁良辰, 跳身對立芰荷叢, 剡人賈傳適遇焉. 翁與叟終日所談, 傳聽而不解所云. 欲進而質其聞, 翁便目叟噤不語. 俄翁呼叟篁棲, 叟呼翁碧繼, 卽奮身化鷺去. 傳追躡之, 已隱隱雲表矣. 傳憮然退, 傳其說於剡, 剡人無有能究翁蹤跡者. 因叟所呼, 遂稱碧繼翁. 翁蓋異人也. 太史公曰, '余嘗聞剡中多攻異者, 不于竺乾, 卽于金丹. 若翁與叟, 豈亦此流也耶! 不然, 何其術旣妙, 能幻外體, 遺世絶俗, 而尙戀戀數頃鏡湖耶? 噫, 使翁而果能爾, 翁固異矣, 抑非莊士之所屑. 孟子曰, 盡信『書』, 不如無『書』. 余於此亦云.'"

에서 두 노인이 서로 얘기를 나누는 것을 보았는데, 한 사람은 벽계옹이요 한 사람은 황서수로 함께 시를 읊조렸다. 가전이 급히 가서 읍을 올리니 백로로 변하여 날아갔다.[剡人賈傳於鏡湖見二叟並語, 一曰碧繼翁, 一曰篁棲叟, 相與吟詩. 賈遽揖之, 化爲白鷺飛去.]"라고 기재되어 있다. 신익전이 「벽계옹전」을 지으면서 참고한 자료가 바로 『수훤록』임을 알 수 있다. 또한 현전하는 우리나라의 문헌에서 『수훤록』을 언급한 경우는 많지 않은데, 부친인 신흠의 「청찬연담晴窓軟談」에 그 용례가 있는 것[36]을 감안하면 아마도 신익전은 집안에 소장되어 있는 『수훤록』을 직접 열람했으리라 짐작된다. 앞서 언급했던 정두경의 「벽계옹전」처럼 벽계옹은 신선술을 익힌 기인奇人이나 이를 의인화한 백로의 의미로 각종 시문에 사용되었다. 신익전은 『수훤록』에 전하는 짤막한 고사를 가지고서 사가史家의 평까지 붙인 완정한 인물전人物傳 한 편을 완성하였다. "태사공왈太史公曰" 이전까지는 섬剡 땅 사람 가전賈傳의 일화를 통해 대상 인물의 기이한 행적과 모습을 상세하게 설명하였고, 사평史評 부분에서는 벽이단闢異端을 피력하며 자신의 의론으로 갈무리하였다. 그렇다면 과제라는 특수성을 감안하더라도 신익전이 전설 속의 인물에 대해 사적을 고구하고 사평까지 이끌어 간 동기는 무엇인가. 아마도 쉬이 접할 수 없었던 관련 문헌을 참고할 수 있었던 집안의 배경, 그리고 탈속적인 소재에 대해 경도되어 동경하지 않고 현실적인 문제에 목도하여 벽이단론을 펼치고자 했던 작자의 의식이 저변에 깔려 있었을 것이다. 게다가 탈속적인 소재로 견인되는 파격적인 탈장르화를 시도하지 않고 전장류에 충실한 구도로 서술한 것은 문체 본연의 전범과 성격을 고수하려고 했던 신익전의 문장 성향과도 관련이 있을 것이다.

36 申欽, 「晴窓軟談」, 『象村稿』. "『樹萱錄』載隱君子元撰, 夜見吳王夫差與唐諸詩人吟詠事."

신익전의 「벽계옹전」은 우선 형식적으로 열전列傳의 양식에 충실한 작품이고, 두 번째로 신이한 사적으로 인해 짐짓 희작의 성격이 농후할 대상 인물을 엄정한 필치로 사실적으로 묘사하였으며, 마지막으로 대상 인물에 대한 거리두기를 통해 객관적인 평가까지 이르렀다.

4) 소결

이 글은 신익전의 문학 연구를 통하여 16~17세기 문학사에서 일군의 문장 집단으로 불리는 신흠-신익성-신최(김석주) 연구에 외연을 확장하는 것을 그 목적으로 하였다. 이에 그 시론으로서 먼저 신익전의 문학 성향과 문장관을 살펴보았고, 실제 몇몇 산문 세계를 조망하여 그 문학적 성취를 논하였다. 문학 성향은 평이하고 순정한 문학을 추구하여 후대의 평자로부터 전아하고 담박하다는 비교적 일관된 평가를 받았으며, 문장관으로는 법도를 강조하는 한편 관도지기라는 문학적 효용을 중시하여 타고난 재주[才], 확고한 뜻[志], 올바른 방법[方] 세 가지의 층위에서 문학관을 펼쳤다. 이러한 문학 성향과 문장관을 토대로 형제이면서 문풍을 달리했던 신익성의 작품과 비교하였는데, 신익전은 개성적이고 기발한 서술 전략을 보인 신익성과는 달리 장르의 문체적 미덕을 강조하여 법고에 충실한 문풍을 구사하였다. 산문 세계를 조망하기 위해서 문장미가 잘 구현된 애제류 문장을 대상으로 감정의 신축이라는 요소로 분석하고, 대상 인물의 사실적인 묘사와 대상 인물에 대한 엄정한 평가에 치중하여 희작의 요소까지 탈각시킨 인물전을 살펴보았다.

이러한 논의를 반성적으로 검토하면서 향후 과제를 논하고 후고를 기약하고자 한다. 우선 신익전의 한시 세계를 조명하지 못한 점이다. 참고로, 신익전은 「술왕述往」이라는 오언고시五言古詩 일백 운韻을 지은 바 있다. 더욱이 여기에는 가형인 신익성이 차운한 오언고시가 함께 수록되어 있다. 시의 내용은 모두 자신의 일대기를 자전적으로 쓰되, 고아한 고시 풍격에 기대어 문예미를 발현한 것인데 이들의 생애, 세계관 등을 참고하기에 유용한 자료라 하겠다. 다음으로 신익전의 기록 문학의 산실이라 할 수 있는 「밀양지密陽志」에 대한 연구이다. 그는 1652년 밀양부사密陽府使를 역임하면서 읍지邑誌를 남겼는데, 단일 지방지로서 그 내용과 분량이 방대하다. 마지막으로 신익전의 아들인 신정에 대한 연구의 필요성이다. 신정은 문장이 가학에 근본하여 아려雅麗하고 법도가 있었는데, 관각에서의 대문장大文章과 여타 국가의 금석문은 모두 대부분 그에게서 찬술되었고, 특히 격조가 청절淸絶한 한시로 당대에 인정을 받았다.[37] 또한 작문의 법도에 대해 비교적 선명하고 명확한 논지를 전개한 바 있는데, 특히 『사기史記』의 특장을 언급하였다.[38]

---

37 金壽增, 「行狀」, 『汾厓遺稿』 附錄. "文章本於家學, 雅麗有則, 館閣典冊及國家金石之刻, 多所撰述. 尤長於詩, 以格調淸絶, 見稱於東溟鄭公, 堂兄春沼公, 亦嘗以爲得唐人蹊逕. 所著詩文, 凡幾卷藏于家. 小楷草行, 筆力遒勁, 人得其字, 輒皆藏去."

38 申晸, 「與徐國益」, 『汾厓遺稿』. "僕少學迷方, 長無所成, 其於作者之法, 固不敢有所希覬, 而顧以先人緖業, 不可廢墜, 日夜殫思勰勰而自厲者, 猶不出於文字之間. 第以才性薄劣, 鑑識瞢昧, 取讀諸家書, 不能自審其取舍, 譬如驅車適遠者, 不識其所迫, 茫然有迷路之歎, 嗟乎悲夫! 僕自受書以來, 略涉載籍, 如「檀弓」·「考工記」·『孟子』·『左氏』·『戰國策』諸書, 固古所云聖於文者, <u>而其風調跌宕, 詞采閎麗, 令人讀之, 而靡靡不厭者, 無如太史公</u>, 是以喜讀此書, 窮晝夜吼嗄而不知罷也. <u>但其爲書, 開闔無端, 變化不測, 如長川崇嶽, 流峙千里, 其浩淼之勢, 崔崒之形, 觸境而殊觀, 苟非窮搜極探, 以徧其觀覽, 固不能領略選勝, 而爲平生游賞之所矣</u>. 今左右才高識敏, 有濟勝之具, 而又理屐周行, 能選其勝, 其亦爲我指導其最勝觀否? 倘因左右而得入其境, 則雖不能徧觀全體, 抑將有得於一水一丘之趣也, 向之所以勰勰自厲者, 庶幾由此少進, 而不復有茫然迷路之歎矣. <u>顧嘗念太史公文章, 非佔畢吟呻之所可學爲也, 觀其橫放俊逸之氣, 蓋有得於周覽山川之助者多矣</u>. 今吾輩塊然處闤闠中, 所見不過於培塿沮澤, 而迺欲屑屑以蠹簡求之, 其亦難矣. <u>雖然, 古人云, 太史公筆法, 如造化着物, 其平生所嘗游者, 皆在焉. 然則一部史記, 卽一山川也. 意者相與歷覽, 使此身如在長川崇岳之間, 其亦能有所感而得其所助耶!</u>"

2. 도암陶菴 이재李縡의 문장론과 비지류碑誌類 산문

1) 서론

도암陶菴 이재李縡(1680~1746)는 우의정을 역임했던 이숙李翻(1626~1688)의 손자이자 성균관 진사였던 이만창李晩昌(1654~1684)의 아들이었으며, 어머니는 민유중閔維重(1630~1687)의 딸이고 이모는 인현왕후仁顯王后였다. 이러한 집안 배경으로 인해 그는 18세기 노론계 핵심인물 가운데 한 사람으로 성장한다. 어린 나이에 부친을 여의고는 중부인 이만성李晩成(1659~1722)을 따랐으며 이희조李喜朝(1655~1724)에게 수학하였다. 또한 김창협金昌協(1651~1708)을 사숙하기도 하였다. 만년에는 용인龍仁의 한천寒泉에 머물면서 강학 활동을 펼쳤는데, 18세기 호락논쟁湖洛論爭에서 인물성동론人物性同論을 주장한 낙론洛論 계열의 대표적 학자였다.

그의 이러한 학문적 위상[39] 때문에 기존의 이재에 대한 연구는 호락논쟁을 위시한 성리학性理學, 『사례편람四禮便覽』으로 대표되는 예학禮學, 사서四書 해설서인 『사서강설四書講說』의 경학經學 등에 집중되어 있다. 이에 반해 그의 문학에 대한 연구는 필기잡록인 『삼관기三官記』를 다룬 연구[40]가 발표된 이래 한시와 산문에 대한 서너 편의 문학 연구가 진행

39 이재의 학자로서의 위상은 다음과 같은 언급을 통해 확인할 수 있다. 洪直弼, 『梅山集』 권15, 「答李在邦」. "須如農巖・寒泉退藏硏經, 倡明正學, 卓然爲今與後之標準, 方可謂第一流也."; 兪漢雋, 『自著』 自著準本, 「允摯堂稿序」. "盖惟國朝儒學, 自顯・肅以上尙矣毋論, 余猶及見先朝盛際矣. 寒泉・黎湖・鬼巖・南塘・屛溪・蟾村・渼湖・櫟泉・鹿門諸老先生, 先後並世, 尊聞行知, 以承前賢, 爲式於士林, 有助乎世道."; 『英祖實錄』 李縡 卒記, "及辛壬禍作, 其叔判書晩成死於誣獄, 遂奉母歸隱于麟蹄之雪嶽, 絶意仕宦, 潛究性理之學. 及乙巳更化, 屢被召命, 嘗一入覲, 進萬言封事, 極陳時論含糊鶻突之弊. 上方注意蕩平之治, 踈其言不用, 縡遂退居龍仁. 四方來學者甚衆, 近世諸儒皆以縡爲宗匠焉."

40 류혜자, 「陶菴 李縡의 『三官記』: 그 내용을 중심으로」, 『국어국문학논문집』 5, 동국대

된 게 전부이다.[41]

이 글은 이재 문학 연구의 일환으로, 그가 남긴 비지류碑誌類 문장에 주목하되 신도비神道碑를 중심으로 살펴보고자 한다. 『도암집陶菴集』에는 4권에 그치는 한시에 비해 46권이 모두 산문으로 이루어져 있다. 장르별로 일별하자면, 권5~8은 상소문上疏文, 서계書啓, 강의講義, 권9~23은 650여 편의 편지글, 권24는 서발문序跋文, 기문記文, 권25는 잡저雜著, 권26은 교서敎書, 상량문上樑文, 제문祭文, 권27~30은 신도비神道碑, 비碑, 권31~46은 묘갈墓碣, 묘표墓表, 묘지墓誌, 권47~50은 시장諡狀, 행장行狀 등으로 구성되어 있다. 산문 가운데서도 편지글과 비지류 문장이 상당 부분을 차지하는 것은 이재의 당파적 입지나 학자적 위상의 방증이라 할 수 있다. 한편 이재가 비지류 문장을 많이 남긴 것은 17세기 이후 비지류 문장에 대한 변화된 인식을 반영하기도 한다. 15세기까지 비지류 문장은 역사 서술의 보조적인 역할이나 혹은 정해진 투식을 따라는 일종의 실용문으로 인식되었다면, 16세기에 들어서면 시대의 변화와 아울러 문인들의 인식이 변했고, 이어 복고사조의 영향을 받으면서 변화의 징조가 보이다가, 17세기 이후로는 양적인 면에서부터 그 이전과는 판이하게 다른 양상을 보인다. 예컨대 송시열宋時烈(1607~1689)은 무려 569편, 그의 제자인 이의현李宜顯(1669~1745)은 203편의 비지류 문장을 남겼다.[42] 이재 또한 361편[43]의 비지류 문장을 지었다. 다음의 언급을 통해서도 이

학교 국어국문학회, 1964.

41 한시를 다룬 연구: 정순희, 「陶菴 李縡 시의 문예미」, 『한국한문학연구』 34, 한국한문학회, 2004; 김동준, 「陶菴 李縡의 삶과 시문학」, 『한국한시작가연구』 14, 한국한시학회, 2010; 권진옥, 「陶菴 李縡의 「代李太白魂誦傳竹枝詞」 일고」, 『고전과해석』 23, 고전문학한문학연구학회, 2017. / 산문을 다룬 연구: 권진옥, 「陶菴 李縡의 上疏文 연구」, 『동양고전연구』 68, 동양고전학회, 2017.

42 서한석, 「16세기 후반 碑誌類 文章의 美意識 분화에 관한 考察」, 『동방한문학』 50, 동방한문학회, 2012, 207~210면.

재가 비지류 문장에 얼마만큼 뛰어났는지를 가늠할 수 있다.

> 문장은 천성에서 나와 명백하고 찬란하며, 자기 견해대로 글을 쓰고 남의 글을 도습하지 않았으며, 구법에선 대우법을 드물게 쓰는 편이었다. 비지 문장에 더욱 뛰어났으니 그 글이 간략한 곳은 司馬遷과 같고, 곡절다단하기는 歐陽修와 같다. 그의 부모에 대한 두 개의 묘지문은 글이 곧장 「瀧阡文」에 견줄만하고 疏章은 陸贄와 흡사하다. 당시의 비지 문장은 그의 글이 아니고, 부제학 金鎭商의 글씨가 아니면 쓰질 않았다. 선생이 묘도문장을 찬술할 때에는 문하생들을 시켜 인물의 세계와 이력을 엮게 한 다음, 논단할 곳에 이르면 비로소 직접 기술하였다. 鹿門 任聖周가 말하기를 "선생님은 늘 비지 문장에 겨를이 없으시니, 일과로 떼어 놓으십시오" 하였다.[44]

이규상李奎象의 언급에 따르면, 이재가 살던 당시에는 그의 비지류 문장이 매우 각광을 받았으며, 또한 그 문학적 성취는 전장류와 비지류 문장에서 전범이 되는 사마천司馬遷과 구양수歐陽修에 비견될 정도였음을 확인할 수 있다. 특히 구체적인 작품을 거론하여 고평하였는데, 구양수의 「상강천표瀧岡阡表」에 견줄 만한 작품으로 이재가 그의 부모를 위해 지은 「선고묘지先考墓誌」와 「선비묘지先妣墓誌」를 꼽고 있다. 다만 이재가 수백 편의 비지류 문장을 남겼다는 사실 그 자체로는 그의 문학 연구의 대상으로 삼기에 부족한 면이 있다. 비지류 문장이 그 작가의

43 『陶菴集』 권27~30 : 神道碑 32편, 碑 9편 ; 권31~46 : 墓碣 146편, 墓表 65편, 墓誌 109편.

44 李奎象, 「儒林錄・李縡」, 『并世才彦錄』. "文章得天性, 明白爛燁, 從己見, 不蹈襲, 句罕用對偶法. 尤長碑板, 文疎處似司馬遷, 曲折多端似歐六一. 其考妣兩誌, 文直埒瀧阡文, 疏章似陸宣公. 當時碑板, 文非先生, 筆非金副學鎭商, 不用. 先生墓文之當撰, 使門生撮世系履歷, 至論斷處, 始自述. 任鹿門聖周曰, 先生日不暇於碑板, 請副以日課法." 민족문화연구소 역, 『18세기 조선 인물지』, 창비, 1997, 13~14면.

문학적 성취를 평가하는 잣대가 되기 위해서는 한문산문 제 장르 속에서 비지류 문장이 지니는 문학성이 구명되어야 한다. 한문 산문사에서 17세기 이후는 이전 시기에 비해 문학적으로 성숙된 시기였다. 명대 문학사조의 유입에 대한 기민한 대응, 한문산문 비평 의식의 제고, 산문 장르의 분화와 정착 등의 복합적인 요인들로 인해 한문산문은 공용문이나 실용문이라는 인식에서 벗어나 한시 못지않은 순수 문예를 담보하는 문학으로 인식되었다. 그 가운데 비지류 문장은 공기公器로서 한문산문의 한 지점을 확보하고 있다.

비지류 문장은 작자가 대상을 선정하지 않기 때문에 묘주墓主의 행적이 작자의 경향성과 맞아떨어지는 것은 보장되어 있지 않다. 따라서 작자가 비지류 문장을 짓기로 수락한 이상 주어진 조건을 통째로 받아들일 수밖에 없다. 그만큼 작자가 문학적으로 구사하는 운신의 폭이 적지만, 그 가운데서도 문학적 성취를 도외시할 수 없다. 따라서 마치 율격시의 제약이 시의 미학적 수준을 오히려 상승시키는 것처럼 비지류 문장이 주는 제약 속에서의 작자의 문학성 추구가 갖는 미학적 성과를 평가해야 한다.[45] 비지류 문체에는 신도비神道碑, 묘갈墓碣, 묘표墓表, 묘지墓誌[46] 등이 있는데, 이중에서 가장 중량감이 있는 문체가 신도비이다. 신도비

45 황의열, 「碑誌類의 특징과 변천 양상」, 『동방한문학』 31, 동방한문학회, 2006, 340~341면.

46 明나라 丘濬의 『家禮儀節』에서 신도비, 묘갈, 묘표, 지명에 대해 다음과 같이 설명하였다. "豐碑는 나무로 만드는데, 그 위에 글자를 새기지 않았다. 秦나라와 漢나라 이래로 돌을 사용하여 만들고, 그 위에 글자를 새겨, 또한 碑라고 했다. 晉나라와 宋나라 연간에는 神道碑가 있었는데, 대개 지리가들이 동남쪽을 신이 다니는 길이라 하여 그곳에 비를 세웠으므로 이로 인하여 이름을 붙인 것이다. 墓碣은 근세에 5품 이하의 관원이 사용하는 것으로, 글은 비문과 같다. 墓表는 벼슬이 있건 없건 모두 사용할 수 있으며, 묘소 왼편에 표를 세운다. 誌銘은 땅 속에 묻는다.(豐碑以木爲之, 非刻字其上也. 秦漢以來, 用石爲之, 刻字其上, 亦謂之碑. 晉宋間有神道碑, 蓋地理家以東南爲神道, 碑立其地, 故因以名. 墓碣, 近世五品以下所用, 文與碑同. 墓表則有官無官, 皆可用, 表立墓左. 誌銘, 埋地中.)"

를 세울 수 있는 묘주의 신분이 종2품 이상이라는 점, 여타 비지류 문체보다 훨씬 편폭을 늘여서 대문자大文字로 작성해야 한다는 점, 비지류 문장의 규격화된 투식이 여타 문체보다 더 요구된다는 점, 묘주(혹은 청탁자)와 작자와의 정치적·학문적 친연성을 전제로 한다는 점 등이 작자로 하여금 필치를 엄정하고 장중하게 만든다. 이러한 이유로 한 사람의 묘주에 대한 신도비는 한두 편 정도만 있기 마련인데, 남명南冥 조식曺植(1501~1572)의 신도비처럼 특이하게 네댓 명의 작가가 각각 신도비를 지은 경우도 있다. 신도비는 이와 같은 내외적인 동인에 의해서 지어지는데, 규격화된 틀을 벗어나지 않으면서 문학성을 추구한 작자의 노력과 성취를 밝히는 것이 신도비 문학 연구, 나아가 비지류 문체 연구의 본질이라 하겠다.

이재는 총 32명에 대한 신도비를 남겼는데, 이것들을 개관하면 아래와 같다.

<table>
<tr><th rowspan="2">卷次</th><th rowspan="2">作品名</th><th rowspan="2">文體</th><th colspan="6">墓主</th></tr>
<tr><th>姓名</th><th>生沒年</th><th>字</th><th>號</th><th>本貫</th><th>諡號/
封號</th></tr>
<tr><td rowspan="2">卷27</td><td rowspan="2">處士贈參判漁溪趙公神道碑</td><td>神道碑</td><td>趙旅</td><td>1420~
1489</td><td>主翁</td><td>漁溪</td><td>咸安</td><td>貞節</td></tr>
<tr><td colspan="7">傳: 成文濬, 成海應; 祭文: 趙任道; 致祭文: 正祖; 墓碣: 趙平; 墓表: 趙榮祏; 諡狀: 李徽之</td></tr>
<tr><td rowspan="2">〃</td><td rowspan="2">參判梅溪曺公神道碑</td><td>神道碑</td><td>曺偉</td><td>1454~
1503</td><td>大虛</td><td>梅溪</td><td>昌寧</td><td>文莊</td></tr>
<tr><td colspan="7">挽詞: 洪貴達, 楊熙止, 趙光祖; 祭文: 楊熙止, 金宏弼; 墓誌: 洪貴達; 墓表: 曺伸; 行錄: 曺伸; 年譜: 曺伸</td></tr>
<tr><td rowspan="2">〃</td><td rowspan="2">判中樞申公神道碑</td><td>神道碑</td><td>申點</td><td>1530~
1601</td><td>聖與</td><td></td><td>平山</td><td>忠景</td></tr>
<tr><td colspan="7">挽詞: 尹根壽, 沈喜壽, 趙希逸</td></tr>
</table>

<table>
<tr><td rowspan="2">〃</td><td rowspan="2">驪陽君閔公神道碑</td><td>神道碑</td><td>閔仁伯</td><td>1552~1626</td><td>伯春</td><td>苔泉</td><td>驪興</td><td>景靖/驪陽君</td></tr>
<tr><td colspan="7">挽詞: 李春元, 洪瑞鳳 등 다수; 行狀: 宋時烈</td></tr>
<tr><td rowspan="2">〃</td><td rowspan="2">大司憲丫湖辛公神道碑</td><td>神道碑</td><td>辛慶晉</td><td>1554~1619</td><td>用錫</td><td>丫湖</td><td>寧越</td><td></td></tr>
<tr><td colspan="7">挽詞: 沈喜壽, 李好閔, 鄭曄, 李廷龜, 李尙毅; 祭文: 申欽; 墓誌: 朴弼周</td></tr>
<tr><td rowspan="2">〃</td><td rowspan="2">龜川君神道碑</td><td>神道碑</td><td>李睟</td><td>1569~1645</td><td>明遠</td><td></td><td>全州</td><td>忠肅/龜川君</td></tr>
<tr><td colspan="7">挽詞: 崔鳴吉; 祭文: 權諰; 墓誌: 尹宣擧; 墓碣: 金集; 諡狀: 李景奭</td></tr>
<tr><td rowspan="2">〃</td><td rowspan="2">大司憲閔公神道碑</td><td>神道碑</td><td>閔蓍重</td><td>1625~1677</td><td>公瑞</td><td>訒齋</td><td>驪興</td><td></td></tr>
<tr><td colspan="7">祭文: 閔維重; 墓表: 權尙夏</td></tr>
<tr><td rowspan="2">〃</td><td rowspan="2">判書壺谷南公神道碑</td><td>神道碑</td><td>南龍翼</td><td>1628~1692</td><td>雲卿</td><td>壺谷</td><td>宜寧</td><td>文憲</td></tr>
<tr><td colspan="7">挽詞: 李箕洪, 李喜朝, 李震白, 李賀朝; 祭文: 李箕洪, 徐宗泰; 墓表: 南有容 墓誌: 南公轍; 行狀: 南正重</td></tr>
<tr><td rowspan="2">〃</td><td rowspan="2">領議政退憂金公神道碑</td><td>神道碑</td><td>金壽興</td><td>1626~1690</td><td>起之</td><td>退憂堂, 止堂</td><td>安東</td><td>文翼</td></tr>
<tr><td colspan="7">祭文: 金壽增, 鄭澔, 金昌協, 李喜朝, 李賀朝; 傳: 金邁淳; 墓表: 金昌協; 墓誌: 金昌翕; 行狀: 李喜朝; 諡狀: 李宜顯</td></tr>
<tr><td rowspan="2">卷28</td><td rowspan="2">左議政老峰閔公神道碑</td><td>神道碑</td><td>閔鼎重</td><td>1628~1692</td><td>大受</td><td>老峯</td><td>驪興</td><td>文忠</td></tr>
<tr><td colspan="7">祭文: 朴世采, 李喜朝, 權尙夏, 鄭澔; 賜祭文: 金鎭圭; 傳: 黃景源, 墓誌: 李縡; 墓表: 金昌翕; ,墓表陰記: 金昌翕; 遺事: 閔鎭遠</td></tr>
<tr><td rowspan="2">〃</td><td rowspan="2">判書聾溪李公神道碑</td><td>神道碑</td><td>李秀彦</td><td>1636~1697</td><td>美叔</td><td>聾溪, 醉夢</td><td>韓山</td><td>正簡</td></tr>
<tr><td colspan="7">挽詞: 尹拯, 李世白, 權尙夏 등 다수; 祭文: 成晩徵, 洪胄華; 墓表: 李宜顯; 諡狀: 宋來熙</td></tr>
<tr><td rowspan="2">〃</td><td rowspan="2">左議政北溪李公神道碑</td><td>神道碑</td><td>李世白</td><td>1635~1703</td><td>仲庚</td><td>雩沙, 北溪</td><td>龍仁</td><td>忠正</td></tr>
<tr><td colspan="7">挽詞: 徐文重, 申琓, 金構 등 다수; 祭文: 申琓, 鄭澔, 金昌集 등 다수; 墓誌: 閔遇洙; 諡狀: 李縡</td></tr>
</table>

<table>
<tr><td rowspan="2">〃</td><td rowspan="2">判中樞申公神道碑</td><td>神道碑</td><td>申汝哲</td><td>1634~1701</td><td>季明</td><td>知足堂</td><td>平山</td><td>莊武</td></tr>
<tr><td colspan="7">挽詞: 朴世堂, 李世白, 崔錫恒 등 다수; 墓表: 兪拓基; 諡狀: 申琓</td></tr>
<tr><td rowspan="2">〃</td><td rowspan="2">判書霽月堂宋公神道碑</td><td>神道碑</td><td>宋奎濂</td><td>1630~1709</td><td>道源</td><td>霽月堂</td><td>恩津</td><td>文僖</td></tr>
<tr><td colspan="7">挽詞: 鄭澔, 任弘望, 黃欽 등 다수; 神道碑: 朴弼周; 行狀: 宋相琦; 諡狀: 李宜顯</td></tr>
<tr><td rowspan="2">〃</td><td rowspan="2">判書李公神道碑</td><td>神道碑</td><td>李光迪</td><td>1628~1717</td><td>輝古</td><td>隱巖</td><td>星州</td><td>靖憲</td></tr>
<tr><td colspan="7">挽詞: 鄭澔, 金昌翕, 宋相琦 등 다수; 墓誌: 李宜顯; 諡狀: 兪拓基</td></tr>
<tr><td rowspan="2">〃</td><td rowspan="2">右議政閔公神道碑</td><td>神道碑</td><td>閔鎭長</td><td>1649~1700</td><td>稚久</td><td></td><td>驪興</td><td>文孝</td></tr>
<tr><td colspan="7">祭文: 金昌協, 金昌翕, 洪受疇; 墓誌: 朴弼周; 墓表: 李縡; 諡狀: 李宜顯</td></tr>
<tr><td rowspan="2">〃</td><td rowspan="2">領議政李公神道碑</td><td>神道碑</td><td>李濡</td><td>1645~1721</td><td>子雨</td><td>鹿川</td><td>全州</td><td>惠定</td></tr>
<tr><td colspan="7">挽詞: 鄭澔, 金昌翕, 崔錫恒; 祭文: 魚有鳳; 墓表: 魚有鳳; 諡狀: 李宜顯</td></tr>
<tr><td rowspan="2">〃</td><td rowspan="2">右議政二憂堂趙公神道碑(代仲舅作)</td><td>神道碑</td><td>趙泰采</td><td>1660~1722</td><td>幼亮</td><td>二憂堂, 牛坡, 駱谷</td><td>楊州</td><td>忠翼</td></tr>
<tr><td colspan="7">挽詞: 金榦, 李觀命 등 다수; 祭文: 李觀命; 神道碑: 朴弼周; 行狀: 李縡</td></tr>
<tr><td rowspan="2">卷29</td><td rowspan="2">伯舅左參贊趾齋閔公神道碑</td><td>神道碑</td><td>閔鎭厚</td><td>1659~1720</td><td>靜能</td><td>趾齋</td><td>驪興</td><td>忠文</td></tr>
<tr><td colspan="7">挽詞: 鄭澔, 金昌集, 金昌業 등 다수; 祭文: 李縡, 南漢紀 등 다수; 墓誌: 李縡; 諡狀: 李觀命</td></tr>
<tr><td rowspan="2">〃</td><td rowspan="2">仲父判書歸樂堂府君神道碑</td><td>神道碑</td><td>李晩成</td><td>1659~1722</td><td>士秋</td><td>歸樂堂</td><td>牛峯</td><td>忠肅</td></tr>
<tr><td colspan="7">祭文: 李縡; 致祭文: 李箕鎭; 墓誌: 李縡</td></tr>
</table>

<table>
<tr><td rowspan="2">〃</td><td rowspan="2">左參贊寒竹申公神道碑</td><td>神道碑</td><td>申銋</td><td>1639~1725</td><td>華仲</td><td>寒竹堂,
竹里,
挹老軒</td><td>平山</td><td>忠景</td></tr>
<tr><td colspan="7">挽詞: 李縡, 李宜顯, 尹鳳朝 등 다수; 祭文: 兪拓基; 哀辭: 閔遇洙; 墓誌: 朴弼周; 墓表: 李宜顯; 行狀: 兪拓基</td></tr>
<tr><td rowspan="2">〃</td><td rowspan="2">祭酒芝村李公神道碑</td><td>神道碑</td><td>李喜朝</td><td>1655~1724</td><td>同甫</td><td>芝村,
艮菴,
志事齋</td><td>延安</td><td>文簡</td></tr>
<tr><td colspan="7">祭文: 金榦, 朴弼周, 申暻, 南漢紀, 趙榮祏, 南有常; 墓誌: 李宜顯; 墓表: 金元行; 碑: 黃景源</td></tr>
<tr><td rowspan="2">〃</td><td rowspan="2">觀察使鳴巖李公神道碑</td><td>神道碑</td><td>李海朝</td><td>1660~1711</td><td>子東</td><td>鳴巖</td><td>延安</td><td></td></tr>
<tr><td colspan="7">挽詞: 任埅, 鄭澔, 申銋 등 다수; 祭文: 金昌翕, 李喜朝, 徐宗泰 등 다수; 墓表: 李喜朝; 墓誌: 李宜顯; 行狀: 李觀命</td></tr>
<tr><td rowspan="2">〃</td><td rowspan="2">大司憲洪公神道碑</td><td>神道碑</td><td>洪啓迪</td><td>1680~1722</td><td>惠伯</td><td>守虛齋</td><td>南陽</td><td>忠簡,
毅簡</td></tr>
<tr><td colspan="7">哀辭: 金時保; 墓誌: 尹鳳朝; 神道碑追記: 趙斗淳; 諡狀: 黃景源</td></tr>
<tr><td rowspan="2">〃</td><td rowspan="2">參判尹公神道碑</td><td>神道碑</td><td>尹慤</td><td>1665~1724</td><td>汝誠</td><td></td><td>咸安</td><td>忠愍</td></tr>
<tr><td colspan="7">挽詞: 趙觀彬; 致祭文: 尹行恁; 墓誌: 朴弼周; 墓表: 李宜顯</td></tr>
<tr><td rowspan="2">卷30</td><td rowspan="2">右參贊權公神道碑</td><td>神道碑</td><td>權愭</td><td>1653~1730</td><td>敬仲</td><td></td><td>安東</td><td></td></tr>
<tr><td colspan="7">祭文: 金信謙</td></tr>
<tr><td rowspan="2">〃</td><td rowspan="2">南溪君洪公神道碑</td><td>神道碑</td><td>洪璛</td><td>1654~1714</td><td>玉汝</td><td></td><td>南陽</td><td>南溪君</td></tr>
<tr><td colspan="7"></td></tr>
<tr><td rowspan="2">〃</td><td rowspan="2">知敦寧李公神道碑</td><td>神道碑</td><td>李徵夏</td><td>1655~1727</td><td>季祥</td><td></td><td>全義</td><td></td></tr>
<tr><td colspan="7">墓誌: 李德壽</td></tr>
</table>

〃	留守趙公神道碑	神道碑	趙榮福	1672~1728	錫五	二知堂	咸安	
		挽詞 : 李觀命, 李宜顯, 兪拓基 등 다수 ; 祭文 : 趙榮祏 ; 墓誌 : 李宜顯 ; 墓表 : 兪拓基						
〃	節度使贈贊成李公神道碑	神道碑	李鳳祥	1676~1728	儀叔		德水	忠愍
		傳 : 金元行 ; 致祭文 : 正祖 ; 行狀 : 黃景源						
〃	營將贈判書南公神道碑	神道碑	南延年	1653~1728	壽伯		宜寧	忠壯
		哀辭 : 李觀命 ; 挽詞 : 李宜顯, 趙泰億, 趙顯命 등 다수 ; 傳 : 金元行 ; 行狀 : 黃景源						
〃	左尹吳公神道碑	神道碑	吳重周	1654~1735	子厚	野隱, 二宜堂	海州	
		挽詞 : 李縡, 趙觀彬 ; 墓表 : 吳熙常 ; 行狀 : 吳瑗						

중부인 이만성李晩成, 외가인 여흥驪興 민씨閔氏 집안의 민인백閔仁伯, 민시중閔蓍重, 민정중閔鼎重, 민진후閔鎭厚, 처가인 해평海平 오씨吳氏 집안의 오중주吳重周와 남양南陽 홍씨洪氏 집안의 홍계적洪啓迪[47] 등과 같은 친족과 외척을 비롯하여 안동 김씨金氏 집안의 김수흥金壽興[48] 신임옥사辛壬獄事로 희생된 노론4대신의 한 사람인 조태채趙泰采, 송준길宋浚吉의 문인인 송규렴宋奎濂 등과 같은 당파적 동류, 스승인 이희조李喜朝에 이르기까지 이재와 직간접적으로 관계된 인물들이 신도비의 주인공이다. 한편 이재는 신도비 외에 묘주를 위해 애제류哀祭類나 전장류傳狀類 등과 같은 다른 문체로 글을 남긴 경우도 종종 있다. 민진후와 이만성을 위한 제문祭文, 이세백李世白을 위한 시장諡狀, 조태채를 위한 행장

47 이재는 처음에 吳斗寅의 딸과 혼인하였는데, 몇 해가 안 되어 사별하고 다시 洪禹賢의 딸과 혼인하였다.

48 처가인 해평 오씨 집안의 사돈이 바로 안동 김씨 집안이다.

行狀, 신임申銋과 오중주를 위한 만사挽詞가 그것이다. 또한 동일 인물에 대해 다른 작가의 신도비도 살펴볼 수 있는데, 박세당朴世堂과 조태채에 대한 박필주朴弼周의 신도비이다.

아래에서는 이재의 신도비를 분석하기에 앞서 그가 지향한 문학론, 문학론 가운데 한문산문을 위시한 문장론을 살펴볼 것이다. 이러한 그의 문장론을 참고하여 실제 이재의 신도비 작품을 구체적으로 분석할 것이다. 특히 비지류 문장의 창작론과 관련되어 흔히 거론되는 간엄簡嚴의 측면에서 이재의 신도비의 문학적 성취를 논할 것이다.

2) 이재의 문학론과 문장론

한문산문을 위시한 이재의 문장론은 우선 그의 문학론에서 출발해야 할 것이다. 그는 문인으로서의 삶보다는 학자로서의 삶에 충실했던 사람이었으므로, 문학을 바라보는 관점 역시 학자의 시선을 따르고 있다. 만약 그가 문인으로 자임했다면 아마도 시문의 창작 방법론에 대한 주장을 적극적으로 제시하였을 것이지만, 그는 문장의 표현 능력 이전에 인격과 사람됨을 문학의 근본으로 간주했으며, 인격이 갖추어지면 그에 상응하는 문학이 형성된다는 관점을 견지하였다. 즉 작자의 자질론을 강조한 것이다.[49] 아래의 언급들이 단적으로 보여준다.

> 세상에 글을 지어 명예와 이익을 바라는 자들은 마치 아가위나무와 귤이 입맛에 맞고 桑間과 濮上의 노래가 귀를 즐겁게 하는 것처럼 글을 지어서 명예와 이익을 좇으며 스스로 기뻐하는데, 공은 "나는 차라리 산골짜기에서 늙어 죽을지언정 나를 저것과 바꾸고 싶지는 않다."라고 하였다.

49 김동준, 「陶菴 李縡의 삶과 시문학」, 『한국한시작가연구』 14, 한국한시학회, 2010, 301~302면.

> 그렇다면 그의 글이 고아하고 예스러울 뿐만 아니라 그 사람됨 또한 알 수 있다.[50]

> 벼슬살이한 지 7, 8년 동안 맑은 공론을 힘써 지키다가 관직을 버리고 호연히 고향으로 돌아왔다. 흥이 일어나면 아름다운 산수를 배회하여 한 점의 俗氣가 없었기 때문에 그의 문장이 또한 그의 사람됨과 같았다. 내키는 대로 문장을 풀어내어도 기운과 풍격이 맑고 웅건하여 종종 옛 문장과 핍진하였으니, 마치 좋은 구슬을 조탁하지 않아도 광채가 빛나는 것 같았다. 이 유고를 통해 구해본다면 그 인물의 성품이 이미 고아한 것이다.[51]

위와 같은 작자의 자질론과 함께 이재가 강조한 문학론은 도道에 대한 문文의 역할과 기능이었다. 도학자라면 흔히 견지하고 있는 도본문말道本文末이라든지 문장소기文章小技와 같은 문학론의 연장선상에서, 이재는 문학을 폐기하는 쪽이 아닌 세교世敎와 교인敎人으로서의 그 역할을 인정하였다.

> 다만 나는 삼가 유감스러운 점이 있다. 계곡은 文元(金長生) 선생을 스승으로 모셔 子游와 子夏처럼 문학의 분과에 있는 것이 마땅하거늘 다만 문장에만 종사하고 도를 전하는 책무는 다른 사람에게 양보하였다. 子美(杜甫)는 일개 시인일 뿐인데도 그의 말에 "문장은 하나의 작은 기예일 뿐, 도와 비교하면 귀할 것이 하나도 없네."라고 했으니, 이 노인의 식견이 여기에는 미치지 못한 점이 애석하다.[52]

50 李縡, 「蒼淵集跋」, 『陶菴集』 권24. "世之以文賭聲利者, 若樝橘之可口, 桑濮之悅耳, 方逐逐自喜, 而公則曰 吾寧老死邱壑, 不欲以吾而易彼也, 然則不獨其文爲高古, 其人可知."

51 李縡, 「蒼淵集跋」, 『陶菴集』 권24. "立朝七八年, 力持淸議, 無官便浩然歸, 興至徜徉佳山水, 無一點塵俗氣, 故其文亦如之.隨意陶寫而氣格淸健, 往往逼古, 若良玉不琢而光色燁然也, 卽是而求之, 其人姿品已高矣."

장유張維와 나해봉羅海鳳이 수창한 시첩詩帖에 대해 쓴 발문의 말미에 나오는 내용이다. 장유와 나해봉은 동년同年의 교의를 맺은 사이였다. 장유는 김장생金長生의 문인으로 화국지대수華國之大手로서 인정을 받았지만, 나해봉은 한직에 잠깐 머물다가 관직을 버리고 바닷가에 은거하였다. 인용문 앞부분에서 이재는 이들이 지위와 처지를 잊고 서로 정을 나눈 교유를 칭찬하다가 뒤이어서는 도를 전하는[傳道] 책무를 잊은 채 문장에만 종사한 장유에게 유감을 표시하였는데, 일개 시인인 두보杜甫에도 미치지 못한다며 비판하였다. 이러한 지적은 문학보다는 도의 전수를 우위에 두는 도학자의 일반적인 문학론이라 할 수 있는데, 이와 달리 아래의 인용문은 이러한 문학도 세교世敎에 보탬이 된다면 가치가 인정된다는 문학의 효용론을 말하고 있다.

> 선생은 어려서부터 개연히 옛사람을 사모하여 성인의 글이 아니면 읽지 않았고, 또 어진 이를 높이고 벗을 취해 志趣를 넓혔기 때문에 사업과 계책으로 드러난 것이 이와 같았던 것이다. 이는 선생의 글이 본디 문자와 언어 사이에 있지 않은 것이다. 그런데 지은 글 또한 仁義에 근본하여 명백하고 운치가 있으며 골격이 확 트여있어서 밖으로는 조정과 안으로는 가정에서 벗과의 교제에 이르기까지 한마디 말, 한 구절도 사람의 도리와 사물의 법칙의 올바름에서 나오지 않은 것이 없었다. 그러므로 선생의 글은 본말을 구비했다고 이를 수 있으니, 독서의 힘은 참으로 속일 수 없다. 그렇다면 이 문집이 비록 선생의 경중이 되기엔 부족하지만 이는 참으로 덕성이 드러난 바이고 정신이 모인 것이니, 후세에 선생을 알고자 하는 자가 또한 어찌 이를 버릴 수 있겠는가. ……(중략)…… 세상의 이른바

52 李縡, 「谿澗酬唱詩帖跋」, 『陶菴集』 권24. "抑余竊有所感, 谿谷以文元先生爲師, 合在文學之科, 而徒從事於詞翰, 傳道之責, 讓與別人. 子美一詩人耳, 其言曰 文章一小技, 於道未爲尊, 惜乎此老見不到此也."

> 文章之士라고 하는 자들이 책을 비록 많이 남겼지만 世教에 무슨 보탬이 되었는가. 이로 말미암아 보건대 사람들이 글을 귀하게 여기는 이유는 과연 文辭의 말단에 있지 않으니, 皐陶·夔·后稷·契 등의 사업을 이루고자 하는 자는 끝내 독서하지 않을 수 없다.[53]

문학의 효용은 그 글을 읽는 사람으로 하여금 문사文辭의 말단을 벗어나 고요皐陶, 기夔, 후직后稷, 설契 등처럼 훌륭한 사업을 이루게 하는 데서 나온다는 것이다. 한편 문학은 성정性情을 교화시키는 교인教人의 측면에서도 그 효용을 찾을 수 있다. 이재의 『연보年譜』 가운데 51세 무렵 기사에는 그가 아침에는 『소학小學』을 저녁에는 『시경詩經』을 강하였다고 하면서, 그 이유를 "수신修身의 대법大法에 있어서 『소학』에 구비되어 있지 않은 게 없으므로 이를 기본으로 삼고, 『시경』은 사람의 심기心氣를 화평하게 해주므로 음악으로써 사람을 교화시켰던 옛 유풍을 따랐다.[以修身大法, 莫非於小學, 故以此爲根基. 詩又使人心氣和平, 猶有古者以樂教人之遺意也.]"고 하였다. 이재가 시의 지향을 어디에 두었는지를 살펴볼 수 있는데, 이시교인以詩教人의 효용론을 확인할 수 있다.[54]

이상에서 살펴본 것처럼 이재의 문학론은 작자의 덕성, 인품을 강조하는 자질론, 도를 전하고 의리에 근본해야 하는 당위를 주장한 도본문말론, 세교와 교인으로서의 문학의 기능을 일정 정도 인정하는 효용론으로

53 李縡, 「老峰集序」, 『陶菴集』 권24. "先生自少慨然慕古, 不讀非聖之書, 又能尊賢取友, 以博其趣, 故其發而爲事業訏謨者如此. 是則先生之文, 固不在於文字言語之間, 而其爲文也, 亦本之仁義, 明白紆餘, 骨骼開張, 外而朝廷, 內而家庭, 以及於朋友交際, 無一言一句不出於民彝物則之正. 先生之於文, 可謂本末具備, 而讀書之力, 信不可誣也. 然則斯集也, 雖不足爲先生之重輕, 而是固德性之所發, 精神之所萃者焉, 則後之欲知先生者, 又安可舍此哉? ……(중략)…… 世所稱文章之士者, 其書雖多, 顧何補於世教哉? 由是觀之, 人之所貴乎文, 果不在文辭之末, 而欲爲皐夔稷契之事業者, 終不可不讀書也."

54 김동준, 앞의 논문, 307면.

정리할 수 있다. 그렇다면 이재 문학론의 각론으로서 한문산문을 위시한 그의 문장론은 어떠할까. 앞서 언급한 것처럼 이재는 문장가보다는 학자로서의 삶을 지향했던 이유로 그의 문집에는 문장론과 관련된 언사를 좀처럼 찾아보기 힘들다. 다만 이재가 세상을 떠난 뒤 문인들이 엮은 『도암어록陶菴語錄』에는 그의 문장론을 확인할 수 있는 편린이 남아있다. 구체적인 문장 창작론이나 비평론이라기보다는 대체로 문장 학습에 있어서의 전범典範의 설정이었다. 결론부터 말하자면 이재가 문장의 전범으로 내세운 작가는 사마천司馬遷과 한유韓愈, 그리고 주희朱熹였다.

① 李木이 선생의 곁에서 李白의 시를 외우니, 선생이 말하길 "시를 짓고자 하면 이백을 배워야 하니 그의 五言詩는 더욱 훌륭하다. 문장을 짓고자 하면 司馬遷의 『史記』를 배우는 것이 좋다."[55]

② 韓愈의 문장 가운데 「送浮屠文暢師序」, 「送孟東野序」, 「論佛骨表」, 「師說」과 같은 몇 개의 글은 義理가 孟子와 직결된다. 韓愈의 문장은 제가들의 정수를 집대성하였고 杜甫의 시 또한 그러하기 때문에 나는 일찍이 사람들에게 문장을 짓고자 한다면 韓愈를 배우고 시를 짓고자 한다면 杜甫를 배우라고 권하였다. 李白의 天然하고 神仙의 경지는 쉽게 배우기 어려우니, 배우려다가 정수를 잃게 되면 虛誕한 경지로 빠져버린다. 이백을 배우는 것은 杜季良을 본받는 것과 같고 두보를 배우는 것은 龍伯高를 본받는 것과 같으니, 이백은 才氣가 뛰어나고 두보는 工力이 지극하기 때문이다. 문장을 짓고자 한다면 응당 司馬遷의 『史記』와 秦漢 이전의 문장을 읽어야 하니, 그 사이의 글은 음미할 게 적어서 매우 천근하다. 존중되는 韓愈의 문장과 경우는 義理를 위배하는 것을 꺼리니 이는 쉽게 배울

55 李縡, 「雜錄」, 『陶菴語錄』 貞. "木誦李白詩于側, 先生曰 欲爲詩, 可學李白, 其五言尤好, 爲文章, 學馬遷史, 可也."

수 없다. 杜甫의 忠節은 韓愈보다 낫다.[56]

③ 시문을 지을 적에는 응당 經傳을 위주로 하되 문장에서는 韓愈를 詩에서는 杜甫를 취하지 않아서는 안 된다. 이들의 언사와 뜻이 義理와 어긋나는 경우가 적기 때문이다.[57]

④ 詩는 응당 『詩經』과 「離騷」를 위주로 하되 杜甫의 詩를 참고하고, 문장은 朱熹의 문장을 위주로 하되 韓愈의 문장을 참고해야 한다. 문장을 짓고자 하는 자는 이러한 글을 다독하는 것이 좋다.[58]

문필진한文必秦漢이나 한구정맥韓歐正脈과 같은 전범의 설정은 한문산문사에서 본격적으로 산문 비평론이 대두되는 17세기부터 이어져 온 쟁점이었다. 어떤 전범을 설정하느냐에 따라서 각각의 그룹으로 구분하고, 그룹 안에서도 계승인지 변개인지를 따지는 등 시대가 내려오면서 점점 다양하고 정치하게 논의되어 왔다. 이와 같은 담론들은 그만큼 조선 중기에 한문산문에 대한 문인들의 인식이 이전 시기와는 달라졌음을 시사하고, 조선 후기까지 산문 창작론과 비평론이 더욱 분화되고 심화되는 계기를 마련해 주었다. 그 한가운데에 있었던 대표적 인물들로 김창협, 이의현李宜顯(1669~1745), 남극관南克寬(1689~1714) 등을 꼽을 수

56 李縡, 「雜錄」, 『陶菴語錄』 貞. "韓文中文暢序・孟東野序・佛骨表・師說此等數篇, 義理直與孟子同. 韓文集諸家鍊鑄, 杜詩亦然, 吾嘗勸人欲文則學韓, 欲詩則學杜. 李白天然神仙, 不可易學, 若學而失則入於虛誕也. 學李似季良, 學杜似伯高, 李白才長, 杜甫工至. 欲作文章, 當讀馬史及秦漢以上文, 中間文字少味而甚淺近也. 至於韓文尊重, 又不肯背義理, 自不易學也. 杜之忠節, 又高於韓."

57 李縡, 「雜錄」, 『陶菴語錄』 貞. "爲文當以經傳爲主, 而文韓詩杜, 亦不可不取. 蓋其辭致少有違於義理耳."

58 李縡, 「雜錄」, 『陶菴語錄』 貞. "詩則當以毛詩離騷爲主, 以杜詩爲輔. 文則當以朱文爲主, 韓文爲輔. 欲爲文章者, 則多讀此等文字, 可也."

있는데, 동시대에 활동했던 이재는 이들만큼 다양하고 구체적인 논의는 하지 않았지만 문장 학습에서의 전범에 대해 위와 같이 논의하였다. 인용문 ①, ②, ③, ④를 종합하자면, 문장을 지을 적에는 경전經傳을 위주로 하되 사마천・한유・주희를 전범으로 삼아야 한다는 것이다. 이재가 한유 문장 가운데 특기한 「송부도문창사서送浮屠文暢師序」, 「송맹동야서送孟東野序」, 「논불골표論佛骨表」, 「사설師說」 등은 한유가 맹자孟子의 도통道統을 계승했다는 평가의 중요한 근거가 되는 작품들이다. 또 도통과 의리義理 면에서 주희의 문장 역시 한유와 동일한 평가를 받는 것이 사실이다. 그렇다면 유가의 도통이나 의리와 무관해 보이는 사마천의 문장을 전범으로 설정한 이유는 무엇일까. 이는 17~18세기 한문산문의 분위기에서 찾을 수 있다. 이 시기에는 당송唐宋 고문뿐만 아니라 『사기』, 『좌전左傳』, 『장자莊子』 등 진한秦漢 고문 등까지 문장의 전범으로 확대하였고, 문장을 도학과 일정 정도 거리를 두어 독자적인 문예미를 추구하였으며, 이로 인해 창작론에서 편장자구와 같은 산문 수사에 대한 본격적인 논의가 진행되었다. 아마도 이재는 이와 같은 동시대 문장론을 바탕으로 하여, 의리 위주의 문장 외에 상세하고 풍부한 필치를 보이는 사마천의 사전체史傳體 문장도 간과해서는 안 됨을 아울러 밝힌 것이라 생각된다. 앞서 이규상의 언급에서 "비지 문장에 더욱 뛰어났으니 그 글이 간략한 곳은 사마천과 같다.[尤長碑板, 文疎處似司馬遷.]"라고 한 점은 참고할 만하다.

3) 「좌윤오공신도비左尹吳公神道碑」 분석 - 간엄簡嚴의 측면에서 -

여기서는 이재의 신도비 가운데 그가 문장의 전범으로 삼았던 한유와의 연결점을 확인케 하면서 동시에 규격화된 신도비 문체를 벗어나 문학성을 추구한 작품을 선별하여 구체적으로 분석하고자 한다. 이상을 종합적으로 판단하여 선별한 작품은 오중주吳重周(1654~1735)를 위해 쓴 「좌윤오공신도비左尹吳公神道碑」이다. 이 작품은 구성적인 측면에서 한유의 비지류 문장을 계승한 점이 확인되고, 이러한 특징으로 인해 신도비의 문학적 성취를 이루었다. 오중주는 이재와는 인척 관계였다. 그는 숙종 때 무과에 급제한 이후로 여러 관직을 역임하며 치적을 쌓았다. 그러다가 신축옥사 때 무관 재상 가운데서 홀로 자수하여 마침내 삭출당한 뒤로 고향인 양성陽城에 은거하였고, 을사환국 때 잠깐 벼슬에 올랐지만 다시 벼슬을 그만두고 고향으로 돌아갔다. 이인좌의 난리 때 국난에 달려갔고 이후로 경기수사京畿水使의 임명에 단 한번 응했을 뿐 다른 벼슬에는 일절 부임하지 않았다. 사우당四友堂 옛집에서 82세의 나이로 세상을 떠났다. 오중주의 일생을 중요한 대목으로 정리하면 이와 같다. 그는 신축옥사, 을사환국, 정미환국으로 이어지는 일련의 노론-소론의 정쟁에서 노론의 궤적과 함께 하였지만 은거 지향의 삶을 살았다. 이재는 인척이면서 노론이라는 정치적 동류인 오중주의 일생을 묘사하면서, 무엇보다도 신축옥사 때 절의를 보인 행적을 높이 샀다. 이러한 점이 신도비의 체재 및 구성에서도 여실히 드러난다. 일반적으로 신도비의 체재는 크게 서序와 명銘으로 구분되는데, 서는 묘주의 평생 사적을 나열한 뒤 명을 통해 묘주를 칭송하거나 안타까움을 남긴다. 묘주의 평생 사적을 기록하는 서 부분은 선조의 계보, 이름과 자호, 수행한 관직, 치적, 향유한 수명, 사망 및 장례 날짜, 자손들과 장사 지낸 곳을 기록하고 때때로 그에 대한 평가나 안타까움을 서술한다. 이렇게 순차적으로 기술해 나가는 것이 신도비의 정격正格이라 할 수 있다. 그런데 「좌윤오공신도비」는 정격의 체재를 따르지 않고 있다. 명을 제외한 서 부분을 순서대로 개괄하면 아래와 같다. 참고로 왼쪽에 기입한 숫자는 신도비의 서술 순서이고, 오른쪽에 기입한 숫자는 시간에 따른 실제 행적의 순서이다.

1 신축옥사, 을사환국, 정미환국 때의 행적을 압축적으로 기록함(④)
2 字와 貫鄕를 비롯한 世系를 소개함(①)
3 유년기・장년기 일화를 기록함(②)
4 숙종 때 역임한 관직과 그에 따른 치적을 나열함(③)
5 신축옥사 때의 행적을 다시 환기시킴(⑤)
6 은거 시절 이재와의 유유자적한 교유를 서술함(⑥-1)
7 집안에서의 행실과 인품을 칭찬함(⑦)
8 사망일, 사망 장소, 장사 지낸 곳, 아내와 世系와 후손들의 성명을 기록함(⑧)
9 생전의 이재와의 일화를 소개하여 銘을 짓는 경위를 밝힘(⑥-2)

위에서 나열한 실제 시간의 순서를 보면, ④→①→②→③→⑤→⑥-1→⑦→⑧→⑥-2 순으로 신도비의 서술 순서와는 달리 시간적 착종錯綜을 구사하고 있다. 이는 묘주의 생애 가운데 가장 특징적인 장면을 시간과 무관하게 부각시킴으로써 읽는 이의 관심을 불러일으키는 한편 이어지는 행적들을 한데 수렴시키는 역할을 한다. 한유는 묘주의 성품이나 행위가 갖는 상징적 측면에 주목하여 묘주의 생애 가운데 가장 특징적인 측면을 찾아내고, 그것을 상징적으로 보여줄 수 있는 행적을 선별하여 집중적으로 구성하는 방식을 흔히 사용하였다.[59]

신도비를 비롯한 비지류 문장은 묘주의 세계世系, 평생의 행적 등을 서술해야만 한다. 다만 이러한 필수적인 항목들을 고정된 틀 안에서 나열식으로 서술한다면 묘주만 바뀔 뿐 천편일률적인 신도비 체재가 되고 만다. 그러므로 신도비 안에서 문학성을 추구하려면 우선 필수적인 항목들을 어떻게 안배할지, 즉 편장篇章 수사修辭에 대한 고민을 요하게 된

59 남종진, 「韓愈 所撰 墓誌銘의 記述 特徵」, 『중국문학연구』 28, 한국중문학회, 2003, 46면.

다. 이에 대해서 정호鄭澔(1648~1736)는 다음과 같이 말했다.

> 고금의 묘표, 묘지 등 여러 작품들은 그 법도가 같지 않습니다. 世譜를 먼저 서술하고 일과 행적을 나중에 서술하는 경우도 있으며, 일과 행적을 먼저 서술하고 世譜를 나중에 서술하는 경우도 있습니다. 또 일과 행적 중 큰일을 대략 발췌하여 시작하고 각 시기별로 지나온 이력의 조목을 상세하게 쓰는 경우도 있고, 첫머리에서 일과 행적을 상세하게 써서 文勢가 끝없이 이어져 조목을 나눌 필요 없이 그대로 글 전체의 체제를 이루는 경우도 있습니다. 그러하니 그 체제와 절차를 다 거론할 수는 없습니다. 그러나 마지막으로 든 양식의 경우는 본래 훌륭한 문장가가 아니면 실로 결점이 없기 어렵습니다. 尤庵과 淸陰 선생은 그 양식을 쓴 경우가 많은데, 저와 같은 졸필로 어찌 감히 쉽게 따라할 수 있겠습니까. 지금 이 글은 세 번째 조목의 양식을 쓰기 때문에 처음은 간략하고 끝은 상세하여 저절로 문세가 끊이지 않습니다. ……(중략)…… 金石文字는 비록 간단하고 요약된 것을 귀중하게 여기지만, 문맥을 절단해버리는 병폐를 고인들이 이미 말했는데 형께서는 살펴보지 않으셨습니까. 대저 고금의 작자는 각기 자신이 특히 마음을 쓴 곳이 있습니다. 그런데 그것을 보는 후인들이 다만 자신의 의견을 기준으로 삼아 판단하고 함부로 평론을 가하면, 마땅히 의심할 만한 句法과 의심할 만한 결점이 있을 것이니, 그 작자가 문제점이 있는 것이 아니라 보는 사람이 문제점이 있다는 것을 어찌 알겠습니까.[60]

60 鄭澔, 「答兪監役書」, 『丈巖集』 권10. "古今表誌諸作, 其規不一. 或有先述世譜, 而後敍事行者, 或有先事行, 而後世譜者. 或有略撮其事行之大者起頭, 而詳鋪於履歷系年之條, 或有詳鋪事行於初頭, 文勢袞袞, 不必節殺, 而仍成篇體者. 其體樣節次, 不可盡擧. 然其末條體樣, 自非大手筆, 實難無病. 尤庵老先生及淸陰先生, 多用其體, 如弟拙筆, 何敢容易效嚬乎? 今此文字, 槩用第三條體樣, 故始略終詳, 自是文勢之所不已. ……(중략)…… 金石文字, 雖以省約爲貴, 而截斷文脈之病, 古人已言之, 兄不曾察耶? 大抵古今作者, 各有自家用意處. 而後人之見者, 但繩以己意而斷之, 妄加雌黃, 則固宜有可疑之句法, 可疑之疵纇, 安知其作者非病, 而見者是病乎?"

세계와 평생의 행적을 안배하는 형식을 정호는 대략 네 가지로 구분하였는데, 마지막 형식은 송시열이나 김상헌金尙憲과 같은 대문장가가 아니면 미칠 수 없는 경지이고, 세 번째로 거론한 체재가 규격화된 신도비 형식에 변화를 주어 문학성을 이끌어내는 것이라 할 수 있다. “일과 행적 가운데 큰일을 대략 발췌하여 시작하고 각 시기별로 지나온 이력의 조목을 상세하게 쓰는[略撮其事行之大者起頭, 而詳鋪於履歷系年之條]” 것은 핵심적인 행적을 강령綱領으로 설정하고 이것을 위주로 문장을 직조하는 편장 수사의 하나이다.[61] 이는 바로 김창협 비지론碑誌論의 핵심이라 할 수 있는 간엄簡嚴과 일맥상통한다. 주지하다시피 비지류 문장에 대한 문체론을 본격적으로 논의한 인물은 김창협이다. 그는 비지류 문장은 한결같이 간엄을 위주로 해야 하며, 간엄한 문체를 십분 구사한 작가로 한유를 꼽았다. 아래 인용문은 김창협의 비지론을 설명할 때 항상 거론되는 것이다.

> 碑誌와 史傳의 문체는 대략 비슷하다. 그러나 史傳은 該贍을 위주로 하는 반면에, 碑誌는 오직 한결같게 簡嚴을 위주로 한다. 그러므로 韓愈의 碑誌는 敍事가 『史記』·『漢書』와 크게 다르다. 문장이 구별될 뿐 아니라, 그 체제도 당연히 구별된다. 歐陽修가 司馬遷을 배웠다고는 하지만 碑誌를 지을 때는 오히려 史傳體만 모두 쓰지는 않았으니, 역시 이런 까닭에서다. 明나라 사람들에 이르러서는 오로지 史傳體로 碑誌를 짓고 또한 고인의 敍事法조차 몰랐다. 그래서 그 문장이 마침내 體要가 없어져서, 碑誌의 簡嚴한 법도가 완전히 사라지고 말았다.[62]

61 金昌協, 「雜識·外篇」, 『農巖集』 권34. “지금 歐公의 여러 비지를 읽어보니 綱領을 제시하고 關節을 착종시키는 데마다 법이 있으며, 간엄하면서도 핵실하며 상세하면서도 번잡하지 않아서 意度가 한가하고 情思가 곡진하여 風神이 생동하는 곳은 또한 종종 그림과 같다.(今讀歐公諸碑誌, 其提挈綱領, 錯綜關節, 種種有法, 簡而能該, 詳而不繁, 意度閒暇, 而情事曲盡, 風神生色處, 又往往如畫.)”

> 碑誌와 史傳이 모두 敍事文에 속하긴 하지만 그 체격은 실제로 같지 않다. 하물며 韓愈는 문장으로 세상에서 가장 뛰어났으므로 반드시 司馬遷을 모방할 필요는 없었다. 그가 지은 碑誌는 한결같이 嚴約하고 深重하며 簡古하고 奇奧함을 위주로 하였다. 대개 『尙書』와 『左傳』을 근본으로 삼았던 것이다. 『尙書』와 『左傳』은 천고의 金石文字이므로 마땅히 이것들로 종조를 삼아야 한다. 어찌 반드시 司馬遷의 風神을 요구할 필요가 있겠는가. 그런데 韓愈가 서술한 대목은 종종 일종의 生色이 드러난다. 다만 한쪽 방향으로만 거침없이 나아가 簡嚴한 체격을 손상시키지 않으려 했을 따름이다. 歐陽修의 경우에는 그 문장의 짜임새가 본래 司馬遷으로부터 유래한 것이기에 그의 碑誌의 敍事는 司馬遷의 風神을 많이 얻었다. 그러나 典刑은 또한 韓愈를 근본으로 했으므로, 『史記』와 『漢書』의 체격을 모조리 쓰지는 않았다.[63]

간엄에 대해서는 기존에 김창협의 연구자들에 의해 충분히 구명되었다. 여기서는 상론하지 않고 이미 구명된 내용을 간추리면 다음과 같다. 간엄을 '서술의 간략함과 엄격함'으로 보고, 앞의 간략함은 구성의 간략함을 뒤의 엄격함은 인물 평가와 용어 사용에 대한 엄격함이라고 정의하였다.[64] 또 간엄을 편장 서사에서의 간결簡潔, 체단體段의 간약簡約이라

62 金昌協, 「雜識 · 外篇」, 『農巖集』 권34. "碑誌與史傳, 文體略同, 而史傳猶以該贍爲主, 至於碑誌, 則一主於簡嚴. 故韓碑敍事, 與史漢大不同. 不獨文章自別, 亦其體當然也. 歐陽公雖學司馬遷, 而其爲碑誌, 猶不盡用史傳體, 亦以此耳. 至明人, 始純用史傳體爲碑誌, 而又不識古人敍事之法. 故其文遂無體要, 而碑誌簡嚴之法, 掃地矣.

63 金昌協, 「雜識 · 外篇」, 『農巖集』 권34. "然碑誌史傳, 雖同屬敍事之文, 然其體實不同. 況韓公文章命世, 正不必摸擬史遷. 其爲碑誌, 一以嚴約深重, 簡古奇奧爲主, 大抵原本尙書左氏. 千古金石文字, 當以此爲宗祖, 何必以史遷風神求之耶? 然其敍事處, 往往自有一種生色. 但不肯一向流宕以傷簡嚴之體耳. 若歐公, 則其文調本自太史公來, 故其碑誌敍事, 多得其風神. 然典刑, 則亦本韓公, 不盡用史漢體也.

64 안득용, 「農巖 金昌協 碑誌類 散文 硏究 - 인물 형상화 양상과 그 의미를 중심으로 -」, 한국어문학국제학술포럼 제1차 국제학술대회, 한국어문학국제학술포럼, 2007, 327면.

고 정의한 경우도 있다.[65] 결국 간엄은 자구字句 단위가 아니라 편장 단위에서의 간결함, 간약함을 추구하는 것이라 할 수 있는데, 그렇다면 편장 구성의 간약함이라는 것은 구체적으로 무엇을 가리키는가.

「좌윤오공신도비」를 사례로 들어보자. 신도비의 첫머리에 해당하는 [1] 부분은 "경종景宗 신축년에 성상이 후사가 없고 병이 깊어지자 여러 대신들이 입대하여 자전慈殿의 뜻을 여쭈어 금상을 왕세제로 책봉하였다."[66]로 문장이 시작된다. 이른바 노론4대신을 죽음으로 몰아넣고 노론계 인사들이 대거 삭출당하는 신축옥사의 시작을 알리는 대목이다. 경종은 연잉군延礽君으로 하여금 대리청정을 하게 하였는데, 노론의 대신들이 처음에는 명을 도로 거두기를 정청庭請하였다가 경종의 하교가 비상非常하자 정청을 정지하기를 의논하였다. 이때 연명으로 차자를 올린 네 명의 재상이 이른바 노론4대신이었고 정청을 정지하는 의견에 "예예[唯諾]"하며 동조한 이들이 많았다. 소론은 이를 빌미로 노론을 불충으로 몰아가 탄핵하여 정권을 장악하였다. 소론은 당시 정청을 정지하는 의견에 동조한 이들을 일일이 국문하였는데, 오중주는 무관 재상 가운데서 홀로 자수하였다가 삭출당하여 남원南原으로 유배되었다. 이후 몇 년을 사이에 두고 을사환국과 정미환국이 번갈아 일어났을 때에도 오중주는 정쟁에 휘말리지 않고 고향에 머물고자 하였다. [1] 부분은 "이후로 벼슬에 제수하는 교지에 모두 불응하다가 오직 무신년 난리 때 국난에 달려갔고, 난리 이후에 단 한번 경기 수사의 임명에 응했을 뿐이었다."[67]

65 안세현, 「農巖 碑誌論 형성 배경과 碑誌文의 특징」, 『우암논총』 6, 충북대 우암연구소, 2012, 120면.

66 李縡, 「左尹吳公神道碑」, 『陶菴集』 권30. "景宗辛丑, 上有疾無嗣, 諸大臣入對稟慈旨, 冊今上爲王世弟."

67 李縡, 「左尹吳公神道碑」, 『陶菴集』 권30. "凡有除旨皆不起, 惟奔問於戊申之亂, 亂後一應京畿水使之命而已."

로 끝맺고 있는데, 무관으로서의 절의와 평생에 걸친 은거 지향 두 가지를 오중주의 삶을 대변하는 강령으로 들어 집약적으로 서술하였다. 이재는 서두에서 강령을 제시한 다음, 이어지는 서술에서 편폭을 달리하며 수차례 환기시키고 있다. 일반적인 신도비 체재로서 묘주의 관력과 치적을 특기한 4 부분에서도 "공은 본래 고향에 머물기를 좋아하여 관직을 맡지 않으면 항상 곧장 고향으로 돌아갔다.[公素好鄕居, 無官則未嘗不卽歸.]"라고 하여 오중주의 은거 지향을 계속해서 드러내고, 5 부분에서는 1 부분에서 잠깐 등장했던 오중주의 자수하는 장면을 재차 생생하게 묘사하였다.

> 공은 변고를 겪으면서 지절이 더욱 확고해졌다. 이전 조정의 宿將들이 대부분 禍難의 그물에 걸렸지만 공만은 화를 입지 않았다. "예예"라고 동조한 사건과 같은 경우에 남들은 모두 刀鋸와 鼎鑊 등의 형구가 눈앞에 펼쳐진 것처럼 여겼지만 공은 눈앞에 아무것도 없는 듯이 처신하고 오직 '義' 한 글자만을 바라보았을 뿐이었다. 統禦使 자리를 그만둔 다음 곧장 고향집으로 돌아갔다. 경술년에 한성부 좌윤에 제수되고 이어서 동지중추부사 겸 훈련원 도정에 제수되었지만 모두 사직하고 다신 나아가지 않았다.[68]

6 부분 또한 오중주의 은거시절 인근에 살고 있던 이재와 교유한 일화를 소개하고 있는데, 이 역시 그의 은거 지향을 일화를 통해 직접적으로 나타내고 있다. 7 부분은 집안에서의 행실과 인품을 칭찬하는 내용

68 李縡, 「左尹吳公神道碑」, 『陶菴集』 권30. "公閱歷變故, 志節愈確, 先朝宿將多罥於禍網, 而於公獨無所及. 至於唯諾之事, 人皆視以刀鋸鼎鑊之在前, 而公則若無睹焉, 只看得一義字而已. 旣納統禦符, 直還鄕居. 庚戌拜漢城府左尹, 連授同知中樞府事兼訓鍊院都正, 皆辭不復起."

이 주를 이루지만, “이따금 또한 평생의 출처에 대해서 주저 없이 터놓고 말하였는데 신임辛壬 연간의 일을 언급할 때면 격앙되어 말하는 것이 강개하였고 충의에서 일어나는 분한 마음이 격렬하여 왕왕 눈물이 흘러내려 옷깃을 적셨다.”[69]라는 일화를 삽입하여 신임년의 절의를 되짚었다. 이렇듯 「좌윤오공신도비」의 서에 해당하는 부분에서 두 가지 강령을 삽입하거나 환기시켰는데, 마지막의 명에서도 마찬가지다.

예전 당화에서	在昔黨禍
팔준이니 팔급이니 불린 자들 셀 수 있지만	俊及可數
호걸로서 화를 면한 것을 부끄러워한 경우는	豪傑恥免
오직 황보규였다네	獨有皇甫
산림 속의 은자가 되는 것은	林下一人
옛날에도 드문 일인데	於古亦稀
무부로서 명리를 초월해 물러났으니	武夫恬退
공과 같은 이 몇이나 되겠는가	如公有幾

명의 시작부분이다. 비지류 문장에서의 명은 명 앞에 서술된 묘주의 생애를 수렴하되 비감의 정조가 깊게 묻어나도록 짓는 것이 관건이다. 이재는 명을 시작하면서 오중주를 황보규皇甫規라는 중국 후한後漢 때의 명장에 비유하고 있다. 황보규는 강직하고 덕망이 높아 환관에게 아부하지 않은 탓으로 무함을 받고 하옥되었는데, 제공諸公과 태학생 300여 명이 억울하다고 호소하여 사면을 받고 풀려났다. 그러나 당고黨錮의 화가 크게 일어나 천하의 명현들이 체포되는 와중에 자신은 체포되지 않은 것을 수치로 여기고, 스스로 상소하여 자신도 당인黨人임을 밝히고 함께

69 李縡, 「左尹吳公神道碑」, 『陶菴集』 권30. “間亦縱言平生出處, 以及辛壬之事, 則高談慷慨, 忠憤激切, 往往泣下沾襟.”

처벌 받기를 청한 일이 있었다. 오중주가 신축옥사 때 노론계 인사들이 대거 화를 당할 때 무관으로서 홀로 자수하여 삭출당한 사건을 바로 황보규의 사적과 등치시킨 것이다. 또한 이어지는 명의 내용은 오중주의 은거 지향을 강조한 것으로 "공과 같은 이 몇이나 되겠는가[如公有幾?]"라는 말과 함께 비감을 증폭시키고 있다.

앞서 비지류 문장의 간엄을 두고 편장 구성의 간약함이라고 하였다. 「좌윤오공신도비」는 절의와 은거라는 두 개의 강령을 먼저 제시한 다음, 오중주의 평생의 행적을 따라가면서 적재적소에 강령을 노출시킨다. 정호鄭澔가 지적한 "문맥을 절단해버리는 병폐[截斷文脈之病]"는 긴 편폭의 비지류 문장이라도 강령이 계속해서 오버랩되면서 극복될 수 있다. 때론 짤막한 서사로 사실을 부연하기도 하고, 때론 눈앞에서 벌어지는 일처럼 생생하게 묘사하기도 하고, 때론 일화와 대화를 통해 생동감을 주기도 하고, 때론 서정에 기대어 안타깝고 서글픈 비감을 자아내기도 하는 등 읽는 이로 하여금 묘주의 실상을 간요簡要하게 잡아낼 수 있도록 견인한다. 그렇다면 편장 구성의 간약함이란 결국 묘주의 진면목을 간단하고 요령 있게 드러내는 구성 원리라고 할 수 있다.[70] 여기서 묘주의 진면목

70 묘주의 진면목을 간단하고 요령 있게 드러내는 구성 원리로서의 '간엄'은 김창협의 다음과 같은 언급에서도 확인할 수 있다. 「農巖雜識 · 外篇」에서 "韓愈의 문장 가운데 「孔左丞墓誌」 같은 것은 역임한 벼슬과 행한 일에 대한 서술이 매우 상세하면서 그 사람됨에 대해서는 도리어 상세하지 않아 간략한 것 같다. 그러나 銘에 이르기를 '흰 낯빛 큰 키에 웃음 적고 과묵했네.'라고 하였는데, 이 여덟 자를 보면 孔公의 용모와 기상을 또렷이 보는 것 같다. 그리고 序文에 孔公을 만류해 달라는 韓公의 상소가 실려 있는데, 거기에 이르기를 '절개를 지키며 빈궁하게 살았고 논의가 올바르고 공평하였다.', '나라를 걱정하느라 집안을 잊었으며 마음을 쓰는 것이 극진하였다.' 하였으니, 그 사람됨의 대체를 더욱 자세히 알 수 있어 실로 더 이상 번거롭게 서술할 필요가 없다.(韓文如孔左丞墓誌敍, 歷官行事頗該, 而顧不詳其爲人, 似簡略. 然銘云白而長身寡笑與言, 只此八字, 孔公之容貌氣象, 宛在目中. 又序中, 載公請留疏云守節淸苦, 論議正平, 憂國忘家, 用意至到, 則其爲人大體, 尤可具見, 固不待復煩敍述也.)" 김창협은 한유가 孔戣의 묘지명을 지으면서 그의 진면목을 살필 수 있는 강령을 序文과 銘文 가운데 의도적으

이란 묘주 자신이 평생에 걸쳐 지향했던 정신세계라 할 수 있는데, 다음의 언급이 참고할 만하다.

> 옛사람은 만나볼 수 없다. 그러나 내가 책을 읽다가 때때로 그 사람을 만나게 된다. 그를 만나게 되는 것은 결코 법도나 준칙 사이에서가 아니라, 그의 폐부와 심장이 간혹 한 가지 사건이나 한 마디 말 속에 유연히 드러날 때이다. 비록 평범하여 아주 빼어나고 기특한 일이라고 하기에는 부족해도 그 사람의 뜻이 깃들어 있는 점을 넉넉히 볼 수 있다. 그러면 천년 뒤에라도 황홀하게 얼굴을 마주 대하고 직접 이야기를 나누는 듯하다. 그러므로 아무리 거칠거나 속 좁은 별 볼 일 없는 범인이라도 그 뜻을 볼 수 있으면 도리어 취할 점이 있다. 반면에 아무리 이름난 군자라도 깃들어 있는 뜻을 얻어 보지 못하며 취하게 부족하다.[71]

이면백李勉伯(1767~1830)은 비지류 문장의 본질은 묘주가 지향한 뜻[志尙]을 온전하게 드러내는 것이라고 하였다. 수백 년이 흘러 비지류 문장을 읽는 이가 묘주에 대해 깊이 공감하는 경우는 그의 폐부와 심장이 간혹 한 가지 사건이나 한 마디 말 속에 유연히 드러날 때이다. 이를 통해 읽는 이로 하여금 그 사람의 뜻이 깃들어 있는 점을 넉넉히 볼 수 있는 것이다. 「좌윤오공신도비」에서 이재는 오중주가 평생 지향한 뜻을 서 부분에서는 "오직 의義 한 글자만을 바라보았을 뿐이었다[只看得一義

로 배치함으로써 읽는 이로 하여금 묘주의 대체를 더욱 자세히 살필 수 있다고 분석하였는데, 이것이 바로 김창협의 비지론인 '간엄'의 핵심 요소이다.

71 李勉伯, 「碑誌說」, 『岱淵遺藁』 권2. "古人不可見也, 然吾嘗讀書, 而有時乎得其爲人. 所以得之者, 固不在於檢柙尺度之間也, 其肺肝心曲, 或悠然呈露於一事片言之中. 雖若尋常不足爲殊絶奇特者, 亦足以見其志尙之所寄, 怳乎覿面接談於千載下. 故雖稱爲凡夫細人狂踈褊窄者, 苟得其志尙, 却有可取者, 雖有名君子, 不得其志尙之所在, 或有不足取者."

字而已]"라고 하고, 명 부분에서는 "눈앞엔 오직 의義 한 글자뿐이었네[目中義字]"라고 하였다. 이와 같은 오중주의 정신세계는 절의와 은거라는 행적에서 유연히 드러났다. 이면백이 지적한 비지류 문장의 본질을, 이재는 묘주의 진면목을 간단하고 요령 있게 드러내는 구성 원리로써 획득하였기 때문에 이 점에서 「좌윤오공신도비」의 문학적 성취를 인정할 수 있을 것이다. 「좌윤오공신도비」와 같은 구성 원리를 통해 간엄을 획득한 작품으로 송규렴宋奎濂(1630~1709)을 위해 쓴 「판서제월당송공신도비判書霽月堂宋公神道碑」와 남연년南延年(1653~1728)을 위해 쓴 「영장증판서남공신도비營將贈判書南公神道碑」를 꼽을 수 있다. 「판서제월당송공신도비」는 서두에서 군자의 출처관을 언급하며 만년까지 절개를 지킨 송규렴의 의리를 칭찬한다.[72] "나아가기를 어렵게 여기고 물러나기를 쉽게 여기는[難進易退]" 출처관이야말로 올바른 군자의 절개라 할 수 있는데, 송규렴처럼 종신토록 한결같기가 매우 어려움을 강조하였다. 송규렴의 평소 지향이라 할 수 있는 출처관을 강령으로 삼아 그의 진면목을 이어지는 행적들을 통해 구체적으로 밝히고 있는 작품이 「판서제월당송공신도비」이다. 한편 「영장증판서남공신도비」 또한 "나는 다음과 같은 사실을 괴이하게 여긴다[余竊怪]"라고 서두부터 의론을 개진한다. 예로부터 충절忠節을 지킨 선비는 높은 관직과 많은 녹봉을 받는 부류에서 나오질 않고 대부분 평소 낙척하여 낮은 지위에 있어서 군주가 어떻게 생긴 지도 모르는 부류에서 나오는데, 그 이유는 높은 관직과 많은 녹봉은 대체로 모두 권세가에게 아첨하여 얻어내고, 낙척하여 불우한 자는 필시 시

72 李縡, 「判書霽月堂宋公神道碑」, 『陶菴集』 권28, "士君子處世, 其出其處, 固有時義之不同, 而苟守得難進易退四字, 則已過人遠矣. 然節或移於晚, 守或失於終, 事或廢於久. 惟艮之上九, 能厚於終, 止道之至善者也. 故曰敦艮吉, 近世判書霽月堂宋公, 其殆庶幾乎!"

속이 좋아하는 바를 구차하게 따르지 않고 본성을 온전히 지키다가 화란禍亂이 닥쳐 우연히 분발하여 성취한 점이 있다는 것이다. 이러한 의론에 뒤이어 바로 "나는 근세에 한 사람을 보았으니 바로 충장忠壯 남공南公이다.[吾於近世得一人焉, 忠壯南公是已.]"라는 말로써 묘주를 등장시킨다.[73] '충절지사忠節之士'를 강령으로 삼아 그가 이인좌의 난 때 순절한 행적들을 구체적으로 밝혀놓고 있다. 위의 두 작품도 「좌윤오공신도비」와 마찬가지로 묘주의 진면목을 구성의 측면에서 고려하여 문학적 성취를 이룬 것이라 할 수 있다.

이와 더불어 이 두 작품은 「좌윤오공신도비」의 서두 부분과는 달리 의론으로 점철되어 있다. 「좌윤오공신도비」는 오중주의 신축옥사에서 드러난 절의를 강조하는 서사에 집중하였다면, 이 두 작품은 각각 출처관과 충절지사에 대한 의론에 집중하고 있다. 비지류 문장은 묘주의 행적에 대한 서사를 위주로 하는 문체이기 때문에 의론이 개입될 여지는 줄어들 수밖에 없다. 외려 서를 수렴하는 명 부분에서 작자의 주관적 의견을 피력하는 의론이 등장하는 게 일반적이다. 그런데 앞서 「좌윤오공신도비」에서 시간적 착종을 의도적으로 구사한 것처럼 이 두 작품은 서사와 의론이 갈마드는 착종의 수사를 구현하여 문학성을 추구하였다. 한유는 비지류 문장의 문학성 제고를 위해 「유자후묘지명柳子厚墓誌銘」처럼 서사와 의론을 절묘하게 배합한 작품을 더러 남겼는데, 규격화된 틀을 벗어난 형식임에도 불구하고 후대의 전범이 되었다. 이외에 대화와 구술 방식을 비지류 문장에 과감하게 삽입하는 것도 한유가 시도했던

73 李縡, 「營將贈判書南公神道碑」, 『陶菴集』 권30, "余竊怪夫古來忠節之士, 不出於高官厚祿, 而多出於平素落拓下位人主所不識何狀之流, 此其故何哉? 高官厚祿, 類皆媚悅當世而得之, 若夫落拓不遇者, 必不肯苟徇時好, 全其素性, 臨禍亂而偶有所感奮成就爾. 吾於近世得一人焉, 忠壯南公是已."

파격破格이었는데, 이재의 비지류 문장에서도 도처에 산견되어 있다.

특별한 경우이기는 하지만 비지류 문장의 묘주를 대상으로 한 작자의 다른 글을 참조한다면, 좀 더 비지류 문장의 문학성에 접근할 수 있을 것이다. 「좌윤오공신도비」는 작자와 묘주의 친분 관계로 인해 이 작품 외에도 참조할 만한 다른 장르의 글이 확인된다. 오중주가 살고 있는 이의당二宜堂에 부친 「이의당기二宜堂記」, 오중주가 세상을 떠나기 전에 보낸 두 편의 한시, 그리고 오중주가 떠난 후에 지은 만사挽詞가 그것이다. 「이의당기」에는 신축옥사 때 오중주가 보인 절의의 행동이 「좌윤오공신도비」의 ⑤ 부분에서도 묘사되어 있는데, 내용이 변개되거나 추가되기도 하였다. 이재는 오중주를 위한 신도비를 지을 적에 그의 삶을 반추하면서, 과거 「이의당기」에서 "흉악한 무리가 도거刀鋸와 정확鼎鑊 등의 형구를 진열해놓고 기다리고 있는 터라 남들은 모두 두려워 정신을 가눌 수 없었었는데, '예예' 했다고 자수한 사람은 무신 가운데 오직 공 한 사람뿐이었다."는 당시의 상황을 신도비에서는 "남들은 모두 도거刀鋸와 정확鼎鑊 등의 형구가 눈앞에 펼쳐진 것처럼 여겼지만 공은 눈앞에 아무것도 없는 듯이 처신하고 오직 의義 한 글자만을 바라보았을 뿐이었다."라고 묘사하였다.[74] 기실 오중주가 '의義 한 글자'만을 염두에 두어 삼엄한 형구를 아랑곳하지 않았는지는 이재 자신도 알 수 없다. 그러나 이재는 오중주의 정신지향을 애초에 '의義 한 글자'에 상정하여 서술해 나갔기 때문에, 이 대목에 이르러서는 의도적으로 비장하게 묘사했던 것이다. 이것 역시 묘주의 진면목을 구성의 측면에서 고려한 일단이라

74 李縡, 「二宜堂記」, 『陶菴集』 권24. "曩在辛壬之間, 士禍罔極, 群凶設刀鋸鼎鑊以待之, 人莫不惴惴失心, 而以唯諾自首者, 在武臣惟公一人, 遂以是竄于帶方之國."; 「左尹吳公神道碑」, 『陶菴集』 권30. "公閱歷變故, 志節愈確, 先朝宿將多罥於禍網, 而於公獨無所及. 至於唯諾之事, 人皆視以刀鋸鼎鑊之在前, 而公則若無睹焉, 只看得一義字而已."

할 수 있다.

이재는 오중주가 세상을 떠나기 2년 전에 「기오좌윤寄吳左尹」이라는 5언율시를 그에게 보낸 적이 있다. 이 시의 미련尾聯은 "한나라의 황보규 열전에서, 이런 용퇴를 본 적이 있던가.[漢時皇甫傳, 休退見何曾?]"이다. 이에 상응하는 내용이 신도비에는 명에 실려 있는데, 명의 첫머리에서 "예전 당화에서 팔준이니 팔급이니 불린 자들 셀 수 있지만, 호걸로서 화를 면한 것을 부끄러워한 경우는 오직 황보규였다네.[在昔黨禍, 俊及可數. 豪傑恥免, 獨有皇甫.]"라고 하였다. 「기오좌윤」과 신도비의 명에서 보이는 황보규에 대한 비유는 경중의 차이가 보인다. 황보규가 자신도 당인黨人임을 밝히고 함께 처벌 받기를 청한 일이 있었지만 결과는 불문에 부치고 처벌을 받지 않았다. 이에 반해 오중주는 삭출을 당하여 남원南原으로 유배를 갔으니, 이재는 오중주의 절의를 황보규보다 우위에 두었다. 이러한 시각이 반영된 것이 「기오좌윤」의 미련이라면 신도비의 명에서는 이런 경중이 부각되지 않았다. 대신 신도비의 명에서는 황보규의 행적을 구체적으로 적시하여 오중주의 절의가 더욱 잘 대비될 수 있도록 하였다. 일반적으로 비지류 문장의 명은 묘주의 세계나 재능을 언급하는 것으로 시작하는데, 「좌윤오공신도비」의 명은 신도비 첫머리처럼 오중주의 절의를 높이는 내용으로 시작한다. 이것 또한 비지류 문장의 고정된 투식을 벗어나려는 문학성 추구의 일환으로 볼 수 있다.

위에서는 한 사람의 묘주에 대한 동일 작가의 여타 글을 비교하였다면, 아래에서는 한 사람의 묘주에 대한 다른 작가의 글을 비교하고자 한다. 이를 상호 비교하면 이재의 비지류 문장의 특징적 면모를 찾을 수 있을 것이다. 오중주에 대한 비지류 문장은 이재의 「좌윤오공신도비」 외에 오희상吳熙常(1763~1833)의 「한성좌윤오공묘표漢城左尹吳公墓表」가 있는데, 이 작품을 개괄하면 아래와 같다.

1 字와 貫鄕를 비롯한 世系를 소개함
2 숙종 때 역임한 관직을 나열함
3 신축옥사 때의 행적을 기록함
4 은거 시절 행적을 기록함
5 사망일, 사망 장소, 장사 지낸 곳, 아내와 世系와 후손들의 성명을 기록함
6 평소 행실과 인품을 칭찬함
7 신축옥사 때의 절의를 재차 고평하고 작가 당대를 한탄함

오희상의 글에서도 오중주의 절의와 은거를 주요하게 다루고 있는데, 오중주 삶에 있어서의 진면목은 역시 신축옥사를 전후한 행적이라는 점을 여기서도 확인할 수 있다. 1에서 7까지 이어지는 단락 내용을 살펴보면, 오희상의 이 글은 비지류 문장의 전형을 따르고 있다. 이에 반해 이재의 「좌윤오공신도비」는 앞서 단락별 유기적인 관계를 분석했듯이, 묘주의 삶에 대한 진면목을 구성적인 측면에서 의도적으로 역전하고 도치시키며 환기하는 등 문학적 성취를 이루려는 노력이 보인다. 예컨대 오희상은 오중주의 주요 행적을 아래와 같이 짧은 편폭을 할애하여 묘사하고 있다. 개괄한 내용 가운데 3 단락에 해당한다.

> 흉도들이 시기하고 이간질하여 誣獄을 크게 일으켰는데, 庭爭에 힘을 다하지 않았다는 이유로 먼저 4대신을 죽이고, 또 재상들 가운데 동조한 이들을 조사하여 화의 기미가 극에 달하였다. 공은 분연한 마음으로 자수하였는데 당시 동료들이 공은 武臣이라고 하며 사람을 시켜 회유했으나 공은 응하지 않았다. 마침내 삭출 당하고 陽城의 선영 아래로 돌아가 스스로 野隱이라 호를 짓고 노년을 마칠 계획을 세웠다. 이듬해 臺啓가 뒤늦게 나와 호남의 南原으로 유배되었다.[75]

그런데 이재는 총 9단락으로 구성된 글 가운데 [1], [5] 단락의 절의, [6] 단락의 은거에 걸쳐 많은 분량을 할애하는 동시에 구성적으로 시간의 착종을 구사하는 등 전형적인 비지류 문장의 형식을 탈피하려고 하였다. 이러한 노력은 비지류 문장의 문학적 성취를 담보할 뿐만 아니라 글을 읽는 이로 하여금 묘주에 대한 진면모를 간단하고 요령 있게 이해할 수 있는 효과를 거둘 수 있다는 점에서 그 특징적인 면모를 찾을 수 있을 것이다.

간엄의 측면에서 이재의 「좌윤오공신도비」를 구체적으로 분석하였다. 그 결과 이 작품은 간엄 – 묘주의 진면목을 드러내는 구성 원리로서 – 을 성공적으로 구사하여 그 문학적 성취를 획득하였고, 이외에도 시간적 착종, 서사・의론의 착종, 생동감을 자아내는 서술 등 비지류 문장의 고정된 형식을 벗어나기 위한 흔적들을 엿볼 수 있었다. 이재의 비지류 문장이 당대 많은 이들에게 인정을 받고 공감을 얻을 수 있었던 이유는, 그의 비지류 문장이 기존의 전형성을 따르면서도 그 안에서 문학성을 추구하여 답습에 머물지 않고 탈피하고 변모하려는 경계에 자리하고 있었기 때문이라 생각한다.

4) 소결

비지류 문장의 작자는 유묘諛墓의 유혹과 공기公器의 엄정함에서 고민하기 마련이다. 은악양선隱惡揚善이 비지류 문장의 미덕이라고 하지만, 진실이 결여된 묘주의 형상화는 결코 문학성을 보증할 수 없다. 이면

75 吳熙常, 「漢城左尹吳公墓表」, 『老洲集』 권18. “凶徒碁間, 大起誣獄, 以庭爭不力, 首殺大臣四人, 又按諸宰之同聲者, 禍色甚亟. 公奮然自首, 時輩謂公武臣, 使人諷之, 公不應. 遂削黜, 歸陽城先壟下, 自號野隱, 爲終老計. 翌年, 臺啓追發, 竄湖南之南原.”

백은 「비지설碑誌說」에서 비지류 문장을 짓는 작자의 올바른 자세를 언급하였는데, 그것은 묘주 그 사람만이 가진 실상을 찾아내어 사실대로 기록하는 것이었다. 예컨대 유령劉伶과 완적阮籍의 실상은 술 마시고 호방한 것뿐이었다. 그런데 만약 이들의 비지류 문장을 짓는 사람이 술 마시고 호방한 것은 부족하다고 여겨 사실과 다르게 도학道學이나 예법禮法으로 그럴싸하게 꾸민다면, 이 글의 묘주는 과연 누구란 말인가.[76] 결국 비지류 문장을 짓는 작자는 묘주만이 지니고 있는 실상을 찾아내야 한다.[當求其所獨有之實] 이런 본질적인 의미에서 이재의 「좌윤오공신도비」는 성공적인 비지류 문장이라 할 수 있다.

이 글에서는 이재의 『도암집』 소재 비지류 문장 가운데 신도비를 대상으로 그 문학적 성취를 확인하고자 했다. 그는 총 32명에 대한 신도비를 남겼는데, 친족과 외척, 당파적 동류, 스승 등에 이르기까지 직간접적으로 관계된 인물들이 신도비의 주인공이다.

이재의 신도비를 분석하기에 앞서 그가 지향한 문학론, 문학론 가운데 한문산문을 위시한 문장론을 살펴보았다. 우선 그의 문학론은 작자의 덕성, 인품을 강조하는 자질론, 도를 전하고 의리에 근본해야 하는 당위를 주장한 도본문말론, 세교와 교인으로서의 문학의 기능을 일정 정도 인정하는 효용론으로 정리할 수 있다. 또한 그의 문장론은 문장 학습의 전범 측면에서 확인하였고, 그 전범의 대상은 사마천, 한유 그리고 주희였다.

이재의 신도비 가운데 그가 문장의 전범으로 삼았던 한유와의 연결점

76 李勉伯, 「碑誌說」, 『岱淵遺藁』 권2. "<u>所以爲其人者, 亦當求其所獨有之實而已</u>. 劉伶阮籍, 古之無禮法者也, 其所獨有者, 飮酒放曠而已. 然則飮酒放曠, 劉伶阮籍之實也. 碑劉伶而誌阮籍者, 若以飮酒放曠不足爲人, 乃飾劉伶以道學, 文阮籍以禮法, 則非劉與阮之碑若誌. 吾不知碑之誌之者, 竟碑誌得何人也?"

을 확인케 하면서 동시에 규격화된 신도비 문체를 벗어나 문학성을 추구한 작품을 선별하여 분석하였는데, 이상을 고려하여 분석 대상으로 삼은 작품은 오중주를 위해 쓴 「좌윤오공신도비」이다. 이 작품은 구성적인 측면에서 한유의 비지류 문장을 계승한 점이 확인되고, 이러한 특징으로 인해 신도비의 문학적 성취를 이루었다. 특히 이 작품을 분석하는 잣대로 김창협 비지론의 핵심이라 할 수 있는 간엄에 주목하였는데, 편장 구성에서의 간엄은 곧 묘주의 진면목을 간단하고 요령 있게 드러내는 구성 원리라고 정의하였다. 「좌윤오공신도비」는 간엄을 성공적으로 구사하여 문학적 성취를 획득했으며, 또한 비지류 문장의 고정된 형식을 벗어나기 위해 서술 전개 방식을 의도적으로 변화시키고, 시간적 착종이나 서사·의론의 착종을 사용하며, 대화나 일화를 통해 생동감을 자아내는 등 작자가 문학성을 추구하기 위해 노력한 흔적이 보인다.

그럼에도 불구하고 본 연구는 다음과 같은 한계점을 지니고 있다. 우선 여타 비지류 문장에 대한 고찰이 없었다는 점이다. 이재는 신도비 외에도 묘갈 146편, 묘표 65편, 묘지 109편 등을 남겼다. 묘갈, 묘표, 묘지의 묘주는 신도비처럼 묘주의 자격이 엄격하게 제한되지 않기 때문에 글 자체의 중량감도 떨어지기 마련이다. 그렇게 되면 문학성 제고를 위한 시도가 신도비보다 더 다채롭게 일어났을 것인데, 이러한 특징들까지 고찰해야 비로소 이재 비지류 문장의 연구가 설득력을 가질 수 있을 것이다. 다음으로 문학적 성취를 평가하는 데 있어서 김창협이 제시한 비지론에 너무 치중한 나머지 다른 측면에서 문학적 성취를 살펴볼 수 있는 여지를 없애버렸다는 점이다. 예컨대 이재와 동시대에 활동했던 이의현은 김창협과 함께 산문 비평사의 대표적 인물이다. 이의현의 비지론을 참고한다면 이재 비지류 문장의 문학적 성취를 더 폭넓게 논의할 수 있을 것이다.

3. 삽교霅橋 안석경安錫儆의 한문산문 비평과 창작의 실제

1) 서론

이 글은 한 인물의 문학에 대한 주도면밀한 비평 행위가 그의 실제 문학 창작에 어떻게 작용되는가에 대한 고찰을 목적으로 한다. 그 대상 인물은 조선 후기 문인의 한 사람인 삽교霅橋 안석경安錫儆(1718~1774)이고, 대상 텍스트는 그의 저서인 『삽교예학록霅橋藝學錄』과 『삽교집霅橋集』이다. 그 중 『삽교예학록』은 선진시대先秦時代로부터 명대明代에 이르는 기간의 주요 시문 작품을 비롯한 우리나라의 이색李穡(1328~1396), 최립崔岦(1539~1612), 장유張維(1587~1638)의 작품을 대상으로 하여, 각 작품마다 매우 꼼꼼한 비평 작업을 행하고 있다. 이 책은 안석경이 자신의 부친인 회와悔窩 안중관安重觀(1683~1752)[77]으로부터 견문한 것을 정리한 것으로,[78] 그 내용은 경서백가經書百家의 정묘함이라든지 시문詩文의 여러 양상과 법도 등을 포괄하고 있으며 이를 통해 안석경

77 安重觀의 字는 國賓이고, 號는 悔窩, 可洲, 密窩子, 竹溪子 등을 썼다. 그의 조부인 安光郁(1610~?)이 澤堂 李植(1584~1647)의 여식과 혼인한 것을 계기로 그의 가문은 문한가로서 그 이름을 날리기 시작한다. 또한 이를 계기로 부친인 安垕(1636~?) 역시 택당에게 수학하며, 息庵 金錫胄(1634~1684), 西河 李敏敍(1633~1688), 南嶽 趙宗著(1631~1690)를 비롯하여 三淵 金昌翕(1653~1722) 등 당대 명망 있던 문인들과의 교유를 통해 이름을 떨쳤다. 윤지훈, 「悔窩 안중관의 문학론에 대한 연구」, 『漢文學報』 15, 우리한문학회, 2006, 318면 참조. 차남인 안석경에 비해 연구자들로부터 주목을 받지 못하다가 최근에 그를 전면에 내세운 연구가 이루어졌다. 이종묵(2004), 「안중관·안석경 부자와 충주의 가홍강」, 『문헌과 해석』 제28호, 태학사; 윤지훈, 「悔窩 안중관의 문학론에 대한 연구」, 『漢文學報』 15, 우리한문학회, 2006.

78 『삽교예학록』을 안중관과 안석경 중에서 누구의 성과물로 보는 것이 합당한지에 대해서는 윤지훈, 「18世紀 農巖系 文人의 文學論과 批評에 관한 硏究 - 霅橋 安錫儆을 중심으로 -」, 성균관대학교 박사학위논문, 2007, 104면에서 언급되었다. 즉, 아무리 안중관이 강학한 내용을 기술한 것이지만 안석경이 자신만의 뚜렷한 기준을 세워 비평을 시도하였다는 점에서 『삽교예학록』의 거개는 안석경의 견해로 보아야 합당하다.

자신이 비평 의식을 차츰차츰 쌓아갔다.[79] 농암農巖 김창협金昌協(1651~1708)과 그의 문도들은 다양한 산문 수사법을 작품 분석에 도입하여 단순히 문장만을 선집한 것이라 그에 관한 구체적 비평을 곁들임으로써 작법의 체계적인 이론을 확립하려고 노력했다. 『농암잡지農巖雜識』(김창협金昌協), 『만록漫錄』(김창흡金昌翕), 『운양만록雲養漫錄』·『도협총설陶峽叢說』(이의현李宜顯) 등이 저술되는 분위기 속에서 『삽교예학록』이 있었던 것이다.[80]

1980년대에 한문단편漢文短篇인 『삽교만록雪橋漫錄』의 작가로서 안석경에 대한 연구[81]가 선행되었다가, 그 후 20년이라는 공백을 거쳐 2000년대 이후에 18세기 중후반 비평사의 새로운 국면의 실례로서 다시 안석경에 집중하고 있다. 이와 함께 그의 한시漢詩와 산수유기山水遊記에 대한 연구[82]도 함께 이루어졌다. 한편, 안석경의 산문에 대해 전면적으로 접근한 연구 성과로 강혜규를 꼽을 수 있다.[83] 이 논문에서는 안석경의

79 「雪橋藝學錄自序」. "曁經子之精奧, 百家之深眇, 文章變化之神, 詩人咏嘆模寫之眞, 皆於靜閑幸有有聞焉. 雖大小隨事淺深異時, 而無時無事無有, 所開發矣."

80 윤지훈, 「『삽교예학록』을 통해 본 안석경의 산문 비평과 고문 작법 - 편장구성과 자구운용을 중심으로 -」, 『동방한문학』 34, 동방한문학회, 2008, 264면 참조.

81 안석경에 대한 초창기 연구이면서, 『雪橋漫錄』의 작가로서 주목된 연구 성과는 다음과 같다. 이명학, 「『雪橋漫錄』 연구 : 漢文短篇 作家 및 作家意識에 대한 一考察」, 성균관대학교 석사학위논문, 1982 ; 이명학, 「漢文短篇作家의 연구 : 安錫儆의 경우」, 『李朝後期 漢文學의 再照明』, 창작과 비평사, 1983.

82 김근태의 「삽교 안석경의 생애와 시」(『문헌과 해석』 28, 태학사, 2004), 윤지훈의 「雪橋 安錫儆의 金剛山 遊記」(『漢文學報』 12, 우리한문학회, 2005) 등은 안석경의 저작 중에서 특정 장르에 대한 주목한 최초의 연구라 할 수 있는데, 생애를 위시한 한시를 고찰한 것이 전자이고, 산문 중에서 山水遊記에 대해 탐구한 것이 후자이다. 이후, 18세기 筆記類의 일양상으로 『삽교만록』에 주목하여, 제 국면을 고찰한 윤지훈의 「18세기 筆記의 一樣相 考察 -『雪橋漫錄』을 중심으로 -」(『동방한문학』 32, 동방한문학회, 2007) 연구가 있었다.

생애와 교유 관계를 아직 학계에서 소개되지 않은 『삽교연보雪橋年譜』(명지대 소장본)를 통해 재구성하였고, 또한 『삽교집雪橋集』에 대해 서지적으로 검토하여 산문 장르별로 규장각본, 동양문고본, 가장본을 대조하였다. 그런 다음, 안석경의 현실의식과 문예의식에 주목하여 연구 대상 산문을 협녀俠女를 다룬 여러 전장류傳狀類, 춘추의리春秋義理와 경세지학經世之學이 표출된 논변류論辨類, 산수 애호가 반영된 잡기류雜記類 등을 선별하였다. 이상의 선행 연구들은 안석경이라는 인물에 대해 재고해 볼 기회를 주었으며, 이 글에서 다루고자 하는 산문 작품에 대해 참조할 만한 시야를 제공해 주었다.

안석경의 산문 비평과 관련된 선행 연구는 왕성하여 적어도 그의 산문 비평에 있어서는 그 대체가 밝혀졌다고 할 만하다. 그 연구 추이를 따라가 보면 다음과 같다.

정우봉은 『삽교예학록』을 통해 안석경의 방대하고 정밀한 산문 비평의 대강을 학계에 처음으로 소개하였다. 한문 수사학修辭學을 중심으로 한시 비평으로부터 한문 산문 비평까지 접근하여, 18세기 중후반 산문수사학의 한 지점을 포착해 내었다.[84]

이를 토대로, 윤지훈은 안석경의 문장관과 관련하여 『삽교예학록』 소재 비평의 실제를 밝히는가 하면, 이러한 비평 양상을 통해 조선 후기 고문 작법의 이론에 관한 몇 가지 인식을 도출해 내었다.[85] 예를 들면,

83 강혜규, 「雪橋 安錫儆의 散文 硏究」, 서울대학교 석사학위논문, 2006.

84 정우봉, 「『삽교예학록』에 나타난 한시비평론」, 『한문교육연구』 18, 한국한문교육학회, 2002 ; 정우봉, 「『삽교예학록』의 산문 수사학 연구」, 『한국한문학연구』 32, 한국한문학회, 2003 ; 정우봉, 「삽교 안석경의 비평 의식」, 『문헌과 해석』 28, 태학사, 2004 ; 정우봉, 「한문수사학 연구의 한 방법 - 주객법의 이론과 그 활용을 중심으로 -」, 『어문논집』 49, 민족어문학회, 2004.

주제중심의 편장구성篇章構成, 조응照應·결구結構를 통한 편장구성, 간엄簡嚴한 편장구성과 자구운용字句運用의 추구 등이 그것이다. 또한 농암계 문인으로서의 안석경의 문론文論에 주목하였고, 이와 연계하여 그의 비평사적 의의를 고구하였다.[86] 이 중에서도 하나의 당송고문에 대한 이식李植(1584~1647), 김창협金昌協(1651~1708), 안석경 세 사람의 비평 양상을 비교하거나 명청대 문인과의 비평을 대조함으로써, 국내외 제 비평가와 변별되는 안석경의 비평사적 안목을 선명하게 보여주었다.

그러나 이러한 연구는 산문 비평가로서 안석경의 전모를 살펴보기에는 충분하지만, 산문 비평과 그 창작의 실제라는 문제를 남기고 있다. 이러한 문제의식을 안석경의 고문 작법 이론을 통해 그 실례를 든 연구도 있지만,[87] 장르나 작품 수를 더욱 확충해 볼 필요가 있다. 물론, 한 작가의 문장관 혹은 비평의식과 창작의 실제라는 문제는 그 양자의 연관 양상이 뚜렷할 수도 있지만 거개가 포착되지 않는 것이 사실이다. 왜냐하면 비평 행위라는 것은 과거 혹은 지금의 특정 작가의 몇몇 작품에 대한 인상적이고 구체적인 평가·분석이므로 그 출발부터가 타자에 대한 명료한 의식에서 발현되지만, 창작 행위라는 것은 문장관과 비평의식

85 윤지훈, 「삽교 안석경의 문장관과 비평의 실제-牧隱·簡易·谿谷의 散文을 중심으로-」, 『한문교육연구』 26, 한문교육학회, 2006; 윤지훈, 「『삽교예학록』을 통해 본 안석경의 산문 비평과 고문 작법-편장구성과 자구운용을 중심으로-」, 『동방한문학』 34, 동방한문학회, 2008.

86 윤지훈, 「18世紀 農巖系 文人의 文學論과 批評에 관한 硏究-雪橋 安錫儆을 중심으로-」, 성균관대학교 박사학위논문, 2007.

87 윤지훈의 「18世紀 農巖系 文人의 文學論과 批評에 관한 硏究-雪橋 安錫儆을 중심으로-」(성균관대학교 박사학위논문, 2007)는 안석경의 고문 작법 이론을 실제 창작에 반영한 사례를 제시한 바 있다. 綱領, 脈絡이 구체화된 작품으로 「師古策記序」를, 活法이 잘 구사된 작품으로 「明德說」을 예로 들었다.

을 반드시 수반하고 내재한다고 단정하기 어렵고, 비록 그것이 일정 정도 작용하더라도 매우 교묘하게 숨겨져 있어 표면적으로 잘 드러나 있지 않다. 하지만 이러한 연유에도 불구하고, 적어도 안석경의 비평 행위와 그 창작 실제에 있어서는 그 양자의 수수관계의 일단을 살펴볼 수가 있다. 그것은 바로 안석경의 비평 행위가 산문 수사 중에서도 특히 편장자구篇章字句의 운용 위에서 대부분 일어났기 때문이다. 흥미로운 것은 비평을 가한 산문이 장르별로 작품 수의 차이가 나기 때문에 이러한 수사 비평이 운용된 실제 작품을 그의 문집에서 장르로 접근하여 선별・분석하는 것은 더욱 효과적일 수 있다. 여기서 간과해서 안 될 것은 안석경의 산문에서 편장자구와 관련한 몇몇 국면들의 요인이 반드시 그의 산문 비평 의식에서 연유한 것일 수 없다는 것이다. 다만 그가 문장 학습의 차원에서 전범적 산문을 대상으로 편장자구의 원리를 분석하였기 때문에 실제 창작에 임할 때도 그 학습의 성과가 어느 정도 반영되었음을 전제하고자 한다.

『삽교예학록』의 비평 대상은 중국과 우리나라의 역대 시문詩文을 아우르고 있어 양적으로 상당하다. 하지만 이를 한시와 산문으로 분류하고, 산문 중에서도 국내외 작가로 다시 일별하면 비교적 뚜렷한 차이를 보이는 산문 장르로 묶을 수가 있다. 안석경이 비평을 가한 대상 작가군을 국외의 당송팔대가와 국내의 이색李穡・최립崔岦・장유張維(이식李植과 김창협金昌協을 포함한) 등으로 한정해 보면,[88] 이들의 산문 중에서도 서발류序跋類, 잡기류雜記類, 증서류贈序類 등의 장르에 집중하고 있다.

88 당송 이후의 작가들에 대해서는 실제 작품에 대한 비평을 가하지 않고, 작가별 특징만을 언급하고 있다. 또한, 당송 이전의 『左氏傳』, 『史記』, 『漢書』 등은 특정 산문 장르이므로 제외시켰다.

이러한 특정 장르의 작품에 대한 그의 비평과 분석은 실제 그와 같은 장르를 창작함에 중요하게 작용했을 것이다. 그러므로 안석경의 산문 중에서 위와 같은 장르에 한정하여 살펴보고자 한다.

다음으로, 산문 비평 방법을 운용한 창작의 실제를 고찰하고자 한다. 윤지훈의 지적처럼[89] 안석경은 한 산문 작품을 분석함에 있어서 대체로 주제파악을 기본으로 삼아 그 편장의 구분, 편장의 배치, 자구의 운용, 자구의 안배 등 비교적 일관된 비평 의식을 보이고 있다. 그러므로 이러한 몇 개의 비평 의식을 그의 실제 작품에서 어떻게 운용하고 있는지를 살필 수 있을 것이다.

2) 산문 비평의 태도

이 글은 기존에 선행되었던 안석경의 수사학적·비평사적 의의와 그 양상을 추수하면서, 이러한 그의 산문 비평 행위가 현전하는 그의 문집인 『삽교집霅橋集』에 수록되어 있는 실제 산문 작품에 어떻게 작용했는가를 고찰하고자 하는 것이다. 이를 위해 먼저 그가 비평에 임하는 엄정한 태도를 보면서 실제 창작에 얼마나 고심했는지를 고찰하고자 한다.

안석경이 『삽교예학록』을 통해 보여주는 비평의 양상은 실로 다양하다. 그는 「자서自序」에서 일반적인 문학관을 피력하는 것 이외에도 문장을 이루는 기본요소, 이 요소들이 지켜야할 법도法度 등의 자세한 내용[90]

89 윤지훈, 「『삽교예학록』을 통해 본 안석경의 산문 비평과 고문 작법 - 편장구성과 자구운용을 중심으로 -」, 『동방한문학』 34, 동방한문학회, 2008.

90 安錫儆, 「霅橋藝學錄自序」. "文에는 意, 體, 法, 辭, 氣가 있다. 대개 命意[주제의 문제]는 正道에 합치되기를 힘쓰고, 體貌[형상의 문제]는 마땅히 자리를 잘 살펴야 하고, 法度[구성의 문제]는 整密하면서도 원만한 것을 중히 여기고, 辭令[표현의 문제]은 簡明하면서 古雅해지려고 해야 하며, 氣魄[기세의 문제]은 暢達하고 굳센 것을 으뜸으로 친다.

까지 망라하였으며, 아울러 그가 고문古文을 공부하면서 사용한 11가지의 주표법朱標法을 소개하였다.

> 일찍이 古文을 공부하면서 彤批 11법을 사용하곤 했는데, 그 命脈[문맥의 문제]·指向[입론의 문제]·繩墨·布置·轉摺·關鎖[구성의 문제]·奇正·變化[기세 변화의 문제] 등의 흐름을 점검하였다. 大票는 ●, 次票는 ○, 小票는 ◗으로 意脈機神을 표시하였다. 大勾는 ㄱ, 次勾는 ㄹ, 小勾는 △, 小切은 ∠, 大切은 一, 交는 ⧖, 小結은 □, 大結은 ■으로 排置裁製를 표시하였다.[91]

이러한 주표법은 현전하는 『삽교예학록』에서는 보이지 않지만, 그가 시문에 있어서의 문맥, 입론, 구성, 기세 등을 고려하면서 공부했음을 짐작할 수 있다. 한편, 그는 대상 작품명을 밝힌 뒤 그 아래에 실제 비평해 놓았다. 이와 관련해서는 기존에 많이 논의되었기 때문에 여기서는 본고에서 적용시킬 몇 개의 편장자구 비평을 거론하겠다.

(文有意有體有法有辭有氣. 盖命意務合於正道, 體貌宜審乎位序, 法度貴乎整密而周圓, 辭令欲其簡明而古雅, 氣魄尙其暢達而健擧.)"; "무릇 사물이 생겨날 때엔 반드시 脈絡이 있기 마련이고, 사물이 이루어질 때엔 반드시 條理가 있기 마련이고, 사물이 모일 때엔 반드시 品節이 있기 마련이니, 유독 문장만이 그것과 다르겠는가? 맥락이 없으면 흙 인형일 뿐이고, 조리가 없으면 뒤엉킨 실 뭉치일 뿐이고, 품절이 없으면 이내 부서질 갑옷이며 수레일 뿐이다. 맥락이 유통해야 호흡이 호응하고, 조리가 분명해야 主客이 섞이지 않으며, 품절이 엄정해야 왕복함에 실수가 없다. 무릇 이것들은 지극한 法度로 소홀히 해서는 안 된다.(凡物之成, 莫不有條理, 凡物之聚, 莫不有品節, 獨於文可以異乎哉? 無脈絡, 則土偶也, 無條理, 則亂絲也, 無品節, 則潰甲敗轍也. 脈絡流通, 而呼吸相應, 條理分明, 而賓主不錯, 品節嚴整, 而往復無差. 凡此皆有至法不可忽也.)"

91 安錫儆, 「雪橋藝學錄自序」. "嘗於古文用彤批十一法, 以點切其命脈·指向·繩墨·布置·轉摺·關鎖·奇正·變化之槩. 曰大票●, 曰次票○, 曰小票 ◗者, 標其意脈機神. 曰大勾ㄱ, 曰次勾ㄹ, 曰小勾△, 曰小勾∠, 曰大切一, 曰交⧖, 曰小結□, 曰大結■者, 標其排置裁製."

① 한 작품의 중심 되는 주제, 혹은 하위 구성 단락의 주된 주제를 밝힐 경우: 綱領(綱), 宗旨, 頭腦 등의 평어를 사용하고 있다.

② 한 작품을 구성 단락으로 해체를 하는 경우: 거의 모든 작품에 대해 段→節→條 의 순서로 단락을 구분하고 있다.

③ 해체한 단락에 대해 설명을 할 경우: '卽說~', '卽言~' 처럼 내용을 바로 설명하고, 또 '伸說~', '衍說~' 처럼 어떤 내용을 부연 설명했는가를 밝히고 있다. 한편, '起~', '承~', '應~', '綴~'처럼 구성 요소간의 상호 관계를 짚어주고 있다.

④ 자구의 운용: '轉其語勢', '參差語勢' 처럼 句式에 내재한 기세의 변화를 밝히고 있다.

이 외에도 주객법主客法 등의 수사법을 끌어와 글을 파악하는 등 다양한 방법으로 글을 파악하였다. 심지어 '불면위자不免爲疵', '대자大疵', '소자小疵', '유자有疵' 등 문장의 잘못된 부분을 꼬집기도 하였는데, 단순 지적[92]으로 그치는 것뿐만 아니라 잘못된 문장을 어떻게 고쳐야 되는지를 부기한 경우도 있다. 장유張維의 「월사집서月沙集序」에 대한 평評[93]이 그 후자에 해당된다 하겠다. 이에 관해 좀 더 살펴보면, 안석경이 글의 문맥과 관련하여 얼마만큼 고심을 했는지를 알 수 있다. 이 평評에서는 첫 단락의 결점을 지적하였다. 작자의 의도는 다음과 같다. 구양수歐陽修의 '궁자이후공窮者而後工'이라는 언명 이후로 모든 문사들이 구실로

92 張維의 글에 대한 評만 보더라도, 「送李尙古日本序」의 評에서는 "貪用陳言, 故是東人之大疵."라고 했고, 「杜詩諺解序」의 評에서는 "簡穩可喜, 中藏小疵."라고 했고, 「蜃樓記」의 評에서는 "此固寓言而不免爲疵."라고 하였다.

93 安錫儆, 「霅谷文抄」, 『霅橋藝學錄』. "「月沙集序」【評】. 首段有疵. 盖旣曰, 雕虫寒苦之徒, 爭姸醜於一言半辭, 則是窮而後乃工也. 而繼之鴻公哲匠大鳴一世者, 其人與才, 豈囿於窮達之域而格其拙巧哉! 是不言所以不囿於窮達之域之故, 則達者之不待窮苦, 專一而能工於文者, 以何道也? 此文當言鴻公哲匠大鳴一世者, 由其天資之卓越, 不待窮苦, 專一而後工也. 顧黑昧其辭如此, 此其所以爲也."

삼는데, 이러한 경우는 잗다란 것에 고심하면서 창작을 하는 이들이 일언반구와 같은 자잘한 것으로 미추美醜를 다투는 상황에서는 적용시킬 수 있는 것이다. 하지만 작품의 주인공인 이정귀李廷龜처럼 훌륭한 거장으로서 문단을 주름잡아 온 세상에 크게 울리는 경우는 그 인물과 재주를 현실적인 상황인 곤궁困窮과 현달顯達의 잣대로 그 공졸工拙을 따질 수 없다는 것이다.[94] 얼핏 보면, 별다른 이론 없이 이해될 수 있는 내용이다. 게다가 작자인 장유는 과작課作인 「시능궁인변詩能窮人辯」에서 이에 대해 명징하게 논의를 폈던 적이 있다.[95] 곧, '시가 사람을 궁하게 만든다'라는 언명을 토대로 하늘이 사람에게 부여한 궁달窮達과 인간사에서의 궁달窮達의 의미를 구분하여, 궁달窮達의 기준은 결국 하늘의 입장에서 이해되어야 한다고 주장했다. 이를 통해 볼 때, 작자가 궁달窮達의 함의를 운용함에 각별히 신경을 쓰고 있음을 알 수 있다. 그럼에도 불구하고, 안석경은 이에 대한 결점을 지적하고 있다. 즉, 궁달窮達의 영역으로 한정해서 그 인물됨과 재주를 평가해서는 안 되는 이유가 분명하지 않다는 것이다. 안석경의 논리는 현실적으로 곤궁해진 후에야 시문이 공교로워지는 경우도 있지만, 아울러 현달한 자로서 과거의 곤궁과는 상관없이 개인의 전심 노력으로 시문이 공교로워지는 경우가 있기 때문에 궁달窮達이라는 이분법으로 평가해서는 안 된다는 것이다. 그래서 장유의 문장을 "鴻公哲匠冠冕詞壇, 彰其色而黼黻青黃, 協其聲而笙簧金

94 張維, 「月沙先生集序」, 『谿谷先生集』 권7. "自歐陽氏論文章有窮而後工之語, 操觚家多稱引爲口實. 夫雕蟲寒苦之徒, 風呻雨喟, 啴呀飛走, 爭姸醜於一言半辭者. 以是率之猶可也. 乃若鴻公哲匠冠冕詞壇, 彰其色而黼黻青黃, 協其聲而笙簧金石, 以大鳴一世者. 此其人與才, 豈囿於窮達之域而格其巧拙哉!"

95 張維, 「詩能窮人辯 課作」, 『谿谷集』 권3. "古人以窮者多工詩, 工詩者多窮, 乃曰, '詩能窮人.' 余獨以爲不然. 夫天之所以窮達人者, 與人異趣. 達於人者, 未必達於天, 則人之所窮者, 安知非天之所達乎? ……(중략)…… 故曰, '窮於道德之謂窮, 通於道德之謂通.'"

石, 以大鳴一世者, 由其天資之卓越, 不待窮苦, 專一而後工也. 此其人與才, 豈囿於窮達之域而格其巧拙哉!" 라고 직접 고치기까지 하였다. '홍공철장관면사단鴻公哲匠冠冕詞壇'과 '대명일세大鳴一世'라는 표현을 빌어 이미 장유는 현달한 자로서 시문에 능한 경우를 은연중에 말했지만, 안석경은 이를 못마땅하게 여겨서 결점으로 꼬집어가면서 문장마저 고쳐버린 것이다. 이처럼 문맥의 완결성에 대한 안석경의 꼼꼼함은 유종원柳宗元의 「우계시서愚溪詩序」의 평評에서도 보인다. 심지어 여기서는 유종원의 의도가 이러했을 것이라고 인정하면서도 어세語勢 맥락의 문제만큼은 양보하지 않는 모습을 보이고 있다.[96] 한편, 안석경은 장유를 비평하면서, 다음과 같이 언급하였다.

> 비록 스스로 심사숙고하였다고 하지만 선배들은 다음과 같이 말하였다. "계곡의 문장은 붓을 놀리면 이내 문장이 완성되어 교정[點改]하는 법이 없었으니, 이는 그의 재주가 남달랐기 때문이다. 그러나 그는 뛰어난 재주를 자부하였고, 또한 소국에 있으면서도 당시의 중국 문헌을 살펴보지 않아 겁이 없었다. 그러므로 문장을 쓸 때 정력을 다 쏟지 않아서 대충대충 글을 완성하니, 글에는 疵句가 있고, 구에는 玷字가 있게 되었으니, 문장의 좋은 법도로 삼기에는 많이 부족하다."[97]

장유는 특출난 재주로 인해 문장을 일필휘지하는 것으로 유명하였다.

96 安錫儆, 「柳文摘解」, 『雪橋藝學錄』. "愚溪詩序. ……(중략)…… 此上段下段, 牴牾, 不免爲疵. 抑柳氏之意, 則以水之奇者, 謂與莫利於世者異. 且謂以余故辱以愚者, 與然則雖辱而愚之可也, 語勢有脈理. 然猶不可謂非瘕. 若欲改之, 則當改上段所云者, 而後可也."

97 安錫儆, 「谿谷文抄」, 『雪橋藝學錄』. "谿谷之文. 雖自謂沈湛其思. 然先輩傳之云, '谿谷之爲文也, 肆筆卽成, 無所點改, 蓋其才有大過人者耳. 然其負其才高, 又在小國, 不見强對當時中華文獻, 亦無可畏者. 故臨文不肯悉其精力, 每草草成章, 章有疵句, 句有玷字, 其爲大雅之累, 多矣.'"

하지만 안석경은 바로 이러한 부분에서 놓치게 되는 결점을 지적하였다. 꼼꼼히 되짚어 보고 때로는 과감히 수정을 가하는 점개點改에 정력을 쏟지 않았기 때문에 자구의 운용에 있어 미진할 수밖에 없다고 한 것이다. 이렇듯 안석경은 명문으로 꼽히는 당송고문은 물론이고, 우리나라의 명문에 대해서도 그 득실을 엄정하게 비평을 가하였다.

3) 장르로 살펴 본 산문 비평과 산문 창작

『삽교예학록』 소재 「아동삼가문초비평我東三家文抄批評」[98]에서의 산문 비평 양상을 작가별 산문 장르로 구분하여 살펴보자.[99]

작가 / 장르	李穡	崔岦	張維	합계
序跋類	「益齋亂藁序」, 「禪覺眞堂詩序」, 「判三司事崔瑩畵像贊並序」	「僧景晶詩卷序」, 「狼子山圖序」, 「韓景洪書帖序」, 「山水屛序」, 「訂玉峯孤竹二稿合刻之議不是小序」	「揚馬賦抄序」, 「賀申公慶壽詩序」, 「四吾堂詩序」, 「德水張氏家乘序」, 「玄軒申相國壽序」, 「簡易堂文集序」, 「梧陰集序」, 「杜詩諺解序」, 「芝川集序」, 「雲谷詩稿序」, 「陰符經解序」, 「芝峯集序」, 「漫筆自序」, 「月沙集序」	22편

98 「我東三家文抄批評」은 安重觀이 편찬한 『我東三家文抄』에 실린 문장을 安錫儆이 편장법에 맞추어 비평을 한 것이다. 윤지훈, 「悔窩 안중관의 문학론에 대한 연구」, 『漢文學報』 15, 우리한문학회, 2006, 335면 참고.

99 『我東三家文抄』가 본래 안중관이 선별한 작품이므로 안석경의 감식안이 반영되었다고 할 수는 없다. 그러나 「我東三家文抄批評」에는 제목 아래에 '評'을 써서 실제 비평을 가하지 않고, 목록만 제시한 경우도 있다. 李穡 작품 9편과 崔岦 작품 6편의 제목만 제시하고 있다. 이는 『我東三家文抄』 소재 작품을 다시 안석경이 선별했다고 볼 수 있으며, 『삽교예학록』과 마찬가지로 「我東三家文抄批評」 역시 안석경의 비평관의 일단을 보여준다고 할 수 있는 것이다.

雜記類	「此君樓記」, 「西京風月樓記」, 「葵軒記」, 「菊澗記」, 「南陽府望海樓記」, 「寂菴記」	「高山九曲潭記」	「蜃樓記」, 「夜明亭記」, 「海莊精舍記」, 「族菴記」, 「神明舍記」, 「潛窩記」, 「春雨堂記」, 「南漢城記」	15편
贈序類	「伏上人序」, 「隱溪林上人序」, 「詵上人序」	「留別朴秀才序」	「送鄭守夢湖西序」, 「送李尙古日本序」, 「送鄭紫元關西帥幕序」, 「東岳李公觀察岺北序」, 「送吳肅羽海西序」, 「送家弟紳關西序」	10편
奏議類		「丁酉封事」, 「咨李提督帖」, 「帖李提督」, 「咨謝劉負外黃裳」, 「咨回琉球國」	「請完封典奏本」, 「袁軍門帖」, 「遠接使辭免箚」, 「起復拜相辭免第三疏」	9편
哀祭類		「祭金左相文」	「祭白沙李公文」	2편
碑誌類		「高麗南密副墓表」, 「權元帥幸州碑」		2편
論辨類			「化堂說」	1편
諷諭類			「寓言」	1편
합계	12편	15편	35편	62편

『삽교예학록雪橋藝學錄』, 「아동삼가문초비평我東三家文抄批評」 소재 우리나라 산문 비평, 작가별 산문 장르 분류표

이 표를 통해서 우리나라 산문 작품에 대해 실제로 비평을 가한 산문의 장르가 서발류序跋類, 잡기류雜記類, 증서류贈序類, 주의류奏議類, 애제류哀祭類, 비지류碑誌類 순으로 배열됨을 알 수 있다. 비단 우리나라 산문뿐만 아니라 선별한 당송고문의 장르 양상 역시 이와 비슷하다.[100]

100 『雪橋藝學錄』 소재 당송시대 산문 비평을 역시 산문 장르별로 나열하면 다음과 같다. 韓愈(27편) : 贈序類(7편), 論辨類(7편), 碑誌類(6편) 등 ; 柳宗元(11편) : 雜記類(5편) 등 ; 歐陽修(37편) : 雜記類(11편), 碑誌類(9편), 論辨類(7편), 序跋類(5편) 등 ; 蘇洵(6편)

한편, 『삽교집霅橋集』(『한국문집총간』 233, 규장각본) 소재 산문 중에서 서발류序跋類, 잡기류雜記類, 증서류贈序類 작품은 다음과 같다.

序跋類(23편) : 「遠遊篇序」, 「萍翁遺稿序」, 「趙君光楫字序」, 「師古策記序」, 「雉嶽大乘菴詩序」, 「字權秀士序」, 「順興安氏族譜序」, 「先祖文成公晦軒先生實記序」, 「從祖兄泰甫先生八十七歲壽序」, 「壽遲齋金先生序」, 「壽外舅同敦寧潘南朴公八十三歲序」, 「壽謙菴李先生七十歲序」, 「霅橋漫錄序」, 「桂塘遺藁序」, 「叔父蓑隱先生詩稿序」, 「義田宅圖說序」, 「書姜翊周戰國策抄後」, 「書季華手寫孫武書後」, 「書朴思伯所藏李白詩後」, 「書阮籍詠懷詩後」, 「題李東常所書李白詩卷後」, 「書管子後」, 「書閔文忠公奏議後」

雜記類(26편) : 「擬作梅岡園記」, 「赤嵒書堂記」, 「瑪川精舍記」, 「敢川書屋記」, 「訥齋記」, 「擬修皇明北伐檄文記」, 「足乎堂記」, 「夢中到燕記」, 「記林白湖語」, 「南漢山城西將臺無忘樓記」, 「熙政堂宋文正先生獨對記」, 「龍村記」, 「笑庵記」, 「長厚堂記」, 「萬石亭記」, 「三淸堂記」, 「洗谷幽居記」, 「三山縣倉重建記」, 「滄洲精舍記」, 「樂生軒記」, 「安昌七柳軒記」, 「樂隱菴記」, 「檜軒記」, 「宗海堂記」, 「獨笑堂記」, 「晩悟堂記」

贈序類(5편) : 「送朴仲明序」, 「贈申仲諧序」, 「送默者序」, 「送金上舍南徙樂安序」, 「送安士固之海州序」

서발류序跋類 작품 중에서 「원유편서遠遊篇序」는 기실 『원유편遠遊篇』이라는 시권詩卷의 서문이지만, 내용을 보면 원유遠遊를 떠나는 이를 보내면서 지었을 법한 증서류贈序類처럼 보인다. 원유遠遊를 통한 성취와 이에 따르는 권면의 내용까지 전별에 임하는 이의 마음을 고스란히

: 論辨類(2편), 書信類(2편) 등 ; 蘇軾(22편) : 序跋類(5편), 雜記類(5편), 論辨類(4편), 碑誌類(3편) 등 ; 蘇轍(3편) : 贈序類(3편), 序跋類(1편) ; 王安石(3편) : 序跋類(1편), 雜記類(1편), 奏議類(1편) ; 曾鞏(7편) : 雜記類(4편), 序跋類(2편), 哀祭類(1편)

담고 있는 것이다. 더욱이 이 작품은 안석경의 비평 의식이 창작에 수용되었음을 알 수 있는 자료이므로 다음 장에서 자세히 살펴보기로 하자. 이 외에 「삽교만록서雪橋漫錄序」와 「계당유고서桂塘遺藁序」는 그 형식이 시종 대화체로 이루어져있는 특색을 볼 수 있고, 「사고책기서師古策記序」는 몇 개의 강령綱領으로 문장이 잘 직조되어 있는 작품이라 할 수 있다.[101]

잡기류雜記類 작품 중에서 「족호당기足乎堂記」는 '족호足乎'라는 당호堂號로 인해 글이 희작戱作의 성격을 지니면서, 이 글은 안석경의 편장자구 운용을 비교적 잘 보여주고 있다. 「소암기笑庵記」는 "웃음에 과연 도道가 있는가?[笑亦有道乎?]"라는 의문에서 시작하여 전편에 걸쳐 웃음에 대한 의론을 펼치고 있는데, 한유韓愈의 원체原體 산문을 상기시킨다. 이와 비슷한 주제의식이 담긴 작품이 「독소당기獨笑堂記」이다. 자연 속에 은거하며 지내는 독소옹獨笑翁이라는 인물과의 대화체 형식으로, 세속을 벗어났기 때문에 영위할 수 있는 선인仙人의 웃음을 그려내고 있다. 웃음에 대해 이처럼 다양한 논의를 펼친 예는 찾아보기 힘들다. 한편, 안석경의 잡기류雜記類를 형식의 측면에서 살펴보면 그 특징이 보이는데, 파제破題가 전편에 걸쳐 잘 변주되고 있다는 점, 대화체 형식을 주로 사용했다는 점, 자구의 운용이 간엄簡嚴하면서도 활법活法을 적절하게 사용하고 있다는 점이 그것이다. 이들 잡기류 작품 중에서 파제를 이용하여 구성요소 간의 관계 설정에 주목하고, 또한 그 자구 운용에 있어서도 특장을 보이는 「족호당기足乎堂記」에 대해 다음 장에서 고찰

101 '人道之學'을 위시한 몇 개의 綱領을 설정하고, 이를 설명하는 과정 속에서 자연스럽게 맥락이 드러나도록 각 구성요소를 조직하였다. 윤지훈, 「18世紀 農巖系 文人의 文學論과 批評에 관한 硏究 – 雪橋 安錫儆을 중심으로 –」, 성균관대학교 박사학위논문, 2007, 123~126면 참조.

해 보겠다.

4) 산문 비평 방법을 운용한 창작의 실제

(1) 종지宗旨와 강령綱領의 구성

김학진金鶴鎭은 『삽교집』 서문에서, 안석경의 산문에 대해 "규모가 굉활하고 골격이 통창하며, (수사에 있어서) 출입과 개합의 변화가 가늠할 수 없다.[規橅宏濶, 骨骼開張, 出入開闔, 變化莫測.]"라고 평하였는데, 이는 그의 산문이 수사의 측면에서 탁월한 성과를 보이고 있음을 지적한 말이다. 이런 수사적 성취를 고찰해보는 일환으로 우선 『삽교집』 소재 서발류 산문 중에서 「원유편서遠遊篇序」를 대상으로 글의 종지宗旨와 강령綱領을 어떻게 구성했는가와 주객主客의 수사법을 활용한 부분을 살펴보겠다. 논의의 편의를 위해서 원문을 단락→절→조목로 세분해보면[102] 다음과 같다. 1, 2 등이 단락이 되고, 2-1, 2-2 등이 절이 되며, '//'를 기준으로 조목이 나뉜다. 아울러, '[ ]'는 이 글의 종지宗旨가 되는 부분을 표시한 것이고, '____'은 강령綱領이 되는 부분을 표시한 것이다.

[원문]

1 東陽申君敬志士也, 而才氣翩翩, 高視一世, 能潛心經典, 將學聖賢. // 其讀書之餘, 發之詠歌者, 皆穎然秀發, 有遠擧之勢. 其稿若干冊, 名之曰遠遊篇, 要余爲之序. 嗚呼! 是亦可以見其志也.

2-1 古者丈夫生, 而桑弧蓬矢, 以射四方, 則爲之願者, 固已在遠矣.

102 안석경은 글 한 편을 편장 단위로 구분할 때, 段(혹은 大節)→節→條 순으로 나누었다. 그러나 때로는 段을 거치지 않고 節→條 순으로 구분하기도 하였는데, 韓愈의 「進學解」를 세 개의 節과 여러 개의 條로 분석하고 있다.

及其入學也, 歌宵雅之三, 則鹿鳴之賓, 皇華之使, 四牡之勞, 爲之期者, 又在於遠矣. // 生而爲之願也, 學而爲之期也, 旣皆如是, 則丈夫之志, 欲無遠焉, 其可得乎?

2-2 盖天之所覆也, 地之所載也, 莫非丈夫之所有事也. // 或佐天子巡諸侯, 運用九州, 和撫萬方, 聲明文物, 焜熿四遐. 或將王師, 南征北伐, 剪剔戎蠻, 掃灑天下, 白旆彤弓, 萬里肅然, 冠盖僊僊. 使於四方, 禮容可觀, 言辭有光, 興文寢武, 天下忻合. 將以我之明, 明天下之昏, 以我之正, 正天下之邪. 天下之責, 在我一心, 則文無所不可施矣, 武無所不可加矣. 門庭五岳, 溝渠四海, 而提車策馬, 無所不可遊矣. // 今君敬之志於遠遊也, 必將居於三者矣, 不亦偉哉?

2-3 嗚呼! 牛溲馬穢, 充滿華夏, 四海之內, 五岳之間, 旣無足以玉帛羔鴈, 揖讓進退者. 而眞帝不作, 英雄縮手, 未有能開除日月, 洗濯山河者, 則雖使稷・契而在, 方召復起, 亦將閉門窮谷, 潔身守死耳. 然則遠遊之志, 君敬於三者之事, 恐亦無一之可遂矣.

2-4 雖然, 朝鮮以小邦僻遠, 而獨存冠帶, 尙有先王之風. 今上以英謨毅烈, 而用數千里人物. 或者慨然以天下之恥爲恥, 而赫然有征, 煥然有施, 則禮樂征伐, 其自朝鮮出, 而行於天下乎! // 此實王國需才之日, 而人士用才之時也, 使君敬而果才也, 則雖以龍旗鐵馬, 爲王前驅, 蹴踏遼薊, 馳騖秦壟可也. 雖以玄冕赤舃, 左右聖人, 冠帶天下, 煥若三代可也. 雖以輶軒四牡, 周遊四海, 廣其仁義, 萬國和寧可也.

3 君敬之遊, 可以遠矣, 可以成其志矣, 獨未知君敬之才, 果可以足君敬之遠志乎? // 願君敬加勉於學, 厚養其才, 早有以自明, 而可大於明人之昏也, 早有以自正, 而可廣於正人之邪也. 以應天下之事, 而以盡丈夫之職也, 以達天下之遊, 而以滿丈夫之志也. 嗚呼, 其勉之哉![103]

103 安錫儆, 『雪橋集』 권4, 473~474면.

[번역문]

1 東陽 申君敬은 원대한 뜻을 품은 선비로, 才氣가 뛰어나고 시대를 넘보면서 經典에 잠심하여 聖賢을 배우려 하였다. // 그가 독서하면서 짬짬이 마음에서 발하여 시로 읊은 것은 모두 훌륭한데, 자못 멀리 떠나려는 기세가 있었다. 그것들을 약간의 책으로 묶어 '遠遊篇'이라 이름을 짓고 나에게 序文을 부탁하였다. 아! 이 또한 그의 원대한 뜻을 볼 수 있는 것이리라.

2-1 옛날 대장부가 태어나 뽕나무로 만든 활과 쑥대로 만든 살을 천지 사방에 쏘려고 한 것은 그 희망하는 바가 진실로 멀리 가는 데에 있었던 것이다. 학문에 들어갈 때는『詩經』「小雅」 세 편을 노래하였으니, 그것은 「鹿鳴」의 빈객, 「皇皇者華」의 사신, 「四牡」의 수고로움으로 그 기대하는 바 또한 멀리 가는 데에 있었다. // 태어나서 희망하는 것과 학문하면서 기대하는 것은 모두 이와 같으니, 대장부의 뜻을 멀리가지 않고서 얻을 수 있겠는가?

2-2 대개 하늘이 덮고 땅이 싣고 있는 것은 모두 대장부의 일이 될 수 있다. // 때로는 천자가 제후국을 순행하는 것을 보좌하여 九州를 운용하고 萬方을 어루만지며 文物을 환히 드러내어 사방을 빛나게 한다. 때로는 왕의 군대를 지휘하여 남북으로 정벌하여 오랑캐를 척결하고 천하를 쓸어내어 白旆와 彤弓의 위용으로 만리까지 숙연해지고 화려한 수레가 날쌔다. 사방에 禮容을 세우고, 言辭는 빛이 나 文을 홍성시키고 武는 억눌러 천하가 기뻐한다. 때로는 자신의 밝음으로 천하의 어두움을 밝히고, 자신의 바름으로 천하의 사악함을 바로잡는다. 천하에 대한 소임이 제 마음속에 있어 文으로 펼칠 수 없는 것이 없고 武로 보탤 수 없는 것이 없다. 집의 뜰이나 五岳, 도랑이나 四海든 거마를 타고 나아가 노닐 수 없는 것이 없다. // 지금 君敬의 뜻이 遠遊에 있어 반드시 이 세 가지를 이룰 것이니, 또한 위대하지 않겠는가?

2-3 아! 소 오줌과 말똥이 중국에 그득하고 四海의 안과 五岳의 사이

에는 이미 玉帛이나 羔雁 같은 후한 예물로 대우하고 등용할 자가 없다. 眞帝는 나타나지 않고 英雄은 숨어 있어 日月을 품고 山河를 씻어 내는 자가 없으니, 비록 稷·契와 方召 같은 훌륭한 賢臣을 되살려도 또한 窮谷에서 두문불출하면서 죽을 때까지 자신을 정결히 할 뿐이다. 그러하니 遠遊의 뜻으로 君敬이 세 가지 일에 대해 또한 하나라도 이루지 못할까 걱정된다.

2-4 비록 그러하나 우리나라는 작은 변방의 국가이지만 유독 옛 문화를 보존하며 先王의 유풍이 남아있다. 지금 임금께서 英謨와 毅烈로 수천리의 인물을 등용하고 있다. 혹 개연히 천하의 부끄러움을 자신의 부끄러움으로 여겨 말끔히 정벌하고 환히 펼쳐낸다면 예악과 정벌이 우리나라로부터 나와 천하에 행해질 것이리라! // 이는 실로 국가가 인재를 뽑는 때요, 인사가 재주를 쓰는 때이니, 君敬이 그 재주를 쓰게 한다면 龍旗와 鐵馬의 위용으로 왕을 위해 앞서 달려 나아가 遼薊 땅을 디디고 옛 秦 땅을 치달리는 것도 가할 것이다. 玄冕과 赤舃의 밝음으로 성인을 보좌하고 천하를 교화하여 밝기가 三代와 같아지는 것도 가할 것이다. 소박한 수레를 몰아 四海를 주유하면서 仁義를 펼치고 만국이 편안해지는 것도 가할 것이다.

3 君敬의 노님은 멀리 이를 것이고 그 뜻을 이룰 수 있을 것이지만, 君敬의 재주가 과연 그의 원대한 뜻을 채울 수 있을 지 의문이다. // 원컨대, 君敬은 학문에 더욱 매진하여 그 재주를 두둑이 길러, 먼저 자신의 밝음이 있어서 남의 어두움을 밝히는 것을 크게 할 것이고, 먼저 자신을 다잡음이 있어서 남의 사악함을 바로잡는 것을 넓힐 것이다. 천하의 일에 응대하여 대장부의 소임을 다하고, 천하의 노님을 통하여 대장부의 뜻을 채울 것이다. 아, 힘쓸지어다!

안석경은 동양東陽 신군경申君敬[104]이 지은 『원유편遠遊篇』에 대해 서문을 써 주면서, 신군경이 원대한 뜻을 품은[志士]라는 것과 시권詩卷

의 주제가 '원유遠遊'임을 감안하여 글을 지었다. 이는 '원유遠遊', '장부지지丈夫之志', '군경지원지君敬之遠志' 등의 표현을 통해 쉽게 이해할 수 있다.

이 글은 위에서 보는 바와 같이 내용상 세 단락으로 나눌 수 있다. [1] 단락은 안석경이 서문을 쓰게 된 경위를 밝히는 내용인데, 신군경의 풍모를 서술하면서 자연스럽게 '원유遠遊'를 이끌어내고 있다.

[2] 단락은 안석경이 가장 공력을 들인 부분인데, 네 개의 절로 나눌 수 있다. [2]-1은 옛날 대장부가 태어나서 희망하는 것과 학문하면서 기대하는 것이 모두 '원유遠遊'였음을 말하였다. [2]-2는 이러한 대장부의 '원유遠遊'를 세 가지의 경우로 나누어 설명하고 있다. 첫 번째는 천자를 보좌하여 천하에 교화를 펼치는 것이고, 두 번째는 남북으로 정벌하여 오랑캐를 척결하여 무武를 억누르고 문文을 흥성시키는 것이고, 세 번째는 일신의 현명함으로 천하를 밝히는 것으로 천하의 소임을 제 마음속에 담아 자유롭게 노니는 것이다. [2]-3은 [2] 단락 내에서 그 문세文勢[105]가 전환되는 부분으로, '원유遠遊'의 장소가 피폐해진 청나라일 경우 앞서의 세 가지 일 어느 하나라도 이룰 수 없음을 경계하고, [2]-4에서는 그 '원유遠遊'가 옛 문화와 선왕의 유풍을 간직한 우리나라일 경우에는 세 가지 일을 모두 이룰 수 있음을 말하였다.

[3] 단락은 마지막 단락으로 학문에 더욱 매진하여 그 재주를 두둑이 길러 천하의 일에 응대하여 대장부의 소임을 다하고, 천하의 노님을 통

104 申君敬이라는 인물에 대해서는 정확히 알 수 없다. 다만 안석경이 지은 「祭申君敬墓文」을 통해서 이들이 옛날에 함께 수학한 사이였음을 알 수 있다.

105 안석경은 문맥을 언급할 때, 語勢·筆勢·文勢 등을 사용하였다. 語勢는 자구 단위에서의 기세 변화를, 文勢는 자구 단위보다는 큰 기세의 변화를 지적할 때 사용한다. 다만 筆勢는 語勢와 文勢에 다 사용되고 있다. 정우봉, 「『삽교예학록』의 산문 수사학 연구(『한국한문학연구』 32, 한국한문학회, 2003)」 참조.

하여 대장부의 뜻을 채우기를 권면하고 있다.

이제는 안석경이 작품을 지을 때에, 어떻게 편장자구를 직조했는가 살펴보기로 하자.

안석경은 그의 산문 비평에서 보이는 바, 종지宗旨와 강령綱領을 먼저 세웠을 것이다. 안석경은 산문 비평에서 종지宗旨를 거론할 때, 주제의식이 담긴 단어를 지적하거나 그 문장 전체를 가리켰다. 한유韓愈「사설師說」의 종지宗旨를 '전도傳道', '수업授業', '해혹解惑'의 주요 단어로 보았으며, 「송이원귀반곡서送李愿歸盤谷序」에서는 "사람들이 대장부라고 일컫는 것을 나는 알고 있다.[人之稱大丈夫者, 我知之矣.]"라는 문장 전체를 종지宗旨로 삼고 있다. 그러므로 단어와 문장일 경우를 나누어 보면, 이 글에서 안석경은 '원유遠遊'라는 단어와 "원컨대, 군경君敬은 학문에 더욱 매진하여 그 재주를 두둑이 기르기를 바란다.[願君敬加勉於學, 厚養其才.]"라는 문장을 이 전체의 종지宗旨로 삼았을 것이다. 그런 다음 문장의 기본 뼈대가 되는 강령綱領을 세웠을 것이다. 이 글에서의 강령綱領은 두 조목이 된다. 첫 번째는 종지宗旨가 있는 "願君敬加勉於學" 이하 조목이고, 두 번째는 "지금 군경君敬의 뜻이 원유遠遊에 있어[今君敬之志於遠遊也]" 이하 조목이다. 한편, 이 두 조목은 이 글에서 주객主客으로 파악될 수 있다. 안석경의 산문 비평에서 보이는 주객主客의 용법은 등장하는 여러 인물을 주객主客으로 파악할 경우도 있고, 중심이 되는 내용들을 주객主客으로 파악할 경우도 있다. 전자는 구양수歐陽修의 「석비연시집서釋秘演詩集序」에 대한 비평에서, 후자는 한유韓愈의 「진학해進學解」에 대한 비평에서 보인다.[106] 이 글에서 안석경은 "願君敬加勉於學" 이하

106 「釋秘演詩集序」의 비평에서 "曼卿의 시와 詩囊을 열어 좋은 시를 얻은 것(歐陽修)은 客이 되고, 秘演의 작품은 主가 된다. ……(중략)…… 서문을 써 준 것(歐陽修)과 만경

조목을 주主로 삼았고, "今君敬之志於遠遊也" 이하 조목을 객客으로 삼았다. 즉, ① 단락부터 ② 단락까지의 내용인 '원유遠遊'를 통해 이룰 수 있는 훌륭한 세 가지 공적은, 작자가 말하고자 하는 주요 내용인 신군경으로 하여금 학문에 더욱 매진하도록 해서 자신의 명철함과 올바름으로 대장부의 원대한 뜻을 다할 수 있도록 하는 권면의 뜻을 부각시키고 돋보이기 위해 동원된 구체적 서술이라 할 수 있다.

(2) 구성요소 간의 관계 설정과 자구 운용

다음에 인용한 글은 안석경의 잡기류雜記類 산문 중에서 「족호당기足乎堂記」이다. 이 글은 구성요소 간의 관계 설정과 자구 운용에 있어서 탁월한 성취를 이루었다고 할 수 있는데, 각각의 편장자구 요소들을 매우 고심하여 배치했음을 알 수 있다.

단락, 절, 조목 구분	구성 요소간 관계
① 天足乎生, 地足乎成, 而使人足乎治其生成. // 天足乎氣, 地足乎形, 而使人足乎養其形氣.	
② 自治則道足乎己, 治人則道足乎人, 治物則道足乎物. // 自養則物足乎己, 養人則物足乎人, 養物則物足乎物.	①을 부연
③-1 仁也義也禮也智也信也, 足乎一心, // 靜而中也, 足乎天地, // 動而和也, 足乎父子, 足乎君臣, 足乎夫婦, 足乎長幼, 足乎朋友, 足乎化人, 足乎處物. 內足乎家, 外足乎鄕, 足乎國, 足乎天下.	
③-2 事君之忠, 足乎人臣, 事父之孝, 足乎人子. 帥婦之正, 足乎人	③-1의 세 번째

은 客이 되고, 비연이 또 主가 된다.(曼卿之詩, 胠其囊得其可喜者, 客也, 秘演之作則主也. ……(중략)…… 敍詩者, 與曼卿爲客, 秘演又爲主.)"라고 하였고, 「進學解」의 비평에서 "학업과 덕행이 主가 되고, 담당관의 총명함과 공정함은 客이 된다.(業與行爲主, 司之明公爲客.)"라고 하였다. 「釋秘演詩集序」의 主客法은 정우봉, 「한문수사학 연구의 한 방법 - 주객법의 이론과 그 활용을 중심으로 -」, 『어문논집』 49, 민족어문학회, 2004, 75~76면에 상술되어 있음.

夫. // 動植之宜, 足乎動植, 材器之用, 足乎材器.	조목을 부연
[3]-3 飮也食也衣服也, 足乎所在, 文繡粱肉, 足乎富貴, 布帛穀果, 足乎平常, 審木揀草, 精爲衣食, 足乎貧寠, 飮日月噏霞露, 呑玄黃氣, 足乎乏絶, 燕蟄龜吸, 足乎拘幽.	
[3]-4 其在家也, 歲輒謀月輒計, 日輒度時輒省, 足乎奉親. // 廉以主之, 勤以聚之, 謹以蓄之, 節以用之, 足乎兄弟妻子, 足乎宗族賓旅隣里, 足乎奴隷, 足乎流丐, 足乎牛馬鷄犬.	[3]-1의 세 번째 조목을 부연
[3]-5 其在國也, 王府御廚, 深思精察, 足乎供君, // 薄於稅斂, 防其耗漏, 絶其煩費, 愼於好賜, 豐於常祿, 足乎百官, 足乎府史胥徒. // 因居而與之宅, 因耕而與之錢, 因蚕而爲之節, 因畜而爲之制, 山澤有禁而勿暴, 關市有譏而勿厄, 足乎商賈, 足乎工虞, 足乎農民. 破除佛老, 贍給學校, 足乎正學之士.	[3]-1의 세 번째 조목을 부연
[3]-6 至於物也, 遂其方長, 損其太盛, 順其時和, 暢其土潤, 足乎鳥獸蟲魚, 足乎百穀草木.	[3]-1의 세 번째 조목을 부연
[4]-1 盖天之命於人以治生成養形氣者, 各足乎人人, 初豈有一人不得足乎哉? // 顧衆人徇物則失之, 君子徇道則全之. 嗚呼! 可不愼歟?	[1]과 조응
[4]-2 君子本於自治而及於治人治物, 厚於養人養物而薄於自養. 旣足乎自治, 而所本則立矣, 寧患不足乎治人與物也歟? // 且求足乎養人與物, 而所讓者多矣, 寧知不足乎自養也歟? // 衆人急於治人治物而怠於自治, 過於自養而忽於養人養物. 旣不足乎自治, 而患無以推及矣, 尙有可足乎治人與物者歟? // 且求過足乎自養, 而患無以厭蒲矣, 尙有可足乎養人與物者歟?	[2]와 조응
[4]-3 孔子曰, "君子坦蕩蕩, 小人長戚戚." 夫篤於自治而易足乎徇道, 輕於自養而易足乎須物. 此君子之所以無不足乎己而坦蕩蕩者也. // 畧於自治而難足乎須道, 濫於自養而難足乎徇物. 此衆人之所以每不足乎己而長戚戚者也.	[4]-2를 부연
[4]-4 噫! 君子之所求者, 求天下之足乎生成之治・形氣之養耳, 未嘗求一己之樂, 而樂則自足乎己. // 衆人則乖生成之治, 悖形氣之養, 而所求者求一己之樂耳, 樂實不足乎己. 此其理可謂足乎警人者矣.	[4] 단락을 종합하여 총결함
[5] 近歲余嘗再讀書於南德高山, 再值李君一惟甫同寺讀誦, 與之談笑甚熟也. 一惟端士可愛, 嘗以足乎名其堂. 盖取韓子所謂足乎己無待於外者.[107] 又求余文而記之, 余欲辭之而不能也. 一惟已賢於衆人, 而其學也足乎將爲君子. // 故余爲記君子之足乎治・足乎養・足乎天所使者勉之, 記衆人之不足乎治・不足乎養・不足乎天所使者戒之, 抑未知一惟甫以爲是足乎.[108]	

107 韓愈, 「原道」. "博愛之謂仁, 行而宜之之謂義, 由是而之焉之謂道, 足乎己無待於外

단락, 절, 조목 구분(번역)	구성 요소간 관계
1 하늘은 만들어내면 충분하고 땅은 완성시키면 충분하며, 사람으로 하여금 그 生成을 다스리는 데에 충분토록 한다. // 한편, 하늘은 기운이면 충분하고 땅은 형상이면 충분하며, 사람으로 하여금 그 形氣를 기르는 데에 충분토록 한다.	
2 자신을 다스림은 道가 자신에게 충분한 것이고, 남을 다스림은 道가 남에게 충분한 것이고, 사물을 다스림은 道가 사물에 충분한 것이다. // 한편, 자신을 기르는 것은 사물이 자신에게 충분한 것이고, 남을 기르는 것은 사물이 남에게 충분한 것이고, 사물을 기르는 것은 사물이 사물에게 충분한 것이다.	1을 부연
3-1 仁義禮智信은 一心에 충분한 것이고, // 고요하면서 합치되는 것은 天地에 충분한 것이고, // 움직이면서 조화로운 것은 父子·君臣·夫婦·長幼·朋友를 비롯하여 남을 교화시키거나 사물에 처하는 데에 충분한 것이다. 안으로는 가정에 충분하고, 밖으로는 마을, 나라, 나아가 천하에 충분한 것이다.	
3-2 임금을 섬기는 충정은 신하에게 충분한 것이고, 부모를 섬기는 효도는 자식에게 충분한 것이고, 아내를 잘 이끄는 올바름은 남편에게 충분한 것이다. 동식물의 마땅함은 동식물에 충분한 것이고, 재료의 쓰임은 재료에 충분한 것이다.	3-1의 세 번째 조목을 부연
3-3 음식과 의복은 살아가는 데에 충분한 것이고, 화려한 옷가지와 좋은 고기는 부귀에 충분한 것이고, 베·비단·곡식·과실 등은 일상에 충분한 것이고, 나무껍질과 풀 따위로 의식을 해결하는 것은 가난한 삶에 충분한 것이고, 공기를 마시고 이슬을 머금으며 자연의 기운을 삼키는 것은 굶주리는 데에 충분한 것이고, 제비가 숨고 거북이가 숨 쉬는 것은 깊이 은거하는 데에 충분한 것이다.	
3-4 가정에 있어서는, 年月과 日時 단위로 계획하고 살피는 것은 부모를 봉양하는 데에 충분한 것이고, // 검소하게 주관하고 부지런히 모으고 엄하게 기르고 절도에 맞게 쓰는 것은 각각 형제·처자에게 충분하고 종족·빈객·향리에게 충분하고 노복에게 충분하고 걸인에게 충분하고 가축에게 충분한 것들이다.	3-1의 세 번째 조목을 부연
3-5 국가에 있어서는, 왕실의 재산을 심사숙고하여 살피는 것은 임금을 모시는 데에 충분한 것이고, // 세금을 줄이고 모자람에 대비하고 낭비를 줄이고 하사를 신중히 하고 봉록을 넉넉하게 하는 것은 백관들과 하급 관리에게 충분한 것이다. 거주에 따라 집을 주고 경작의 소출에 따라 돈을 주고 잠식하는 것을 막고 비축하는 것을 제어하고 산택에 금령을 내려 해가 없게 하고 시장을 감찰하여 문제를 만들지 않는 것은 각각 상인, 공인, 농민에게 충분한 것이다. 老佛을 없애고 학교를 증설하는 것은 유학의 선비에게 충분한 것이다.	3-1의 세 번째 조목을 부연

[3]-6 사물에 있어서는, 성장을 돕고 비대함을 덜며 시기에 알맞게 따르고 토질을 윤택하게 하는 것은 온갖 동식물에 충분한 것이다.	[3]-1의 세 번째 조목을 부연
[4]-1 대개 하늘이 사람에게 명하여 生成을 다스리고 形氣를 기르게 한 것은 각기 사람마다 충분한 것으로, 처음부터 어찌 한 사람이라도 충분치 못하게 했겠는가? // 그런데 일반인은 사물을 좇아 잃게 되고 군자는 道를 좇아 온전하게 된다. 아! 신중하지 않을 수 있겠는가?	[1]과 조응
[4]-2 군자는 자신을 다스리는 것을 근본으로 하여 남과 사물을 다스리는 데에 미치고, 남과 사물을 기르는 것을 후하게 하여 자신을 기르는 것을 박하게 한다. 이미 자신을 다스림에 충분하여 그 근본이 서있는데, 어찌 남과 사물을 다스리는 것이 부족하다고 걱정하겠는가? // 또한 남과 사물을 기르는 것에 충분하여 양보함이 많은데, 어찌 자신을 기르는 것이 부족함을 알겠는가? // 일반인은 남과 사물을 다스리는 데에 급급하여 자신의 다스림은 태만하고, 자신을 기르는 것에는 지나쳐서 남과 사물을 기르는 것에는 소홀하다. 이미 자신을 다스림에 부족하여 추급할 게 없음을 걱정하는데 남과 사물을 다스리는 데에 충분할 것이 있겠는가? // 또한 자신을 기르는 데에 지나쳐서 보탤 게 없음을 걱정하는데 남과 사물을 기르는 데에 충분한 것이 있겠는가?	[2]와 조응
[4]-3 공자는 "군자는 평탄하여 여유가 있고, 소인은 늘 걱정스러워 한다."라고 하였다. 자신을 다스림에 돈독하면 道를 좇는 것에 충분하기 쉽고, 자신을 기르는 것을 소홀히 하면 사물을 따르는 것에 충분하기 쉽다. 이것이 군자가 자신에게 부족함이 없어 평탄하면서 여유가 있게 된 이유이다. // 자신을 다스림에 소략하면 道를 따름에 충분하기 어렵고 자신을 기르는 것에 지나치면 사물을 따름에 충분하기 어렵게 된다. 이것인 일반인이 항상 자신에게 부족하여 늘 걱정하게 되는 이유이다.	[4]-2를 부연
[4]-4 아! 군자의 구함은 천하가 生成의 다스림과 形氣의 기름에 충분함을 구할 뿐, 자신의 즐거움을 구한 적이 없으나 그 즐거움은 절로 자신에게 충분한 것이다. // 일반인은 生成의 다스림을 어그러뜨리고 形氣의 기름을 망치니, 구하는 것은 자신의 즐거움일 뿐이고, 그 즐거움은 실제로는 자신에게 부족한 것이다. 이러한 이치는 남을 경계시키는 데에 충분하다고 말할 만하다.	[4] 단락을 종합하여 총결함
[5] 근래에 나는 남쪽 德高山에서 독서를 하였는데, 같은 산사에서 독송을 하던 李一惟를 만나 그와 함께 담소를 나무면서 매우 친해졌다. 이일유는 썩 방정한 선비였는데, '足乎'라는 당의 이름을 지었다. 아마 韓愈의 이른바 자신에게 충분하게 하여 밖으로 기대함이 없다는 것에서 가져온 것이리라. 또 내게 그 記文을 부탁하였는데, 나는 사양하려 했으나 어쩔 수가 없었다. 일유는 일반인보다 현명하고 그 학문은 장차 군자가 되기에 충분하였다. // 그러므로 나는 군자가 다스림과 기름과 하늘이 시키는 바에 충분하게 하는 것을 기록하여 그를 면려하고, 일반인이 다스림과 기름과 하늘이 시키는 바에 부족하게 되는 것을 기록하여 그를 권계하는데, 일유도 '足乎'를 이렇게 생각하는지는 모르겠다.	

이 글은 이일유李一惟가 거처하는 '족호당足乎堂'에 대한 기문記文이다. 이 글의 종지宗旨는 [1] 단락이고, [2] 단락과 [3]-1, [4]-4 절이 이 글의 강령綱領이 된다. 종지宗旨인 [1] 단락을 반복하면서도 함의를 다양하게 변주하는 방식으로 문장을 전개해 나갔다. 이는 안석경이 한유韓愈의 「사설師說」을 전도傳道·수업授業·해혹解惑이라는 종지宗旨가 반복되면서 전절轉折[反覆轉摺]하여 한 편의 글이 된 것[109]을 참고하여 자신의 글에 적용했다고 볼 수도 있다. 이 글은 크게 5단락으로 나뉘고, [3] 단락과 [4] 단락은 다시 여러 개의 절로 구분된다.

앞서 언급했듯이, 안석경은 해체한 단락들에 대해 설명을 할 경우, '신설伸說~', '번설緐說~'과 같은 방식으로 어떤 내용을 부연 설명했는가를 선명하게 밝히는 한편, '결지結之', '총언摠言'과 같은 방식으로 어떤 내용을 결론짓고 있는가를 밝히는 작업을 하였다. 한편, 안석경은 각각의 단락, 절, 조목 구성 요소간의 상호 관계를 조응照應으로 파악하였다. 조응照應의 문제는 앞 문장과 뒷 문장이 상호 연관을 이루게 하는 방법으로 앞뒤로 바로 연결되는 단락간의 연결이 아니라, 서로 떨어져 있는 단락간의 연결이다. 앞 단락에서 암시하고 뒤에서 호응을 하는 방법인 것이다. 이와 관련된 안석경의 비평은 거개가 전후 내용상의 조응照應 문제였다.[110] 이러한 제 문제를 단락들을 설명해가며 살펴보겠다.

[1] 단락은 이 글의 종지宗旨이다. 하늘, 땅, 인간이 각기 충분할 수 있는 조건을 제시하는데, 결국 인간은 하늘과 땅의 생성生成과 형기形氣를

之謂德."

108 安錫儆, 『雪橋集』 권4, 497~498면.

109 安錫儆, 『雪橋藝學錄』, 「韓文摘解」. "「師說」. 傳道·授業·解惑, 爲一篇宗旨, 反覆轉摺, 以成篇."

110 照應, 脈絡 등에 관한 자세한 설명은 정우봉, 「『삽교예학록』에 나타난 한시비평론」, 『한문교육연구』 18, 한국한문교육학회, 2002, 69~72면 참조.

잘「[illegible]」 [illegible] 중에서 안석경의 산문 비평 의 [illegible] 「[illegible]」 [illegible] 「[illegible]」 [illegible]

3-1 절은 '인의예지신仁義禮智信', '고요하면서 합치됨[靜而中]', '움직이면서 조화로움[動而和]'으로 논의를 이끌어 나가다가 3-1 절 세 번째 조목에서는 가정, 마을, 나라, 천하에 이르기까지 범위를 확충하여 다음 단락과의 연결고리를 마련하고 있다. 그래서 이후 3-2, 3-4, 3-5, 3-6절을 통해 부연설명하고 있다. 그런데 3-3 절의 내용은 앞뒤 절의 맥락과는 다소 어긋나고 있다. 이는 아마 4개의 절로 순차적으로 부연하고 있는 문세文勢에 변화를 주기 위해서이다.

4-1 절은 1 단락과 조응하고 있는데, 종지宗旨를 다시 환기시키면서 일반인과 군자의 차이를 설명하고 있다. 이와 같은 전후 조응은 작품의 맥락이 분명해지고 작품 내의 각 내용들이 하나의 구심점을 향해 모일 수 있게 하는 바, 앞에서 서술된 내용을 더욱 긴밀하게 할 수 있는 것이다.[111] 이러한 효과를 배가시키기 위해 4-2 절을 2 단락과 조응시키고 있다. 4-3 절은 다시 앞의 4-2 절을 부연하였으며, 4-4 절은 4 단락 전체를 종합하여 총결을 맺고 있다.

5 단락은 파제破題 부분으로 기문記文을 쓰게 된 경위와 글의 주인공에 대해 소개를 하고 있다.

111 정우봉, 「『삽교예학록』에 나타난 한시비평론」, 『한문교육연구』 18, 한국한문교육학회, 2002, 70면 참조.

서 알 수 있듯이 그가 '옛 성인들이 심心을 명덕明德이라 한 것'에 대해 변론한 것이다. 인간의 마음이란 가장 순정純正하고 존귀한 것이므로 이를 잘 보존해야 한다는 것이 글의 주제이자 핵심이다. 문장의 첫 구절인 "天之予人者, 豈偶然哉, 天有生矣, 地有成矣, 其生也須有理焉."을 강령으로 삼아 이를 반복하면서도 함의를 다양하게 변주하는 방식으로 문장을 전개해 나갔다. 이 역시 한유韓愈 「사설師說」에서의 종지宗旨와 전절轉折의 수사법을 참고한 것이라 볼 수 있다. 이 글은 크게 4단락으로 나뉘고, 각 단락은 여러 개의 절과 조목으로 구분된다. 「족호당기足乎堂記」처럼 구성요소 간의 관계 설정에 주목하여 이 글을 분석해 보면 다음과 같다. 1단락의 1조목은 리理의 관점에서 본 명덕明德을, 2조목은 기氣의 관점에서 본 명덕明德을 서술하고 있다. 2단락과 3단락은 각각 리理와 기氣의 작용을 기술하고 있는데, 2단락은 1단락의 1조목과 호응이 되고, 3단락은 1단락의 2조목과 호응된다. 4단락은 글을 끝맺는 단락으로 1조목은 2단락의 내용을 맺은 것이고, 2조목은 3단락을 요약한 것이며, 3조목은 2조목을 부연한 것이고, 4조목은 1조목을 부연함과 동시에 전편을 총결하고 있다. 따라서 강령과 맥락을 중심으로 편장구성이 잘 이루어져 있음을 확인할 수 있다.

다음으로 자구의 운용을 살펴보자. 안석경은 한유韓愈의 「진학해進學解」의 수사적 측면을 말하면서, 어세語勢가 들쑥날쑥하여 고고高古하다고 지적하였다. 이는 "詰匠氏不以杙爲楹"에 대구를 맞추어 "譬醫師之不以豨苓引年"이라고 지어야 되는데, "譬醫師以陽引年, 欲進其豨苓也."라고 지었기 때문에 자구의 운용에 탁월하다고 한 것이다. 안석경은 자구 운용에 있어서 어세語勢를 변화시키는 참치參差와 교착交錯에 주목한 것이다. 참치參差는 길고 짧은 구를 배열하거나 혹은 상하구의 자수字數

를 증감시켜 고의로 정제된 구식句式에 변화를 주는 것이고, 교착交錯은 두세 개씩 짝을 이루는 구형句型을 뒤섞는 것이다.[112] 이 글에서 보여주는 자구의 운용은 이것을 모두 구사하고 있다. 글 자체가 희작戲作의 성격이 강한 만큼 자구를 자유자재로 쓰고 있다. 전편에 걸쳐 사용되고 있기 때문에 몇 단락만 예를 들겠다.

[1] 天足乎生(4), 地足乎成(4), 而使人足乎治其生成(9). // 天足乎氣(4), 地足乎形(4), 而使人足乎養其形氣(9).

[2] 自治則道足乎己(7), 治人則道足乎人(7), 治物則道足乎物(7). // 自養則物足乎己(7), 養人則物足乎人(7), 養物則物足乎物(7).

[3] 仁也義也禮也智也信也(10), 足乎一心(4), // 靜而中也(4), 足乎天地(4), // 動而和也(4), 足乎父子(4), 足乎君臣(4), 足乎夫婦(4), 足乎長幼(4), 足乎朋友(4), 足乎化人(4), 足乎處物(4). 內足乎家(4), 外足乎鄕(4), 足乎國(3), 足乎天下(4).

참치參差의 예로 [1] 단락의 4·4·9의 배열을 들 수 있으며, 교착交錯의 예로는 [1] 단락의 4·4·9 + 4·4·9의 배열이 [2] 단락에 와서는 7·7·7 + 7·7·7로 변화되고, 심지어 [3] 단락에서는 단락 내에서 10·4 + 4·4 + 4·4·4·4·4·4·3·4로 배열되고 있음을 볼 수 있다. 이러한 어세語勢의 전환은 비교적 긴 호흡의 구문에서도 확인이 된다. 「세곡유거기洗谷幽居記」에서 어세語勢가 변화하는 부분만을 인용하면 다음과 같다.

① 華夏不可久輸於沙漠(9), 衣冠不可久掩於氈裘(9), // 彜倫不可久

112 정우봉, 「『삽교예학록』에 나타난 한시비평론」, 『한문교육연구』 18, 한국한문교육학회, 2002, 78면 참조.

壞於冒沒輕儳(11), 禮樂不可久散於馳蹂射獵(11).

② 心之先則天之所與而光靈無穢(13), 穢之者物慾也(6). // 天下之先則羲堯之所治而淸明無穢(15), 穢之者陰醜也(6).

③ 天之與仁義而爲和平四海之具, 湛如止水, 赫如日月者, 惜其爲物慾之所穢. 故責夫士通理持敬而洗之. // 昊羲堯舜之叙彜倫興禮樂而布法制, 煥乎經天而緯地者, 痛其爲陰醜之所穢. 故責夫士相君行道而洗之.

①은 9·9의 배열이 11·11의 배열로 전환되고, ②는 13·6의 배열이 15·6의 배열로 변화되는 것을 보여준다. ③은 긴 호흡의 문장 앞부분 구식句式에 변화를 준 것이다. "天之與仁義而爲和平四海之具"→"昊羲堯舜之叙彜倫興禮樂而布法制"는 '이而'를 기준으로 글자 수를 달리 했고, "湛如止水, 赫如日月者"→"煥乎經天而緯地者"는 글자 수는 같지만 어법을 바꾸어 호흡을 달리 한 것이다.

이상으로 자구 단위에서의 기세 변화인 어세語勢를 참치參差와 교착交錯에 주목하여 살펴보았다. 이러한 고찰은 편장자구의 운용 측면에서 최소 단위라 할 수 있는 자구의 수사에까지 고심했던 안석경의 작법 태도를 엿볼 수 있는 것이라 할 수 있다. 한편, 이외에도 어세語勢·문세文勢의 변화 측면에서 간과할 수 없는 작품으로 「소암기笑庵記」와 「독소당기獨笑堂記」를 꼽을 수 있는데, 이들 작품이 위에서 살펴본 「족호당기足乎堂記」와 변별되는 점은 자구 단위보다 큰 기세의 변화인 문세文勢의 측면에서 특장을 보인다는 것이다. 하지만 문세文勢의 운용은 그 변화의 폭이 넓기 때문에 명료하게 지적하여 특징을 밝히기에는 용이하지 않은 것이 사실이다. 그래서 자구 단위의 수사에 집중한 안석경의 실례로 문세文勢보다는 어세語勢의 변화에 집중한 작품을 분석 대상으로 삼았음을 밝혀둔다.

5) 소결

주지하다시피, 삽교 안석경은 조선 후기 한문산문 비평사에서 그 양과 질의 측면에서 각광을 받아왔다. 부친인 안중관으로부터 계승된 비평의식은 안석경 집안의 가학家學으로 인정될 만큼 녹록치 않은 성과를 보여주었다. 안석경 이전에 이루어졌던 김창협의 『농암잡지』, 김창흡의 『만록』, 이의현의 『운양만록』·『도협총설』 등 일련의 시문 비평 저작들은 안중관 부자가 이룩한 풍부한 비평 자료의 자양분이 되었으며, 안석경은 이러한 분위기 속에서 자연스럽게 자신의 작법 태도에까지 비평의식을 관철시켰을 것이다.

이 글은 이와 같은 전제에서 출발, 한 인물의 문학에 대한 주도면밀한 비평 행위가 그의 실제 문학 창작에 어떻게 작용되는가에 대해 고찰하였다. 우선, 안석경의 산문 비평의 태도를 살펴보았다. 시문에 있어서의 명맥命脈[문맥의 문제], 지향指向[입론의 문제], 승묵繩墨·포치布置·전접轉摺·관쇄關鎖[구성의 문제], 기정奇正·변화變化[기세 변화의 문제] 등에 특히 주목하였는데, 그 중에서도 편장자구 구성의 문제에서는 명문으로 꼽히는 당송고문은 물론이고, 우리나라의 명문에 대해서도 그 득실을 엄정하게 비평을 가하기도 하였다.

다음으로, 산문 비평 양상을 작가별 산문 장르로 도식화하여 그 집중도를 분석하고, 아울러 안석경이 저술한 산문 장르와의 비교를 시도하였다. 비록 양적인 단순비교에 그치는 한계가 있지만, 이를 통해 안석경이 꼼꼼하게 비평 작업을 가한 산문 장르의 분포가 실제 창작의 그것과 결코 무관하지 않음을 알게 되었다.

마지막으로, 산문 비평 방법이 안석경의 실제 작품 창작에 어떻게 운용되었는지를 분석해 보았다. 『삽교집』 소재 서발류 산문 중에서 「원유편서遠遊篇序」를 대상으로 글의 종지宗旨와 강령綱領을 어떻게 구성했는가와 주객主客의 수사법을 활용한 부분을 살펴보았다. 구체적으로 안석경이 한유韓愈의 「사설師說」·「송이원귀반곡서送李愿歸盤谷序」에 대해 논했던 종지宗旨와 강령綱領 분석 방법과 한유의 「석비연시집서釋秘演詩集序」에서 주목했던 주객법主客法을 토대로 창작 시에 어떻게 적용했는지를 구명하였다. 또한, 『삽교집』 소재 잡기류 산문 중에서 「족호당기足乎堂記」를 대상으로 구성요소 간의 관계 설정과 자구 운용을 살펴보았다. 역시 안석경이 한유의 「진학해進學解」을 분석한 방법론을 토대로 단락간의 관계 설정과 조응照應 문제를 분석하고, 편장자구의 운용에 있어서 특장을 보인 자구의 측면에서 면밀히 고찰하였다.

이상과 같이 안석경이라는 인물의 문학 비평 행위를 전제로, 이를 통한 실제 문학 작품 창작으로의 적용 가능성을 일면 시도해 보았다. 기실, 비평 행위와 실제 창작 사이의 문제는 그 양자의 연관 양상이 뚜렷할 수도 있지만 거개가 포착되지 않는 것이 사실이다. 하지만 이러한 연유에도 불구하고, 이 글에서 주목한 안석경이라는 인물의 비평 행위와 실제 창작에 있어서는 그 양자의 수수관계의 일단을 살펴볼 수 있었다. 왜냐하면 안석경은 한 산문 작품을 분석함에 있어서 대체로 주제파악을 기본으로 삼아 그 편장의 구분, 편장의 배치, 자구의 운용, 자구의 안배 등 비교적 일관된 비평 의식을 보이고 있었고, 그가 이런 의식을 토대로 실제 산문을 창작하면서 몇몇 수사학적 기법들이 명료하게 드러나고 있었기 때문이다. 본고에서 선험적으로 고찰한 작품들은 연구자의 주관이 반영된 대표성에 기인하고 있어 안석경을 위시한 비평과 창작의 공시성과 통시성을 배제하였다는 한계를 벗어날 수 없을 것이다. 그러므로 향후 거시적인 안목에서 안석격의 면모를 보다 폭 넓고 객관적인 시각으로 접근하여 한문산문 수사학 및 고문 창작, 이 양자를 효과적이고 적실하게 접목시킨 방법론이 제고되기를 기대하는 바이다.

제3부

한문산문의 창작과 장르적 글쓰기

1. 택당澤堂 이식李植의 서발류序跋類 · 증서류贈序類 산문

1) 서론

조선중기에 활동했던 택당澤堂 이식李植(1584~1647, 宣祖17~仁祖25)은 당대에 뿐만 아니라 후대에 이르기까지 문장가로서 정평이 났다. 그가 살았던 16세기 후반에서 17세기 전반기는 문학사적으로 명대明代 전후 칠자前後七子의 수용 속에서 산문 창작에 있어 그 전범의 설정을 둘러싼 다기한 논의가 제출되었다. 달리 말해 산문이론 자체로 보았을 때, 이 시기에 이르면 문학론이 시론詩論과 산문론散文論의 본격적인 분화가 이루어졌다고 할 수 있다.[1] 이와 관련한 연구는 이식을 비롯한 이 시기의 주요한 문인 지식인이었던 유몽인柳夢寅(1559~1623), 이수광李睟光(1563~1628), 이정귀李廷龜(1564~1635), 신흠申欽(1566~1628), 허균許筠(1569~1618), 장유張維(1587~1638) 등을 통해 구명되어 왔다. 아울러, 각각의 문학 이론을 토대로 한 실제 작품의 구현 양상에 대한 연구도 진행

1 정우봉, 「조선 후기 산문이론의 전개와 그 성격(I)」, 『한국문학연구』 창간호, 고려대 민족문화연구원 한국문학연구소, 2000.

되고 있는 실정이다. 이식에 대한 초기 연구는 이정구・신흠・장유・이식을 '사대가四大家'라는 명칭으로 묶여서 논의된[2] 이래로 한문사대가를 한데 묶어서 각각의 변별되는 특징을 밝히는 데에 집중을 하였다.[3] 이러한 연구 성과는 시문론詩文論에 있어서의 한 작가에 대한 좌표점을 확인케 해주었다. 이를 토대로 개별 작가의 문학세계에 대한 연구의 필요성이 대두되었다. 이식의 문학에 대한 본격적이고, 전반적인 연구로는 이한우에 의해 이루어졌다.[4] 이 논문은 이식의 생애와 사상을 비롯하여 시문론詩文論을 재정리하는 한편, 전반적인 시문의 세계에 대해서도 조망하였지만 거론된 작품의 수가 제한적이라는 한계를 지니고 있다. 예를 들어, 산문에 있어서 『여한십가문초麗韓十家文鈔』에 수록된 여섯 작품만을 대상으로 하였다. 이식의 한시에 대한 연구는 주로 시론이나 주제별 분류 측면에 주목하였다.[5] 또한 『찬주두시택풍당비해纂註杜詩澤風堂批解』에 대한 연구 성과[6]도 이루어져 이식의 시 세계에 대한 연구 업적은 비교적 많이 축적되었다. 한편, 산문에 대한 기존의 연구로는 조선중기 고문사古文史의 맥락에서 바라본 이식의 고문론에 대한 연구와 이러한 이식의 문학관을 토대로 개별 작품에 대한 분석을 시도한 연구[7]를 들

2 김태준, 『조선한문학사』, 한성도서주식회사, 1931) ; 조윤제, 『한국문학사』, 탐구당, 1948.

3 우응순, 「조선중기 사대가의 문학론 연구」, 고려대학교 박사학위논문, 1992 ; 박영호, 「택당의 학문의 태도와 문론의 성격」, 『한국학논집』 제15집, 한양대학교 한국학연구소, 1992.

4 이한우, 「택당 이식 문학 연구」, 대구대학교 박사학위논문, 1996.

5 최태림, 「택당 이식의 시세계」, 단국대학교 석사학위논문, 1989 ; 이한우, 「택당 이식 문학 연구」, 대구대학교 박사학위논문, 1996 ; 최태림, 「택당 시에 대한 비평 – 시화총림에 나타난 택당 시 논의를 중심으로 –」, 『한국사상과 문화』 제2집, 한국사상문화학회, 1998 ; 김덕수, 「택당 이식의 시세계」, 『한국한시연구』 제11집, 한국한시학회, 2003..

6 안대회, 「조선시대의 두보시 주석 – 이식의 『찬주두시택풍당비해』를 중심으로 –」, 『한국한시의 분석과 시각』, 연세대학교 출판부, 2000 ; 김덕수, 「『찬주두시택풍당비해』 소고」, 『한국한시연구』 제10집, 한국한시학회, 2002.

수 있다.

이 글에서는 기존의 이식에 대한 여러 연구 업적에 힘을 입되, 그가 남긴 서발류序跋類와 증서류贈序類 제 작품을 살펴보고자 한다. 왜냐하면 이 시기의 문학이라는 것은 관각문을 제외하면 증시·화답시, 서발류, 증서류 산문이 중요한 위치를 차지하기 때문이다. 즉 교유를 중심으로 한 문학 활동이 더욱 의미가 있던 시기였던 것이다.[8]

서발류序跋類는 경사자집經史子集, 유총類叢 따위의 간행 경위를 밝히는 글이고, 증서류贈序類는 이별에 임하여 증언贈言하는 말이다. 서발류는 때에 따라 타자에 대한 술회나 작자의 문학론을 함께 펼치는 경우도 있으며, 증서류도 의론, 서정, 서사를 뒤섞어 쓰기도 한다. 한마디로 서발류나 증서류 모두 의론, 서사, 서정을 넘나드는 자유로운 장르라고 할 수 있다. 『택당집』에는 서발류가 39편이 전하고, 증서류는 11편[9]이 전한

7 박영호, 「택당의 학문의 태도와 문론의 성격」, 『한국학논집』 제15집, 한양대학교 한국학연구소, 1989 ; 강명관, 「택당 이식 산문비평의 재검토」, 『한문학보』 제8집, 우리한문학회, 2003 ; 최태림, 「택당 이식의 「독서남루기」 분석」, 『한국사상과 문화』 제19집, 한국사상문화학회, 2003 ; 이한우, 「택당 이식 고문 연구」, 『한국사상과 문화』 제24집, 한국사상문화학회, 2004.

8 심경호, 「17세기 초반 지성사의 한 단면: 지천 최명길과 상촌·월사·계곡·택당」, 한국한문학회 2001년도 하계 학술대회, 2001.

9 『澤堂原集』 권9에 실린 서발류와 증서류 – 서발류: 「沈生安世遺稿序」, 「楊江泛月唱和詩錄後序」, 「題東宮兩禮陪從院僚契會圖序」, 「宣傳官題名錄序」, 「羅夢賚家藏書帖序」, 「十淸先生遺稿序」, 「頤菴集後敍」, 「谿谷張公陰符經註解序」, 「纂修廳題名錄序」, 「重修考事撮要後序」, 「煙村崔先生家傳詩文錄後敍」, 「村隱劉希慶詩集小引」, 「題銀臺秋興圖」, 「題兵器都監契會圖」, 「八谷集跋」, 「芝峯集跋」, 「諺解家禮跋」, 「題東陽尉申公東遊詩卷後」, 「仇十洲女俠圖跋」, 「題崔縣宰歷代圖」, 「鏡軒詩稿跋」, 「金景徵東槎詩稿後序」, 「五峯李相國遺稿後題」, 「支離子贊後跋」 ; 증서류: 「送沈德用移居善山序」, 「送材赴會試序」, 「贈鍾英上人序」, 「送奏請謝恩副使吳公渡海朝京序」, 「送聖節兼冬至使全公航海朝燕序」, 「送靑雲君赴原州牧小序」, 「送權生尙遠小序」, 「送閔方伯士尙按關西序」, 「送羅夢賚赴安東府使序」, 「送洪元老出按關西序」, 「送

다. 서발류는 타인의 시문집에 붙인 서발,[10] 자신의 저서에 붙인 자서自序,[11] 공용문에 붙인 서문,[12] 화첩에 쓴 글,[13] 타인이 유력한 연행록이나 유기에 붙인 서문[14] 등 다양하게 수록되어 있다. 증서류는 폄직되어 지방으로 부임하는 지우를 전송하는 글[15] 외에도 명나라와 일본에 사신가는 이를 전송하는 글,[16] 평소 교유하던 스님을 전송하는 글,[17] 과거에 응시하러 가는 친척을 전송하는 글[18]까지 그 대상과 성격이 다양하다.

2) 서발류序跋類: 결구結構의 정밀精密과 서정抒情의 회술述懷

다음에 인용한 글은 1633년 이식의 나이 50세 때, 중종中宗의 사위였던 송인宋寅이 남긴 시문집에 증손인 송희업宋熙業의 간청에 의해 써준 서문이다. 이 작품은 이식의 고문론과 문학관을 살피는 데에 자주 인용

金學士使日本序」, 「送蔡司書赴北幕引」
『澤堂別集』, 권5에 실린 서발류와 증서류 - 서발류: 「劉生枕流臺詩卷後序」, 「曺觀甫詩稿序」, 「澤堂叢玩序」, 「家禮剩解序」, 「草塘集序」, 「陳北溪字義後序」, 「玄洲遺稿序」, 「谿谷集序」, 「隋煬南幸圖後敍」, 「性理大全抄跋」, 「裵博士家藏書簇跋」, 「李留守松都雜記後跋」, 「東岳集跋」, 「字訓書跋」, 「天命圖說跋」, 「澤堂叢玩跋」, 「金鶴峯海槎錄跋」, 「疑禮問解跋」, 「書紳兒北行日記後」; 증서류: 「書贈李直夫按察赴嶺南小引」

10 「沈生安世遺稿序」, 「頤菴集後敍」, 「八谷集跋」, 「芝峯集跋」, 「玄洲遺稿序」, 「谿谷集序」 등.

11 「澤堂叢玩跋」, 「澤堂叢玩序」.

12 「宣傳官題名錄序」, 「纂修廳題名錄序」 등.

13 「羅夢賚家藏畫帖序」, 「題東宮兩禮陪從院僚契會圖序」, 「仇十洲女俠圖跋」 등.

14 「李留守松都雜記後跋」, 「金鶴峯海槎錄跋」 등.

15 「送沈德用移居善山序」, 「送青雲君赴原州牧小序」 등.

16 「送奏請謝恩副使吳公渡海朝京序」, 「送聖節兼冬至使全公航海朝燕序」, 「送金學士使日本序」 등.

17 「送材赴會試序」

18 「贈鍾英上人序」

되고 있어 이식의 문학 연구에 있어 빠지지 않는 자료이다. 물론, 특정 개인의 문집에 붙인 서발로서 지니는 일차적인 효용은 문집의 간행 경위를 기록하는 것이지만 작자마다 그 형식이나 내용이 다르기 마련이다. 때로는 작자의 의론이 강조되기도 하고, 간행 경위에 관한 기사가 주를 이루기도 하며, 문집의 저자에 대한 작자의 서정이 무게를 차지하기도 하는 것이다.[19] 본 연구자가 이식의 제 서발 작품 중에서 「이암집후서頤菴集後敍」를 대표적으로 뽑은 것은 그의 고문관에 대한 확실한 의론의 전개 요인 이외에도 글 속에서의 단락 사이의 구성이 뛰어나기 때문이다. 또한 그가 쓴 여러 시문집에 붙인 서발문 중 문학론을 비롯한 의론성이 강한 글이 대체적으로 이 글과 비슷한 내용과 형식을 취하고 있으며, 저자의 시문집에 대한 소개라는 서발문의 성격에 가장 적합한 편장을 구성한 작자의 세심함이 보이기 때문이다. 서발류는 고문에 관한 논의를 전개하면서, 평론의 대상이 되는 시문을 고문의 정맥에 맞다고 고평高評해 주는 일이 많다. 의리의 문을 고문의 정맥으로 본 이식도 서발류에서 자신의 문학론을 피력하였는데, 그 가운데 이 작품은 『좌전』·『국어』·『사기』·『한서』를 모방하는 의고파와 인의도덕을 근본으로 하는 도학자를 대립시켜 양자를 극복 지양하는 위치에 진정한 고문을 두었다. 전문을 소개하면 다음과 같다.

> ① 세상에서 文藝에 대해 이야기할 때면 으레 말하기를, "문장은 옛것을 본받아야 한다."고 하는데, 그 옛것이라고 하는 것이 무엇이냐고 물어보면, 『左傳』, 『國語』 그리고 班固, 司馬遷이 쓴 책이라고 대답하곤 한다. 이에

19 張維 역시 송인의 문집에 이식과 비슷한 분량의 서문을 썼는데, 이식이 송인의 문학적 성취를 위주로 하고 부마로서의 그의 검속함은 양적으로 덜 피력했다면, 장유는 철저하게 부마로서의 송인의 인품을 추켜세웠다. 분량으로 2/3를 차지할 만큼이며, 그의 문학적 성취에 대해서는 놀랄 정도로 소략하게 소개하는 데에 그치고 있다.

이의를 제기하는 자들은 말하기를, "옛날이나 지금이나 두 가지 방도가 있는 것이 아니니, 문장은 마땅히 근본을 힘써야 한다."고 하는데, 그 근본이라고 하는 것이 무엇이냐고 물어보면, 仁義와 道德으로 채워져 있는 것이라고 대답하곤 한다. 나의 관점에서 살펴보건대, 인의라는 것이 그냥 수립될 수 있는 것도 아니요, 古文 역시 六經보다 더 좋은 것은 없다고 여겨진다. 따라서 학자들이 만약 제대로 『詩經』, 『書經』이나 孔子, 孟子의 학설을 배워서 터득하기만 한다면, 옛것이라고 하는 것이건 근본이라고 하는 것이건 모두가 어찌 여기서 벗어나겠는가!

② 國朝의 선배 作家들을 보면, 그 문장이 정말 대단하였다고 할 만하다. 그들의 학문은 諸子百家에서 부수적으로 취한 것도 물론 없지 않지만, 宗主로 삼은 것은 어디까지나 『詩經』, 『書經』과 孔孟의 학설에서 결코 벗어나지를 않았다. 그래서 그들의 문장에 질박하고 화려한 차이는 있어도, 正道에 맞지 않은 것은 대체로 드물었다. 그런데 近年에 들어와서는 文體가 갑자기 변하였다. 末學의 後生들이 秦漢 시대에 지어진 수십 권 정도의 문자를 조금 엿보고는, 六經의 가르침을 마치 司空城朝[司空城旦]이 보는 법령서를 보듯이 하면서 말하기를, "옛 것을 본받아 문사를 닦기보다는 도리를 잃는 것이 차라리 낫다." 하니, 아! 그 시문이 미약하고 도리를 상실하고 말았도다!

③ 작고한 礪城君 頤庵 宋先生[宋寅]은 바로 내가 말한 선배 작가들 중의 한 분이신데, 선생은 선천적으로 자질이 英秀하고, 학문 역시 醇篤하여, 비록 文藝의 세계에 노닐긴 하였어도 오로지 工巧롭게 하는 것만을 힘쓰지 않았고 그저 자신의 뜻을 표현하는 데에 그칠 따름이었다. 그가 지어낸 詩文을 보면, 明白하고 簡潔하면서 深靖하고 閑雅하였으며, 오직 義理를 이야기하고 담담하게 일을 설명할 뿐 卑俗하게 흘러가지를 않았으며, 경치를 묘사하고 가슴속의 일을 술회할 뿐 浮艶으로 빠져 들지를 않았다. 이것이 어찌 덕 있는 사람의 말이 아니며 세상을 다스리는 音이 아니겠는가! 저들처럼 남의 말을 따다가 짜깁기나 하면서 이를 기이하게 여기고, 難澁한 문자를 사용하면서 깊은 뜻이 있는 것처럼 여기는 자들과

비교해 볼 때, 과연 누가 옛것에 가깝다고 해야 할지 모르겠구나!

④ 그런데 나는 다시금 느끼는 점이 있다. 예나 지금이나 임금의 총애를 받는 사위가 되어 호화스러운 생활을 하게 되면[20] 귀한 신분을 자랑하면서 거만을 떨게 마련이다. 그래서 항상 진수성찬을 대하고 늘 逸樂을 누리는 편안한 환경 속에서, 자신을 단속하여 넘치지 못하게 할 뿐만이 아니라, 더욱이 재주와 역량을 발휘하여 스스로 이름을 낸 문무를 겸비한 杜元凱나 서화에 뛰어난 王晉卿 같은 이를 찾아 보면, 천 명이나 백 명 가운데 하나나 둘 정도밖에 되지 않는 형편이다. 그래서 이야기하는 자들은 그만한 인물이 되는 것도 어렵다고들 말하는데, 더구나 송선생처럼 성현의 학문을 마음속에 지니고 洙泗의 글을 익힌 분의 경우야 더 말해 무엇하겠는가. 선생의 淸素한 덕은 圭蓽의 縫掖[초야의 儒者]보다도 나은 점이 있고, 선생의 독실한 행동은 峨冠博帶한 齊魯의 선비들 정도뿐만이 아니었다. 和順함이 외부로 드러나 英華를 꽃 피우고, 聰明한 자질을 발산하여 才技를 보였으니, 한마디의 말이나 문자가 모두 후세에 길이 玩味하기에 충분한 것들이었다. 그러니 옛날 역사에서 찾아본다 하더라도, 선생에게 概木이라는 칭호를 붙여 칭송하는 것이 또한 옳은 일이 아니겠는가!

⑤ 선생의 遺集은 미처 간행되기도 전에 兵火를 입어 없어지고 말았다. 그런데 지금 선생의 증손인 杆城縣監 熙業이 그 중에 1질을 수습하여 바야흐로 간행하려 하면서 나에게 글을 써 달라고 요청해 왔다. 나는 선생에게 있어 인척 관계를 맺은 후예인 만큼 의리상으로 볼 때에도 감히 재주가 졸렬하다고 하여 사양할 수만은 없기에, 대략 나의 감회를 적어 이상과 같이 책 말미에 붙이는 바이다.

⑥ 아! 그 시를 읊고 그 글을 읽고서 그 사람됨을 모른다고 해서야 되겠는가? 훗날 선생의 글을 익히고 선생의 뜻을 따르려 하는 이들이 행여 나의 참람된 논을 가지고 구해 본다면, 私淑하는 데에 一助가 될지도 모르겠다. 崇禎 계유년(1633) 가을 날, 德水 후학 李植은 삼가 쓰다.[21]

20 宋寅은 中宗의 셋째 庶女인 貞順翁主에게 장가들어 礪城尉가 되고 明宗 때 여성군으로 봉해졌다.

각 단락별로 요약하자면, ① 단락은 세상에 문장을 논하는 자들이 '법고法古'와 '무본務本'을 서로 주장하는 것에 비판을 가하고, 학자들로 하여금 『시경詩經』 및 『시경書經』과 공맹孔孟의 학설을 배워서 터득하여 올바른 '법고무본法古務本'을 이루기를 당부하고 있다. ② 단락은 당대의 문풍에 대한 작자의 지적으로 국조의 선배들이 정도의 차이는 있을지언정 정도正道에는 벗어나지 않았는데, 근래의 문풍이 일변하였다고 하였다. 그 원인으로 말학의 후생들이 육경六經의 가르침을 도외시함을 들고, 결국 시문이 미약해지고 도리가 상실되었다고 개탄한다. ③ 단락은 앞서 진술했던 의론을 바탕으로 본 문집의 작자인 송인의 자질과 인품을 소개한 다음, 그가 일변해버린 당대의 문풍 속에서도 정도正道의 문장을 지었음을 칭찬한다. ④ 단락은 ③ 단락과 그 궤를 같이하는 것으로 앞 단락이 작자의 문학적 성취를 칭찬하는 것인데 비해, 이 단락은 그가

21 李植, 「頤菴集後敍」, 『澤堂原集』 권9. "世之談藝者必曰 : '文章當法古.' 問其所謂古者, 則左國班馬之書也. 有難之者曰 : '古今無二道, 文章當務本.' 問其所謂本者, 則仁義道德之實也. 以余觀之, 仁義不容虛立, 古文莫尙六經, 學者果能從事詩書孔孟之說而有得焉, 則其謂之古謂之本者, 夫豈外於此哉! 國朝前輩作者, 於文章可謂盛矣. 其爲學, 非不旁採百氏, 顧所宗主者, 不出乎詩書孔孟之說. 故其文有質有華, 不協乎正者, 蓋鮮. 近年以來, 文體遽變. 末學後生, 稍窺秦漢數十卷文字, 則視經訓, 如司空城朝書, 其言曰 : '視古修辭, 寧失諸理.' 噫! 其文之靡而道之喪乎! 故礪城君頤菴宋先生, 卽吾所謂前輩作者之一也, 先生天資英秀, 學問醇篤, 雖遊於詞藝, 而不專用工, 聊以寓意而已. 其听出詩文, 明白簡潔, 深靖閑雅, 談理鋪事而不流於卑俗, 寫景抒懷而不騖於浮艶. 此豈非有德之言治世之音哉! 而視彼割裂以爲奇, 鉤棘以爲深者, 未知孰爲古耶? 抑余重有所感焉者. 古今禁臠之親金埒之地, 至貴倨也. 彼身處脂膏, 心安逸樂, 而不汩不淫, 特以才力自顯, 若杜元凱之文武, 王晉卿之書畫, 僅千百之一二. 而談者猶以爲難, 況如先生心聖賢之學, 習洙泗之文. 淸素之德, 有過於圭蓽縫掖, 篤實之行, 不啻如齊魯峨冠. 和順發爲英華, 聰明散爲才技, 片言隻字, 皆足爲垂世之玩者. 求諸往牒槩木之聞, 豈不亦尠哉! 先生遺集, 未及刊布而佚於兵火. 今其曾孫杆城宰熙業, 有收拾一秩, 方謀入梓, 徵序引於植. 植於先生爲通家後裔也, 義不敢以淺劣辭, 故略敍所感, 以付卷末如右. 噫! 誦其詩讀其書, 不知其人可乎? 後之欲習先生之文, 追先生之志者, 幸以余所僭論者求之, 則未必不爲私淑之一助也. 崇禎癸酉秋日, 德水後學李植謹敍."

임금의 부마로서의 훌륭한 행실을 보였음을 칭찬한 것이다. 결국 이러한 인품과 문학적 소양을 지닌 작자가 남긴 시문이야말로 후세에 길이 남길 만하다고 다시 그 가치를 인정한다. ⑤ 단락은 이 문집의 간행 경위와 작자가 서문을 부탁 받게 되는 정황을 간략히 소개한다. ⑥ 단락은 훗날 이 문집을 열람하게 될 후학들을 위한 당부의 말을 하면서 끝을 맺고 있다.

의고파는 고문이 육경에 근원을 두고 있음을 모르고, 도학자들은 그들이 말하는 '도道'가 문장을 통하여 비로소 성립함을 모른다고, 이식은 비난한다. 특히 의고파는 경전을 마치 형무관의 죄인 부역자에 관한 율령서를 보듯 멀리한다고 비판하였다. 이식은 '명백간결明白簡潔'·'심정한아深靖閑雅'한 문장을 고문의 풍격으로 보고, 송인宋寅의 시문에서 그 전형을 입증할 수 있다고 말한다. 고문론자들은 『맹자孟子』「만장萬章·하下」의 "그 시를 외우고 그 글을 읽으면서도 그 사람을 알지 못하면 되겠는가.[誦其詩, 讀其書, 不知其人可乎?]"의 연장선상에서, 시문은 작가의 덕성을 담고 있어 시문을 보면 곧 그 인물을 알 수 있다고 말한다. 그런데 의고문은 수식을 일삼기 때문에 시문을 읽어도 그 인물을 알 수 없다는 것이다. 이식도 같은 논리를 전개하여 끝을 맺고 있는 것이다.

이식은 자신의 지은 서발문을 통하여 문집 저자의 문장에 대한 품평뿐만 아니라 자신의 문학관이나 당대 문풍에 대한 의론을 자주 피력한다. 여기에 인용한 작품 외에도 기氣, 심心, 재才를 통한 시의 격조 변화를 말한 「김경징동사시고후서金景徵東槎詩稿後序」, 시의 본령에 대해 언급한 「촌은류희경시집소인村隱劉希慶詩集小引」, 당대의 문풍을 지적한 「팔곡집발八谷集跋」, 시도詩道에 빠지는 병폐를 지적한 「조관보시고서曺觀甫詩稿序」, '사달辭達'의 해석을 통해 문풍을 지적한 「현주유고서玄洲遺稿序」, 도문일치道文一致와 경서문사經書文詞의 안배를 강조한 「계곡집서

谿谷集序」 등이 있다. 그리고 이러한 입론은 대체적으로 서발문의 서두에 배치한다. 이는 서발의 장르 성격상 저자의 문학적 성취를 더욱 기리기 위한 효과적인 장치라 할 수 있겠다.

다음으로 각 단락의 유기적 구성에 대한 세심함을 살펴보겠다. 일찍이 농암農巖 김창협金昌協(1651~1708)은 이식의 글이 결구結構에 있어서 정밀精密하다고 칭찬하였다. 결구는 산문 구법 중의 편장법篇章法인데, 이식의 글이 앞 단락과 이어지는 단락 혹은 단락이 건너뛰면서 연결되는 교직交織이 매우 정선精選되고 엄밀嚴密하다는 말이다.[22] ①은 글의 서두로서 작자의 고문에 대한 의론을 전개시키고 있다. 이 단락만 절록해 놓고 보아도 이식의 고문관에 대한 완정한 논변의 글이라 할 수 있을 정도이다. 시서공맹詩書孔孟의 학습을 강조하는 고문관이라 하겠는데, 이러한 생각은 다음 ② 단락의 당대 문풍 지적에 고스란히 이어진다. ② 단락에서 국조의 선배 작가들의 문장력이 대단했던 이유로 시서공맹의 학습을 들고 있으며, 진한秦漢 시대의 문장을 연마하는 후학들이 육경을 간과하는 바람에 시문과 도리가 미약해지고 사라진다고 지적하여 작자의 고문관을 다시 강조하고 있다. ③ 단락에 드디어 실제 문집의 저자가 등장하는데, 이미 앞의 두 단락에서 올바른 고문을 학습하지 않는 당대의 문풍이라는 문제를 제기하였기 때문에 이러한 문풍에 젖지 않고 올바른 문장을 학습한 저자의 면모는 더욱 가치를 인정받게 된다.

---

22 金昌協, 「雜識・外篇」, 『農巖集』 권34. "澤堂[李植]의 글은 體段의 渾成[모아서 하나로 만듦]함이 谿谷[張維]만 같지 못하지만, 結構의 精密함은 뛰어나다. 계곡의 詞賦와 택당의 駢儷도 또한 서로 충분히 옛날에 비할 만하니, 거의 韓愈나 柳宗元과 같을 것이다. 근세 蔡湖洲[蔡裕後]가 매번 장유와 이식을 일컬어 '택당의 시는 계곡보다 뛰어나다.'고 하니, 이 또한 子厚[柳宗元]나 退之[韓愈]와 서로 닮았다.(澤堂文, 體段渾成, 不如谿谷, 而結構精密過之. 谿之詞賦, 澤之駢儷, 又足相當比之於古, 殆似韓柳. 近世蔡湖洲每稱張李云, '澤堂詩勝谿谷.' 此又與子厚退之相似.)"

④ 단락은 "그런데 나는 다시금 느끼는 바 있다.[抑余重有所感焉者]"로 시작하여 저자의 문학적 성취를 고려한 앞 단락들과 내용상 구분 짓고 있다. 이 단락은 저자의 성품이나 인품과 관련된 내용으로 임금의 부마로서 호화로운 환경에 살았을 저자가 자신을 단속하였고, 그의 덕과 행실은 모두 아정한 선비들보다 더 나았음을 기리고 있다. 하지만 저자의 인품만을 언급하는 데 그치지 않고 단락의 끝부분에서 앞서의 저자의 문학적 성취를 아울러 거론하여 저자의 시문집이 후세에 길이 남겨질 수밖에 없음을 피력하였다. ⑤ 단락은 일반적인 간행 경위와 서문을 부탁 받는 정황을 간략히 서술하여 글을 끝내려는 분위기를 자아내다가 ⑥ 단락에서 다시 "아! 그 시를 읊고 그 글을 읽고서 그 사람됨을 모른다고 해서야 되겠는가.[噫! 誦其詩讀其書, 不知其人可乎?]"라고 하여 저자의 문학적 성취는 바로 저자의 훌륭한 인품에서 기인하였음을 재차 강조하였다. 이처럼 이식은 단락과 단락 사이의 연결 고리를 계속 만들어가며 글을 써 내려갔으며, 그 사이사이에 일정 정도의 휴지기를 둔 다음 재차 연결시키는 유기적인 편장을 구사하였다.[23]

23 장유의 문집에 쓴 이식의 「谿谷集序」는 내용과 단락 구성에 있어서 「頤菴集後敍」와 매우 흡사하며, 그 단락의 유기성 또한 이 작품만큼 뛰어나다. 다음은 그 대략적인 내용이다. ① 단락은 천성적으로 문장력이 탁월하여도 성현의 의리를 학습한 후에야 명실상부한 훌륭한 문장이 되는 것을 입론하여 기이함과 화려함을 추구하는 것은 正宗이라 할 수 없다고 하였다. ② 단락은 국조에 이르러 경서의 가르침과 의리를 추숭하고, 韓蘇의 법도를 취하였으나 『左傳』, 『國語』와 馬班의 궤적을 추구하여 문풍이 일변하게 되었다고 지적하였다. 경서에 근본 하는 것과 문사에 치달리는 양면을 융합하여 한 시대의 宗匠이 되고, 立言분들에 부끄럽지 않은 이가 바로 張維라고 피력하였다. ③ 단락은 저자의 자질과 인품을 칭찬하고, 그의 학문이 경서와 제자백가에 두루 통달하여 넘치는 바 있어 그의 문장이 모두 본원에 합치된다고 하였다. 그가 문장에 있어 주장한 도리, 제재, 모범을 제시하고, 아울러 그의 시 세계 경지까지 언급하여 문학적 성취를 추켜세웠다. ④ 단락은 간략한 간행 경위와 서문 부탁의 정황을 간략히 서술하는 것으로 글을 끝맺고 있다. 문장에 대한 의론 – 당대의 문풍 지적 – 문풍 속에서 우뚝 솟은 저자의 문학적 성취 칭찬 – 저자의 인품과 학문에 기인한 시문의 품격 언급 – 간략한 간행 경위 서술

문집의 서발문은 비교적 서정성이 약한 장르라 하겠다. 앞에서 살펴보았듯이, 대부분이 간행과 관련된 서사를 기본으로 작자의 의론, 평론, 기사가 중요한 부분을 차지한다. 이식이 남긴 서발문도 마찬가지인데, 다음에 인용할 작품만이 유일하게 서정성이 잘 드러난 글이다. 1619년에 내제內弟인 심명세沈命世(1587~1632)는 동생인 심안세沈安世의 유고遺稿를 이식에게 보여주며 서문을 부탁한다. 심안세는 타고난 文才로 성품과 행실마저 모두 훌륭한 인물이었으나, 병마가 들어 19세에 요절한 인물이다. 이식은 세상을 크게 울리고 명성이 천고토록 이어질 그가 요절한 것에 대해 애석하고 비통한 어조로 서문을 지었다. 글 앞뒤의 "문장이 어찌 사람을 죽게 한단 말인가?[文章豈必能死人哉?]", "천명天命", "하늘이 수명을 빼어갔다[天又奪其齡算]"라는 말은 문안文眼으로서의 효과를 어느 정도 지닌다고 볼 수 있으며, 이식의 슬픔을 잘 표현한 말이라 할 수 있다. 다음의 인용문에서는 저자의 인품과 행실을 논한 내용, 시문을 비평한 내용, 간행 경위에 대한 내용은 생략하였다.

> 王鳳洲[王世貞]가 지은 『文章九命』에 '短折'이라는 항목이 나온다. 거기에서 그는 고금의 賢人 가운데 文才가 있으면서도 오래도록 수명을 누리지 못한 47인에 대해서 대략 서술하고 있는데, 내가 일찍이 그 글을 읽고서 悲感에 젖은 적이 있었다. 아! 그러나 문장이 어찌 꼭 사람을 죽게 만드는 것이겠는가? 하늘이 재질을 부여해 주는 것이 일정치를 않아, 천 명이나 백 명 가운데 겨우 한 사람이나 두 사람 정도밖에 뛰어난 재질을 받지 못하는데, 그런 재질을 타고 난 뒤에도 혹 수명을 제대로 누리지 못한 채 싹만 텄다가 이삭이 패지 못하는 경우도 있고 이삭은 팼어도 열매를 맺지 못하는 경우가 나오기도 한다. 그가 이 땅에 태어난 것이 중대한 의미가

로 이어지는 단락의 구성은 각 단락 사이에 작자의 문장론과 저자의 인품, 학문이라는 요소로 긴밀하게 연결되어 있다.

있는 만큼 그의 죽음이 애석하고, 그가 처음으로 지어낸 것이 큰 의의를 갖고 있기 때문에 또한 멀리 전해지게 된다. 아! 우리의 동아리라 할 沈安世가 또 불행히도 이런 경우에 해당된다고 하겠다.

군은 12세 때 어버이를 여의고, 13세 때 여러 형들에게서 經史와 諸書를 수학했으며, 14세 때 나에게 와서 科體詩를 배웠다. 학업이 일단 이루어지게 될 무렵 집안의 환란을 맞게 되었는데, 이에 다시는 과거에 응시할 생각을 갖지 않았을 뿐더러 스승을 찾아다니지도 않은 채 문을 닫고서 방 안에 들어 앉아 면벽만 하였다. 그리고는 이따금씩 혼자서 諷誦을 하며 옛 서책들을 익히면서 1년 만에 古詩 수백 편을 쏟아 내었는데, 그 시들 모두가 주머니 속의 송곳이 돌연 밖으로 삐져나온 것처럼 마치 作者의 손을 빌린 것만 같았다. 하지만 이 시들 역시 다른 사람에게는 한 글자도 보여 주지 않아, 나 혼자서 슬그머니 보고는 賞嘆해 마지않았는데, 대체로 생각할 때 아무래도 한 걸음쯤은 그에게 앞자리를 양보해야 할 시들로서 좇아가도 미칠 겨를이 없는 경지였다. 그런데 군이 느닷없이 병마에 걸리더니 1년이 지난 뒤에 끝내 죽고 말았으니, 이때 그의 나이 겨우 19세였다.

……(중략)……

아! 애석하다. 沈氏는 동방의 大族으로 일컬어지는데, 近世에 들어와서 조금씩 쇠미해지기 시작하였다. 그리하여 수년 이래로는 요망스러운 재앙이 서로 잇따라 발생하는 바람에 겨우 조정에서 몇 사람밖에는 모습을 볼 수 없는 형편이 되었으니, 그 榮枯盛衰야말로 어찌 天命이라 해야 하지 않겠는가!

그런데 가령 뛰어난 재질을 소유한 안세의 경우로 말한다면, 오직 살아 있기만을 걱정할 것이다. 비록 그가 영원히 세상의 버림을 받아 일반 서민이나 천민이 된다 할지라도, 끝내는 떨쳐 일어나 세상을 크게 울리고 말았을 것이다. 그리하여 어두우면 어두울수록 더욱 더 드러나고 꿀리면 꿀릴수록 더욱 더 펴지는 가운데, 그의 명성이 한 시대를 진동시키고 나아가 천고토록 고귀한 향기를 내뿜게 되었을 것이니, 이를 누구라서 감히 막을 수가 있었겠는가? 바로 그러한 점 때문에 하늘이 또 그의 수명을 재촉해서

> 빼어간 것이라고 여겨지기도 한다. 그리하여 조금이라도 더 죽지 않게 해서 그의 마음속에 온축된 내용들을 펼칠 수 있도록 하지 않았으니, 어쩌면 이렇게도 심하게 할 수가 있단 말인가?[24]

이식은 서두에서 과거에 고금의 현인 가운데 문재文才가 천수를 못 누리고 일찍 요절한 47인을 논한 글을 읽고서 비감悲感에 젖었다고 고백한다. 처음에는 문장이 사람을 죽일 수 있다는 것에 의아해한다. 하늘이 재질을 부여하는 것도 일정하지 않을뿐더러 그 뛰어난 재질을 타고 났어도 제대로 수명을 누리지 못한 채, 싹만 텄다가 이삭이 패지 못하는 경우도 있고, 이삭은 팼어도 열매를 맺지 못하는 경우가 있는데, 이식이 보기에 심안세는 열매를 맺지 못한 불행한 문재文才라며 애석해한다. 일찍이 이식은 심안세에게 과체시科體詩를 가르쳤는데, 그의 학업이 완숙해질 즈음 집안의 환란으로 인해 그는 돌연 과거 공부를 접었다. 그가 두문불출하면서 1여년 만에 지은 고시古詩의 경지는 이식 자신마저도 감탄할 정도였다. 심안세는 상喪을 당하고 병에 걸리는 등 뺏기는 시간이 많아 평생 보았을 법한 책이 수십 권에 지나지 않을 것인데, 그가 보여준 시의 경지가 이러하여 이식은 그의 천부적인 자질을 높이 평가하였다. 또한

24 李植, 「沈生安世遺稿序」, 『澤堂原集』 권9. "王鳳洲作文章九命, 其一曰短折. 略道古今賢人有文而無壽者四十七人, 余嘗讀而悲之. 嗟夫! 文章豈必能死人哉? 天之生材也不常, 閱千百纔得一二, 厥既得之矣, 而年或弗逮, 有苗而不秀, 秀而不實者. 其生也可重, 故其死也可惜, 創之也巨, 故傳之也遠, 嗚呼! 吾黨沈生安世, 又不幸而有是夫. 君十二歲而孤, 十三, 從諸兄學經史諸書, 十四, 從余學科體詩. 業既成, 遭家難, 不復求擧, 亦不就師, 杜門面壁. 時自諷習舊聞, 期年而出古詩數百篇, 突爾穎脫, 若假之作者焉. 然亦不示人以一字, 余獨竊見而亟賞之, 蓋思推先一頭地, 躡影而追, 恐不暇也. 而君遽嬰災暨, 後一年竟死, 春秋甫十九, ……(중략)…… 嗚呼惜哉. 沈氏號爲東方大族, 而近世稍已陵夷. 數年以來, 夭禍相繼, 存者廑廑見於朝, 盛衰榮悴, 豈非天哉! 若安世之才之美, 獨患無身爾. 雖使永爲世擯, 爲凡庶爲氓隷, 終當奮而大鳴. 愈暗而愈顯, 愈屈而愈伸, 彼之名振一代, 骨貴千古, 夫孰能禦之? 惟其然也, 天又奪其齡算. 使其曾不得須臾無死以攄其所停蓄, 抑何其已甚耶? "

평소에 거할 때에는 엄숙하고 남의 말에 끼어들기를 좋아하지 않아 타인들은 그의 재정才情이 훌륭하고 사리詞理 또한 관통한고 있다는 사실을 알지 못하였다. 궁벽하고 고독하게 생을 마감했을 심안세를 저 세상으로 보낸 이식의 심정은 애통하지 않을 수 없었다. 그래서 이식은 그에 대해 "끝내는 떨쳐 일어나 세상을 크게 울리고 말았을 것이다. 그리하여 어두우면 어두울수록 더욱 더 드러나고 꿀리면 꿀릴수록 더욱 더 펴지는 가운데, 그의 명성이 한 시대를 진동시키고 나아가 천고토록 고귀한 향기를 내뿜게 되었을 것이니, 이를 누구라서 감히 막을 수가 있었겠는가?"라고 말하면서, 애초에 품었던 문장으로 인한 사람의 죽음에 대한 문제를 환기시킨다. 그가 살았으면 끝없이 이어져 나갔을 그의 명성을 하늘이 시기한 나머지 그의 수명을 재촉하였을 것이라고 생각한 것이다. 이식의 비애감이 절정을 이루는 부분이다. 그의 시에 대한 인상을 이식은 다음과 같이 표현하였는데, 여기서도 그에 대한 비감이 애절하다. "마치 반도蟠桃[仙桃]가 이제 막 꽃을 피우려는 듯, 곤륜산崑崙山의 옥돌이 이제 막 배태胚胎되려는 듯하다.[如蟠桃始華, 崑玉初胎.]"라는 것은 일찍 시들어버린 그의 생이었지만, 그가 남긴 시로 인해 그가 꽃과 옥돌처럼 천고토록 살아있기를 바라는 이식의 감상이라 하겠다.

3) 증서류贈序類: 의론議論과 서정抒情의 안배按排

이식은 서발류에서 의론을 개진할 때 주로 문장과 관련된 것들을 거론하였다면, 증서류에서는 다양한 주제의 의론을 다루고 있다. 또한 전송하는 이에 대한 작자 자신의 심정은 그 상황에 따라 감추기도 하고 강하게 표출하기도 한다. 그것은 바로 증서인과 피증서인의 관계, 피증서인의 전별 성격과 밀접한 관련 속에서 증서문을 짓기 때문이다. 이식의 증서문은 여타 사람들의 증서문과 마찬가지로, 사행을 떠나거나 중요한 공무로 지방으로 떠나는 이를 위해 권면하는 증서문과 정치적으로 부침을 겪다가 좌천되거나 고향에서의 은거를 위해 떠나는 이를 위해 위로하는 증서문이 대다수이다. 다음에 인용한 글은 성절겸동지사聖節兼冬至使로 바다를 건너 명나라에 사행을 떠나는 전식全湜(1563~1642)을 전송하며 쓴 것이다. 국가의 공무 집행을 위해 사행을 떠나는 이를 전송하는 것으로는 「송주청사은부사오공도해조경서送奏請謝恩副使吳公渡海朝京序」와 「송김학사사일본서送金學士使日本序」 등이 문집에 실려 있다. 작품 속 이식의 말처럼 자신의 의론을 개진하여 길 떠나는 사람의 마음을 위로해 주는 것은 의론議論를 통해 서정抒情을 부각시키는 방법으로, 이는 증서문과 같이 교유를 중심으로 하는 글에 매우 효과적인 글쓰기라 할 수 있다. 다음은 이식이 의론을 펼친 부분을 중심으로 절록한 부분이다.

① 『詩經』의 「小雅」·「皇皇者華」편은 사신을 보낼 때 부른 노래이다. 그 첫머리에 이르기를, "휘황한 꽃들이여, 저 언덕과 습지에 활짝 피어 있으리. 말을 급히 몰아 치달리는 길손이여, 능력이 부족할까 그 생각뿐이로다."라고 하였는데, 原隰은 사신이 앞으로 지나갈 길을 서술한 것이요, 每懷靡及은 사신의 勤實함을 말한 것이다. 그 당시에 周나라 王家는 內服 지방에 교화를 펼치고 있었는데, 邦畿 밖이라고 해야 그 땅이 사방 1천 리에 불과했고, 관리들이 使命을 수행하는 일도 아무리 그 길이 멀어 봐야 淮海 사이나 方岳 안에 있었던 데에 지나지 않았다. 그러니 詩에서 지칭한 原隰이라는 것 역시 다섯 길쯤 되는 언덕이거나 바지를 적실 정도의 물에 불과했다고 하겠다. 그럼에도 불구하고 사신이 험난한 길을 치달려가 멀리까지 咨諏하는 것을 안타까운 마음으로 걱정해 주면서 그 樂章을 연회석상에서 연주하게 하였으니, 이것이야말로 西周 시대의 성대한 광경이었다고 하겠다. 주나라가 쇠퇴기에 들어서서는 대부가 사명을 받들고 일을 행할 때 '나만 똑똑하다고 해서 나만 고생하게 한다[獨勞獨賢]'는 탄식이

나오기에 이르렀으니, 그때의 시[『詩經』, 「小雅」·「北山」]를 보면 "어떤 이는 사람들이 못 살겠다고 부르짖는 소리도 알지 못하는데, 어떤 이는 참담한 심정으로 잘못을 범할까 두려워한다. 어떤 이는 어슬렁거리며 편히 쉬고 있는데 어떤 이는 나랏일을 처리하느라 정신이 없다. 어떤 이는 느긋하게 즐기면서 술을 마시고, 어떤 이는 들락날락하면서 수군거리며 비방하는데, 어떤 이는 직접 하지 않는 일이 하나도 없다."라고 하였다.

② 德水子[이식]는 말한다. 내가 시를 읽다가 이 대목에 이르러서는 小雅가 변했다는 느낌을 받곤 하였다. 鄒孟氏는 이르기를 '함께 즐기지 못한다고 해서 윗사람을 비난하는 자도 잘못되었다.'고 하였다. 신하가 된 몸으로 임금의 명령을 받들어 나라의 일을 도모하게 되었으면 공경하게 수행하지 못하게 될까 그것만 두려워해야 할 것인데, 어떻게 편하고 수고스러운 점을 다른 사람들과 비교할 수가 있겠는가. 그러하니 北山大夫 역시 진정한 도리를 깨닫지 못한 자가 아니겠는가?

③ 우리나라에서 遼東으로 통하는 길이 막히게 되면서부터, 바다를 향해하여 중국으로 조회하러 가는 사신의 행차가 1년에 한두 번씩 있게 되었다. 만 리에 걸쳐 산더미 같은 파도가 일어나고 島嶼가 출몰하는가 하면 회오리바람이 때도 없이 불어닥치곤 하였으므로, 왕왕 헤아릴 수 없는 위기에 봉착하곤 하였다. 그리고 일단 육지에 오른 뒤에도 燕京까지 도달하기 위해서는 九河를 건너고 鉅野를 통과해야만 하였다. 이렇듯 말을 타고 가는 고통을 참고 도적들의 출몰을 걱정하면서 걸핏하면 수천 리의 길을 내달리곤 하였으니, 于隰과 陟彼의 노래에 비교해 본다면 천과 만의 차이 정도일 뿐만이 아니라고 하겠다.

……(중략)……

⑥ 全公[全湜]으로 말하면 돈후하면서 마음속에 굳게 지키는 바가 있고 근실하면서 법도를 견지하는 바가 있기 때문에 그동안 臺閣의 직책을 두루 수행하는 과정에서 그 聲望이 실로 윗사람이나 아랫사람들 모두에게 두터이 인정을 받았다. 그래서 이번에 또 近侍의 반열에 있다가 사신으로 나가게 되었으니, 그가 사대부들로부터 의심이나 비방 같은 것을 받지 않

으리라는 것은 나도 알고 있다.

⑦ 비록 그렇긴 하지만 그것만 믿고 있을 수는 없기 때문에, 祖餞하는 석상에서 皇皇者華의 노래라도 불러 주려 하나 그것은 세상의 혐의를 받게 되지나 않을까 걱정이 되고, 그렇다고 해서 北山의 노래를 불러 주려 하나 그것은 혹시라도 임금의 덕을 손상시키는 일이 되지 않을까 두렵게 느껴지기만 하였다. 그래서 이렇게 대충 개인적인 나의 의론을 개진하여 길 떠나는 사람의 마음을 위로해 주는 동시에, 또 이것을 가지고 먼저 館驛에 가서 諸使를 迎送하면서 전공이 이번에 가게 된 것이 결코 우연이 아니라는 것을 알게끔 하고자 한다.[25]

개략적인 내용은, 이식이 힘든 사행 여정을 겪게 될 전식을 위로하기 위해 상반된 내용의 『시경詩經』 「소아小雅」 두 편을 이용하여 의론을 펼치고, 전식의 인품에 기대어 이번의 사행 임무가 당연한 것이라고 말하면서 사행을 훌륭히 마치고 돌아오기를 당부하는 것이다. 먼저, 여정의 험난함을 위로하기 위해 이식이 펼친 의론을 살펴보기로 하자. 이식은 ① 단락에서 주나라가 성대했을 때와 쇠미했을 때의 노래를 연달아

25 李植, 「送聖節兼冬至使全公航海朝燕序」, 『澤堂原集』 권9. "詩皇皇者華, 遣使臣也. 其首章曰 : '皇皇者華, 于彼原隰. 駪駪征夫, 每懷靡及.' 原隰, 敍所歷也, 每懷靡及, 言其勤也. 是時, 周家敷教內服, 邦畿之外, 地不過千里, 執玉之役, 遠不過淮海之間方岳之內. 其所指原隰, 不過丈五之阜濡裳之水耳. 然且悶悶焉念其行道之艱咨諏之遠, 被之樂章, 歌于宴犒, 此西周之盛也. 逮其靡也, 大夫行役, 有獨勞獨賢之歎, 其詩曰 : '或不知叫呼, 或慘慘畏咎. 或棲遲偃仰, 或王事鞅掌. 或湛樂飮酒, 或出入風議, 或靡事不爲.' 德水子曰, 余讀詩至此, 知宵雅之變也, 鄒孟氏有言, 不得而非其上者, 非也. 人臣奉主之令, 圖國之事, 不共是懼, 何勞逸之足較! 北山大夫, 其亦未喩夫道者乎? 國家自有遼梗, 泛海朝天之使, 歲一再行. 鯨濤萬里, 島嶼之出沒, 風飆之不時, 往往蹈不測之危. 其由登而達于燕也, 跨九河經鉅野. 鞍馬之苦, 剽劫之虞, 動數千里, 方之于隰隉彼之詠, 計不啻相萬千也. ……(중략)…… 全公敦厚而有守, 謹恪而有軓, 歷揚臺閣, 其聲實固孚於上下. 今又從近侍以出, 余知其不犯于士大夫之疑謗也果矣. 雖然, 不可恃也, 故於其祖餞之席, 將以歌皇華乎, 則懼或干世嫌也, 將以賦北山乎, 則懼或傷上德也. 乃略鋪區區私議, 以慰其征役之思, 又以先之館驛迎送諸使, 俾知全公之遣不偶然也.."

인용하는데, 전자는 「황황자화皇皇者華」로 태평성대의 주나라에서 사행을 떠나는 이를 위해 연주하는 것이다. 이 당시의 사행이라는 것은 지리적으로 사방 1천리에 불과한 데도 사신의 떠남을 매우 걱정하고 위로했다. 후자는 「북산北山」으로 전자와는 상반되는 내용으로, 쇠퇴기의 주나라에서 사명을 받든 사신들 중에는 열심히 소임을 다해야겠다고 노심초사하는 이가 있는가하면 술이나 마시고 비방만 일삼는 이들이 있어 결국 '나만 똑똑하다고 해서 나만 고생하게 한다.'고 탄식을 하였다. 이를 두고 이식은 ② 단락에서 맹자孟子의 "함께 즐기지 못한다고 해서 윗사람을 비난하는 것도 잘못이다."라는 말을 인용하여, 신하된 몸으로 나라 일을 도모하는 데 편하고 수고로움을 따지는 저 북산대부北山大夫 또한 진정한 도리를 깨치지 못한 자라고 말한다. 「황황자화」를 노래한 주나라 때의 사행 여정과의 비교를 위해 ③ 단락에서 지금의 사행 여정을 자세히 설명하고 있다. 바다로 나가면 산더미 같은 파도와 회오리바람에 곤욕을 치르고, 육지에 들어서면 머나먼 길과 도적의 출몰을 걱정해야 한다. 명나라나 일본으로 사행을 가는 이를 전송하는 증서문에는 바다와 관련된 험난한 여정을 일반적으로 서술하고 있다. 이 글과 같이 험한 여정을 자세히 묘사하여 사인에 대한 안타까움과 걱정스러움을 드러내는 것이 있는가하면 이식의 「송주청사은부사오공도해조경서送奏請謝恩副使吳公渡海朝京序」처럼 성난 바다를 한 잔의 물에 비유하여 굳건히 잘 해쳐나가라고 당부하는 것도 있다.[26] 전식의 사행 길은 「황황자화」 속의 사행

26 李植, 「送奏請謝恩副使吳公渡海朝京序」, 『澤堂原集』 권9. "吳公[吳翻]에 대해서 걱정을 하는 것은 항해하는 바닷길이 험난하다고 여겨서 그러는 것이 아니겠는가? 하지만 바다는 한 잔의 물과 같다고나 할 것이다. 과거에 육지 전체가 바다처럼 변했던 시절을 우리가 겪지 않았던가? 온갖 함정과 그물망이 설치된 가운데, 큰 솥엔 삶아 죽일 물이 펄펄 끓어 넘치고, 살을 발라 낼 갖가지 刑具가 나란히 진열되어 있었다. 그러니 용솟음치고 소용돌이치는 바닷물쯤은 그 깊이를 비교하기에 부족하고, 고래와 자라가 아무리

과는 현격한 차이가 나는 것으로 지난한 사행에 임하는 전식을 미리 다독거리고 위로하려는 것이다. 인용문에서 생략을 했지만 ④, ⑤ 단락의 내용은 「북산」의 노래와 관련하여 사신의 임무를 두고 편하고 수고로움을 따지는 북산대인처럼 지금의 학사 대부들이 사명을 받들고 가는 사인들을 끊임없이 의심하면서 헐뜯고 비방한다는 것이다. 또한 의심하는 것이 일 보다는 사람 자체를 의심하는 것이기 때문에 사행 길에 나서는 이로 하여금 소임을 다할 수 없게 만든다고 하였다. ⑥, ⑦ 단락은 전식이 돈후하고 근실하며, 성망이 위아래로 두터이 인정을 받는 처지라 앞서의 의심과 비방은 받을 이유가 없음을 언급하여 이번의 사행 임무가 결코 우연이 아니라는 것을 확인시키고 있다. 전체적으로 사행과 관련된 『시경詩經』에 대한 의론이 많은 부분을 차지하고 있음을 알 수 있다. 두 층위의 의론을 통해 사행을 떠나는 전식에게 자신의 격려와 위로를 잘 전달한 증서문이다.

증서문이 의론을 자주 끌어와 서정을 술회하지만 증서인과 피증서인의 관계에 따라, 피증서인과의 전별 성격에 따라 그 서정의 강도는 달라지게 마련이다. 이식의 증서문 중에서 비교적 서정성이 짙은 작품들은 대체로 전송하는 대상이 좌천되는 인물이거나 인척 관계의 인물이다. 다음에 인용한 작품은 원주목사에 임명되어 원주로 좌천가는 심명세沈命世(1587~1632)를 전송하는 글이다. 천지간에 변하는 것은 기氣일 뿐 리理는 아니라는 중요한 명제로써 심명세를 위로하고 있다. 이식의 내제

위협을 하며 갈 길을 막는다 해도 그때의 흉맹함을 설명하기에는 부족하다 할 것이니, 이는 그야말로 천하에서 가장 험난한 경우였다고 해야 할 것이다.(且凡爲吳公憂者, 不以海之險乎? 夫海猶杯水也. 獨不見向時之陸海乎? 罻羅張機穽設, 熬以湯鑊, 剔以刀鉅. 濤涌洑漩, 未足以較其深, 鯨呑鼇掣, 未足以喩其猛, 此天下至險也.)"

內弟인 심명세는 일찍이 원주原州와 기이한 인연을 맺었다. 광해군光海君 치하 조정에서 쫓겨나는 사대부에 휩쓸려 천한 신분으로 1년 정도 원주에 머물었고, 인조반정仁祖反正을 도운 업적으로 참판급의 반열에 이른 다음 공무 수행 중에 다시 원주를 들르게 된다. 그러다가 충훈부忠勳府에서 한가로이 시간을 보내다가 마침내 원주목사에 임명되어 원주로 좌천을 가게 된다. 이처럼 심명세는 십 년의 세월이 흐르는 동안 세 차례나 그것도 각기 다른 모습으로 원주를 방문하게 되었으니 기이하다 하겠다. 다음은 이 작품의 후반부인데, 그와의 좋은 조우를 기약하고 자신도 그처럼 한유閒遊를 즐기고 싶다는 마음을 토로하여 떠나는 이를 위로하고 있다.

> 아! 옛날 그때로부터 지금까지 겨우 십 년의 세월이 흐르는 동안, 德用[沈命世]이 한 사람의 몸으로 세 차례나 原州에 왕래하게 되었으니, 그 자취를 살펴보건대 한 번은 귀한 신분이었고 한 번은 천한 신분이었고 또 한 번은 좌천되어 내려온 것이었다. 이를 천지간의 기후에 비유해 본다면, 바람 불고 구름 끼고 날이 개고 비 오는 등 어떻게 변할지 예측할 수 없는 것과 같다 할 것이니, 이것이야말로 느닷없이 닥쳐오는 것이라고 해야 하지 않겠는가? 하지만 천지간에 변하는 것은 오직 氣일 뿐 理는 아니며, 사람에 있어서 변하는 것도 다만 지위일 뿐 마음은 아니다. 군이 처음에 布衣의 신분으로 있을 때 액운을 당해 곤궁하다고 해서 그 뜻을 낮추거나 그 절조를 꺾인 적이 한 번도 없었다. 그리고 중간에 공훈을 세워 재신이 되었을 때에도 스스로 부족하게 여기면서 질박하고 청백한 자세를 견지하며 살아왔다. 비록 지금 뜻에 맞지 않게 원주 고을로 내려가게 되었다 하더라도 군은 진정 이 때문에 자신을 저울질하지는 않을 것이다. 그리고 비록 원주 고을의 아무리 궁벽하다 하더라도 어떻게 감히 이것을 가지고 군에 대해 경중을 논할 수가 있겠는가!
>
> 한 가지 기억나는 일이 있는데, 군이 바야흐로 원주에 우거하고 있을

> 당시에 내가 砥谷에서 와서 군과 함께 어울리며 산택 사이를 돌아다닌 적이 있었다. 어떤 때는 사냥하는 말을 타고 화살을 날려 꿩을 잡아서 날고기를 씹으며 들판에서 술을 마시고, 긴 노래 짧은 시를 읊는 등 방약무인하게 노닐었는데, 돌이켜 보건대 그 당시의 意氣가 과연 어떠하였던가? 그런데 지금에 와서 비록 通顯의 지위에 있게는 되었지만 壺頭의 志趣도 이제 싫증나고 말았다. 그리고 군으로 말하면 元勳인 貴臣인데도 불구하고 一麾出守[좌천]하는 입장이 되었으니, 나의 앞길이 어떻게 될 지도 알 만한 일이다. 조만간 의관을 벗어서 성문에 걸어 놓고 동쪽으로 돌아가, 막걸리에 아쟁을 준비해 놓고 寬川 상류에서 그대를 기다릴까 한다. 지나온 자취를 살펴보며 그동안의 窮通과 出處에 대한 감회를 펼쳐 보는 것도 꽤나 운치 있는 일이 될 것이니, 군은 마음을 느긋하게 가지도록 하라.[27]

인용 부분은 작품의 후반부로 전반부에서는 원주라는 지역의 궁벽함을 말하고, 심명세와 원주의 세 번의 인연을 서술하였다. 이식은 심명세가 겪은 귀貴, 천賤, 좌강左降의 사건을 가지고 천지간의 기후에 비유한다. 즉, 일신의 신분이 때에 따라 변하는 것은 날씨를 예측할 수 없는 것과 마찬가지로 본인의 뜻과는 무관하게 닥쳐오는 일이라는 것이다. 하지만 천지간에 변하는 것은 오직 기氣일 뿐 리理는 아니며, 사람도 그 신분과 지위만이 바뀔 뿐 마음 그 자체는 변하지 않는 것이다. 이를 천지간의 기후에 비유해 본다면, 바람 불고 구름 끼고 날이 개고 비 오는

27 李植, 「送青雲君赴原州牧小序」, 『澤堂原集』 권9. "嗟夫! 自彼時至今, 僅迄紀, 而德用以一人身, 三往來于原, 乃其跡則一貴一賤一左降. 譬之天地之候, 風雲晴雨變遷之不可預, 玆豈非倘來之物耶? 然而天之變者, 氣也非理也, 人之變者, 位也非心也. 君始之爲布衣, 不以窮厄貶其志摧其節. 中之爲勳宰, 且自視欿然, 素履而行. 今雖屈於州邑, 君固不以此自輕重. 雖原之僻俗, 又曷敢以此輕重君! 仍記君之方寓原也, 余從砥谷, 得與君彷徉山澤間. 或從獵騎, 挾矢射雉, 割鮮野飮, 長謠短詠, 旁睨若無人者, 顧當時意氣何如耶? 今雖位遇通顯, 壺頭之志倦矣. 君以元勳貴臣, 尙且隨一麾出, 況余頭顱, 可知. 朝夕掛冠東歸, 濁醪素箏, 候君於寬川之上流. 覽陳迹以敍平昔窮通出處之感, 殊有致也, 君其遲之."

등 어떻게 변할지 예측할 수 없는 것과 같다 할 것이니, 이것이야말로 느닷없이 닥쳐오는 것이라고 해야 하지 않겠는가? 하지만 천지간에 변하는 것은 오직 기氣일 뿐 리理는 아니며, 사람에 있어서 변하는 것도 다만 지위일 뿐 마음은 아니다.

더욱이 이식이 보기에는 심명세의 마음이 처음에 액운을 당해 천한 신분이었을 때는 절조를 꺾인 적 없고, 공훈을 세워 재신의 반열에 올랐을 때는 질박하고 청백한 삶을 견지하였기 때문에 지금 비록 원주로 좌천되어 갈지라도 본인은 개의치 않을 것이라고 믿는다. 이때, 이식은 순간적으로 과거의 한 장면을 떠올린다. 바로 젊은 시절 심명세와 함께 지곡砥谷의 산택 사이에서 돌아다니며 방약무인하게 노닐던 자기들의 모습인데, 거기서 이식은 그 때의 자기들이 뿜어냈던 의기意氣를 추억한다. 그런데 지금에 와서 이식 자신은 비록 명망 높은 고관의 자리에 있지만 감미로운 술안주에 싫증이 났고, 또한 심명세가 원훈元勳의 귀신貴臣인데도 좌천되는 광경을 보게 되자 자신의 앞길도 어떻게 될지 알 수 없었다. 그리하여 이식은 의관을 벗고서 훌훌 떠나 다시 심명세와의 즐거운 만남을 기약한다. 과거의 의기 넘치는 시절로 돌아갈 수는 없어도 심명세와 더불어 지나온 자취를 곱씹으며 궁통출처窮通出處를 얘기하는 운치 있는 시간을 보내고자 희망한 것이다. 이러한 한적한 삶에 대한 희망은 일찍이 심명세의 형인 심광세沈光世(1577~1624)와도 기약을 한 바였다. 「선산으로 거처를 옮기는 심덕용을 전송한 글[送沈德用移居善山序]」에서 이식은 심광세와 한가로운 땅 하나를 얻어서 함께 모여 살며 농사나 짓고, 어린 아이와 노인들을 풍족하게 해주고, 틈이 나면 독서를 하거나 글을 지으면서 태평가를 부르자고 약속한다.[28] 그러나 세월이 훌

28 李植, 「送靑雲君赴原州牧小序」, 『澤堂原集』 권9. "由是相議卜得寬閑一區, 結社耦耕, 其間樹果畜魚, 贍養老幼, 其隙則讀書著文, 歌頌太平之理."

러 심광세는 계축옥사로 인해 조정에서 쫓겨나 남쪽 해변 가에 거처하게 되었고, 이식 자신은 부친상을 당해 지평에 머물게 되어 그들 사이의 약속은 묵혀둬야만 했던 것이다. 심광세가 좌천될 당시 이식을 비롯한 그의 교우 인물들은 광해군 치하에서 좌천되거나 자진해서 사직을 하고 물러나기 일쑤였기 때문에 이때 소망하는 한유閒遊는 현실로부터의 둔세遁世의 성격이라고 할 수 있으며, 인조반정 이후에 조정에서 많은 정치적 부침을 겪을 때의 이식이 생각하는 한유閒遊는 정치로부터의 둔세遁世라 할 수 있다. 이처럼 정치적으로 실각하여 고향에 은거하거나 좌천되어 지방임지로 떠나는 이를 전송할 때, 이식은 한편으로 위로와 당부의 말을 전하지만 다른 한편으로는 정세政勢의 굴레를 벗어버리고 지난날의 한가로운 삶을 영위하기를 소망한다. 이러한 정조는 아직 조정에 발을 붙이고 있는 작자와 친척을 비롯한 각별한 지우知友들과의 이별이라는 상황에서는 당연히 생기는 감정이기도 하다. 그러나 이러한 감정을 어떻게 전달하느냐는 전적으로 작자의 몫이다. 이식은 떠나는 이를 위해 기氣와 리理라는 상대개념으로 변치 않는 그의 성품을 기리는 한편, 천지자연의 기후처럼 일신의 상황도 예측할 수 없는 것이므로 언젠가 복권되리라는 희망을 준다. 더욱이 자기 자신도 같은 상황에 놓일 지도 모르니 그때가 되면 함께 즐기자고 기약을 한다. 이러한 방식은 피증서인의 입장에서는 위로와 희망을 안겨주고, 증서인의 입장에서는 피증서인에 대한 서정을 토로하면서 자신이 소망하고자 하는 바를 드러낸다는 점에서 교유의 문학으로서의 증서문이 가져야 하는 모범적인 글쓰기 방식이다.

4) 소결

지금까지 택당 이식의 산문 중에서 서발류와 증서류 작품을 대상으로 주요한 작품 양상과 특징을 살펴보았다. 서발류는 때에 따라 타자에 대한 술회나 작자의 문학론을 함께 펼치는 경우도 있으며, 증서류도 의론, 서정, 서사를 뒤섞어 쓰기도 한다. 한마디로 서발류나 증서류 모두 의론, 서사, 서정을 넘나드는 자유로운 장르라고 할 수 있다.

특정 개인의 문집에 붙인 서발문으로서 지니는 일차적인 효용은 문집의 간행 경위를 기록하는 것이지만 작자마다 그 형식이나 내용이 다르기 마련이다. 때로는 작자의 의론이 강조되기도 하고, 간행 경위에 관한 기사가 주를 이루기도 하며, 문집의 저자에 대한 작자의 서정이 무게를 차지하기도 하는 것이다. 이식은 서발문을 지을 때, 앞 단락과 이어지는 단락 혹은 단락이 건너뛰면서 연결되는 교직交織이 매우 정선精選되고 엄밀嚴密하였다. 이는 한 저자의 시문집에 대한 소개라는 서발문의 성격에 가장 적합한 편장을 구성한 작자의 세심함이 보이는 부분이기도 한다. 문집의 서발문은 비교적 서정성이 약한 장르로 대부분이 간행과 관련된 서사를 기본으로 작자의 의론, 평론, 기사가 중요한 부분을 차지한다. 하지만 이식은 타고난 문재文才로 요절한 인물의 문집에 붙인 작품에서는 글의 대부분을 비통함과 슬픔을 정조로 한 서정의 술회에 집중하기도 하였다.

이식의 증서류는 다양한 주제의 의론을 다루고 있다. 또한 전송하는 이에 대한 작자 자신의 심정은 그 상황에 따라 감추기도 하고 강하게 표출하기도 한다. 그것은 바로 증서인과 피증서인의 관계, 피증서인의 전별 성격과 밀접한 관련 속에서 증서문을 짓기 때문이다. 이식의 증서문은 여타 사람들의 증서문과 마찬가지로, 사행을 떠나거나 중요한 공무로 지방으로 떠나는 이를 위해 권면하는 증서문과 정치적으로 부침을 겪다가 좌천되거나 고향에서의 은거를 위해 떠나는 이를 위해 위로하는 증서문이 대다수이다. 증서문을 지을 때, 자신의 의론을 개진하여 길 떠나는 사람의 마음을 위로해 주기도 하는데, 이는 의론議論를 통해 서정抒

情을 부각시키는 방법으로, 증서문과 같이 교유를 중심으로 하는 글에 매우 효과적인 글쓰기라 할 수 있다. 또한 이처럼 증서문이 의론을 자주 끌어와 서정을 술회하지만 그 서정의 강도는 상황에 따라 달라지게 마련이다. 이식의 증서문 중에서 비교적 서정성이 짙은 작품들은 대체로 전송하는 대상이 좌천되는 인물이거나 인척 관계의 인물이다. 이러한 인물들에게 써 준 증서문은 떠나는 이에 대한 위로와 당부, 그리고 이식 자신의 입장과 소망하는 바를 잘 드러내고 있는데, 교유의 장으로서 가지는 증서류의 성격이 잘 드러난 글이라 하겠다.

2. 회은晦隱 남학명南鶴鳴의 망자를 위한 산문

1) 서론

이 글은 조선 중후기의 소론少論 계열 인물인 회은晦隱 남학명南鶴鳴(1654~1722)을 대상으로, 그가 남긴 산문 가운데 망자를 위해 지은 작품들을 고찰한 것이다. 남학명의 부친인 약천藥泉 남구만南九萬(1629~1711)은 17~8세기 노·소 분기 때 소론계의 핵심 인물로, 전형적인 관료 문인이었다. 남인과의 반목, 노론과의 긴장 관계 속에서 수차례 부침을 겪었지만 생애 전반에 걸쳐 국정 현안을 담당한 관료였으며, 시문을 비롯한 서화에 조예가 깊은 문인이었다. 뿐만 아니라 역사와 지리 방면에도 해박하여 관련 저술을 많이 남겼다. 이에 반해 아들 남학명은 일생을 벼슬살이하지 않고[29] 처사문인으로 살았던 인물이다. 또한 남구만이 17~8세기 지성사에서 소론계를 대표할 뿐만 아니라 19세기 소론계 학맥을 견인하는 핵심적인 인물인 것에 비해, 그의 아들 남학명은 박세당朴世堂(1629~1703), 윤증尹拯(1629~1714), 최석정崔錫鼎(1646~1715) 등과 긴밀하게 교유를 하였으나 부친처럼 정치사와 사상사에서 부각되는 종적을 남기는 못하였다. 다만 남학명은 평생 처사문인의 삶을 견지하면서 산수 유람에 벽癖이 있었고,[30] 다양한 분야의 독서 편력을 바탕으로[31]

---

29 남학명은 1710년(숙종36) 宗簿寺 主簿에 제수된 것을 마지막으로 해서 몇 차례 관직을 제수 받은 적이 있지만 전부 나아가지 않았다.

30 朴世堂, 「臥遊錄序」, 『西溪集』 권7. "南鶴鳴은 기이한 것을 몹시 좋아하였는데 더욱 山水를 탐하였다. 그가 발로 밟고 눈으로 본 곳이 나라 안의 거의 반이나 되었고, 참으로 스스로 속세를 초월하였으니 고금의 비루함을 씻었다고 할 수 있을 것이다. 그리고 또 옛 사람들의 山水記를 많이 모아서 이름 붙이기를 『臥遊錄』이라고 하였고, 아침저녁으로 펼쳐 완상하여서 올라가는 수고를 대신하고 그 힘으로 할 수 없는 것을 모두 얻었다. (南生鶴鳴, 好奇癖異, 尤耽山水, 其足目所及, 幾半域中, 固自超絶乎世俗, 可以洗古今之陋矣. 而又多集昔人山水記, 名之曰臥遊錄, 朝暮披玩, 以當登陟之勞, 以盡得其力之所不能盡.)"

역사, 문예, 예법, 풍토, 언어 등에 대한 저술을 많이 남겼다. 그의 시문집인 『회은집晦隱集』 소재 많은 산수유기와 누정기 작품들, 별도의 『와유록臥遊錄』 편찬은 그의 산수에 대한 벽을 증명해 주고, 『회은집』 소재 「잡설雜說」 가운데 「예제禮制」, 「고사故事」, 「풍토風土」, 「언행言行」, 「사한詞翰」, 「쇄문瑣聞」 등은 그의 다양한 관심사와 저술 편력을 보여준다.

이러한 영향으로 인해 기존의 남학명에 대한 연구는 대체로 문학 방면에서 활발하게 이루어졌다. 한시에 대한 연구는 남학명의 처사적 삶을 바탕으로 한시 세계를 조망하였으며,[32] 산문에 대한 연구는 산수유기, 누정기, 잡설 등 특정 장르를 대상으로 한 논문[33]을 포함하여 산문 전반을 다루는 성과들[34]이 제출되었다. 아래에서는 기존의 남학명 한문 산문 연구 성과들을 참고하면서 특히 그가 망자를 위해 지은 작품들에 주목하였다. 『회은집』에는 권2부터 권4에 걸쳐 애제류哀祭類, 전장류傳狀類, 비지류碑誌類 등과 같은 망자를 위해 지은 작품들이 대거 수록되어 있다. 기존에 주목을 받았던 산수유기, 기문, 잡설 등의 장르가 남학명의 문학

31 南鶴鳴, 「晦隱翁自序墓誌」, 『晦隱集』 권4. "서적과 금석문을 모으는 것에 탐을 내어 만권 가까이 모았고, 무릇 세상에서 말하는 聲色臭味에 대해선 욕심이 없었다. 아름다운 산수를 즐겨 혹 나귀를 타고 술병을 차고 나가 놀다가 돌아오는 것을 잊기도 하였다.(耽蓄書史金石之文, 近萬軸, 凡世所謂聲色臭味泊如也. 喜佳山水, 或騎驢攜壺, 出遊忘返.)"

32 김주수, 「회은(晦隱) 남학명(南鶴鳴) 시세계 연구 – 역(易)의 시학적 접근으로 –」, 『한국한시연구』13, 한국한시학회, 2005, 247~285면 ; 강석중, 「회은(晦隱) 남학명(南鶴鳴)의 삶과 시세계」, 『한국한시작가연구』13, 한국한시학회, 2009, 127~143면.

33 신익철, 「우리나라 산수와 누정에 대한 남학명의 평」, 『문헌과 해석』40, 문헌과 해석사, 2007, 108~119면 ; 강혜선, 「남학명(南鶴鳴) 산문문학 연구」, 『한국문화연구』26, 이화여대 한국문화연구원, 2014, 7~29면 ; 연석환, 「晦隱 南鶴鳴의 「雜說」 연구」, 『고전번역연구』8, 한국고전번역학회, 2017, 69~105면.

34 박은영, 「회은(晦隱) 남학명(南鶴鳴)의 산문 연구」, 고려대학교 석사학위논문, 2017 ; 연석환, 「南鶴鳴의 『晦隱集』 譯註」, 고려대학교 고전번역협동과정 박사학위논문, 2018. * 박은영은 남학명의 산문을 유기 산문, 필기 산문, 기타 산문으로 구분하여 고찰하였으며, 연석환은 『회은집』 전체를 역주하면서 남학명의 생애와 학문을 고찰하였다.

적 성취와 의의를 도출하는 데 적실했다고 평가할 수 있으나, 그의 산문 세계를 폭넓게 조망하기 위해서는 실제로 많은 작품을 남긴 망자를 위한 산문을 아울러 고찰할 필요가 있겠다.

2) 『회은집晦隱集』 소재 망자를 위한 산문 개관

남학명의 시문집인 『회은집』은 총 5권2책으로 구성되어 있는데, 권1은 한시이고 나머지 권2~권5는 한문 산문이다. 산문 가운데 망자를 위해 지은 작품들은 권2부터 권4까지 수록되어 있으니, 장르로 구분하면 애제류, 전장류, 비지류 등으로 나눌 수 있다. 『회은집』 소재 한문 산문은 기문記文 14편, 서문序文 2편, 제발題跋 3편, 제문祭文 4편, 서書 17편, 잡문雜文 3편, 유사遺事 8편, 묘문墓文 5편, 잡설雜說 6편인데, 망자를 위해 작성한 애제류, 전장류, 비지류 산문이 총 18편으로 적지 않은 분량을 차지하고 있다. 그 목록은 아래와 같다.

장르	권차	작품명	대상	비고
哀祭類	권2	祭朴兄士安文	朴泰維 (1648~1686)	1686년 창작 / 남학명의 고종사촌
〃	〃	祭士元文	朴泰輔 (1654~1689)	1689년 창작 / 남학명의 고종사촌
〃	〃	祭李壽翁文	李世龜 (1646~1700)	1702년 창작 / 남학명의 처남
〃	〃	祭崔朔寧子休文	崔天瑞 (1642~1709)	1710년 창작
傳狀類	권4	弘文館副應教贈吏曹判書朴君行狀	朴泰輔 (1654~1689)	1698년 창작 / 남학명의 고종사촌
〃	〃	從祖章簡公遺事	南二星 (1625~1683)	남학명의 종조부
〃	〃	先考遺事	南九萬 (1629~1711)	남학명의 부친

〃	〃	書亡兒幼時事	南克寬 (1689~1714)	남학명의 장남
〃	〃	晦谷南判書遺事	南銑 (1582~1654)	
〃	〃	族叔萬戶公遺事	南彦純 (1522~1578)	
〃	〃	書南梯事	南梯 (?~?)	남학명 고조부 南柁의 庶弟
〃	〃	書南大夏事	南大夏 (1623~?)	
〃	〃	書南應敏事	南應敏 (?~?)	
碑誌類	권4	先妣墓誌	東萊鄭氏 (1632~1704)	1722년 창작/남학명의 모친
〃	〃	從叔墓表	南受萬 (1660~1702)	남학명의 종숙
〃	〃	亡兒墓表	南克寬 (1689~1714)	남학명의 장남
〃	〃	季子婦李氏壙誌	全州李氏 (1704~1717)	남학명의 셋째 며느리
〃	〃	晦隱翁自序墓誌	南鶴鳴 (1654~1722)	남학명의 자찬묘지

위 도표를 참고하면 남학명이 망자를 위해 지은 작품은 대체로 친척과 인척, 선조를 대상으로 많은 글을 지었는데, 창작 시기는 만년에 집중되어 있다. 장르별로 살펴보면, 애제류는 고종사촌이면서 학문적 교유의 대상이었던 박태유朴泰維(1648~1686)·박태보朴泰輔(1654~1689) 형제, 처남이었던 이세귀李世龜(1646~1700), 평생의 지우였던 최천서崔天瑞(1642~1709)[35]를 위해 지은 제문祭文이 있다. 전장류는 박태보를 위해 지은 행장行狀 1편 외에는 모두 유사遺事이다. 종조부, 부친, 장남 등 직계 인물뿐만 아니라 방계의 친족까지 망라하고 있다. 비지류는 모친, 종

35 崔天瑞의 할머니가 남구만의 대왕고모이기도 하다.

숙, 장남, 며느리를 묘주墓主로 한 작품들이 있는데, 특히 남학명 자신이 생전에 지은 자찬묘지自撰墓誌도 보인다.

남학명은 자찬묘지를 지으면서 "조상을 받들고 종족을 돈독히 하는 데에는 감히 소홀히 하지 않았다.[於奉先敦宗, 不敢忽焉.]"고 자신한 바가 있는데, 망자를 위한 작품들이 대거 친인척과 선조를 대상으로 하고 있는 점 역시 이와 관련이 깊다. 특히 망자의 일화를 중심으로 구성되는 유사를 다수 지었다는 점을 주목할 필요가 있다. 종조부인 남이성南二星(1625~1683)에서부터 선친, 장남, 고조부의 서제庶弟에 이르기까지 직계를 중심으로 작성하였는데, 시장諡狀이나 행장行狀, 묘지墓誌나 신도비神道碑를 통해 이미 사적이 상세하게 작성된 묘주의 경우에는 미진하거나 누락된 일화를 중심으로 서술하였고, 여타의 전장류나 비지류가 아무것도 없는 묘주의 경우에는 사적을 중심으로 일목요연하게 서술하였다. 이외에도 남학명 자신이 이미 묘표墓表를 지은 다음 다시 유사의 형식으로 묘주를 기록한 경우가 있으니, 바로 장남 남극관南克寬(1689~1714)의 경우이다. 남극관을 위해 지은 「망아묘표亡兒墓表」는 비교적 짧은 편폭으로 구성하여 그의 가계, 성품, 행적 등을 건조하게 서술한 것에 비해, 어린 시절 일화들을 중심으로 서술한 「서망아유시사書亡兒幼時事」는 아이의 기민하고 총명함, 문학적 재능을 드러내는 단편적인 일화를 중심으로 구성되어 있다.[36] 묘표에서는 약관弱冠 이후의 행적 위주로 기록하고,

36 南鶴鳴, 「書亡兒幼時事」, 『晦隱集』 권4. "○ 계유년 봄에 종숙 富平公이 서울에서 結城 龍村으로 왔는데, 아이가 묻기를 '재작년에 제가 서울에 있었을 적에 공이 나귀 타고 오셨는데, 지금은 어찌하여 나귀를 타고 오지 않았습니까?'라고 하였다. 5살 아이가 3년 전에 본 일을 기억한 것이다. ○ 8세일 때 나를 따라 水標橋의 寓所에 있었는데, 하루는 아이가 들어와서 나에게 말하기를 '나라에 반드시 일이 있을 것입니다.'라고 하였다. 이보다 앞서 祖父께서 관아에 가다가 여기를 지나실 적에 아이가 나와 노는 것을 보면 반드시 들렀었다. 그렇지 않을 경우에도 반드시 자세히 살펴보기를 마지않았다. 그런데 지금 아이가 문 앞에 서 있는데도 한 번도 돌아보지 않고 시선을 단지 가는 길 앞에만 두셨으니,

성품과 재능에 대해서는 "사람됨이 영발穎發하고 명직明直하며 개결介潔하여 욕심이 없고, 오직 전적만을 즐겨 먹고 자는 것도 잊었다.[爲人穎拔明直, 介潔無嗜欲, 惟耽典籍, 忘寢食.]"고 짤막하게 서술하였으나, 유사에서는 5세부터 9세까지의 어린 시절 일화를 생생하게 묘사하여 한편으로는 남극관이란 인물의 비범함을 드러내고 다른 한편으로는 요절한 아이를 추억하는 부친의 안타깝고 절절한 심정을 표현하였다.

3) 회은晦隱 남학명南鶴鳴의 망자를 위한 산문 특징

망자를 위해 짓는 산문은 대체적으로 애제류, 전장류, 비지류 문장을 통해 구현되는데, 장르 성격상 요구되는 미덕의 차이가 있지만 본질적으로 애도哀悼의 정서가 짙게 배어있다. 망자에 대한 작자의 비감悲感이 때로는 망자와의 둘만의 특별한 경험을 환기시켜서 망자를 깊이 추억하려는 노력에서 드러나기도 하고, 때로는 비감을 공유하기 위해서 간엄簡嚴한 필치로 제3자인 독자로 하여금 망자를 인상적으로 각인시키기도 한다. 이렇듯 애도와 비감을 주된 정조로 작성되는 작품일지라도 작자의

필시 우려스러운 일이 있어서 그러했던 것이다. 얼마 뒤에 듣건대 과연 鞫獄이 있어서 名牌를 받들고 詣闕하였다고 한다. 아이의 기민하고 총명함이 이와 같았다. ○ 9세일 때 對偶의 말을 만들기를 '淸風明月은 한 푼을 쓰지 않아도 살 수 있고, 무성한 수풀과 길쭉한 대나무에는 절로 여러 현인들이 찾아오네.'라고 하였다. 또 이듬해 초가을에 시를 짓기를 '홀연히 마루 아래 풀벌레 움직이는 소리 들리니 한 번의 소리가 이미 천하의 가을을 경동케 하였네.'라고 하였다. 崔昌大가 평하기를 '이미 작가의 관건을 점하였구나.'라고 하였다.(○癸酉春, 從叔富平公自京往結城龍村, 兒問曰, 再昨歲吾在京時, 公騎驢來, 今何不騎來乎? 五歲兒能記三歲前所見之事. ○八歲時, 隨余水標橋寓所, 一日兒入謂我曰, 國家必有事矣. 前此祖父赴衙過此, 見兒出遊, 則必歷入, 不者, 亦必熟視不已. 今兒立門前, 而不一顧, 視瞻只在前路, 必有憂慮而然也. 俄聞果有鞫獄, 承牌詣闕, 其警悟如此. ○九歲爲偶語曰, 淸風明月, 不用一錢買, 茂林脩竹, 自有羣賢至. 又於翼年初秋, 有詩曰, 忽聞牀下草蟲動, 一聲已驚天下秋, 崔昌大評曰, 已占作者機括.)" *『회은집』의 번역은 연석환의 「南鶴鳴의 『晦隱集』 譯註」(고려대학교 고전번역협동과정 박사학위논문, 2018)를 참고하되, 필요 시 수정·보완하였다.

문학적 역량에 따라 투식적이고 규격화된 장르의 규범을 벗어나 변주하기도 하는데, 남학명이 망자를 위해 지은 작품들은 다양한 방식을 구사하여 그 대상을 추억하고, 각인시키고 있다. 이러한 점에서 남학명 한문산문의 문학적 성취를 추출할 수 있을 것이다.

(1) 경험의 환기를 통한 망자에 대한 비상한 추억

아래에 인용한 제문祭文은 1710년(숙종36) 남학명의 나이 57세에 평생의 지우였던 최천서崔天瑞(1642~1709)를 저 세상으로 떠나보내고 지은 작품이다.

> 사람들이 항상 말하기를 "벗을 얻는 방법이 있으니, 같은 마을에서 얻기도 하고 친척에서 얻기도 하고 함께 공부한 사람에서 얻기도 하고 나이가 비슷한 사람에서 얻기도 한다."라고 하는데, 나는 공에게 이 네 가지를 겸하였다. 50년의 세월 동안 나그네 삶처럼 꿈같은 세상을 살면서 오래도록 함께하지 않은 것이 아닌데도 공의 부고를 듣자 어제 일처럼 순식간인 듯하다. 참으로 사람은 본디 자족할 줄 모르니, 어쩌면 쑥대 같은 마음을 지녀서일 것이다.
>
> 기억하건대 옛날 舊 貞陵洞 南川의 묘소 아래, 結城 折笋軒의 따뜻한 햇살, 龜山鄕校의 봄바람, 또 높은 望僊樓의 가을과 水落山 書齋의 밤 같은 것들은 모두 여러 벗들과 모여 득의한 때가 아님이 없었다. 그리고 단풍잎 훨훨 날리는 9월에 잔에 술을 채워 거문고 연주하며 노래 부르고, 曲水의 물가에서 자두를 띄우고 오이를 담가 놓았을 때에는 惠連도 있고 아울러 魯直도 있어서 조화롭게 수창하니, 즐거움이 또 끝이 없었다. 그런데 잠깐 사이에 완전히 과거의 일이 되어 엎질러진 물과 떨어진 꽃처럼 되돌릴 수 없으니, 지금 어떻게 좇을 수 있겠는가.
>
> 명쾌하고 빼어난 문장과 높고 큰 기상이 하나의 木棺에 거두어지고 한 줌 흙에 묻히게 되었다. 어려운 일을 감당할 수 있는 재능과 칼을 자유자재

> 로 구사하는 여유가 있음에도 끝내 걸출한 재능을 발휘할 수 없었으니, 이는 세도의 무상함으로 공에게 있어 또한 어찌 유감스러운 일이겠는가. 다만 평소의 교의가 있어서 공의 재주를 안타까워하는 마음을 절로 그칠 수 없기에 이렇게 말하니, 大方家에게 비웃음을 사지는 않을는지.[37]

최천서의 실제 사적과 관력을 살펴보면, 삭녕朔寧과 임실任實의 수령을 맡은 것 외에는 특기할 만한 사실이 없다. 이러한 이유로 남학명은 그가 뛰어난 재능을 발휘하지 못한 채 한 줌 흙으로 돌아간 것이 매우 안타까웠고, 이러한 심사를 제문 말미에 오롯이 드러내었다. 그런데 이와 같은 심사는 여타 제문에서도 흔히 볼 수 있는, 투식에 가까운 서술에 불과하다. 이 작품이 망자를 위한 글쓰기로서 비감을 증폭시키고 공감을 일으키는 대목은 바로 제문의 서두 부분과 이어서 경험을 환기하는 부분이다. 우선 남학명 그에게 있어 최천서가 매우 특별한 벗이었음을 첫 문장에서부터 확인할 수 있다. 이웃이면서[里閈], 친척이면서[親懿], 동학이면서[同遊學], 동년배인[比年齒] 지우가 바로 최천서였다. 50년이나 함께 호흡했던 존재였기에 그의 부재는 긴긴 50년도 부족할 만큼 순식간으로 치부해 버린다. 이어서 남학명은 쫓기듯 최천서와 둘만의 추억들을 나열하기 바쁘다. 정릉동貞陵洞의 남천南川의 묘소, 결성結城의 절순헌折笋軒, 구산향교龜山鄕校, 망선루望僊樓, 수락산水落山, 그리고 단풍잎

37 南鶴鳴, 「祭崔朔寧子休文」, 『晦隱集』 권2. "人有恒言取友有道, 或以里閈, 或以親懿, 或同遊學, 或比年齒, 余於公也, 兼斯四者. 閱五十春秋, 以如寄之生, 處若夢之世, 非不久且咸也, 及聞公之訃, 如昨日之須臾, 信乎人固不自知足, 豈猶有蓬之心耶? <u>記昔貞陵舊洞南川墓下, 潔湖折笋軒之赫陽, 龜山杏壇之春風, 又若望僊高樓之秋, 水落山齋之夜, 無非盍簪得意之時. 而飛飛九月, 尊酒琴歌, 曲水臨流, 浮李沈瓜, 亦有惠連, 兼以魯直, 調諧唱酬, 樂且無央</u>. 俛仰之間, 一歸陳迹, 水覆花落, 今將何追? 敏妙之文, 軒豁之氣, 戢之一木, 藏於一抔, 盤錯之才, 遊刃之恢, 終未得別其利器. 此世道之無常, 在於公也, 亦何憾焉? 只有平生之誼, 惜才之心, 不能自已, 而有此云云, 恐爲大方家之所笑也."

훨훨 날리는 날 술잔을 기울이며 노래 부르던 일, 물가에서 자두를 띄우고 오이를 담가 놓고서 수창한 일 등을 숨 가쁘게 서술하는데, 둘만의 경험이 하나씩 꼬리를 물며 이어질수록 남학명의 비감은 점점 증폭된다. 남학명은 망자가 된 최천서를 비상하게 추억하기 위해 개인적 경험들을 환기하고 그 자체로 망자를 위한 애도의 정서를 모두 드러낸 것이다. 이러한 점은 서사를 통해 애제류의 특징인 서정성을 효과적으로 드러낸 것이라 할 수 있다.

남학명의 처남이자 박장원朴長遠(1612~1671)의 사위인 이세귀李世龜(1646~1700)를 위해 지은 제문에서도 앞서와 같은 방식으로 비감을 차츰 증폭시키는 글쓰기를 구사하였다.

> 내가 처음 그대를 안 것이 기유년 봄이었네. 그대의 수염은 그림을 그린 것 같았고 나의 이는 백옥을 엮은 것 같았네. 어른과 아이 대여섯이 무리지어 남쪽 기슭에서 노닐었네. 벼슬길이 평탄하니 준마가 달리기에 충분하였는데, 오히려 나의 노둔함을 채찍질하여 뒤의 무리에서 좇아 달리게 하였네. 그러던 중에 혼인을 맺어 星州에서 묵었네. 밤중에 술 한 잔 할 적에는 앞 산 봉우리가 달을 토했었지. 武屹과 寒岡에서는 유풍을 함께 존숭하였고 疊石臺와 伽倻山에서는 함께 고적을 탐방하였네. 누이가 結城의 시집으로 올 적에는 그대가 창하면 내가 답하였네. 그대가 부모상을 당했을 적에는 나는 선친을 따라 남해 유배지에 있었네. 매번 묘소의 여막을 방문할 때마다 서로 면려하고 가엾게 여겼네. 서울로 돌아왔을 때에는 나는 침상에서 병을 앓았네. 병 걸린 나를 위해 탄식했었고 학문하지 못하는 나를 위해 한탄하였네. 만나 보거나 편지를 받을 때면 내 얼굴은 번번이 붉어졌네.[38]

38 南鶴鳴, 『晦隱集』 권2, 「祭李壽翁文」. “我初識子, 己酉春月. 君鬚如畵, 我齒編玉. 五六冠童, 羣遊南麓. 長衢坦蕩, 駃騠騁足. 尙策駑鈍, 後隊有逐. 中結婚媾, 舘于星岳. 一尊中夜, 前峰吐月. 武屹寒岡, 遺風共挹. 疊石伽倻, 同探舊蹟. 于歸潔湖, 子唱吾答.

비교적 편폭을 길게 하여 작성한 제문인데, 인용한 부분은 서두 부분에 해당한다. 이 제문 역시 주된 정조는 뛰어난 재능을 다 드러내지 못한 채 일찍 세상을 떠난 것에 대한 안타까움이다. "지금 세상에 태어나서 이런 인물 참으로 얻기 어려운데, 지금은 죽고 없으니 망연자실할 뿐이네. 의문이 생기면 누구에게 물을 것이며 나가고자 한들 어디로 가겠는가.[生今之世, 此亦難得, 今也則亡, 窅茫如失. 有疑誰質, 欲出奚適.]"라는 표현에서 구체적으로 확인할 수 있다. 다만 이와 같은 비감이 전면에 드러나기 이전에 남학명은 망자와의 구체적인 경험들을 적시하면서 각각의 감정들을 뒤섞어 쌓아간다. 누이와의 혼례로 인해 처음 만났던 성주星州, 정구鄭逑(1543~1620)의 유풍이 서려있는 무흘武屹(수도산)과 한강寒岡(창평산), 함께 유람했던 첩석대疊石臺와 가야산伽倻山, 누이가 친정으로 왔을 때 수창했던 결성結城, 유배지와 서울에서의 만남과 헤어짐 등의 나열은 구체적인 상황과 장소를 밝힘으로써 표현 기교에만 기댄 슬픈 감정의 토로보다 훨씬 핍진하게 비감이 드러난다고 할 수 있다. 이러한 점 역시 앞서 살펴본 작품과 마찬가지로 서사를 통한 애제류의 서정성을 드러낸 방식이라 할 수 있다.

둘만의 경험의 환기를 통해 망자를 비상하게 추억하려는 남학명의 노력은 애제류뿐만 아니라 비지류에서도 확인할 수 있는데, 남학명이 셋째 며느리를 위해 지은 광지壙誌가 그것이다.

> 네가 처음 시집왔을 때가 기억나는구나. 내가 舍人洞의 曲水亭에 머무르고 있었는데, 너는 술과 장을 가지고 나와서 나한테 주었다. 부녀자와 아이들이 모두 모여서 물가에서 화전을 붙였는데, 그 때 紅碧의 꽃이 만발

君罹巨創, 我隨海玦. 每過墓廬, 相勉且惜. 及歸京洛, 我病牀簀. 歎我嬰疾, 嘅我不學. 會面承札, 我顔輒赤.

> 하여 곱고 아름다워 너는 매우 즐거워하였다. 온 집안에 화목한 기운이 손에 잡힐 듯하였으니, 누가 백년해로의 기약과 번창하는 축복이 여기에서 그칠 줄 생각이나 했겠느냐.[39]

남학명의 막내 남오관南五寬은 48세에 얻은 귀한 아들이었고, 그 며느리 또한 어리고 총명했기에 남학명이 매우 아꼈다. 그런데 14세의 나이로 시집온 지 한 해가 지났을 때 중병을 앓아 세상을 떠나고 말았다. "너의 일생에 대해서 드러내어 말할 만한 것이 도무지 없어서 단지 세벌世閥, 세교世交만 자세하게 적으니, 더욱 비통하구나.[於汝一生, 都無表顯之可稱, 特詳於世閥世好, 重可悲也.]"라고 할 정도로 어린 나이에 유명을 달리한 며느리 때문에 고통스러웠을 남학명은, 짧은 편폭의 광지임에도 꽤 많은 분량을 할애하여 며느리와의 경험을 환기하여 추억하려고 노력하였다. 술과 장을 가지고 와서 건네준 행위에서부터 꽃놀이할 때의 즐거워한 모습에 이르기까지 소소하기 그지없는 장면들이지만, 이런 작고 담박한 경험이 망자를 추억하는 남학명 자신에게만큼은 가장 비상하고 절실한 감정을 드러내는 수단이었을 것이다. 이와 같은 남학명의 글쓰기에서 독자는 그의 애도와 비감을 나지막하게 공감하는 것이다.

(2) 간엄한 필치를 통한 망자에 대한 각인

비지류 문장은 묘주의 세계世系, 평생의 행적 등을 서술해야만 한다. 다만 이러한 필수적인 항목들을 고정된 틀 안에서 나열식으로 서술한다면 묘주만 바뀔 뿐 천편일률적인 체재가 되고 만다. 그러므로 비지류

39 南鶴鳴, 「季子婦李氏壙誌」, 『晦隱集』 권4. "記汝于歸之初, 余留舍人洞之曲水亭, 汝持酒漿出而享我. 婦孺皆會, 臨流煮花, 于時紅碧滿發, 夭夭蓁蓁, 汝甚樂之. 一堂之和氣可掬, 孰謂百年之期蕃昌之祝, 止於此而已耶?"

안에서 문학성을 추구하려면 우선 필수적인 항목들을 어떻게 안배할지에 대한 고민을 요하게 된다. 이에 대해서 정호鄭澔(1648~1736)는 다음과 같이 말했다.

> 고금의 묘표, 묘지 등 여러 작품들은 그 법도가 같지 않습니다. 世譜를 먼저 서술하고 일과 행적을 나중에 서술하는 경우도 있으며, 일과 행적을 먼저 서술하고 世譜를 나중에 서술하는 경우도 있습니다. 또 일과 행적 중 큰일을 대략 발췌하여 시작하고 각 시기별로 지나온 이력의 조목을 상세하게 쓰는 경우도 있고, 첫머리에서 일과 행적을 상세하게 써서 文勢가 끝없이 이어져 조목을 나눌 필요 없이 그대로 글 전체의 체제를 이루는 경우도 있습니다. 그러하니 그 체제와 절차를 다 거론할 수는 없습니다. 그러나 마지막으로 든 양식의 경우는 본래 훌륭한 문장가가 아니면 실로 결점이 없기 어렵습니다. 尤庵과 淸陰 선생은 그 양식을 쓴 경우가 많은데, 저와 같은 졸필로 어찌 감히 쉽게 따라할 수 있겠습니까. 지금 이 글은 세 번째 조목의 양식을 쓰기 때문에 처음은 간략하고 끝은 상세하여 저절로 문세가 끊이지 않습니다. ……(중략)…… 金石文字는 비록 간단하고 요약된 것을 귀중하게 여기지만, 문맥을 절단해버리는 병폐를 고인들이 이미 말했는데 형께서는 살펴보지 않으셨습니까. 대저 고금의 작자는 각기 자신이 특히 마음을 쓴 곳이 있습니다. 그런데 그것을 보는 후인들이 다만 자신의 의견을 기준으로 삼아 판단하고 함부로 평론을 가하면, 마땅히 의심할 만한 句法과 의심할 만한 결점이 있을 것이니, 그 작자가 문제점이 있는 것이 아니라 보는 사람이 문제점이 있다는 것을 어찌 알겠습니까.[40]

---

40 鄭澔, 「答兪監役書」, 『丈巖集』 권10. "古今表誌諸作, 其規不一. 或有先述世譜, 而後敍事行者, 或有先事行, 而後世譜者. 或有略撮其事行之大者起頭, 而詳鋪於履歷系年之條, 或有詳鋪事行於初頭, 文勢袞袞, 不必節殺, 而仍成篇體者. 其體樣節次, 不可盡擧. 然其末條體樣, 自非大手筆, 實難無病. 尤庵老先生及淸陰先生, 多用其體, 如弟拙筆, 何敢容易效嚬乎? 今此文字, 槩用第三條體樣, 故始略終詳, 自是文勢之

세계와 평생의 행적을 안배하는 형식을 정호는 대략 네 가지로 구분하였는데, 세 번째로 거론한 체재가 규격화된 비지류 형식에 변화를 주어 문학성을 이끌어내는 것이라 할 수 있다. "일과 행적 가운데 큰일을 대략 발췌하여 시작하고 각 시기별로 지나온 이력의 조목을 상세하게 쓰는[略撮其事行之大者起頭, 而詳鋪於履歷系年之條]"것은 핵심적인 행적을 강령綱領으로 설정하고 이것을 위주로 문장을 직조하는 편장 수사의 하나이다.[41] 이는 바로 김창협金昌協(1651~1708) 비지론碑誌論의 핵심이라 할 수 있는 간엄簡嚴과 일맥상통한다. 주지하다시피 비지류 문장에 대한 문체론을 본격적으로 논의한 인물은 김창협이다. 그는 비지류 문장은 한결같이 간엄을 위주로 해야 하며, 간엄한 문체를 십분 구사한 작가로 한유韓愈를 꼽았다. 간엄에 대해서는 기존에 김창협의 연구자들에 의해 충분히 구명되었다. 이미 구명된 내용을 간추리면 다음과 같다. 간엄을 '서술의 간략함과 엄격함'으로 보고, 앞의 간략함은 구성의 간략함을 뒤의 엄격함은 인물 평가와 용어 사용에 대한 엄격함이라고 정의하였다.[42] 또 간엄을 편장 서사에서의 간결簡潔, 체단體段의 간약簡約이라고 정의한 경우도 있다.[43] 결국 간엄은 자구 단위가 아니라 편장 단위에서의 간결

所不已. ……(중략)…… 金石文字, 雖以省約爲貴, 而截斷文脈之病, 古人已言之, 兄不曾察耶? 大抵古今作者, 各有自家用意處. 而後人之見者, 但繩以己意而斷之, 妄加雌黃, 則固宜有可疑之句法, 可疑之疵纇, 安知其作者非病, 而見者是病乎?"

41 金昌協, 「雜識·外篇」, 『農巖集』 권34. "지금 歐公의 여러 비지를 읽어보니 綱領을 제시하고 關節을 착종시키는 데마다 법이 있으며, 간엄하면서도 핵실하며 상세하면서도 번잡하지 않아서 意度가 한가하고 情思가 곡진하여 風神이 생동하는 곳은 또한 종종 그림과 같다.(今讀歐公諸碑誌, 其提挈綱領, 錯綜關節, 種種有法, 簡而能該, 詳而不繁, 意度閒暇, 而情事曲盡, 風神生色處, 又往往如畫.)"

42 안득용, 「農巖 金昌協 碑誌類 散文 硏究 – 인물 형상화 양상과 그 의미를 중심으로 –」, 한국어문학국제학술포럼 제1차 국제학술대회, 한국어문학국제학술포럼, 2007, 327면.

43 안세현, 「農巖 碑誌論의 형성 배경과 碑誌文의 특징」, 『우암논총』6, 충북대 우암연구소, 2012, 120면.

함, 간약함을 추구하는 것이라 할 수 있는데, 그렇다면 편장 구성의 간약함이라는 것은 구체적으로 무엇을 가리키는가. 편장 구성의 간약함이란 바로 묘주의 진면목을 간단하고 요령 있게 드러내는 구성 원리[44]라고 할 수 있겠다.[45]

이렇게 정의한 간엄을 기준으로 남학명의 비지류 작품을 살펴보겠다. 첫 번째 글은 요절한 장남 남극관을 위해 지은 「망아묘표亡兒墓表」이다.

> [1] 생원 南克寬의 묘이다. 大丘 徐氏가 합장되었다.
>
> [2] 字가 伯居이고, 영의정으로 致仕한 휘 九萬의 長孫이다. 아비 鶴鳴이 文忠公 李恒福의 증손녀를 아내로 맞이하여 36세에 너를 낳았다. 너는 약관에 성균관에 들어가 세상 사람들이 모두 나라를 빛낼 것으로 기대하였으나, 불행히도 6년 동안 중병을 앓다가 일어나지 못하고 눈을 감으니, 그때 나이가 26세였다. 태어났을 때가 先府君의 周甲인 기사년[1689]이었는데, 죽은 해가 또 아비의 주갑[1714]이었다.

44 묘주의 진면목을 간단하고 요령 있게 드러내는 구성 원리로서의 '간엄'은 김창협의 다음과 같은 언급에서도 확인할 수 있다. 「農巖雜識·外篇」에서 "韓愈의 문장 가운데 「孔左丞墓誌」 같은 것은 역임한 벼슬과 행한 일에 대한 서술이 매우 상세하면서 그 사람됨에 대해서는 도리어 상세하지 않아 간략한 것 같다. 그러나 銘에 이르기를 '흰 낯빛 큰 키에 웃음 적고 과묵했네.'라고 하였는데, 이 여덟 자를 보면 孔公의 용모와 기상을 또렷이 보는 것 같다. 그리고 序文에 孔公을 만류해 달라는 韓公의 상소가 실려 있는데, 거기에 이르기를 '절개를 지키며 빈궁하게 살았고 논의가 올바르고 공평하였다.', '나라를 걱정하느라 집안을 잊었으며 마음을 쓰는 것이 극진하였다.' 하였으니, 그 사람됨의 대체를 더욱 자세히 알 수 있어 실로 더 이상 번거롭게 서술할 필요가 없다.(韓文如孔左丞墓誌敍, 歷官行事頗該, 而顧不詳其爲人, 似簡略. 然銘云白而長身寡笑與言, 只此八字, 孔公之容貌氣象, 宛在目中. 又序中, 載公請留疏云守節淸苦, 論議正平, 憂國忘家, 用意至到, 則其爲人大體, 尤可具見, 固不待復煩敍述也.)" 김창협은 한유가 孔戣의 묘지명을 지으면서 그의 진면목을 살필 수 있는 강령을 序文과 銘文 가운데 의도적으로 배치함으로써 읽는 이로 하여금 묘주의 대체를 더욱 자세히 살필 수 있다고 분석하였는데, 이것이 바로 김창협의 비지론인 '간엄'의 핵심 요소이다.

45 권진옥, 「도암(陶菴) 이재(李縡) 비지류(碑誌類) 문장의 일고찰 - 신도비를 중심으로 -」, 『온지논총』54, 온지학회, 2018, 93면.

③ 사람됨이 穎發하고 明直하며 介潔하여 욕심이 없고, 오직 전적만을 즐겨 먹고 자는 것도 잊었다. 두루 읽고 정밀하고 자세하게 연구하여 패연히 자득한 바가 있었으며, 우리 일가의 말을 논찬하여 후세에 전하려 하였으나 미처 이루지 못하였다. 스스로 호를 謝施子라 하였고, 죽음을 앞두고 직접 원고 2편을 산정하여 『夢囈集』이라고 하였다.

④ 徐氏는 태어나고 죽은 때가 모두 너보다 1년 늦고, 龍仁의 大華山 서쪽 기슭의 선영 艮坐의 산에 부장되었으니, 바로 崇禎 후 朝鮮朝의 두 번째 을미년[1715] 2월이다. 徐氏는 至性이 있어 시부모를 효성으로 잘 모셨고, 너의 상을 당하자 지하에 따라가기로 작정을 하였으나 그래도 자결이 흉사가 됨을 혐의하였는데, 끝내 애훼하여 상을 마치지 못하고 눈을 감았다. 뒷일을 직접 써서 죽기 전에 오빠에게 보였는데 모두 조리가 있었다. 여염의 사람들이 절행을 들어 조정에 아뢰니, 정려가 내려졌다. 아버지는 판서 徐文裕이다.

⑤ 아비가 仲子 處寬으로 하여금 아들을 낳으면 곧바로 너의 양자로 삼게 하고, 세 딸이 출가하게 되면 묘표의 왼쪽에 이어서 이름을 새기게 할 것이다. 우리 宜寧 南氏는 국초의 敬烈公 휘 乙蕃으로부터 11대 동안 宦族의 명맥을 이었고 모두 혈속을 전하여왔는데, 너에 이르러 후사 없이 요절하여 양자로 대를 잇게 되었으니, 아 슬프구나![46]

남학명이 36세의 나이에 처음으로 얻은 아들이면서 역량과 재능이

46 南鶴鳴, 「亡兒墓表」, 『晦隱集』 권4. "① 生員南克寬墓, 大丘徐氏祔左. ② 字伯居, 領議政致仕諱九萬冢孫. 父鶴鳴, 娶李文忠公恒福曾孫, 三十六生汝. 弱冠登上庠, 世皆期以華國, 不幸沈疾六年不起, 年二十六. 其生也, 卽先府君周甲之己巳歲, 其死也, 又其父周甲. ③ 爲人穎拔明直, 介潔無嗜欲, 惟耽典籍, 忘寢食. 博極精微, 沛然有自得, 擬論撰爲一家言以垂後, 而未及. 自號謝施子, 臨死自定其藁二編, 題曰夢囈集. ④ 徐氏生死皆後汝一年, 祔葬龍仁大華山西麓先兆負艮之原, 卽崇禎後朝鮮再乙未二月也. 有至性, 克孝舅姑, 及喪定以歸從泉下, 猶嫌自決爲凶, 終毁而不勝. 自草身後事, 臨絶示其兄, 皆有倫理. 閭里擧節行聞于朝, 旌閭, 其考判書文裕. ⑤父使仲子處寬生男, 卽繼汝, 待三女于歸, 續刻表左. 我宜寧南氏, 自國初敬烈公諱乙蕃, 十一世, 世襲冠冕, 皆傳血屬, 至汝身夭閼無嗣, 託以螟蛉, 吁其悲!"

비범한 인물이었던 남극관은 26세의 젊은 나이로 세상을 떠났다. 이러한 상황에 비추어보면, 남학명의 이 묘표는 비통한 감정의 파고나 굴곡은 숨겨둔 채 단선적이고 객관적인 사실 관계 중심으로 구성되어 있다. 내용별로 구분하면 [1]은 묘표의 묘주 소개, [2]는 묘주의 가계와 생몰, [3] 묘주의 성품과 학문, 저술 소개 [4] 묘주의 아내에 대한 설명, [5] 창작자의 비감 표출로 나눌 수 있다. 앞서 비지류의 간엄에 대해 묘주의 진면목을 간단하고 요령 있게 드러내는 구성 원리라고 정의하였는데, 이는 창작자의 입장에서 뿐만 아니라 이 글을 읽는 독자로 하여금 묘주를 깊이 각인시키는 효과적인 방법이라 할 수 있다. 특히 이처럼 편폭을 짧게 작성하는 게 일반적인 묘표는 구성을 어떻게 안배하느냐에 따라 묘주가 깊이 각인되기도 하고 범범하게 지나쳐버리기도 한다. 남학명이 생각한 묘주의 진면목은, 다시 말해 자신을 비롯한 후대의 독자들에게 각인시키고 싶었던 남극관의 면모는 그의 남다른 성품과 재능도 아닌 후사가 없이 쓸쓸히 요절한 인간상이었다. 기실 남학명이 남극관을 추억하며 기록한 「서망아유시사」를 참고하면, 그의 성품이나 재능이 남다른 점이 많아서 묘표를 지으면서 상당 부분을 할애하여 서술할 법한데도 그렇게 하지 않았다는 점을 주목할 필요가 있는 것이다.

[2]에서 남극관의 생몰을 밝히면서 태어난 해를 조부의 회갑으로, 죽은 해를 부친의 회갑으로 강조한 사실은 은연중에 3대가 그의 요절을 비통해함을 드러내는 것이고, [4]에서 남극관보다 1년 뒤에 요절한 아내를 서술한 부분 역시 그의 요절이 더욱 비통해지는 대목이다. 마지막 단락에서 둘째 아들의 자식으로 하여금 양자로 삼게 할 것이고, 출가한 세 딸의 이름을 일일이 묘표 옆에 새길 것이라 다짐하는 부분도 요절한 자식을 위한 아비로서의 마지막 노력이다. 이렇듯 요절이라는 묘주의 진면목을 묘주의 생몰, 묘주 아내의 요절, 묘주의 양자와 딸들에 대한 약속

등의 단락별로 안배하여 감정에 휩싸이지 않고 간명하고 요령 있게 서술하였기에 요절한 인간상으로서 남극관의 생애가 독자에게 깊이 각인되고 있는 것이다.

아래에 인용한 작품은 남학명 자신이 생전에 작성한 자찬묘지이다. 자신을 되돌아보며 스스로의 진면목이 무엇인지 고민한 결과, 남학명은 스스로를 처사문인으로서의 인간상으로 수렴하였다.

1 晦隱翁은 孝宗 5년 갑오년[1654] 2월 7일에 태어났다. 당초 先考 영의정 부군과 妣 貞敬夫人 鄭氏는 많은 자식을 잃고 단지 晦隱翁 한 사람뿐이었다. 옹 또한 10명의 자녀가 있었으나, 그 중 6명을 잃었다. 15세에 同春 宋 文正公[宋浚吉]이 冠을 올려주고 子聞이라고 字를 지어주었으니, 先祖考께서 兒名을 鶴鳴이라고 지어준 것을 고치지 않고 그대로 썼기 때문이었다.

2 文簡 李敏叙 공의 따님과 혼인하였는데, 6년간 살면서 후사가 없었고 요절하였다. 이어서 목사 李時顯 공의 따님과 혼인하였는데, 장남 克寬은 먼저 요절하였고, 둘째는 處寬이고 셋째는 五寬이다. 두 딸은 李昌元, 李匡誼에게 출가하였다. 죽으면 龍仁 花谷의 선영 아래 亡室의 묘 왼쪽에 장사지내려 하였으니, 이어서 상이 나면 마땅히 세 무덤을 나란히 써야 할 것이다.

3 옹은 일찍부터 병을 앓아 과거공부를 하지 않았다. 이어서 생각하건대 자손이 번창하지 못한 것은 실로 자신의 복이 적어서였다. 또한 부모에게 사치스럽게 양육되었다고 생각하여 절제하고 겸손하고자 하였다. 그래서 천거로 主簿에 제수되었을 때 나아가지 않았으니, 감히 고상함으로 자처한 것이 아니다

4 중년에는 꽃과 과일나무 천 그루를 水落山 서쪽 晦雲洞에 심고 몇 칸 집을 지었는데 계곡의 아름다움이 있었다. 상국 崔錫鼎이 군이 晦隱齋라고 이름을 지었으니, 이 또한 감히 직접 호를 지은 것이 아니다. 서적과

> 금석문 모으는 것을 즐겨 만권 가까이 모았고, 무릇 세상에서 말하는 聲色臭味에 대해선 욕심이 없었다. 아름다운 산수를 즐겨 혹 나귀를 타고 술병을 차고 나가 놀다가 돌아오는 것을 잊기도 하였다. 조상을 받들고 종족을 돈독히 하는 데에는 감히 소홀히 하지 않았다. 이렇게 일생을 보내었고, 지금 70의 나이에 가까워 문을 닫고 칩거하고 있다.
>
> 5 유언은 다음과 같다. 棺은 連幅을 쓰고, 深衣로 襲을 하라. 석회가 곧 덧널 역할을 하니 外棺을 쓰지 마라. 풍수가에게 미혹되어 遷葬하지 말고, 길흉의 예는 國典을 따르도록 해라. 宜寧 南氏는 고려 때부터 큰 성씨였으며, 학자들은 先府君을 藥泉先生이라고 부른다.[47]

1과 2는 묘지의 일반적인 형식에 준하는 내용이고, 그 이하부터가 남들로 하여금 각인시키고자 했던 묘주의 진면목이다. 3에서는 자신의 허약한 체질과 부유한 집안의 배경에 기인한 처사의 삶을 선택한 인생행로, 4에서는 처사적 삶을 구가하면서 누렸던 인생의 즐거움, 5에서는 유언의 방식을 통해 자손들에게 당부하는 내용으로 구성되어 있는데, 처사의 삶과 문인의 삶을 형상화하면서 그 기저에는 절제[撙節]와 겸손[謙抑]의 자세가 있음을 은연중에 드러내고 있다. 부친의 정치적 입지

47 南鶴鳴, 「晦隱翁自序墓誌」, 『晦隱集』 권4. "1 翁生以孝宗五年甲午二月七日. 始先考領議政府君, 妣貞敬夫人鄭氏, 多不育, 只翁一人. 翁亦有十子女, 失其六. 十五歲同春宋文正公冠之, 字以子聞. 蓋先祖考命乳名鶴鳴, 仍不改. 2 娶李文簡公敏叙女, 六年無嗣而夭, 繼娶牧使李公時顯女. 男克寬先夭, 仲處寬, 季五寬, 二女歸李昌元李匡誼. 擬死便葬龍仁花谷先壟下亡室墓左, 繼有喪, 當竝列三墳焉. 3 翁早病不治擧子業. 仍念子姓之不蕃昌, 實緣福眇, 亦以被養於父母者過侈, 欲撙節謙抑, 薦授主簿不就, 非敢自處以高也. 4 中年種花果千樹於水落山西晦雲洞, 築數間屋, 有溪壑之美. 崔相國錫鼎强名以晦隱齋, 亦非敢自以爲號也. 耽蓄書史金石之文, 近萬軸, 凡世所謂聲色臭味泊如也. 喜佳山水, 或騎驢攜壺, 出遊忘返. 於奉先敦宗, 不敢忽焉. 以此終身, 今近七袠, 閉戶如蟄蟲. 5 遺命棺用連幅, 襲以深衣, 石灰卽槨, 勿用外棺, 毋惑堪輿家遷動, 吉凶禮遵國典. 宜寧之南, 自勝國爲大姓, 學者稱先府君爲藥泉先生云."

나 학문적 위상과는 동떨어진 삶을 살았던 남학명은 철저하게 처사문인으로 스스로를 묘사하고 있다. 이는 인생의 막바지에 생애를 반추한 그의 솔직한 고백이기도 하지만 그 이면에는 가문의 배경을 통해 지배체제에 편승하지 않고 자신의 소신대로 삶을 살았던 스스로에 대한 자부이기도 하다. 이러한 그의 진면목을 처사에서 문인으로, 다시 검소한 선비의 모습으로 단락별로 안배하는 간엄한 구성을 통해 효과적으로 형상화하였다.

4) 소결

이 글은 조선 중후기의 소론 계열 인물인 회은 남학명을 대상으로, 그가 남긴 산문 가운데 망자를 위해 지은 작품들을 고찰한 것이다. 남학명의 시문집인 『회은집』은 총 5권2책으로 구성되어 있는데, 산문 가운데 망자를 위해 지은 작품들은 권2부터 권4까지 수록되어 있다. 장르로 구분하면 애제류, 전장류, 비지류 등으로 나뉘는데, 총 18편으로 『회은집』 한문 산문 가운데 적지 않은 분량을 차지하고 있다. 남학명이 망자를 위해 지은 작품은 대체로 친척과 인척, 선조를 대상으로 많은 글을 지었는데, 창작 시기는 만년에 집중되어 있다. 장르별로 살펴보면, 애제류는 고종사촌이면서 학문적 교유의 대상이었던 박태유・박태보 형제, 처남이었던 이세귀, 평생의 지우였던 최천서를 위해 지은 제문이 있다. 전장류는 박태보를 위해 지은 행장 1편 외에는 모두 유사이다. 종조부, 부친, 장남 등 직계 인물뿐만 아니라 방계의 친족까지 망라하고 있다. 비지류는 모친, 종숙, 장남, 며느리를 묘주로 한 작품들이 있는데, 특히 남학명 자신이 생전에 지은 자찬묘지도 있다.

망자를 위해 짓는 산문은 장르 성격상 요구되는 미덕의 차이가 있지만 본질적으로 애도의 정서가 짙게 배어있다. 망자에 대한 작자의 비감이 때로는 망자와의 둘만의 특별한 경험을 환기시켜서 망자를 깊이 추억하려는 노력에서 드러나기도 하고, 때로는 비감을 공유하기 위해서 간엄한 필치로 제3자인 독자로 하여금 망자를 인상적으로 각인시키기도 한다. 이렇듯 애도와 비감을 주된 정조로 작성되는 작품일지라도 작자의 문학적 역량에 따라 투식적이고 규격화된 장르의 규범을 벗어나 변주하기도 하는데, 남학명이 망자를 위해 지은 작품들은 다양한 방식을 구사하여 그 대상을 추억하고, 각인시키고 있다. 이러한 점에서 남학명 한문 산문의 문학적 성취를 추출할 수 있다.

망자와의 둘만의 특별한 경험을 환기시켜서 망자를 깊이 추억하려는 노력이 돋보이는 작품은 「제최삭녕자휴문祭崔朔寧子休文」과 「제이수옹문祭李壽翁文」이다. 이 두 개의 애제류 작품들은 작자와 망자 둘만의 경험을 구체적으로 환기시켜서 표현 기교에만 기댄 슬픔 감정의 토로보다 훨씬 핍진하게 비감을 드러내었으니, 애제류의 특징이라 할 수 있는 서정성을 구체적인 서사를 통해 획득한 사례라 할 수 있다.

간엄한 필치로 제3자인 독자로 하여금 망자를 인상적으로 각인시킨 작품은 「망아묘표亡兒墓表」와 「회은옹자서묘지晦隱翁自序墓誌」이다. 이 비지류 작품들은 묘주의 진면목을 간단하고 요령 있게 드러내는 구성 원리인 비지류의 간엄이 십분 발휘된 글인데, 작자가 생각하는 묘주의 진면목을 편장의 안배와 구성을 통해 효과적으로 형상화하였다.

위와 같은 애제류와 비지류의 특징들은 문학사적으로 이전 시기 비지류를 계승한 측면이 있다. 17세기 비지류에서는 강령綱領과 연계시켜 서술하거나 사건별로 분류하는 방법을 사용하고, 묘주의 개성을 드러내거나 비감을 불러일으키기 위해 일화나 직접인용을 사용하는 것이 두드러졌는데,[48] 편장의 구성 원리를 통해 간엄을 획득한 남학명의 비지류는 이전 시기 강령을 통해 서사를 안배한 비지류 특징을 계승한 측면이 있으며, 아울러 구체적인 경험적 서사를 통해 서정성을 배가시킨 남학명의 애제류는 이전 시기 비감을 불러일으키기 위해 일화를 사용한 비지류 특징도 장르는 다르지만 일정 정도 계승한 측면이 있다고 하겠다.

지금까지 남학명에 대한 연구는 대체로 문학 방면에서 이루어졌는데, 한시, 산수유기, 누정기, 잡설 등에 한하여 진행되었다. 이 글은 그의 한문 산문 연구의 일환으로 기존에 주목을 받았던 장르 외에 실제로 많은 작품을 남긴 망자를 위한 작품들을 고찰하여, '경험의 환기'라는 측면과 '간엄한 필치'라는 측면에서 그 특징을 추출해 보았다. 다만 망자를 위한 대표적인 글쓰기인 만시挽詩를 함께 고찰하지 않은 점, 나아가 남구만, 남학명, 남극관로 이어지는 3대의 문학적 동이성이나 스타일을 미처 고구하지 못한 점이 아쉬움으로 남는다. 이는 후고를 기약하는 바이다.

48 안득용, 「16세기 후반~17세기 전반 비지문의 전범과 서술 양상에 대한 고찰」, 『한국한문학연구』39, 한국한문학회, 251~256면.

3. 도암陶菴 이재李縡의 상소문上疏文

1) 서론

도암陶菴 이재李縡(1680~1746)는 우의정을 역임했던 이숙李䎘의 손자이자 성균관 진사였던 이만창李晩昌의 아들이었으며, 어머니는 민유중閔維重의 딸이고 이모는 인현왕후仁顯王后였다. 이러한 집안 배경으로 인해 그는 18세기 노론계 핵심인물 가운데 한 사람으로 성장한다. 학문적으로는 중부인 이만성李晩成과 농암農巖 김창협金昌協을 사사하였으며 18세기 호락논쟁湖洛論爭에서 인물성동론人物性同論을 주장한 낙론洛論 계열의 대표적 학자였다.[49] 기존의 이재에 대한 연구는 학문과 문학 방면에서 진행되었지만 주로 학자로서의 입지에 주목하였다. 그의 학문에 대한 연구는 대체로 호락논쟁을 위시한 성리학性理學,[50] 『사례편람四禮便覽』으로 대표되는 예학禮學,[51] 사서四書 해설서인 『사서강설四書講說』[52] 등을 다루고 있다. 한편 문학에 대한 연구는 필기잡록인 『삼관기三官記』에 대한 검토[53]를 시작으로 한시 세계를 조망한 연구가 진행

49 다음의 언급들이 학자로서의 이재 면모를 증명해준다. 洪直弼, 「答李在邦」, 『梅山集』 권15. "모름지기 農巖과 寒泉처럼 은거하면서 경전을 연구하고 正學을 제창하여 탁월하게 당시와 후세의 표준이 되어야 제일류라고 이를 만하다.(須如農巖寒泉退藏硏經, 倡明正學, 卓然爲今與後之標準, 方可謂第一流也.)"; 兪漢雋, 「允摯堂稿序」, 『自著』 自著準本. "대개 우리나라의 유학은 현종・숙종 이전부터 융숭했음은 말할 것도 없고, 나는 이전 조정의 성세에서도 보았다. 寒泉 李縡, 黎湖 朴弼周, 嵬巖 李柬, 南塘 韓元震, 屛溪 尹鳳九, 蟾村 閔遇洙, 渼湖 金元行, 櫟泉 宋明欽, 鹿門 任聖周 등 여러 노선생이 앞뒤로 세상에 나란히 나와 들은 것을 높이고 아는 것을 행하며 전현을 계승하여 사림의 모범이 되고 세도에 도움이 되었다.(盖惟國朝儒學, 自顯・肅以上尙矣毋論, 余猶及見先朝盛際矣. 寒泉・黎湖・嵬巖・南塘・屛溪・蟾村・渼湖・櫟泉・鹿門諸老先生, 先後並世, 尊聞行知, 以承前賢, 爲式於士林, 有助乎世道.)"

50 허권수 외, 『한국인물유학사3』, 「陶菴 李縡」, 한길사, 1996.

51 짱위자, 「陶菴 李縡의 예학과 爲人之道 연구」, 경희대학교 석사학위논문, 2015.

52 김종현, 「陶菴 李縡의 『論語講說』 硏究」, 경상대학교 석사학위논문, 2011.

되었다.[54] 이 가운데 이재의 삶을 추적하며 한시 전반을 다룬 김동준의 연구는 향후 이재 문학 연구에 있어서 토대가 되었다. 그러나 위와 같은 연구사가 보여주듯 이재에 대한 연구는, 연구 업적 간의 간극이 시기적으로 멀고 양적으로도 미미한 것이 사실이다. 18세기 그의 정치적 입지, 학자적 면모 등을 고려하면 더욱 의아하다. 뿐만 아니라 그의 시문집인 『도암집陶菴集』을 제외한 여타의 저술, 예컨대 『주형宙衡』,[55] 『사례편람四禮便覽』, 『사서강설四書講說』, 『검신록檢身錄』,[56] 『근사심원近思尋源』, 『서사윤송書社輪誦』,[57] 『오선생휘언五先生徽言』,[58] 『삼관기三官記』, 『존양록尊攘錄』[59] 등은 여러 분야에 대한 학자적 관심과 연구의 성과물인데 몇몇 저술 외에는 아직 학계에 거의 알려지지 않고 있다. 그러므로 향후 18세기 학문과 사상, 문학과 정치를 이해하는 방편으로 이재에 대한 연구가 더욱 활발하게 이루어져야 할 것이다.

이 글은 기왕에 진행되었던 이재 문학 연구의 일환으로 그의 산문을 다루고자 한다. 한시를 조망한 연구 성과들에 보조를 맞춘다는 의미도 있지만, 실제 그가 남긴 시문집에는 4권에 그치는 한시에 비해 46권이 모두 산문으로 이루어져 있다. 장르별로 일별하자면, 권5~8은 상소문上疏文, 서계書啓, 강의講義, 권9~23은 650여 편의 편지글, 권24는 서발문

53 류혜자, 「陶菴 李縡의 『三官記』: 그 내용을 중심으로」, 『국어국문학논문집』 5, 동국대학교 국어국문학회, 1964.

54 정순희, 「陶菴 李縡 시의 문예미」, 『한국한문학연구』 34, 한국한문학회, 2004; 김동준, 「陶菴 李縡의 삶과 시문학」, 『한국한시작가연구』 14, 한국한시학회, 2010.

55 경전과 제사서, 역사서 등에서 處身, 處變에 관련된 내용을 발췌하여 모은 저술.

56 인격 수양을 위한 도덕실천서 성격의 저술.

57 宋나라 성리학자의 글 33편을 모은 저술.

58 『尊攘編』이라고도 함. 周敦頤, 程顥, 程頤, 張載, 朱熹의 글 가운데 의리에 관련된 내용을 정리한 저술.

59 대명의리와 관련된 자료들을 野史 형식으로 수합한 저술.

序跋文, 기문記文, 권25는 잡저雜著, 권26은 교서教書, 상량문上樑文, 제문祭文, 권27~30은 신도비神道碑, 권31~46은 묘갈墓碣, 묘표墓表, 묘지墓誌, 권47~50은 시장諡狀, 행장行狀 등으로 구성되어 있다. 산문 가운데서도 편지글과 묘도문자가 상당 부분을 차지하는 것은 이재의 정치적 입지나 학자적 위상의 방증이라 할 수 있다. 또한 상소문도 많은 분량을 차지하고 있는데, 상소문이나 차자류는 구체적 사안에 대한 정치적 견해를 진달하는 실용문이지만, 한편으로 전근대 지식인들의 문학적 역량이 가장 밀도 높게 투입된 산문 문체의 하나이기도 하다.[60] 이재가 지은 상소문은 거개가 사직상소문辭職上疏文으로 사직이라는 궁극적 목표 아래 다양한 논리와 서술 기법으로 상대방 즉 임금을 설득하고 있다. 사직상소문은 집필 동기부터 글쓰기 방식, 그 수용 과정에 이르기까지 천편일률적이라 할 만큼 고정된 관습이 지배적이긴 하지만 이런 관습적인 논리의 이면에는 궁극적으로 관철하고자 하는 의견, 부수적으로 노리는 효과 등이 간단치 않게 깔려 있다. 논사論事, 탄핵彈劾, 진정陳情 등의 피력을 겸하고 있음을 제목에서부터 밝히는 경우도 있고, 순수한 사직의 변만 담은 글이라 하더라도 화용론話用論의 측면에서 보면 사직 이외의 의미들을 함께 담고 있는 것이 대부분이다.[61] 또한 똑같이 사직을 청하는 것을 목적으로 하는 글들이지만, 천편일률적으로 격식화된 글을 쓰는 것이 아니라 각자 자신이 처한 상황과 그 자리에서 임금에게 하고자 하는 이야기를 자신의 방식으로 표현하였다는 점에서 주목할 필요가 있다.[62] 이러한 요인으로 인해 상소문은 더 이상 정치, 역사 분야의 취재

60 송혁기, 「소차류(疏箚類) 산문의 입의(立意)와 수사(修辭) 양상 일고」, 『민족문학사연구』 36, 민족문학사학회 · 민족문학사연구소, 2008, 85면.

61 송혁기, 「사직상소문의 문학적 연구를 위한 일고」, 『한국한문학연구』 48, 한국한문학회, 2011, 147~148면.

62 송혁기, 앞의 논문, 176면.

대상에서 머무르지 않고 오롯이 문학 연구의 테두리에 들어와 있다.[63] 이에 아래에서는 이재가 남긴 상소문을 대상으로 그 설득 논리와 서술 기법을 고찰하여 이재 산문의 일면을 밝히고자 한다. 우선 이재 상소문을 전체적으로 개관한 다음, 그의 상소문을 대상으로 입의立意와 수사修辭의 측면에서 분석하고자 한다. 그 가운데 특히 상소문의 대부분을 차지하는 사직상소문과 사관의 기록에 보이는 이른바 만언소萬言疏를 분석하고자 한다.

2) 이재 상소문의 개관

이재의 문집은 총 50권 25책으로 이루어져있는데, 그 가운데 상소문은 권5~7에 수록되어 있다. 1704년 여필중呂必重의 무고를 받고 검열을 사직하는 상소문부터 1746년에 세자우빈객世子右賓客을 사직하는 상소문에 이르기까지 40여 년 동안 작성한 상소문이 시대순으로 실려 있다. 그의 행적에 비추어보면 1702년 문과에 급제한 이후부터 1746년 세상을 떠나기까지 환로宦路 이후 전 생애에 걸쳐 작성되었다. 총 49편의 상소

63 상소문의 문예미나 문학성을 전면으로 다룬 연구는 다음과 같다. 신두환, 「상소문의 문예미학 탐색」, 『한국한문학연구』 33, 한국한문학회, 2004 ; 송혁기, 「소차류(疏箚類) 산문의 입의(立意)와 수사(修辭) 양상 일고」, 『민족문학사연구』 36, 민족문학사학회·민족문학사연구소, 2008 ; 송혁기, 「사직상소문의 문학적 연구를 위한 일고」, 『한국한문학연구』 48, 한국한문학회, 2011 ; 송혁기, 「災異 관련 應旨上疏文의 관습과 수사」, 『동아시아고대학』 33, 동아시아고대학회, 2014. 한편 이와 함께 개별 작가의 상소문 연구는 다음과 같다. 성당제, 「藥泉 上疏文의 文藝美와 現實對應」, 『인문과학』 36, 성균관대 인문과학연구소, 2005 ; 김현정, 「崔鳴吉 疏箚의 서술기법 연구」, 고려대학교 석사학위논문, 2009 ; 김광년, 「息庵 金錫冑의 疏箚類 散文 硏究」, 『동방한문학』 44, 동방한문학회, 2010 ; 정시열, 「寒岡 鄭逑의 上疏文 硏究」, 『한국학논집』 48, 계명대학교 한국학연구원, 2012 ; 송혁기, 「農巖 金昌協의 上疏文의 연구」, 『우암논총』 6, 충북대학교 우암연구소, 2012 ; 송혁기, 「剡溪 李潛의 丙戌年 上疏 연구」, 『민족문화연구』 60, 고려대학교 민족문화연구원, 2013 ; 김하윤, 「清陰 金尙憲 上疏文의 특징과 설득전략」, 『한민족어문학』 70, 한민족어문학회, 2015.

문을 남겼는데 권차별로 나열하면 아래와 같다.

연번	권차	제목	작성시기	비고
1	권5	여필중의 무고로 비난을 당한 뒤에 검열을 사직하는 상소[呂必重誣詆後辭檢閱疏]	1704년(숙종30)	辭職上疏
2		예문관 관원으로 임금이 선위한다는 비망기를 도로 거두기를 청하는 차자[藝文館請還收傳禪備忘箚]	1705년(숙종31)	箚子
3		봉교를 사직하는 상소[辭奉教疏]	1706년(숙종32)	辭職上疏
4		겸설서로 소회를 아뢰는 상소[兼說書陳所懷疏]	〃	陳情疏
5		헌납으로 일을 논한 상소[獻納論事疏]	1709년(숙종35)	論事疏
6		엄한 하교로 인해 견책을 청하고 이어 호당의 선발을 사양하는 상소[因嚴教請譴仍辭湖堂疏]	1710년(숙종36)	辭職上疏
7		수찬으로 옮기라는 명을 받고 진정을 아뢰어 종양을 구하는 상소[移修撰陳情乞終養疏]	〃	辭職上疏/陳情疏
8		견책을 받은 여러 신하들을 구원하기를 의론한 상소[擬論救被譴諸臣疏]	〃	伸冤疏
9		본직과 겸직을 사양하는 상소[辭本兼諸職疏]	1711년(숙종37)	辭職上疏
10		여러 사람들에게 비방을 받고 면직을 청하는 상소[被諸人詆斥乞免疏]	〃	辭職上疏
11		응교를 사직하는 상소[辭應教疏]	〃	辭職上疏
12		집의를 사직하는 상소[辭執義疏]	〃	辭職上疏
13		돌아가 모친을 봉양하기를 청하고 인하여 경계를 진언한 상소[乞歸養仍陳戒疏]	〃	辭職上疏/陳戒疏
14		대사성을 사직하는 상소[辭大司成疏]	1713년(숙종39)	辭職上疏
15		엄한 비답이 내린 뒤에 승지를 사직하는 상소[嚴批後辭承旨疏]	1716년(숙종42)	辭職上疏
16		부제학과 승문원 부제조를 사직하는 상소[辭副提學槐院副提調疏]	〃	辭職上疏
17	권6	부제학과 균전사를 사직하는 글[辭副提學均田使書]	1719년(숙종45)	辭職上疏
18		진연을 정지하기를 청하는 상소[請寢進宴疏]	〃	請願疏

19		강화 유수를 사직하는 상소[辭江華留守疏] 첫 번째	1720년(숙종46)	辭職上疏
20		강화 유수를 사직하는 상소[辭江華留守疏] 두 번째	〃	辭職上疏
21		함경 감사를 사직하는 상소[辭咸鏡監司疏] 첫 번째	〃	辭職上疏
22		함경 감사를 사직하는 상소[辭咸鏡監司疏] 두 번째	〃	辭職上疏
23		도승지를 사직하는 상소[辭都承旨疏]	〃	辭職上疏
24		대사헌 및 실록청 당상을 사직하는 상소[辭大司憲實錄堂上疏]	1721년(경종1)	辭職上疏
25		대사헌으로서 경계를 아뢴 상소[大司憲陳戒疏]	〃	辭職上疏
26		별유가 내린 뒤에 거듭 도승지를 사직하는 상소[別諭後再辭都承旨疏]	〃	辭職上疏
27		행 부제학을 사직하는 상소[辭行副提學疏]	1725년(영조1)	辭職上疏
28		이조 참판 및 실록청 도청 당상을 사직하는 상소[辭吏曹參判實錄都廳堂上疏]	〃	辭職上疏
29		대제학을 사직하는 상소[辭大提學疏] 첫 번째	〃	辭職上疏
30		거취를 아뢰어 이조 참판을 사직하는 상소[陳去就辭銓職疏]	〃	辭職上疏
31		도성에 들어온 뒤에 소회를 아뢴 상소[入城後陳所懷疏]	〃	陳情疏
32	권7	대사헌을 사직하는 상소[辭大司憲疏] 첫 번째	1726년(영조2)	辭職上疏
33		대제학을 사직하는 상소[辭大提學疏] 두 번째	〃	辭職上疏
34		대제학을 사직하는 상소[辭大提學疏] 세 번째	〃	辭職上疏
35		달려가 문안하고 돌아올 때 올린 상소[奔問歸時疏]	1728년(영조4)	陳情疏
36		좌윤을 사직하는 상소[辭左尹疏]	1730년(영조6)	辭職上疏
37		대사헌을 사직하는 소[辭大司憲疏] 두 번째	1731년(영조7)	辭職上疏
38		대명한 뒤 함께 견책을 받기를 청하는 상소[胥命後請同被罪譴疏]	1732년(영조8)	辭職上疏
39		대사헌을 사직하는 상소[辭大司憲疏] 세 번째	1733년(영조9)	辭職上疏
40		대사헌을 사직하는 상소[辭大司憲疏] 네 번째	1734년(영조10)	辭職上疏
41		원자 보양관을 사직하는 상소[辭元子輔養官疏]	1735년(영조11)	辭職上疏

42		원자 보양관을 사직하는 상소[辭元子輔養官疏]두 번째	〃	辭職上疏
43		원자 보양관을 사직하는 상소[辭元子輔養官疏] 세 번째	〃	辭職上疏
44		동궁의 책봉례를 거행할 때 광주로 나아가 이조 참판을 사직하는 상소[東宮冊禮時進詣廣州辭吏曹參判疏]	1736년(영조12)	辭職上疏
45		판윤을 사직하는 상소[辭判尹疏]	1739년(영조15)	辭職上疏
46		본직과 겸대한 관직을 사직하는 상소[辭本兼諸職疏]	1743년(영조19)	辭職上疏
47		별유를 받은 뒤에 올린 상소[別諭後疏]	〃	辭職上疏
48		소명에 나아가지 않고 견책을 청하는 상소[不赴召命請譴疏]	1744년(영조20)	辭職上疏
49		별유를 받은 뒤 사면하는 상소[別諭後辭免疏]	1746년(영조22)	辭職上疏

위의 목록표를 참고하면 알 수 있듯 진정소陳情疏나 진계소陳戒疏, 신원소伸冤疏, 논사소論事疏 등을 제외한 42편이 모두 사직상소문이다. 일반적으로 전체 상소문 가운데 사직상소문이 차지하는 비중은 의외로 매우 높다. 예컨대 17세기 뛰어난 상소문 작가로 꼽혔던 김창협金昌協의 경우 그의 문집에 실린 60편의 상소문 가운데 49편이 모두 사직상소문이고, 역시 상소문 작가로 이름난 남구만南九萬의 경우 210편의 상소문 가운데 162편이 모두 사직상소문에 해당한다. 17세기를 대표하는 산문 작가들인 이식李植, 장유張維, 최명길崔鳴吉, 김석주金錫胄 등의 경우도 사정은 비슷해서, 사직상소문이 대체로 70~80%를 차지한다.[64] 이재 역시 문집에 수록된 상소문 가운데 사직상소문이 85% 이상을 차지하고 있는데, 그 요인으로는 정치적 상황과 학문의 강구에 있다고 하겠다. 주지하

64 송혁기, 「사직상소문의 문학적 연구를 위한 일고」, 『한국한문학연구』 48, 한국한문학회, 2011, 148면.

다시피 사직상소문은 표면적으로 대부분 부모 봉양, 개인의 병환, 역량 부족 등을 이유로 사직을 청하지만, 그 기저에는 당시 정치적 상황이 사직의 중요한 이유가 된다. 이재의 경우, 숙종 때에는 외가인 여흥 민씨의 정치적 파란, 경종 때에는 왕세제 대리청정 문제, 영조 때에는 탕평책에 대한 반대 등의 정치적 요인으로 출사와 퇴거를 반복하였으며, 50세 이후에는 더 이상 환로에 뜻을 두지 않고 강학과 저술을 위해 번번이 사직을 청하여 퇴거하였다.

이재의 손자인 이채李采(1745~1820)는 조부의 상소문에 대해 평하기를, "장소章疏와 서독書牘 등에서 드러낸 것들은 의리義理에 근본하고 충간忠懇을 밝힌 것이었다.[其見於章疏書牘之間者, 援據義理, 明白忠懇.]"[65] 라고 하였다. 한편 고종高宗 연간 역대 유명한 장소章疏들을 한데 모아 만든 책인 『장소휘고章疏彙攷』[66]에도 이재의 사직상소문이 수록되어 있다. 이와 같은 후대 외부 사람의 평가 외에도 이재 자신이 타인의 상소문에 대해 평가하거나 직접적으로 상소문 작성의 예를 말해주는 사례들도 보인다.

> 당신이 올린 상소의 대체는 매우 좋습니다. 후한 녹봉을 차지할 수 있는 때에 흔들리지 않고서 나라를 위해 깊이 염려하고 士論을 위해 부축하여 한 가지 일로 몇 가지 善을 겸하였으니 잘 마무리했다고 하겠습니다. 다만 措語에 끝내 뼈에 사무치는 절실함이 부족합니다.[67]

65 李采, 「祖考陶菴先生墓小誌」, 『華泉集』 권15.

66 조선시대 유명한 章疏를 위주로, 왕의 綸音, 傳敎, 啓辭 등 관직생활에서 필요한 문건들을 한데 모은 책이다. 9책으로 이루어진 필사본으로 규장각(청구기호: 奎1752 v.1~9)에 소장되어 있다.

67 李縡, 「答兪展甫」, 『陶菴集』 권11. "盛疏大體儘好, 厚祿攙掇之際, 能不爲其所撓, 爲國家深慮, 爲士論扶植, 一事而兼數善, 可謂善收拾矣. 但措語終欠刺骨之切."

1738년에 이재와 사돈 관계인 유척기兪拓基(1691~1767)에 보낸 편지글의 일부이다. 당시 유척기는 경상 감사로 있었는데, 안동에서 괴변이 일어났다. 안동의 선비들이 김상헌金尙憲을 배향한 학동서원鶴東書院을 부수자, 공조 판서 박사수朴師洙가 상소로 조정에 알렸고, 그 상소문 가운데 "감사와 수령은 두려워하며 감히 한 마디도 하지 못했습니다."라는 언급을 하여 유척기는 매우 곤란한 지경이 되었다. 그래서 자신의 처신을 이재에게 자문하자 이재는 속히 장계 또는 상소로 정상을 자세히 아뢰어 법으로 통렬히 다스리라는 충고를 하였다. 그 후 이재는 유척기가 지은 상소문을 열람하고서 위와 같은 평을 남긴 것이다. 이재는 유척기와는 사돈 관계이면서 학적 연원을 함께 하는 사이였기에 이들 사이에 오고간 편지글을 살펴보면, 학문 담론, 정치 현안, 처신 문제부터 일상의 대소사에 이르기까지 긴밀하게 서로 영향을 끼쳤음을 알 수 있다. 유척기의 상소문을 두고 조어措語에 끝내 뼈에 사무치는 절실함이 부족하다는 이재의 평가는 상소문이 지니는 주요한 덕목인 진정眞情이 결여되었음을 지적한 것이다.

300리 밖으로 임용하지 않는다는 국법이 지엄한데다 이미 모친을 모시고 갈 수도 없으니 어찌 감히 하루라도 구차하게 자리를 차지할 수 있겠습니까. 곧장 관사의 일을 정리하고 사실대로 營門에 疏狀을 올리기를, "國典이 본디 이와 같지만 성상께서 특별한 은혜로 임명하신지라 힘써 받들지 않을 수 없었습니다. 또 봄날이 따뜻하여 추운 겨울 날씨와는 다르니 혹 어미를 모시고 올 수 있다고 생각했지만 어미의 병환이 이와 같아 이 계획 또한 어그러졌으니 의리상 그대로 주저앉아 있을 수 없습니다. 바라건대, 체직을 허락하는 한편 당초에 함부로 벼슬에 나아간 죄를 다스리도록 즉시 장계를 올려 아뢰어주십시오."라고 한다면 관찰사가 어찌 허락하지 않을 수 있겠습니까.[68]

1743년 단성 현감으로 부임한 이이李珥의 5대손 이진오李鎭五에게 보낸 편지글의 일부이다. 이재는 평소 조광조趙光祖, 이이李珥, 송시열宋時烈, 송준길宋浚吉을 추숭하여 도통을 잇고자 했던 만큼 이진오와는 사우로서 각별한 관계였다. 더욱이 이재는 『율곡전서栗谷全書』를 편찬하고 그 발문을 짓기도 하였다. 당시 이진오는 70세를 넘긴 노모를 봉양하고 있었는데 단성 현감에 제수되어 지방으로 떠나게 되었다. 위의 편지글은 단성으로 부임하는 이진오를 만났다가 작별한 다음 보낸 것이다. 속히 사직상소문을 올려 고향에서 노모를 봉양하라는 충고이다. 그러면서 어떻게 사직의 이유를 대야하는지를 알려주는 것도 부족하여 실제 상소문의 얼개를 지어주었다. 부모의 나이가 70세 이상인 자는 300리 밖 먼 고을의 수령으로 차임하지 않는다는 『경국대전經國大典』의 지엄한 국법을 임금에게 환기시키는 설득 논리였다. 또 옛날 어떤 관리가 부모의 연세가 70인데도 함부로 먼 고을에 부임했다는 이유로 논박을 받은 사례를 들어 이진오로 하여금 속히 행동에 옮기게 하였다.[69]

위에서 살펴보았듯이 비록 타자의 일이지만 진정眞情을 담아야하는 상소문의 속성을 강조하거나 사직상소문의 설득 논리를 대신 제시해주는 이재의 태도를 감안하면서, 실제 그의 사직상소문 양상을 아래에서 살펴보고, 나아가 이재 상소문의 백미라 할 수 있는 만언소萬言疏를 마지막 부분에서 다루어보겠다.

68 李縡, 「答李丹城」, 『陶菴集』 권12. “勿叙三百里外, 國法至嚴, 旣不得奉往慈闈, 則安敢一日苟冒? 卽爲整頓官事, 從實呈狀營門, 以爲‘國典本如此, 而除命出於特恩, 不敢不黽勉承膺. 且意春暖非如嚴寒, 或可將母以來矣, 母病如此, 此計亦左矣, 義不可仍蹲. 願卽啓聞許遞, 且治當初冒赴之罪’云云, 則道臣安得不許耶?”

69 李縡, 「答李丹城」, 『陶菴集』 권12. “向來通川倅尹某, 以親年七十冒赴遠邑, 被駁矣. 左右如不於夏前自處, 則又將不免.”

3) 상소문의 실제 양상

(1) 사직상소문의 설득 논리와 수사법

아래에서 살펴볼 사직상소문들은 3차례에 걸쳐 대제학大提學을 사직하는 글이다. 특정 관직을 사직하고자 여러 번 상소문을 작성하는 것은 일반적이었다. 심지어 이식과 같은 경우 대사간大司諫을 사직하고자 무려 18차례나 상소문을 작성하기도 하였다. 이재는 대제학 외에도 대사헌大司憲은 총 4차례, 원자보양관元子輔養官은 총 3차례에 걸쳐 사직상소문을 작성하였고, 2차례에 걸쳐 사직상소문을 올린 경우도 빈번하였다. 이렇게 특정 관직에 대해서 여러 번 사직상소문을 올릴 경우, 동일한 논리와 서술로는 상대방을 설득시키기 어렵기 때문에 다양한 설득 전략을 구사할 수밖에 없다. 이재는 1725년에 한 편, 이듬해에 두 편의 대제학 사직상소문을 작성하였는데, 이들 3편의 사직상소문을 비교분석하여 그의 설득 논리를 고찰해보겠다.

1725년에 맨 처음으로 작성한 글의 개요는 다음과 같다.

> 1 도입 : 대제학을 임명해준 임금에 대한 송구함과 감사함
> 2 문제 제기 : 대제학 직분의 중요성을 강조하고 자신이 잘못 선발되었음을 문제 제기
> 3 설득1 : 자신의 무능함, 병환 등을 이유로 적임자가 아님을 피력함
> 4 설득2 : 자신으로 인해 대제학의 본의가 실추되어서는 안 됨을 강조함
> 5 결어 : 적임자를 새로 선발하기를 간곡히 청함

도입부터 결어에 이르기까지 일반적인 사직상소문의 설득 논리와 서술을 그대로 구현하였다. 대제학이라는 직분의 중요성을 강조하는 한편 자신이 적임자가 아니라는 이유들을 계속해서 제기하였다. 대제학은 관

각문자를 주관하는 자리인 만큼 이재 입장에서는 부족한 글 솜씨를 강조하는 것이 효과적인 설득 전략이었다. "글을 번지르르하게 꾸며 남의 이목을 즐겁게 하는 데에 지나지 않는다.[不過扮作色澤, 以悅人耳目.]"고 하거나 "고문古文에 능숙하지 못함은 말할 것도 없고 속하문자俗下文字에 부응하는 것조차 번번이 얼굴이 붉어지고 몸이 위축되어, 관각의 풍부하고 민첩한 글 솜씨를 아무도 신에게 기대하지 않는다.[古文蹊徑, 固非可論, 俗下應副, 遇輒赧縮, 館閣贍敏之手, 人亦不以期臣.]"고 하는 등 대제학의 직임을 수행할 수 없는 무능함을 내세우고 이처럼 간명한 논리로써 상대방을 설득한 것이다. 그야말로 정공법正攻法을 사용한 것이다. 그러나 이 첫 번째 시도는 실패하였다.[70] 이재 자신도 첫 번째 시도는 당연히 관철되지 않을 것이라 예상했을 것이므로, 일부러 사직상소문의 투식처럼 부족한 역량만을 내세운 것이다.

이듬해에 다시 한 번 사직상소문을 올린다. 첫 번째 글이 정공법을 택했다고 한다면 두 번째 글은 감정에 호소하거나 원리원칙을 강조하는 쪽으로 설득 전략을 펼친다. 감정에 호소하는 내용은 사직상소문의 투식에 가까운 부모 봉양 문제이고, 원리원칙을 강조하는 내용은 확고한 자신의 출처관을 주입시키는 것이었다.

1 도입 : 거듭 대제학을 임명해준 임금에 대한 송구함과 감사함

2 문제 제기 : 東朝의 호칭을 정하는 자리인 만큼 적임자가 아님을 문제 제기

3 설득1 : 대제학 자리를 50번이나 사양했지만 임금이 끝내 강요하지

70 『承政院日記』 英祖1年 5月18日 條에 있는 비답은 다음과 같다. "상소를 보고 잘 알았다. 이번에 새로이 대제학에 임명한 것은 공론이 똑같다. 더구나 문형의 자리는 경을 놓아두고 누구를 뽑겠는가. 경은 지나치게 사양하지 말고 속히 올라와 공무를 행하라.(省疏具悉. 今玆太史新命, 公議攸同, 況今文衡, 捨卿爲誰? 卿勿過辭, 從速上來行公.)"

못한 사례가 있음

④ 설득2: 모친 봉양을 제대로 하지 못한 불효자임을 호소함

⑤ 설득3: 義에 입각한 출처관을 강조함

⑥ 결어: 적임자를 새로 선발하고 자신의 죄를 물어주기를 청함

자신의 병환으로 모친을 제대로 봉양하지 못하는 불효자의 심정을 간곡하게 전하여 상대방의 감정에 동요를 일으키려는 전략은 사직상소문의 상투적인 어법이긴 하지만 유가사회에서 효를 강조하는 것은 상대방의 감정에 파고를 일으키기엔 충분하다.[71] 한편 이재의 출처관은 의義에 합당한지를 따져보아 나아가고 나아가지 않는 것을 결정하는 것이었다. 이 점은 손자인 이채李采가 의리와 충간으로 평가한 이재 상소문의 면모와 부합한다. 아래 인용한 글은 의리에 입각한 그의 출처관을 여실히 보여준다.

> 다만 신 역시 예전에 군자의 가르침을 들은 적이 있습니다. 군주와 신하의 정해진 분수는 하늘과 땅처럼 현격하니, 죽으나 사나 쉬우나 어려우나 명령을 따를 뿐입니다. 영예로운 벼슬을 사양하고 받을 때는 義 한 글자에 맞게 해야 합니다. 그러므로 나아갈 만하여 나아가는 것이나 나아갈 수 없어 나아가지 않는 것을 모두 공손이라 하는 것입니다. 신이 나아갈 수

71 이재의 사직상소문에는 노모 봉양을 이유로 감정에 호소하는 경우 외에도 자신의 깊은 병환을 곡진하게 설명하여 상대방의 동요를 불러일으키는 경우도 적지 않다. 그 대표적인 글로 이재가 세상을 떠난 1746년에 지은 「別諭後辭免疏」를 꼽을 수 있다. 예컨대 이 글에서 "신이 앓고 있는 風痺의 병이 여러 해 지나면서 고질이 되어 침상에서 움직일 때도 남의 부축이 필요합니다. 바야흐로 봄이라 날씨가 따뜻해지고 칩거했던 만물이 소생하는데도 문 밖 한 걸음도 엿볼 수가 없습니다. 또 말을 더듬는 증상이 거의 벙어리와 같고, 붓으로 바닥에 금을 그어 겨우 의사를 전달합니다.(蓋臣風痺之疾, 積歲沈痼, 床席運動, 亦須人扶. 方春向暖, 百蟄昭蘇, 而不能窺戶外一步地. 且口噤之證, 殆同啞子, 以筆劃地, 略可通意.)"라고 하여 병환으로 고통스런 모습이 눈앞에 훤하게 그려져 감정의 동요를 일으킨다.

> 없는 상황이 이미 저와 같은데 한갓 명령을 듣고 달려가는 것을 충성으로 여긴다면 군자에게 거듭 죄를 짓는 것이 아니겠습니까. 이것이 신이 차라리 명을 어긴 벌을 받을지언정 감히 한 몸의 진퇴 때문에 성조의 교화에 누를 끼칠 수 없는 이유입니다.[72]

신하의 거취에 있어서 의義를 강조하는 이재의 사유는 여타 사직상소문에서도 자주 보인다. 세 번째로 작성한 대제학 사직상소문에서도 "신하의 거취에는 의義 한 글자가 있기 마련이니, 나아갈 수 있는지 나아갈 수 없는지만 논해야 한다.[人臣去就, 自有一箇義字, 秪當論其可進與不可進.]"고 하였고, 「대명한 뒤 함께 견책을 받기를 청하는 상소[胥命後請同被罪譴疏]」에서 "군자가 벼슬하는 것은 그 의리를 행하기 위해서이다.[君子之仕也, 行其義也.]"라고 하거나, "정자程子가 또 의義라는 한 글자를 해석하여 이르기를, "몸을 깨끗이 하느라 인륜을 더럽히지는 않으나 이익을 따르느라 의리를 잊지도 않는다.[程子又釋義之一字曰, 雖不潔身而亂倫, 亦非徇利而忘義.]"라는 언급은 일관된 그의 출처관을 보여준다. 평소 문인들에게도 이재는 "출처와 거취는 오직 의義에 맞는지를 생각할 뿐 어찌 반드시 고정된 것이겠는가.[出處去就, 惟義之視, 何必局定?]"[73]라는 출처 의리를 가르쳤다. 이렇게 절절한 효심으로 감정에 호소하고 확고한 출처관을 피력한 두 번째 사직상소문이었지만 역시 실패하였다.[74]

72 李縡, 「辭大提學疏」(두 번째), 『陶菴集』 권7. "臣亦嘗聞君子之敎矣, 君臣常分, 截然若天地, 死生夷險, 惟命是從. 而至於榮爵辭受之際, 着得一箇義字, 以故可進而進, 不可進而不進, 均謂之恭矣. 臣之不可進旣如彼, 而徒以聞命趨走爲忠, 則豈不重得罪於君子乎? 此臣所以寧被違慢之誅, 不敢以一身進退, 累聖朝風化也."

73 李縡, 「論出處」, 『陶菴語錄』.

74 『承政院日記』 英祖2年 6月29日 條에 있는 비답은 다음과 같다. "경이 비록 모든 직책에 나오지 않고 온갖 직임에 대해 지나치게 사양한데도 이 직임에 대해서라면 어찌 오늘 명에 응하여 나왔다가 내일 시골로 돌아가겠는가. 결코 그렇게 해서는 안 된다. 경은 대대로 벼슬한 집안의 신하로서 이 직임을 맡지 않는다면 비록 권점하는 자리에

두 번째 사직상소문에 대한 비답을 받고 이틀 후에 다시 세 번째 사직상소문을 올린다. 이 글에서는 두 번째 글에서 강조한 출처관을 재차 강조하는 한편 짐짓 과격한 언사로 회유하고 있다.

> 신은 제 자신이 너무도 형편없다는 사실을 알고 있으니, 참으로 거짓을 진실이라 하고 없는 것을 있다고 하여 우리 밝으신 성상을 감히 속일 수는 없습니다. <u>그런데 밝으신 성상께서 지나치게 칭찬하신다면 당세의 선비들에게 부끄럽지 않겠습니까</u>.[75]

> 군주와 신하의 분수는 하늘과 땅처럼 현격하니 명을 내리면 곧 따라야 할 것 같지만, 나아가고 물러날 때에는 의리만을 보아야 합니다. 그러므로 아랫사람이 누차 명을 어기더라도 오만이 아니고, 윗사람이 뜻을 빼앗지 못하더라도 굴복이 아닙니다. 이것은 뜻을 통하게 하여 남을 완성해주는 방도입니다. <u>지금 전하께서 신하들을 대하실 적에 어진 마음은 참으로 곡진하지만 좁아서 움직이기 어려운 곳에 대해서는 번번이 속박하고 몰아쳐서 거취를 온전히 하지 못하게 합니다</u>. 신이 만약 평소 지키던 지조를 잃고 성상의 명을 따른다면 염치와 절개가 무너질 것이며, 신이 만약 목석처럼 완고하게 태도를 바꾸지 않는다면 분의가 어그러질 것입니다. <u>분의가 어그러지면 죄는 신의 몸에 그치지만 염치와 절개가 무너지면 조정에까지 모욕이 미치니</u>, 신은 이미 반복하여 생각해보고 처신할 곳을 알고 있습니다.[76]

참석하고 싶어도 할 수 있겠는가. 지금 내가 이렇게 말하는 것은 전날에 힘써 나오게 하려했던 뜻일 뿐만 아니라 오늘도, 내일도 나의 뜻이다. 내 마음을 알 수 있을 것이니 경은 지나치게 사양하지 말고 속히 올라오라.(卿雖千職不就, 百任過辭, 於是職, 則寧今日應命而明日還鄕? 決不宜如是也. 卿以世祿之臣, 非見帶於此任, 則雖欲參也, 其可得乎? 今予此敎, 非特前日勉出之意, 今日明日之旨, 可見予心, 卿勿過辭, 作速上來.)"

75 李縡, 「辭大提學疏」(세 번째), 『陶菴集』 권7. "臣旣知其萬萬不似, 則誠不敢以虛爲實, 以無爲有, 以罔我聖明, 聖明之過賜褒假, 不亦羞當世之士哉?"

76 李縡, 「辭大提學疏」(세 번째), 『陶菴集』 권7. "君臣之分, 截然若天地, 宜若有命輒承,

계속해서 자신을 임명하는 것은 당세의 선비들에게 부끄러운 처사라고 하거나, 신하를 속박하고 몰아쳐서 그들의 거취를 온전히 하지 못하게 한다는 일침은 이전 2편의 사직상소문에서 보이지 않던 과격한 언사라고 할 수 있다. 또한 자신이 지조를 잃고 대제학에 나아가면 염치와 절개가 무너져 조정의 모욕이 된다는 언사까지 거침이 없다. 그래서였을까. 이재는 결국 소명을 어긴 죄로 관작을 삭탈당하는 지경까지 이르게 된다. 이 일로 인해 당시 조정에서는 임금과 신하 사이에 치열한 공방이 벌어졌다. 당시 영조의 전교를 보면 "300년 군신간의 도리가 이재李縡로부터 소원해졌다. 일의 체모에 있어 참으로 몹시 놀라운 일이다. 이재의 관작을 삭탈하고 문외 출송하라.[三百年君臣分義, 自李縡而疎矣. 其在事體, 誠極駭然, 削奪官爵, 門外黜送.]"[77]라고 하였고, 이 일에 대해서 여러 신하들이 지나친 처분이라고 수차례 간언하자 영조는 다시 "이재가 나아가기를 어렵게 여기고 물러나는 것을 쉽게 여기는 뜻을 내 어찌 높게 여기지 않겠는가. 하지만 이번 일은 실로 지나쳤다. 산림이 세상일을 잊고 사는 경우가 아닌데 어찌 이럴 수가 있는가. 유하혜柳下惠의 불공함과 백이伯夷의 청렴함도 모두 지나치다는 비판을 면치 못하였다. 일의 체모가 신하로서의 도리 사이에서 마땅히 비교하고 헤아려 처신해야 하는데 이번의 일은 결국 그렇게 행동해서는 안 되는 것이었다. 비록 오늘 벌을 내리고 내일 도로 거두는 한이 있더라도 결코 그만둘 수 없다.[李縡之難進易退, 予豈不尙? 而今番之事, 則實爲過矣. 自非山林忘世之事, 豈宜如是? 柳下惠之不恭, 伯夷之淸, 俱未免過矣. 事體分義之間, 固當較量而處之, 今番之事, 終

而進退之際, 惟義是視. 故下而累違命而不爲傲, 上而不奪志而不爲詘, 此爲通志成物之道矣. 今殿下之待羣下, 仁意固曲摯, 而每於徑窄難轉處, 輒欲束縛而馳驟之, 使不得全其去就. 臣若喪失素守, 遵奉聖旨, 則廉節壞矣, 臣若頑如木石, 無所變動, 則分義虧矣. 分義之虧, 罪止臣身, 廉節之壞, 辱及朝廷, 臣已反復較絜而知所處矣."

77 『承政院日記』 英祖2年 7月2日 條.

不當如是矣. 雖今日用罰, 明日還收, 決不可已也.]"라고 지엄한 말을 남기기도 하였다. 그런데 이후에도 이태징李台徵, 송사윤宋思胤 등의 상소문에서 이재에 대한 처분이 너무 지나쳤다는 비판이 빗발쳤기에 결국 10여 일후에 임금의 풀어주라는 명이 내려 사건이 일단락되었다.

3편에 걸친 대제학 사직상소문의 대체와 실제로 벌어진 정황은 위와 같다. 3편 각각의 설득 논리는 동일하지 않은데, 직임의 막중함에 적임자가 아니라는 이유만을 건조하게 나열하는 정공법도 보이고, 모친 봉양과 확고한 출처관을 뒤섞어 상대방의 감정과 이성에 호소하는가 하면, 다소 과격한 언사로 상대방을 궁지에 몰아넣는 방식도 보인다. 물론 사직상소문의 궁극적 목표인 면직免職의 실효를 거두지는 못했지만, 동일한 주제를 두고 글쓰기를 변주하는 양상을 살필 수 있다. 총 4차례에 걸친 대사헌 사직상소문에서도 마찬가지이다. 노모 봉양과 견고한 출처관을 제시하고, 대사헌 직임의 중요성을 드러내어 적임자가 아님을 밝히고, 자신의 병환과 세상에 대한 염치를 강조하는 등 다양한 설득 논리로 사직을 청하고 있다. 이재의 상소문이 내용적 측면에서 이러한 모습을 보였다면, 형식적 측면, 즉 서술이나 표현의 기법에서 있어서는 어떠한 양상을 보이는지 살펴보겠다.

상소문이 문예성을 담보하려면 입의立意나 수사修辭의 방면에서도 성취를 이루어야 한다. 앞 절에서 살펴본 것이 입의의 측면이라면 이 절에서는 수사의 측면이다. 사직이라는 분명한 목표 아래 작성되는 사직상소문은 고정된 관습적 글쓰기의 한계를 벗어나기가 쉽지 않다. 그러다보니 설득의 대상이 되는 임금 역시 사직상소문을 투식적 행위로 간주하여 윤허를 내리지 않는 게 일반적이다. 이러한 난점을 극복하기 위해 사직상소문을 작성하는 자는 다양한 수사법을 동원하게 되는데, 장법章法이나 구법句法, 배비排比나 대구對句 등과 같은 구성적 측면은 물론이고 억양抑揚, 비유比喩 등과 같은 표현적 측면까지 고려하게 된다. 구성적 측면에서 탄탄하게 직조되었고 적절한 억양법을 구사한 사례로, 첫 번째로 올린 대제학 사직상소문을 꼽을 수 있다. 도입과 결어 부분을 제외하면 아래와 같다.

① 【주제단락】삼가 생각건대, 본조는 文治를 숭상하기 때문에 文衡의 직임을 가장 중시합니다. 그 직책이 실로 文教의 성쇠와 士風의 청탁에 관련되기에 문형을 선발할 때에는 반드시 삼공과 육경을 불러 널리 의논합니다. 이는 또 다른 관직에서는 볼 수 없는 절차인 만큼 까다롭고 신중히 선발함을 알 수 있습니다. 세상과 도가 서로를 잃고 문장과 학문이 모두 무너진 지금 이를 떨쳐 일으킬 책임이 오직 문형에게 있습니다. 더구나 성상께서 즉위하신 초기인 만큼 의당 한 시대의 人望을 받는 사람을 엄선하여 새로운 교화를 빛내야 합니다. 그런데 도리어 제대로 선발하지 못하여 어리석고 용렬한 신에게 잘못 내렸으니, 신은 무슨 영문인지 모르겠습니다.

② 【논증제시1】대개 신은 타고난 자질이 노둔하고 다른 재능이 없는데, 젊을 때에 문장을 꾸며 한갓 科場에서 헛된 명성을 훔쳤습니다. 그러나 글을 번지르르하게 꾸며 남의 이목을 즐겁게 하는 데에 지나지 않았기에 안으로는 양심을 무너뜨리고 밖으로는 식자들에게 부끄러웠습니다. 높은 과거 성적과 좋은 벼슬이 모두 신의 불행인지라, 중년의 나이에 조정에서 물러나와 틈틈이 옛 서적을 읽으며 노년에 허물을 보완하려는 소망이 없지는 않았으나, 심력이 굳세지 못하고 질병이 찾아드는 통에 五經과 諸子의 서적을 열에 하나도 읽지 못한 채 과루한 견문으로 그럭저럭 세월을 보내다 보니 어느새 명망 없는 사람이 되고 말았습니다.

③ 【②를 부연】문장을 꾸미는 일에 있어서도 재주가 미치지 못하는 데다 천성마저 나태한지라, 古文에 능숙하지 못함은 말할 것도 없고 俗下文字에 부응하는 것조차 번번이 얼굴이 붉어지고 몸이 위축되니, 館閣의 풍부하고 민첩한 글 솜씨를 아무도 신에게 기대하지 않습니다. 더구나 화를

당한 이후 깊은 산골에 묻혀 지내며 근심이 깊어지고 두려움이 쌓인 탓에 모든 세상사에 생각이 싸늘히 식어 버렸으니, 무슨 여력이 있어 문장을 다루는 일에 종사할 수 있겠습니까. 게다가 머리가 세고 이가 빠지며 시력과 청력이 전부 약해지고 정신과 기운이 고갈된 탓에 문장도 덩달아 쇠퇴하여 종전에 섭렵했던 것마저 모두 잊어버리고 말았습니다.

④ 【②와 ③을 요약】신의 본말과 장단이 이것이 전부인데 외람되이 추천 대상에 올라 성상의 간택을 받았습니다. 이는 다름이 아니라, 신이 조정에 머문 기간이 짧아 크고 작은 辭命에 한 번도 시험하지 못했기 때문이고, 또 여러 해 은거하는 동안 혹여 조금이라도 터득함이 있으리라 생각하시고 이처럼 쓸모없는 사람인 줄 모르셨기 때문입니다. 신이 만약 남이 제대로 알지 못하는 것을 요행으로 여겨 할 수 없는 것을 억지로 할 수 있다고 여긴다면 이는 자신을 속이고 하늘을 속이는 것입니다. 구구한 이 말은 실로 진심에서 우러나온 것이니, 하늘이 살펴보고 있는데 어찌 감히 꾸며서 말하겠습니까.

⑤ 【①과 조응】신이 직무의 중요성을 강조하여 진달하기에도 겨를이 없는 판국에 글재주 없는 신의 실상만을 밝힌 것은 우리나라에서 문형을 중시하는 뜻이 신에 이르러 무너질까 두렵기 때문입니다. 논평하여 바로잡아 주기를 공손히 기다린 지도 이미 여러 날이 지났으니, 하루를 헛되이 차지하고 있으면 하루만큼의 죄를 늘어나는 것입니다.[78]

78 李縡, 「辭大提學疏」(첫 번째), 『陶菴集』 권6. “① 竊念國朝尙文治, 以故最重文衡. 其爲職, 實關文教盛衰士風汚隆, 掄揀之際, 必招政府六卿而廣議之. 是又他職之所未有, 其難愼可知也. 見今世道交喪, 詞學俱壞, 振作之責, 專在是任, 況當聖主初服, 所宜極一時人望, 以賁新化, 而顧乃不擇, 誤及愚庸, 則臣莫知其何說也. ② 蓋臣天資魯下, 無他技能, 少時雕篆, 徒竊場屋間虛聲, 而不過扮作色澤, 以悅人耳目, 內壞心術, 外慙有識. 高科美官, 皆臣不幸, 中年屛居, 間閱古書, 不無桑楡息補之願, 而心力不强, 疾病侵尋, 五經諸子, 十不一窺, 因循寡陋, 虛度歲月, 居然作無聞之人矣. ③ 至於詞章藻繪之工, 才旣不逮, 性又嬾爲, 古文蹊徑, 固非可論, 俗下應副, 遇輒赧縮, 館閣贍敏之手, 人亦不以期臣. 況自禍故以來, 自放窮山, 沈憂積畏, 世念都冷, 豈有餘力可及筆研? 加以髮白齒落, 視聽全衰, 神枯氣竭, 文亦隨之, 幷與從前涉獵者而忘之矣. ④ 臣之本末長短, 已盡於斯, 而猥登薦剡, 至辱睿. 此無他, 以臣在朝日少, 大小辭命, 不曾一試, 又屛廢多年, 或意有分寸之得, 而不知空空若此耳. 臣若幸

상소문은 물론이거니와 여타 논리적 글쓰기를 표방하는 산문 장르는 조리 있는 구성이 관건이 된다. 이는 산문수사학에서 수미상관首尾相關이나 개합開闔 등의 수사 용어로 불리는데 단락 사이의 유기적인 조응照應을 중요시한 것이다. 조응의 문제는 앞뒤로 바로 연결되는 단락간의 연결이 아니라, 서로 떨어져 있는 단락간의 연결을 중요시한다. 앞 단락에서 암시하고 몇 단락 뒤에서 호응을 하는 방법인 것이다. ① 단락과 ⑤ 단락이 처음과 끝에서 조응하고, ③ 단락은 ② 단락을 부연설명하며, ④ 단락은 ② 단락과 ③ 단락을 요약하여 정리하고 있다. 이렇듯 순차적인 부연과 요약의 과정 속에서 상호간에 떨어져 있는 단락들이 주제의 효과적인 전달과 문예미를 위해 유기적으로 조응하는 모습이 비교적 선명하게 보인다고 하겠다. 한편 논리적 글쓰기에서 자주 사용되는 수사법으로 억양법이 있다. ① 단락에서는 대제학 직임의 막중함을 문교文敎와 사풍士風의 측면에서 강조한 다음, 새로운 교화를 빛내야하는 현실성까지 아울러 피력했다가 마지막에 잘못 선발된 책임을 묻고 있다. 또한 ⑤ 단락의 "신이 직무의 중요성을 강조하여 진달하기에도 겨를이 없는 판국에 글재주 없는 신의 실상만을 밝힌 것은, 우리나라에서 문형을 중시하는 뜻이 신에 이르러 무너질까 두렵기 때문입니다."라는 언급만 보더라도 대제학의 중요성에서 글재주 없는 실상으로, 다시 대제학의 중요성 강조로 이어지는 억양법을 구사하고 있다.

일반적으로 고문古文의 문예미는 당송고문이 그러했듯이 문종자순文從字順의 순정함을 추구한다. 표현에 있어서는 생소하거나 난삽하지 않은 어사語辭를 사용하고, 구성에 있어서는 구절과 문장, 문장과 단락, 단

人不知, 强不能以爲能, 則是爲自欺而欺天矣. 區區此言, 實出肝膈, 上天鑑臨, 其敢矯飾? ⑤ 臣不暇盛陳職事之重, 只明不文之實, 蓋恐國朝重文柄之意, 至臣而隳矣. 恭俟駁正, 亦旣多日, 一日虛冒, 尤增一日之罪."

락과 주제가 유기적으로 조응하는 것을 미덕으로 여긴다. 이재의 사직상소문을 읽다보면 이러한 고문의 색채를 느끼게 된다. 기존 연구에서 이재의 문학관에 대해, 문장화국文章華國의 색채가 스며들어 있지 않고 당시 문단에 새롭게 부상한 개성에 대한 자각적 인식이 발견되지 않는다[79]고 하였는데, 고문의 측면에서 보자면 이재의 상소문 역시 여기에 부합한다. 또한 기존의 사직상소문 연구를 참고하면, 김창협金昌協의 글은 이식李植처럼 일체의 감정을 배제하고 객관적인 문체를 구사한 것이 아니라, 오히려 치밀한 구조 가운데에도 자신의 진정眞情을 강하게 전달하는 특징[80]이 있는데, 이재의 사직상소문에서도 이러한 경향이 두드러진다. 앞에서 살펴본 상소문만 보더라도, 번다한 언사나 화려한 수식은 자제하면서 정제된 구법으로 작자의 솔직한 소회를 자연스레 드러내어 상대방을 설득하는 글쓰기를 구사하였다. 실제 벌어진 각각의 정황에 비추어보면, 번번이 윤허를 받지 못하여 실용문으로서 사직상소문이 그 실효를 거두지는 못했지만 입의와 수사라는 문예미 측면에서는 일정 정도 성취를 이루었다고 인정된다.

(2) 진정眞情과 의리義理에 기초한 만언소

영조가 즉위하면서 탕평 정국이 본격화되었다. 신임옥사辛壬獄事를 일으킨 소론의 김일경金一鏡, 남인의 목호룡睦虎龍 등을 숙청하면서 불거진 당파의 갈등은 영조의 의도와는 다르게 지리멸렬한 정국을 노정하게 된다. 영조 즉위 때 정권을 잡은 노론의 소론에 대한 토역討逆 공세는 탕평책을 공고히 하려는 영조와 상치되어 번번이 물의를 일으켰다. 이러

79 김동준, 「陶菴 李縡의 삶과 시문학」, 『한국한시작가연구』 14, 한국한시학회, 2010, 303면.
80 송혁기, 「사직상소문의 문학적 연구를 위한 일고」, 『한국한문학연구』 48, 한국한문학회, 2011, 174~175면.

한 소론에 대한 토역론討逆論을 강력하게 주장했던 대표적 인물이 한원진韓元震과 이재의 외숙인 민진원閔鎭遠이었다. 한원진은 소론의 일망타진과 탕평책의 무효성을 극단적으로 주장한 반면 민진원은 소론에 대한 선징토후조용先懲討後調用으로 탕평의 실효성을 거두자는 주장을 펼쳤다.[81] 결국은 소론에 대해 일정 정도 유화적인 입장을 취한 민진원 계열이 한원진 계열보다는 노론의 주도권을 잡게 되었다. 이러한 상황에서 이재는 한원진 계열에서 보이는 강경한 태도로 탕평책의 과오를 전면적으로 비판하는 상소문를 작성하였다. 『실록』에 기록된 이재의 졸기卒記에는 이 상소문에 대한 언급이 보인다. "을사년 경화 이후에는 단 한 번 서울에 들어와서 임금을 뵙고 만언萬言의 봉사封事를 올려 입을 다물고 어물어물하기만 하는 시론時論의 폐단을 진술하였다. 하지만 이때에 임금이 바야흐로 탕평책에 뜻을 기울이고 있는 참이어서, 그의 말을 등한히 여겨 받아들이지 않자 드디어 용인龍仁으로 물러나 살았다.[及乙巳更化, 屢被召命, 嘗一入覲, 進萬言封事, 極陳時論含糊鶻突之弊. 上方注意蕩平之治, 踈其言不用, 縡遂退居龍仁.]"라는 기록이 있는데, 이 만언소萬言疏는 바로 「도성에 들어온 뒤에 소회를 아뢴 상소[城後陳所懷疏]」를 가리킨다. 그 내용은 신임옥사의 잘잘못을 가리면서 영조의 탕평책을 논리적으로 신랄하게 비판한 것인데, 총 5,300여 자로 이루어진 장문의 글이다. 단락별 주요 내용은 아래와 같다.

[1] 불행한 국사와 무너진 세도를 위해 간언할 수밖에 없음을 피력함.
[2] 왕세제 대리청정의 마땅함을 주장하여 소론의 무함을 비판함.
[3] 신임옥사의 부당함을 강조하고 임금의 안일한 처분을 비판함.

81 조준호, 「朝鮮 肅宗~英祖代 近畿地域 老論學脈 硏究」, 국민대학교 박사학위논문, 2004, 120~123면.

4 탕평책이 옳은 의리가 아님을 재차 피력함.
5 시비를 가리지 않고 방기해버리는 임금의 정사를 비판함.
6 사적인 재산을 축적하는 임금의 행동을 비판함.
7 이치를 궁구하지 않는 임금의 학문을 비판함.
8 천리와 인욕을 통렬하게 구분하여 훌륭한 임금이 되기를 희망함.

주요 내용만 보더라도 이재의 중부仲父인 이만성李晩成을 죽음에까지 이르게 한 신임옥사에 대한 잘잘못을 비판한 것을 골자로, 이후 영조의 탕평책이 얼마나 실익이 없는 처사였는지, 또한 그 사이에서 시비를 가리지 않고 안일하게 처신한 영조의 입장을 신랄하게 비판하고 있다. 심지어 의리를 등한시하고 사욕을 추구한 영조 개인의 일탈 행위까지 거침이 없는 언사이다. 만언소萬言疏라는 분량 못지않게 영조를 향한 가차 없는 비판의 내용도 심상치 않다. 예컨대 영조를 향한 비판적 어조는 아래와 같이 점점 강경해진다.

○ 오늘날 임금의 무함을 씻고 나라의 역적을 토죄하는 일이 온 나라의 大論이 된 것을 전하께서는 물리도록 보고 지겹게 들으셨을 것입니다. 그러나 이는 하늘의 이치와 백성의 떳떳한 도리에 관계됨이 큰 것으로, 성상의 마음이 가려지고 미혹된 것도 이보다 큰 것이 없습니다.[今之雪君誣討國賊, 爲擧國大論, 殿下已飫見而厭聞矣. 然而此係天理民彝之大者, 聖心之所蔽惑, 亦無大於此.]

○ 어찌 전하께서는 작을 것을 살피고 큰 것을 버리시며 가까운 것에 가려 원대한 것에 어두운 것입니까. 신은 이것이 슬픕니다.[何殿下察於小而遺於大, 蔽於近而昧於遠耶? 臣竊傷之.]

○ 전하께서 매번 "내 마음은 편안하다"고 말씀하시니, 전하의 마음은 진실로 태연할 것입니다. 그러나 일에 드러난 것은 단지 이해를 따지고 혐의를 이리저리 회피하시니, 비록 스스로는 태연하다고 자신하지만 중외

의 사람들의 마음을 복종시킬 방법이 없습니다.[殿下每曰"吾心泰然", 殿下之心固泰然矣. 而其見於事, 則只是計較利害, 曲避嫌疑, 雖自信其泰然, 無以服中外之心.]

○ 지금 전하께서는 그저 명목 없는 상을 내리는 것을 좋아하시고 죄에 대해서는 경중을 따지지 않고 일체 너그러이 덮어주어 대체로 가엾게 여기는 기색을 보이시니, 차마 형벌을 시행하지 못할 뿐만 아니라 항상 남들에게 원망 받지 않으려는 뜻이 있는 듯합니다.[今殿下徒好無名之賞, 而於罪辟則不論輕重, 一切寬覆, 率示哀矜之色, 非徒不忍, 常若有欲人不怨之意.]

○ 전하께서 시험 삼아 생각하시건대, 누가 잘했고 누가 잘못했으며 누가 현명하고 누가 현명하지 못하다고 생각하십니까. 千乘의 나라가 小國이 아닌데, 전하께서는 개인적인 은혜와 작은 지혜로 임시변통하여 다스릴 수 있다고 생각하십니까?[殿下試思之, 孰得孰失孰賢孰否? 夫千乘之國, 非小也, 殿下謂可以私恩小智, 把持牽架而爲之耶?]

○ 전하께서는 이렇게 하지 않고 저들이 열었다 닫았다 펼쳤다 거두었다 하는 가운데 마음과 힘을 헛되어 쓰시고, 동요시키고 위협하는 말이 먼저 들어가, 저들에게 내린 융숭한 禮數가 加膝보다 심하고 駟馬로도 따라잡을 수 없는 잘못된 명을 내리셨습니다.[殿下不此之爲, 乃於捭闔張翕之中, 枉用心力, 恐動脅持之言, 不免先入, 禮數之隆, 甚於加膝, 命令之失, 駟或不及.]

○ 전하께서 소소한 일에 사심을 극복하지 못하시면서 오히려 매번 西銘을 인용하여 同胞의 사랑을 넓히시니 그 누가 믿겠습니까. 이는 작은 잘못이 아닙니다.[殿下於小處, 不能自克, 而猶且每引西銘, 以廣同胞之仁, 其孰信之? 此非小失也.]

○ 전하께서 걸핏하면 성인을 이끌어 개연히 다스림을 도모하시니 마치 스스로 三代의 정치를 기약하신 듯하지만, 일을 살펴보면 여전히 말세의 기상이니, 어찌 하늘이 우리 삼백년 종사를 돕고 싶겠습니까. 한밤중에 이를 생각하면 하염없이 눈물이 흐릅니다.[殿下動援聖人, 慨然圖理, 似若

以三代自期, 而考諸行事, 依然衰季氣象, 豈天不欲相我三百年宗祊耶? 中夜思之, 涕泗汍瀾.]

[1] 단락부터 [8] 단락에 이르는 동안 강경한 어조로 영조를 몰아붙인 몇몇 사례들만 인용하였다. 목호룡睦虎龍의 고변사건告變事件으로 촉발된 신임옥사가 마침내 무고였다는 것이 밝혀졌음에도 불구하고 영조는 탕평책을 공고히 하고자 소론을 완벽하게 배격하지 않은 채 노론과의 긴장 관계를 유지하였다. 이와 같은 영조의 전략은 노론의 입장을 대변하는 이재에게 있어서 결코 용납할 수 없는 국정 행태였다. 이러한 정세를 두고 마음이 가려지고 미혹되었다거나[蔽惑], 가까운 것에 가려 원대한 것에 어두워졌다거나[蔽於近而昧於遠], 이해를 따지고 혐의를 이리저리 회피하는[計較利害, 曲避嫌疑] 영조의 심성과 처신 문제를 거론하는 한편 소소한 일에 사심을 극복하지 못하고[於小處不能自克] 여전히 말세의 기상[依然衰季氣象]으로 치달린다는 극도의 언사까지 내뱉고 있다. 표현에 있어서도 "何……耶?", "豈……耶?"와 같은 반어법이나 "其孰信之?", "孰得孰失孰賢孰否?"와 같은 설의법을 반복적으로 구사하여 영조의 입지를 궁지로 내몰고 있다. 이러한 논조가 최고조에 이르러 탕평책의 허상과 잘못을 꼬집는 직언을 하게 되는데, 아래에 인용해본다.

○ 전하께서는 토죄하지 못하실 뿐만 아니라 번번이 시비의 근원에 대하여 모호하게 얼버무리고 뒤섞여 휩쓸려 충신과 역적이 구분되지 못하고 이름과 실상이 어긋나니, <u>무엇으로 선을 권면하며 무엇으로 악을 징계하며 무슨 수로 기강을 세우고 무슨 수로 습속을 변화시키겠습니까</u>. 이는 성상께서 악인을 교화하고자 했던 것이 단지 악을 조장한 것이 되고, 黨禍를 풀기 위한 방도가 단지 당화를 보탠 것이니, 이것이 어찌 성상께서 백성을 사랑하는 도이겠습니까.[殿下不惟不能討罪, 輒於是非源頭, 含糊而蕩

> 汨之, 忠逆不分, 名實相戾, 善者何所勸? 惡者何所懲? 紀綱何由而立? 習俗何由而變哉? 是則聖上所欲化其惡者, 適所以長惡, 所以紓黨禍者, 適所以益禍, 此豈聖上仁之之道乎?]

탕평책의 실상이 결국 악을 조장하고 당화黨禍를 부추기는 데 지나지 않았음을 신랄하게 비꼬았다. "무엇으로 선을 권면하며[善者何所勸?]"에서 "무슨 수로 습속을 변화시키겠습니까[習俗何由而變哉?]"에 이르는 점층법은 그 어세語勢와 기세氣勢가 소름이 끼칠 정도이다. 이처럼 영조의 심기를 직접적으로 건드려 탕평책의 폐단을 지적한 이재의 상소문이었기에 사관도 "입을 다물고 어물어물하기만 하는 시론時論의 폐단을 진술하였다."라는 평을 남겼을 것이다. 앞서 소론에 대한 일망타진과 탕평책의 무효성을 주장한 한원진은 영조의 탕평책을 비판하는 상소문에서 "장차 사邪와 정正, 역逆과 순順을 탕평하여 보합해 가고 간격이 생길 수 없게 하시려는 것이라면, '방향이 유로써 모이게 되고 만물은 무리로써 나누어지게 되는 것이다.'는 말은 거룩한 『역경易經』에 나와 있는 말이고, 훈유薰蕕와 빙탄氷炭은 같은 그릇에 둘 수 없음은 사물의 이치에 그렇게 되어 있는 것입니다. 정직하면서 순종하는 자는 비록 만 번 주륙誅戮을 받게 된다 하더라도 어찌 차마 다시 사특하면서 반역하는 자와 구차하게 합할 수 있으며, 사특하고 반역하는 자가 이미 징계하거나 두려워할 것이 없는데 또한 어찌 정직하고 순종하는 자와 합하려고 하게 되겠습니까? 이는 반드시 이루어지지 않을 일로서 사세가 마침내는 반드시 사특한 것이 정직한 것을 깎아내고 반역하는 것이 순종하는 것을 멸하게 되고 말 것입니다."라는 말을 남겼다.[82] 탕평책은 시비를 분별을 어렵게 만들어 이치를 크게 손상시킨다는 행위라고 비판한 내용인데,

82 『英祖實錄』 권10, 英祖 2年 11月 28日 條.

이재의 비판에 비하면 다소 범범하기까지 하다.

이재의 만언소는 『승정원일기承政院日記』에는 수록되지 않았고, 『영조실록英祖實錄』에 그 일부분만이 수록되어 있다. 다만 영조의 비답은 같은 내용으로 『승정원일기』와 『영조실록』에 모두 실려 있으니 그 내용은 다음과 같다. "낮에 경卿이 왔다는 것을 듣고 저녁에 경의 상소를 보니, 말이 매우 간절하고 지극함으로 깊이 가상하게 여기며 또한 들었던 앞에 말이 틀리지 않다고 하겠다. 의리를 명백히 분변한 곳에 이르러서는 말한 것이 매우 상세하고 착실하므로 내 나름대로 감탄하였다. 원소元疏는 궁중에 머물러 두고 좌우座右에 명언銘言으로 삼겠다.[晝聞卿來, 夕覽卿疏, 言甚切至, 深用嘉尙, 而亦可謂所聞前言之不非矣. 至於明辨義理之處, 言甚詳實, 予竊感歎. 原疏留中, 以作座右之銘.]" 시종 강경한 어조로 영조를 몰아세운 이재의 상소문이었지만 영조는 가상히 여기고 감탄했다는 말로 비답을 내렸다. 다만 앞서 이재의 졸기卒記에 언급된 내용을 참고하면, 영조는 이재의 상소문을 등한히 여겨 결국 받아들이지 않았다. 이와 같은 조치는 당연한 결과이겠지만 그럼에도 불구하고 이재의 이 만언소는 영조도 감탄할 정도로 언사가 곡진하며 의리가 분명한 글로 인정을 받았다는 사실을 확인할 수 있다. 이재의 상소문에 대해 의리義理에 근본하고 충간忠懇을 밝힌 글이라고 고평한 이채의 언급과 상소문의 중요한 덕목으로 이재가 거론한 조어措語의 진정성 등을 상기하면, 이재의 이 만언소는 이재 상소문 가운데 백미라 할 수 있다.

4) 소결

지금까지 도암 이재가 남긴 상소문을 고찰하였다. 이재의 문집에는 총 49편의 상소문이 수록되어 있는데, 거개가 사직상소문辭職上疏文이다. 여타 작가의 사직상소문과 마찬가지로 이재의 사직상소문 역시 '사직'이라는 궁극적 목표 아래 다양한 논리와 서술 기법으로 상대방 즉 임금을 설득하고 있다. 상소문의 집필 방식이 고정된 관습이 지배적이긴 하지만 그 이면에는 궁극적으로 관철시키려는 의견, 부수적으로 노리는 효과 등이 깔려 있고, 각자 자신이 처한 상황에 따라 논리적으로 서술하기 마련이다. 이러한 요인으로 상소문은 더 이상 정치, 역사 분야의 취재 대상에서 머무르지 않고 문학 연구의 대상이 된다.

이재는 상소문을 작성할 때 진정眞情을 가장 중요시하였고, 상황에 적실한 설득 논리를 강조하였다. 그가 작성한 상소문의 실제 양상을 살펴보더라도 이것과 어긋나지 않는다. 이재는 대제학을 사직하기 위해 3차례에 걸쳐 상소문을 작성하였는데, 각각의 글에서 다양하게 설득 논리를 변주하였다. 일반적으로 특정 관직에 대해서 여러 번 사직상소문을 올릴 경우, 동일한 논리와 서술로는 상대방을 설득시키기 어렵기 때문에 다양한 설득 전략을 구사할 수밖에 없다. 첫 번째 상소문에서는 직임의 막중함에 적임자가 아니라는 이유만을 건조하게 나열하는 정공법正攻法도 사용하였고, 두 번째 상소문에서는 모친 봉양과 확고한 출처관을 뒤섞어 상대방의 감정과 이성에 호소하였고, 마지막 상소문에서는 다소 과격한 언사로 상대방을 궁지에 몰아넣는 방식을 사용하였다. 결론적으로 사직상소문의 궁극적 목표인 면직免職의 실효를 거두지는 못했지만, 동일한 주제를 두고 설득 논리를 변주하는 양상을 살필 수 있다. 뿐만 아니라 총 4차례에 걸친 대사헌 사직상소문에서도 마찬가지이다. 노모 봉양과 견고한 출처관을 제시하고, 대사헌 직임의 중요성을 드러내어 적임자가 아님을 밝히고, 자신의 병환과 세상에 대한 염치를 강조하는 등 다양한 설득 논리로 사직을 청하고 있다. 이상은 이재 상소문의 내용적 측면 즉 입의立意의 고찰이다.

다음으로 살펴본 것은 이재 상소문의 형식적 측면 즉 수사修辭이다.

사직이라는 분명한 목표 아래 작성되는 사직상소문은 고정된 관습적 글쓰기의 한계를 벗어나기가 쉽지 않다. 이러한 난점을 극복하기 위해 사직상소문을 작성하는 자는 다양한 수사법을 동원하게 되는데, 장법章法이나 구법句法, 배비排比나 대구對句 등과 같은 구성적 측면은 물론이고 억양抑揚, 비유比喩 등과 같은 표현적 측면까지 고려하게 된다. 대제학을 사직하기 위해 첫 번째로 올린 상소문은 구성적 측면에서 탄탄하게 직조되었고 적절한 억양법을 구사하였다. 일반적으로 고문古文의 문예미는 문종자순文從字順의 순정함을 추구하는데, 표현에 있어서는 생소하거나 난삽하지 않은 어사語辭를 사용하고, 구성에 있어서는 구절과 문장, 문장과 단락, 단락과 주제가 유기적으로 조응照應하는 것을 미덕으로 여긴다. 이재의 상소문은 이러한 고문의 색채를 지니고 있다. 또한 치밀한 구조 가운데에도 자신의 진정眞情을 강하게 전달하는 김창협金昌協의 상소문처럼 이재의 상소문도 번다한 언사나 화려한 수식은 자제하면서 정제된 구법으로 작자의 솔직한 소회를 자연스레 드러내어 상대방을 설득하는 글쓰기를 구사하였다.

끝으로 이재의 졸기卒記에 언급될 만큼 그의 상소문의 백미라 할 수 있는 글, 이른바 만언소萬言疏라고 하는 「도성에 들어온 뒤에 소회를 아뢴 상소[入城後陳所懷疏]」를 살펴보았다. 그 내용은 신임옥사의 잘잘못을 가리면서 영조의 탕평책을 논리적으로 신랄하게 비판한 것인데, 총 5,300여 자로 이루어진 장문의 글이다. 이 글에서 이재는 반어법, 설의법, 점층법을 반복적으로 구사하여 신랄하게 영조의 탕평책을 비판하며 영조의 입지를 궁지로 내몰았다. 이 상소문을 열람한 영조는 자신을 향한 강경한 비판에도 불구하고 언사가 곡진하며 의미가 분명하다고 고평하였다. 이채李采가 이재의 상소문을 두고 의리에 근본하고 충간을 밝혔다고 평가한 점, 이재가 상소문의 중요한 덕목으로 조어措語

의 진정성을 꼽았다는 점, 영조가 곡진한 언사와 분명한 의미를 드러내었다고 평가한 점에서 이재의 만언소는 상소문의 모범이 될 만하다.

마지막으로 이재 문학 연구의 향방에 대해 언급하면서 이 글을 갈무리하고자 한다. 서두에서 언급했듯 이재의 문학 연구에서만 보면 아직 구명해야 할 과제들이 많이 남아있다. 우선 한시에 있어서는, 도학자로서의 한시를 규명하는 것 외에도 소재나 주제, 표현기법의 측면에서 접근하여 다양한 연구가 이루어질 수 있다. 예컨대 이재는 전 생애에 걸쳐 국화와 매화를 읊은 영물시가 상당수 차지한다. 만년에 갈수록 더욱 다작하게 되는데 이러한 양상을 섬세하게 고찰하는 것도 유의미한 연구가 될 것이다. 산문에 있어서는 그 분량도 많을 뿐만 아니라 농암 계열 문인들이 공통적으로 특장을 보이는 묘도문자에 대한 연구가 진행되어야 할 것이다. 이외에 이재가 남긴 저술 가운데 아직 학계에 소개되지 않은 자료들을 연구하는 것도 남은 과제라 할 수 있다.

4. 운양雲養 김윤식金允植의 기문記文

1) 서론

이 글은 한말의 유력한 관료정치인이자 문인지식인이었던 운양雲養 김윤식金允植(1835~1922)에 주목하여, 그가 남긴 제 기문記文의 문학적 특징을 규명하고자 한다. 주지하다시피, 김윤식은 격변하는 한말의 시대 상황과 범람하는 서구의 문명 속에서 전통적 사유와 시대적 요구에 대해 고민하고 실천해 나간 인물이다. 실제 그는 청나라와 일본 사이의 긴장 관계에서 공적으로 사적으로 외교적 업무를 담당하였고, 한편으로는 쇠미해져 가는 전통 학문과 문학을 계승하고자 노력하였다. 그에 대한 연구는 다방면에서 성과를 보였는데, 우선 당대에 주요 관직을 두루 맡아 국내외에서 활동한 이력으로 인해 일찍부터 역사학·정치외교·사회경제 분야에서 주목을 받아왔다.[83] 이외에도 사상과 학문,[84] 문학 분야에서 연구가 진행되었다. 그 가운데 문학 방면에서는 조선후기 고문론古文論이란 문학사적 맥락에서 한문산문 연구가 진척되었고,[85] 시론詩論, 시

83 정옥자, 「운양 김윤식 연구」, 『역사와 인간의 대응』, 한울, 1984 ; 이상일, 「雲養 金允植의 政治思想 硏究」, 『태동고전연구』 6, 한림대 태동고전연구소, 1990 ; 이상일, 「雲養 金允植의 社會·經濟思想」, 『태동고전연구』 9, 한림대 태동고전연구소, 1993 ; 백승철, 「운양 김윤식의 국제 정세인식과 외교론」, 『열상고전연구』 42, 열상고전연구회, 2014.

84 대표적인 연구 성과는 다음과 같다. 김의진, 「운양 김윤식의 서학수용론과 정치활동」, 연세대학교 석사학위논문, 1985 ; 이상일, 「운양 김윤식의 사상과 활동 연구」, 동국대학교 박사학위논문 1995 ; 권정의, 「운양 김윤식의 전통유학사상에 대하여」, 『역사학연구』 12, 전남사학회, 1998 ; 김용태, 「애국계몽기 雲養 金允植의 사상과 활동」, 『한문학보』 22, 우리한문학회, 2010.

85 본격적인 김윤식의 古文論 연구는 정민에 의해 이루어졌다. 정민, 「雲養 金允植의 貫道論과 歷代文評」, 『조선후기 고문론 연구』, 아세아문화사, 1989. 이후 文論를 위시한 한문산문 연구는 다음과 같다. 윤호진, 「金允植의 八家涉筆-柳文 연구」, 『한국고문의 이론과 전개』, 태학사, 1998 ; 황재문, 「雲養 金允植 散文 硏究-文論과의 관계를 중심으로-」, 『한국문화』 38, 서울대 규장각한국학연구원, 2006.

사詩社 활동, 정치적 상황에 따른 현실인식과 개화의식, 사행을 통한 시대인식, 대외적인 교유관계 등에 주목한 한시 연구가 이어지고 있다.[86]

기존의 연구를 참고하면, 조선후기 고문론의 맥락에서 김윤식은 봉서鳳棲 유신환兪莘煥(1805~1859) 문하의 '인문입도因文入道'의 문론文論을 계승하면서 '관도론貫道論'를 강조하였고, 작문법에 있어서는 '기세氣勢'를 중요시하였다.[87] 뿐만 아니라 산문비평에 있어서도 남다른 성과를 남겼는데 당송팔대가唐宋八大家의 고문에 대해 작가별, 작품별로 평가한 「팔가섭필八家涉筆」이 그것이다. 요컨대, 그는 도道와 문文 사이의 '긴장'을 중요시하는 문론文論을 바탕으로 기세氣勢의 문학성을 강조하였는데 그 전범으로 당송고문을 참고[88]하였다고 할 수 있다. 이와 같은 문학론을 바탕으로 그가 이루어 낸 문학적 성취는 다음과 같은 제가의 비평에서도 잘 드러난다.

> 문장에 드러낸 것은 뼈대가 견고하면서 정신이 심원하고 사려가 풍부하면서 기운이 충만하여 開闔變化의 오묘함을 다하였다. 廖燕의 이른바 "오직 도만이 문장을 능하게 하고 오직 문장만이 도를 드러나게 한다." 것에

86 정민, 「雲養 金允植 詩論攷」, 『한양어문연구』 5, 1987 ; 박현옥, 「金允植의 歸川 紀俗詩 硏究」, 『한문학논집』 14, 근역한문학회, 1996 ; 소영, 「雲養 金允植 漢詩 硏究」, 성균관대학교 석사학위논문, 1998 ; 허경진・최해연, 「운양 김윤식의 사행시를 통해 본 인식 변화」, 『영주어문』 21, 영주어문학회, 2011 ; 김용태, 「김윤식과 스에마쓰겐초의 시문 수창에 대하여」, 『열상고전연구』 42, 열상고전연구회, 2014.

87 김윤식의 산문을 이해하는 핵심적 요소로 '因文入道', '文華道實', '貫道論', '氣勢' 등을 꼽을 수 있는데, 이에 대한 의미와 분석은 정민과 황재문의 연구에 자세하다.

88 김윤식의 「八家涉筆」은 당송고문에 대한 추숭에 그치지 않고 비판적인 안목을 드러내기도 하였다. 즉 당송고문을 대상으로 문제점을 찾고 함께 토론하면서 쓴 글이라 할 수 있다(황재문, 2006, 앞의 논문, 90~91쪽). 다만 김윤식의 당송고문에 대한 태도는 맹목적 전범이라기보다는 문장 연마를 통한 당송고문의 극복이라 할 수 있는데, 이 역시 당송고문이 고문 작법의 중요한 준거임을 말해준다고 할 수 있다.

> 거의 가깝다고 하겠다.[89]

> 선생의 글을 읽는 자는 옛날 대가나 명가들이 비평하고 가려 뽑았던 것처럼 문장으로써 문장을 보지 말고, 도를 큰 근원으로 삼고 문장을 여사로 삼은 이후라야 선생의 참 문장이 보일 것이다. 도가 먼저이고 문장이 나중이라야 도와 문장이 모두 이루어질 것이다.[90]

덕부소봉德富蘇峯(1863~1957)과 여규형呂圭亨(1848~1921)의 평가인데, '인문입도因文入道', '관도론貫道論'를 지향했던 김윤식의 문학 성향을 확인할 수 있는 내용이다. 한편, 당대 고문가로서 이름이 높았던 김택영金澤榮(1850~1927)의 평가를 보면 시의時宜와 실학實學을 추구했던 문학적 성취를 엿볼 수 있다.

> 이미 뛰어난데 더 뛰어나기를 구하고 이미 기이한데 더 기이하기를 구하여, 심지어 법도를 위반하고 도리를 거스르는 지경에 이르러도 그치지 않으니, 이것이 고금에 문장으로 세상에 과시하는 才士들이 하는 짓이다. 세상을 경영하는 公卿大人의 문장은 그렇지 않다. 언사가 분명하면 그만이고 뜻이 흡족하면 그쳐서, 다만 유익한 실제 일을 따질 뿐 무익한 부화함은 따지지 않는다. 조잡한 베옷과 두터운 비단 관의 검소한 차림이 비록 사람을 움직일 만한 문채는 없지만 조정에 앉아 정사를 다스릴 수 있으니, 운양 김공의 문장이 바로 그러하다. 그런데 공은 평소 朴 燕巖 선생의 문

89 德富蘇峯, 「雲養文集序」, 『雲養集』. "發於其文也, 骨堅而神遠, 思贍而氣充, 極開闔變化之妙. 廖柴舟所謂'惟道能文, 惟文見道'者, 庶幾焉." ※『雲養集』의 번역은 이지양 외 譯, 『雲養集』 1~8(한국고전번역원 한국문집번역총서/연세대학교 국학연구원, 혜안, 2013~2014)을 참고하되 필요에 따라 수정・보완하였다.

90 呂圭亨, 「重刊金雲養先生文集後序」, 『雲養集』. "讀先生之文者, 不以文視文, 如古大家名家之批評抄選, 而以道爲大原, 以文爲餘事, 然後先生之眞文見矣. 道先文後, 而道與文之能事畢矣."

> 장을 매우 좋아하였으니, 박 연암 선생의 문장은 우리나라 4천 년 동안 가장 기이하고 웅대한 문장이다. 공이 애호한 바를 살펴보건대, 또한 그 흉중에 별도로 기이한 정취를 온축한 바가 있음을 알겠다.[91]

김택영은 두 가지 측면에서 김윤식의 문학적 성취를 평가하고 있는데, 첫 번째는 부화浮華함을 배격하고 실사實事를 추구하는 '경세지문經世之文'으로서의 실용성이고 두 번째는 기이한 정취를 담은 '기위지문奇偉之文'으로서의 문학성이다. 고문의 정신은 당대 사유를 통찰하는 '시문時文'과 그 매개로서의 효과적인 문학적 효용에서 찾을 수 있는데, 김택영의 평가가 이를 잘 말해준다. 또한 정만조鄭萬朝(1858~1936)가 김윤식의 문장에 대해 시의時宜를 통찰하면서 고도古道를 추구하되 풍부한 문예미를 드러냈다고 평가한 것도 같은 맥락이라 할 수 있다.[92]

김윤식의 문학에 대한 평가는 대체로 이와 같은데, 그의 실제 작품에서는 구체적으로 어떻게 구현되고 있는지를 고찰하는 작업이 병행되어야 할 것이다. 이러한 작업의 일환으로서 아래에서는 김윤식이 남긴 여러 산문 가운데 기문記文에 주목하여 문학적 특징을 밝혀내고자 한다.

91 金澤榮, 「雲養集跋」, 『雲養集』. "已工而加求工, 已奇而加求奇, 甚至入於偭繩背矩畔經乖理而不之止, 此古今才士以文夸世者之所爲也. 若公卿大人經世之文則不然, 詞明則止, 意洽則止, 只問實事之有益, 而不問浮華之無益. 如大布之衣, 大帛之冠, 雖無動人之文采, 而可以坐朝廷出政事, 雲養金公之文是也. 然公居恒酷好朴燕巖先生之文, 是文也, 東邦四千年第一奇偉之文也. 觀其所好, 亦可知其胸中奇趣之別有所蘊矣."

92 鄭萬朝, 「雲養先生集跋」, 『雲養集』. "선생은 六經에 근본하고 百家를 포괄하여 時宜를 통찰하면서 걸핏하면 古道를 끌어왔다. 문장에 발현된 것을 살펴보면 五都의 시장에 들어간 것처럼 온갖 보물이 눈을 현혹한다. 한 마디 말과 한 글자를 자세히 궁구하면 사람이 일상에 사용하는 베, 비단, 콩, 조처럼 빠트릴 수 없는 것들이다.(先生根六經而括百家, 洞見時宜而動引古道. 觀其發於文章也, 若入五都市, 萬寶眩目. 細究之一言一字, 無非人生日用布帛菽粟之不可闕者.)"

2) 김윤식金允植 기문記文의 개관

이 글에서 다루고자 하는 김윤식의 기문記文은 대체로 건물에 대한 기문과 산수에 대한 기문으로 나뉜다.[93] 건물과 산수를 대상으로 한 기문은 문체상 기사記事, 사경寫境, 의론議論 세 가지 요소가 착종되어 있는 것이 특징인데, 이를 통해 다채로운 문학 양상을 살펴볼 수 있다. 뿐만 아니라 김윤식이 남긴 여러 산문 장르 가운데 기문이 압도적으로 많은 양을 차지하고 있다. 또한 기문이라는 문체는 그가 문장 연마의 텍스트로 삼았던 당송고문의 전형성을 보여주는 대표적 장르 가운데 하나이기도 하다.

김윤식이 남긴 기문을 개관하면 아래와 같다.

건물에 대한 기문(총 43편)

작품명	성격 및 소재지	창작시기(시대순)	비고
琴鶴軒記	順天의 관아 건물	1860년(수학기)	金完植 代作
望海臺記	小西行長이 만든 군사용 臺		
石莊山房重建記	金基斗의 당호	1867년	
沁湖亭記	金壽鉉의 누정		金元植 代作
龍岡晩風亭記	金晩植의 누정	1872년(사환기)	
寒山寺重修記	九月山 소재 사찰		
鶴一草堂重修記	谿堂 李君의 당호	1877년	
羅峙菴重建記	金敬文의 문중 재실	1880년	
玉艇室記	閔台鎬의 당호	1880년	

93 건물과 산수에 대한 기문에 속하지 않는 「贈兵曹判書金公得振旌門後陰記」(1870年作), 「昌寧曺氏三綱遺蹟記」, 「新安朱氏孝烈記」 3편은 대상에서 제외하였다.

月川趙公祭閣記	趙穆 분묘 祭閣		
歸來亭記	李明宇의 누정	1887년(유배기)	
遂初亭記	李時宇의 누정		
山神閣記	靈塔寺 山神閣	1888년	
沔川鄕校興學記	沔川의 鄕校		
天氣山光樓記	石莊子의 누정		
農春堂記	權膺善의 당호	1889년	
近小軒記	權膺善의 누정		
錢塘秋色樓記	權圃雲의 누정		
寧滄齋記	陸聖臺의 당호	1890년	
敬述堂記	宋綺老의 당호	1891년	
八可亭記	徐晦輔의 누정		
琴庄記	金允植이 歸川에 지은 농막		
自有堂記	鄭萬朝의 서재		
紹堂記	印東植의 당호		
苟安室記	黃玹의 당호	1902년(해배 이후)	
喚仙亭白蓮社記	順天 소재 누정		『雲養續集』 소재
文會堂重修記	兪莘煥의 舊宅	1904년	『雲養續集』 소재
萬悔堂記	李大稙의 당호	1904년	
木浦達才鄕塾記	木浦의 鄕塾	1905년	
風花雪月樓記	朴齊純의 당호	1907년	
詔湖亭記	兪吉濬의 당호	1909년	
儋硯齋記	朴齊純의 당호	1910년	
愛吾廬記	德富蘇峰의 당호	1911년	김윤식과 교유했던 일본인

集古樓記	尹致旿의 골동품 창고		
淸虛齋記	金圭鎭의 당호		
晉陽姜氏孝烈旌閭閣記	晉陽 姜氏 孝烈旌閭閣		『雲養續集』 소재
蔚山鄕校重修記	蔚山의 鄕校		『雲養續集』 소재
藥師庵重建記	瑞石山 소재 암자		『雲養續集』 소재
孝思齋記	楊州 金氏 문중 재실		『雲養續集』 소재
永思閣記	金昌先의 문중 齋閣		『雲養續集』 소재
遠慕亭記	光州 鄭氏 문중 누정		『雲養續集』 소재
永新齋重修記	長興郡 斗峯山 서당		『雲養續集』 소재
龜雲書室記	金鍾漢의 서재		『雲養續集』 소재

산수에 대한 기문(총 6편)

작품명	성격 및 소재지	창작시기(시대순)	비고
鏡潭記		1855년(수학기)	歸川 주변 勝景을 기록
潤筆庵遠望記	彌智山 소재 潤筆庵		遊山記
遊長壽山記	載寧 소재 長壽山	1876년(사환기)	遊山記
依斗巖記	沔川郡 소재 象王山		遊山記
登兩山記	沔川郡 소재 蒙山과 峨嵋山		遊山記
春木園記		1892년(유배기)	歸川 주변 勝景을 기록

건물에 대한 기문이 43편, 산수에 대한 기문이 6편으로 총 49편이다. 김윤식은 『운양집雲養集』을 직접 편집하면서 시대순으로 작품을 배열하고 창작 시기를 대체로 밝혀놓았다. 창작 시기를 부기한 작품을 살펴보면 1855년 수학기에 지은 「경담기鏡潭記」부터 1911년 해배 이후 활동기

에 지은 「애오려기愛吾廬記」까지 전 생애에 걸쳐 두루 기문을 창작하였다. 건물에 대한 기문에는 누정樓亭, 재실齋室, 사찰寺刹, 암자庵子, 공관公館, 별서別墅 등을 대상으로 한 것이 있고, 산수에 대한 기문에는 특정 승경勝景을 대상으로 하거나 유산기遊山記처럼 유람을 기록한 것이 있다. 건물에 대한 기문은 대부분 제3자의 부탁으로 지은 것인데 그 가운데에는 대작代作한 작품도 있다. 또한 당시에 교유가 깊었던 일본인 덕부소봉德富蘇峯(1863~1957)을 위해 지은 「애오려기愛吾廬記」도 눈에 띈다. 그 가운데 제3자와 관련 없이 본인과 직접적으로 관련된 작품은 「금장기琴庄記」, 「경담기鏡潭記」, 「유장수산기遊長壽山記」, 「의두암기依斗巖記」, 「등량산기登兩山記」, 「춘목원기春木園記」 등이다.

아래에서는 위의 기문을 대상으로 그 문학적 특징을 살펴보도록 하겠다. 총 3절로 구성하였는데, '상상을 통한 공간의 재구성', '편장자구의 안배', '산수에 대한 기벽'이다. 건물을 대상으로 한 기문이든 산수를 대상으로 한 기문이든 공히 작자가 위치해 있는 '공간'이 작품의 구심점이 된다. 그러다보니 기문의 속성인 기사記事, 사경寫境, 의론議論 가운데 공간의 묘사, 즉 사경寫境이 기문의 중요한 요소가 된다. 김윤식의 기문 가운데는 공간에 대한 곡진한 묘사와 상세한 설명이 위주가 되는 일반적인 기문의 성격을 견지하는 작품이 있는가하면, 사경寫境 가운데 작자의 상상력과 철리적哲理的 사유를 관철시켜 공간을 재구성하는 작품들이 다수 있다. 특히 이러한 작품들은 제3자의 청탁에 의해 지은 것이 아니고 작자가 직접 체험하고 사유한 공간에서 지은 것이므로 대상에 대한 문학적 형상화가 자유분방하고 발랄한 특성을 보인다. 이와 같은 것이 작품의 내용적 특징이라면 작품의 형식적 측면에서도 특징을 살펴볼 수 있다. 작품을 어떻게 직조하여 효과적으로 드러내는 가에 대한 작자의 고민과 선택은 수사학적 측면에서 고찰할 수 있다. 김윤식의 기문은 당송고문의 고문미古文美를 참작한 '편장자구'라는 산문수사학 층위에서 논의될 수 있다. 마지막으로 '산수에 대한 기벽'이라는 특징을 꼽을 수 있다. 물론 이러한 특징은 문학적 층위보다는 그의 세계관이나 혹은 자연관의 층위에서 논의될 만한 내용이지만 실제 김윤식이 산수에 대해 쓴 기문을 살펴보면 산수에 대한 남다른 관심과 취향에서 촉발되고 서술된 작품들을 다수 접할 수 있다. 이는 앞서 언급한 내용적・형식적 특징과는 다른 층위에서 다룰 만한 문학적 특징으로 볼 수 있겠다. 아래 장에서는 이러한 특징들을 구체적으로 살펴보자.

3) 김윤식金允植 기문記文의 문학적 특징

(1) 상상을 통한 공간의 재구성

김윤식은 1887년부터 7년 동안 면천군沔川郡에서 유배 시절을 보냈는데, 당시 거처하는 농막의 이름을 '금장琴庄'이라 하였다. 면천군으로 유배를 오기 전 김윤식은 임오군란, 갑신정변 등의 외교적 격변기에서 대청對淸, 대일對日 관계의 중추적인 임무를 담당했던 관료였다. 그러다가 1886년에 탄핵을 받아 부평富平으로 귀양을 가게 되고, 이듬해는 민비閔妃의 미움을 사서 다시 면천군에서 7년 동안의 유배 생활을 보내게 된다. 바로 이때 '금장琴庄'이라는 농막을 짓고 「금장기琴庄記」라는 기문을 남겼다. 본 작품의 서두에 명명한 이유에 대해서는 "당 앞에 거대한 참죽나무 네댓 그루가 있었는데, 높이가 하늘을 찌를 듯 했다. 재목이 거문고를 만들 만하여 거처하는 방의 이름을 '금장琴庄'이라 하였다.[堂前有巨椅四五株, 其高參天. 其材可以爲琴, 遂名其所寓之室曰琴庄.]"라고 밝히고 있는데, 이는 표면적인 것에 불과하고 그 실질적 배경은 아래에서 보인다.

어떤 객이 거문고를 품고 나를 방문하여 다음과 같이 말했다.

"그대에게 좋은 거문고 재목이 있다 들었습니다. 그런데 어찌 잘라 다듬어서 줄을 얹지 않고 한갓 농막에 이름에 붙이십니까?"

내가 말했다.

"객은 진실로 거문고를 좋아하지만 거문고 가운데 있는 흥취는 알지 못합니다. 바로 다듬어서 天眞을 잃게 하여 그 손가락 끝의 빠르고 느린 소리를 구하고자 하니 또한 힘들지 않습니까. 『樂記』에 '악의 융성함은 음을 지극히 함이 아니다'라고 하였습니다. 그러므로 大樂은 소리가 없고 大禮는 절목이 없고 大羹은 간을 하지 않고 大圭는 다듬지 않습니다. 만일 악의 근본을 알아 마음이 천지와 함께 조화를 이룰 수 있다면 산천, 초목, 조수의 소리가 모두 韶濩가 될 수 있을 것이니, 어찌 쟁쟁거리는 말단의 기예를 기다리겠습니까. 그러므로 左思의 시에, '무엇하러 노래하며 휘파람 부르랴, 떨기나무 스스로 슬피 읊는구나.'라고 하였습니다. 떨기나무의 읊조림이 오히려 휘파람 불며 노래하는 것을 당해낼 수 있으니 더욱이 거문고 재료이겠습니까."[94]

객의 힐난과 작자의 답변으로 구성되어 있다. 객이 거문고의 좋은 재료가 되는 참죽나무가 버젓이 있는데도 거문고를 만들지 않고 한갓 농막의 이름에만 거문고를 사용한 것에 의문을 품자 이에 대해 의론議論을 개진하고 있다. 결론적으로 말하면, 피상적인 외물에 국한되지 말고 그 너머의 흥취와 아름다움을 추구하는 미적 체험과 이를 통한 공간 인식의 확대를 주장하였다. 최상의 재목으로 만든 거문고의 소리는 그 자체로

94 金允植, 「琴庄記」, 『雲養集』 卷10. "客有抱琴而叩門者曰, '聞吾子有良琴之材, 何不伐而斲之, 加之以絃, 而徒名庄爲?' 余曰, '客誠好琴, 然未識琴中之趣. 乃欲斲喪天眞, 以求其指頭噍嘽之音, 不亦勞乎? 『記』曰樂之隆, 非極音也. 故大樂無聲, 大禮無體, 大羹不和, 大圭不琢. 苟能知樂之本, 而其心與天地同和, 則山川草木鳥獸之音, 皆可爲韶頀, 何待乎鏗鏘之末也? 故左思詩云, 何事待嘯歌, 灌木自悲吟. 灌木之吟, 猶可以當嘯歌, 况琴材乎?"

한계성을 지니지만 천진天眞을 해치지 않고 자연과 조화되는 거문고의 소리는 무궁하다는 주장이라 할 수 있는데, 이는 거문고의 이상적 경지인 무현금無絃琴을 초월한 사유라 하겠다. 음악의 본질을 감각기관을 벗어난 상상 체험의 장으로 확장하여 자연과의 조화를 강조한 것이다. 이러한 이상적 경지를 구체적으로 다음과 같이 설명하고 있다.

> 참죽나무가 동산에 있는 것은 璞玉이 산에 있는 것과 같습니다. 박옥은 조탁을 더하지 않아도 옥의 결이 그 가운데 있습니다. 참죽나무를 재단하고 꾸미지 않아도 거문고의 흥취가 그 가운데 있습니다. 지금 동산에 있는 참죽나무가 거문고가 아니라 한다면, 산에 있는 박옥 역시 옥이 아니라 할 수 있겠습니까. 이로써 말한다면 저 빽빽하게 앞에 벌려져 있는 것이 모두 저의 거문고입니다. 나는 이에 푸른 언덕을 거문고 통[架]으로 삼고 큰 소나무를 기러기발[軫]로 삼고 기이한 바위를 부들[徽]로 삼고 늙은 매화나무를 㪽로 삼고 흐르는 물을 絃으로 삼고 맑은 바람을 술대로 삼습니다. 뇌우가 치는 것과, 서리와 눈이 닿는 것과, 온갖 자연의 구멍에서 부딪치는 것이 쏴쏴 씽씽, 우르르 꽝꽝 소리를 냅니다. 맑게 宮音과 商音이 일어나고 우렁차게 徵音과 羽音이 울려 사계절의 변화에 따라 빠르기와 맑기가 모두 자연의 절조에 합치합니다. 사람으로 하여금 듣고서 걱정 없이 樂의 윤리를 논하며 즐겁고 상쾌하게 만드니 나라를 떠난 근심을 잊을 만하고 우울한 병을 없앨 만하여 내가 매우 즐깁니다. 그렇기 때문에 내 농막에 이름을 지은 것입니다. 그대의 거문고는 어떠한지 듣고 싶습니다. 내 거문고와 합주할 만한 것입니까?"
>
> 객이 빙그레 웃고는 거문고를 품고 떠났다.[95]

95 金允植, 『雲養集』 卷10, 「琴庄記」. "'夫椅之在園也, 猶璞之在山也. 璞不加雕琢, 而玉之理在其中矣. 椅不施裁飾, 而琴之趣在其中矣. 今以在園之椅, 謂之非琴, 則在山之璞, 亦可謂之非玉乎? 以此言之, 彼森森然列于前者, 皆吾琴也. 吾於是以翠巒爲架, 長松爲軫, 怪石爲徽, 古梅爲斷, 流水爲絃, 淸風爲撥. 雷雨之所皷, 霜雪之所觸, 萬籟之所激瀏莅歂吸呋肹騂隱, 泠然而宮商動, 噭然而徵羽鳴, 隨四時之變而疾徐淸濁,

격변하는 시대 상황에서 중추적 관료로서 자유로울 수 없었던 그였기에 유배 시절 전원에서의 한적한 삶은 세상에 대한 불합리보다는 삶에 대한 통찰과 회한으로 변화되었을 것이다. "저 빽빽하게 앞에 벌려져 있는 것이 모두 나의 거문고[彼森森然列于前者, 皆吾琴]"라는 언급은 작자의 상상을 통해 공간을 재구성한 결과이지만, 그 기저에는 사회의 일부분인 개인이 아니라 자신이 주체가 되는 세계관으로 인식이 변화되었음을 알 수 있다. 자연의 소리가 곧 음악의 본령이라는 것을 이와 같은 세계관의 변화에서 깨닫게 된 것이다. 작자의 깨달음과 상상을 통해 피상적인 공간이 재구성되는데, 구체적으로는 푸른 언덕이 거문고 통이 되고 큰 소나무가 기러기발이 되고 기이한 바위가 부들이 되고 늙은 매화나무가 괘卦가 되고 흐르는 물이 현絃이 되고 맑은 바람이 술대가 된다. 이렇게 재구성된 '천연의 거문고' 공간에서 소리를 듣는 곳은 바로 작자가 거처하는 금장琴庄이 된다. 객에 의해 '참죽나무 → 거문고 → 금장琴庄'으로 공간이 축소된 것이 작자에 의해 '금장琴庄 → 천연의 거문고 → 자연의 소리'로 공간이 확대되어 사유의 변화를 꾀하게 된다. 이처럼 상상을 통한 공간의 재구성은 개념의 재정립을 통해서도 이루어지는데, 이러한 사례가 「경담기鏡潭記」에서 잘 드러나고 있다. 앞서 인용한 작품이 유배 시절에 지은 것에 비해 이 작품은 수학기였던 1855년에 양근楊根 귀천歸川에서 지은 것이다. 경담鏡潭은 김윤식의 숙부인 김익정金益鼎이 조성한 작은 연못의 이름이다. 이 작품은 구성 방식에 있어서 위의 작품과 똑같은 양상을 보이는데, 우선 '경담鏡潭'이라 명명한 표면적인 이유를 "연못의 물이 몹시 맑고 거울처럼 밝고 환하였기 때문에 나는 '경담鏡潭'

皆合於自然之節. 使人聽之, 論倫無患, 歡欣暢適, 可以忘去國之愁, 可以消幽憂之疾, 吾甚樂之, 故名吾庄. 願聞子之琴何如. 可以與吾琴相和者乎?' 客逌爾而笑, 抱琴而去."

이라고 이름을 지었다.[潭水至淸, 瑩晶如鏡, 故余名之曰鏡潭.]"라고 들고 있다. 그리고 앞의 작품처럼 바로 객의 힐난과 작자의 답변이 이어진다.

> 어떤 헐뜯는 이가 말했다.
>
> "연못이 맑긴 하지만 그 만듦새가 매우 좁고 게다가 방에까지 닿으니 그대는 무엇을 취하려는가?"
>
> 나는 대답하였다.
>
> "그렇다. 그대는 연못을 기준으로 연못을 비교하니 매우 좁고 방에까지 닿는 것을 걱정하는 것이 참으로 당연하다. 나는 연못으로 보지 않고 거울로 보기 때문에 걱정거리라 생각하지 않는다. 그대는 그 說을 듣고 싶은가? 거울이라는 것은 비춰보는 것이다. 어리석은 사내는 비춰보아 얼굴을 꾸미고, 지혜로운 선비는 깨우쳐서 몸을 보전한다. 옛사람은 사람을 잘 살피는 것을 '知鑑'이라고 하고, 고금을 살펴 득실을 교훈 삼는 것을 '前鑑'이라 하였으니, 거울이 청동거울만을 칭하지 않은 지 역시 오래된 것이다. 내가 거울이라 여기는 까닭은 이와 다르다. 내 일과 욕구가 교차할 때면 먼지와 때가 얼굴에 가득해 닦아도 없어지지 않고 쫓아도 사라지지 않지만, 문을 열고 내 연못을 보면 맑고 담박하여 더러운 때를 비추지 않고 맑고 투명하게 내 마음을 비추어 찌꺼기와 때를 싹 쓸어버린다. 내 정신과 생각이 몽롱하고 마음이 번잡할 때면 막막하여 안정될 줄 모르지만, 이 연못은 바람이 잦아들고 물결이 그쳐서 물결 가운데가 텅 비고 맑으니 나는 기쁘게 일상적인 마음으로 돌아간다. 내가 사물과 마주쳐 마음이 바뀔 때면 기회를 엿보며 남을 부러워하지만, 이 연못은 충만하게 자족하여 밖에서 구하지 않는다. 내가 바쁘고 부지런하게 돌아다닐 때면 안달하며 조급히 나아가려 하지만, 이 연못은 구덩이를 채우고서 나아가고 나아가도 어그러짐이 없다. 내가 자질구레하고 도량이 좁아 사물을 포용할 수 없지만, 이 연못은 감싸 안고 받아들여 막힘없이 흘러간다. 그러니 못에서 터득하는 것이 어찌 적겠는가.[96]

이 작품에서 개진한 의론議論은 앞서 작품과 마찬가지로 피상적인 연못에서 초월하기를 요구한다. 이러한 인식의 초월은 바로 "(현상적인) 연못으로 보지 않고 연못을 거울로 보는[不以潭視, 而視之以鏡]" 데서 기인한다. 즉 개념의 재정립이라 할 수 있다. 이는 거울을 단순히 비춰보는 매개체로서가 아니라 깨달음의 대상으로 인식하는 데서 출발한다. 도식적으로 보면 '연못→거울→깨달음'으로 사유 체계가 전변하는데, 인용문에서는 현실적 자아와 초월적 연못(거울)의 상대적인 모습을 부각시키면서 설명하고 있다. 그런데 거울을 통한 깨달음에 이르면 다시 연못으로 인식을 전환하여 '천연의 거울'로 돌아오게 된다.

> 숲의 바람이 물에 불어오면 이끼가 저절로 마른다. 나는 이것을 거울을 닦는 것이라고 여긴다. 하얀 달빛이 흐르면 둥근 그림자가 벽에 찍힌다. 나는 이것을 거울을 벽에 거는 것이라 여긴다. <u>이것이 모두 천연스럽게 절로 이루어지니 무엇 때문에 쇠를 달구고 두들기는 애를 쓰겠는가</u>. 그리고 나와 그대가 여기에서 술을 마시고 여기에서 투호를 할 때 연못을 보면 술잔과 소반이 교차하고 쇠 화살이 들쭉날쭉 비추니 훌륭한 볼거리를 준다. 객이 흩어지고 술이 떨어져 빈 난간이 고요해지면 나는 복건에 지팡이 짚고 가죽신을 신은 채 뒷짐 지고 높이 읊조린다. 이때 연못을 보면 또한

96 金允植, 「鏡潭記」, 『雲養集』 卷10. "人有毁之者曰, '潭則淸矣, 其制甚窄, 且逼室, 子奚取焉?' 余應曰, '然. 子以潭視潭, 固宜病其甚窄而逼室. <u>吾則不以潭視, 而視之以鏡, 故不知其爲病也</u>. 子欲聞其說乎? 夫鏡者所以鑑也. 愚夫照之以冶容, 智士喩之以保身. 古之人以善觀人者, 謂之知鑑, 觀古今懲得失, 謂之前鑑, 鑑之不獨爲靑銅稱亦尙矣. 吾之所以鑑異乎是. 方吾之事欲交中, 塵垢滿面, 掃之不除, 驅之不去, 開戶而視吾潭則澄淸淡泊, 不受汚穢, 瀅澈照心, 蕩滌渣滓. 方吾之神思懵懂, 志意煩擾, 悠悠揚揚, 莫知所定, 是潭也風息浪穩, 波心虛明, 怡然我顧反其常性. 方吾之遇物移情, 窺窬歆羨, 是潭也充然自足, 不求于外. 方吾之沓沓蹇蹇, 志切躁進, 是潭也盈科而進, 進而靡虧. 方吾之委瑣齷齪, 不能容物, 是潭也涵畜包納, 混混無滯. 其得於潭者, 豈少也哉?'"

> 복건에 지팡이 짚고 가죽신을 신은 사람이 뒷짐 지고 높이 읊조리고 있다. 그러면 나는 즐겁게 마주하여 손바닥을 치며 담소하며 날이 지는 줄도 모르니, 연못의 즐거움이 어찌 그리 지극한가. 그대는 가거라. 나는 거울 속 사람과 한가로이 노닐겠다."[97]

앞서 「금장기琴庄記」에서 공간을 재구성하여 자연과 동화된 '천연의 거문고'를 묘사했듯, 여기서도 자연과 어우러진 거울의 모습으로 연못을 재구성하고 있다. 바람이 연못에 불어와 이끼가 저절로 마르는 것을 '거울을 닦는 것'이라 여기고, 달빛의 그림자가 벽에 찍히는 것을 '거울을 벽에 거는 것'이라 여기는데, 이 자체로 자연과 동화된 '천연의 거울'이 되는 것이다. 이와 같은 거울의 철리哲理를 체득한다면 비로소 연못에 비치는 자신의 모습이 온전해진다. 세속에 얽매인 불안정한 자아에서 담박하고 순수한 자아로 탈바꿈하여[98] 현실의 자신과 거울 속의 자신이 자연스레 화합하게 되는 것이다.

97 金允植,「鏡潭記」,『雲養集』卷10. "林風吹水, 苔鮮自捲, 吾視之以磨鏡. 素月流光, 圓影印壁, 吾視之以掛鏡. 此皆天然自成, 何用鑄冶之勞哉? 且吾與子飮酒於斯, 投壺於斯, 視其潭則盃盤交錯, 金矢參差, 可以供雅賞矣. 客散酒盡, 空欄関寂, 余乃幅巾杖屨, 負手高詠, 視其潭則亦有人幅巾杖屨, 負手高詠. 余於是歡然相對, 抵掌談笑, 不知日之將夕, 潭之樂其至矣哉? 子去矣, 吾將與鏡中之人逍遙.."

98 김윤식은 계속해서 외물에 구속되지 않고 자연과 동화되는 산수 철학을 강조한다.「淸虛齋記」에서도 다음과 같이 말하였다. "지극히 맑아서 빈 듯해야 만물의 형상을 비출 수 있다. 그러므로 밝은 거울과 맑은 물이 외물을 불러들이는 것이 아니라 외물이 다가와 자신을 비춘다. 산천과 초목, 인물과 누대의 형상이 사방팔방으로 빽빽하게 늘어서서 제각기 자태를 드러내지만 거울과 물은 여전히 자태를 드러내는 데 함께하지 않는다. 書畵의 도 역시 그러하다. 마음을 맑게 하고 상념을 멈추어야 외물에 구속되지 않고 자연에 합치되어야 비로소 최고의 경지에 도달한다.(夫至淸若虛, 能照萬物之象. 故明鏡之瑩然, 止水之湛然, 非有求於物, 而物來自照. 山川草樹人物樓臺之形, 森羅八矚, 各呈其態, 而鏡與水顧不與焉. 書畵之道亦然. 須澄心息慮, 不拘束於物, 而動合自然, 乃爲上乘.)"

위에서 살펴본 두 작품은 문답을 통한 의론議論에 치중한 기문이다. '참죽나무 - 거문고', '연못 - 거울' 등 자연경물에 대한 철리적哲理的 사유가 전편을 이루고 있다. 이와 같은 사유는 그 기저에 격물치지格物致知의 전통적인 도학道學과 심성수양이 자리하고 있지만, 작자의 개인적 체험과 상상을 통해 인식을 전변시키고 공간을 재구성하는 재기발랄함이 도드라져 있다. 「옥정실기玉艇室記」에서 "천지는 하나의 커다란 물이고 집은 하나의 범택泛宅이다. 지금 나와 공은 함께 배를 타고 가다가 우연히 성시城市의 큰 네거리에 정박하여 눈에는 강과 바다의 풍경이 보이지 않고 귀에는 파도 소리가 들리지 않는다. 그래서 태평하게 배에 타고 있다는 것을 드디어 잊어버린 채 우뚝하게 굳건한 기초 위에 있다고 생각하고 있으니 역시 큰 착각이다."[99]라고 의론議論을 펼친 것은 성리학적인 이치 추구가 아니라 '옥정실玉艇室'(옥으로 작은 배를 만들어 방안에 두었다고 하여 이름을 붙임)에 착안한 작자의 상상력과 참신함[100]의 성과로 보는 것이 타당할 것이다.

(2) 편장자구의 안배

산문수사학 측면에서 당송고문은 '문종자순文從字順'의 순정함을 추구한다. 표현에 있어서는 생소하거나 난삽하지 않은 어사語辭를 사용하고,

99 金允植, 「玉艇室記」, 『雲養集』 卷10. "夫天地一積水也, 棟宇一泛宅也. 今吾與公並舟而行, 偶然止泊于城市康莊之間, 而目不覩江海之色, 耳不聞波濤之聲, 夷然遂忘其爲舟也, 穹然以爲不拔之基, 則亦蔽矣."

100 작자의 상상력과 참신한 비유는 조선후기 누정기 문학의 한 특징이라 할 수 있다. 물론 여기에는 조선후기 소품문의 특성으로 꼽을 수 있는 기발한 착상, 간결한 필치, 참신한 비유 등이 영향을 끼쳤을 것으로 보인다. 이와 관련해서는 조선후기 누정기 문학의 특징을 연구한 다음의 논문을 참고하기 바란다. 안세현, 2010, 「조선후기 누정기의 특징적 면모」, 『동양한무학연구』 31, 동양한문학회, 165~179쪽.

구성에 있어서는 구절과 문장, 문장과 단락, 단락과 주제가 유기적으로 조응照應하는 것을 미덕으로 여긴다. 앞서 김윤식의 산문 작법으로 지적된 '기세氣勢'란 인위적이지 않고 주제와 내용에 따라 자연스럽게 조성되는 뉘앙스라 볼 수 있는데, 당송고문의 표현적 측면과 구성적 측면을 함께 아우르는 것을 가리킨다. 김윤식의 기문 가운데 구성적 측면, 즉 편장자구의 안배가 돋보이는 작품으로 「영담재기寧澹齋記」를 꼽을 수 있다. 「영담재기」는 일찍이 김윤식 산문 가운데 걸작傑作의 반열에 오른 글이기도 하다.[101] 이 작품은 육성대陸聖臺의 당호인 '영담재寧澹齋'에 대해 쓴 기문인데 문장 전편이 '영寧', '담澹(담淡, 담湛)', '계繫(누累)' 등 세 가지 문안文眼으로 점철되어 있다. 이 글을 구성요소 간의 관계 설정과 편장자구 운용을 일목요연하게 살펴보기 위해 도표로 제시하면 다음과 같다.

대락, 절, 조목 구분	구성 관계
① 昔郭林宗抱瑰偉之才, 優遊於世, 旣不效申屠之高隱, 又不慕李·杜之顯仕, 褒衣博帶, 雍容於太學之中. // 隱不違親, 貞不絶俗, 而澹然無求於世, 故標榜不及焉.	
② 青山陸君聖臺聞其風而慕之. // 雖客遊京城, 而不事干謁, 介然自守, 不役於物. 身處囂塵, 心常寧靜, 乃名其所居之室曰寧澹齋, 蓋自志也.	주제 단락
③-1 夫心不繫物, 則物不能擾之, 擾之則不寧. // 傳曰, '君子坦蕩蕩, 小人長戚戚.' 戚戚者, 不寧之謂也. // 方其未得也, 繫於得, 其旣得也, 繫於失. 然則何時而心得寧乎? // 惟君子則不然, 以死生繫乎命, 以富貴繫乎天, 吾心空空然無所繫累, 故無時而不寧.	②를 부연

101 權五惇, 「近朝의 漢文學에 對한 一考察 - 滄江과 雲養을 中心으로 -」, 『인문과학』 5, 연세대 인문과학연구소, 54면.

3-2 夫虛舟之在江湖也, 雖遇風波, 無傾覆之虞, 若有人在舟中, 則於是慮患之心生焉. 是舟非有虞, 人爲之累故也.	3-1을 부연
4-1 余方謫居靈塔山中, 屛人事絶嗜欲. 閒居淡食, 心無所繫. // 每悠然獨往, 支頤而坐, 聞松聲水聲, 伐木聲洴澼聲, 鍾魚聲, 山僧梵唄聲, 杜宇聲布穀聲. // 鶯喚鳩呼鶴唳鶻啾烏啼鵲喳鷄鳴犬吠蟬噪雀啾百蟲吟啁之聲, 紛紛擾擾, 應接不暇, 而其境愈寂, 吾心愈靜, 湛然若無一物之在於胸中.	3-1과 조응
4-2 及聞小童來報有京中家信, 於是乎心爲之動, 何者? // 松水蟲鳥, 非吾心之所繫也, 惟家信爲繫心之物也. 纔有所繫, 則心不得寧.	3-1과 조응
5-1 今聖臺之遊於京城也, 泊然無忮求之心. 視人之勢利芬華, 如聞松水蟲鳥之音, 雖日閱於前, 曷足以動其心哉? // 或曰, '苟無所求, 何必遊於城市乎?' 余應之曰, '苟無所求, 又何必不遊於城市也?'	1, 2와 조응
5-2 此林宗之所以爲高也. 夫李・杜亦賢者也, 固不以富貴死生繫於心. 所繫心者, 惟激濁揚淸而已. // 雖然, 此亦有所繫也, 故不得寧焉. 林宗則處局外而無所繫, 惟心護善類, 不忍遠去. 此謂不繫之繫, 無求之求, 雖在城市, 豈足累其澹然之心哉?	1과 조응 및 부연

이 작품의 주제는 2 단락에서 보인다. 영담재寧澹齋의 주인인 육성대陸聖臺가 곽림종郭林宗의 풍모를 사모하여 굳게 스스로를 지켜 외물에 부림을 당하지 않았기에 몸은 시끄러운 속세에 있어도 마음은 항상 평안하고 고요할 수 있었다는 것이다. 주제 단락인 2 단락 아래에서는 부연 설명이 이어진다. 3-1 단락은 마음이 외물에 얽매이지 않으면 외물이 어지럽힐 수 없다는 의론으로 주제 단락을 부연하고, 3-2 단락은 빈 배와 사람이 탄 배의 비교를 통해 다시 3-1 단락을 부연한다. 4-1 단락은 작자 개인의 체험을 통한 의론을 개진하여 3-1 단락과 조응하고 있다. 4-2 단락은 서울 집에서 편지가 왔음을 알리면 마음이 동요되는 이유를 설명하였는데 이는 3-1 단락과 조응한다. 5-1 단락은 다시 주인공 육성대陸聖臺의 얘기로 돌아와 1 단락과 2 단락에서 언급한 내용을 강조

하여 조응하고 있다. 5-2 단락은 마지막 단락으로 1 단락에서 칭송한 곽림종郭林宗의 풍모를 재차 강조하고 있다.

산문수사학에서 조응의 문제는 앞뒤로 바로 연결되는 단락간의 연결이 아니라, 서로 떨어져 있는 단락간의 연결을 중요시한다. 앞 단락에서 암시하고 몇 단락 뒤에서 호응을 하는 방법인 것이다. 위의 도표를 보면 알 수 있겠지만 「영담재기」는 순차적인 부연의 과정 속에서 상호간에 떨어져 있는 단락들이 주제의 효과적인 전달과 문예미를 위해 유기적으로 조응하는 모습이 비교적 선명하게 보이는 작품이다. 이처럼 편장의 안배에 치중한 작품으로 「팔가정기八可亭記」도 주목할 만하다. 이 글의 주제라 할 수 있는 "불가함은 가함의 반대지만 곧 상호보완이 되는 것[不可者, 可之反, 而乃所以相成也]", "가함이 불가함이 아니라면 그 가함을 이룰 수 없으니 불가함 역시 가함[可非不可, 則不能成其可, 是不可, 亦可也]"을 전제하여 각종 의론을 부연하되 단락들이 유기적으로 조응하는 모습이 잘 드러난다.

또한 이 글은 자구 운용에 있어서도 주목할 만하다. 앞서 언급했듯이 글은 전편이 '영寧', '담澹(담淡, 담湛)', '계繫(누累)' 세 글자를 반복적으로 안배하고 있다. 그러면서도 어세語勢를 변화시키는 참치參差와 교착交錯에도 관심을 기울였다. 참치參差는 길고 짧은 구를 배열하거나 혹은 상하구의 자수字數를 증감시켜 고의로 정제된 구식句式에 변화를 주는 것이고, 교착交錯은 두세 개씩 짝을 이루는 구형句型을 뒤섞는 것이다. 4-1 단락을 자구 운영의 측면에서 살펴보면 다음과 같다.

> 每悠然獨往(5), 支頤而坐(4), 聞松聲水聲(5), 伐木聲洴澼聲(6), 鍾魚聲(3), 山僧梵唄聲(5), 杜宇聲布穀聲(6). 鶯喚鳩呼鶴唳鶻嗽烏啼鵲喳鷄鳴犬吠蟬噪雀啾百蟲吟喁之聲(26), 紛紛擾擾(4), 應接不暇(4), 而其境愈

寂(5), 吾心愈靜(4), 湛然若無一物之在於胸中(11).

5·4의 배열, 5·6의 배열, 3·5·6의 배열로 약간의 참치參差를 보이다가 돌연 26·4·4의 배열에서 5·4·11의 배열로 구식句式에 극심한 변화를 보인다. 번역으로 옮기더라도 다음과 같이 호흡이 불규칙적이라는 것을 알 수 있다. "매번 멍하니 혼자 가서 턱을 괴고 앉아 // 솔바람 소리와 물소리, 나무하는 소리와 빨래하는 소리 // 종과 목어 소리, 산승의 범패 소리, 두견 소리와 뻐꾸기 소리를 들었다. // 꾀꼬리 외치고 비둘기 소리치고 학이 울고 송골매가 소리를 토하고 까마귀가 울부짖고 까치가 깍깍대고 개가 멍멍대고 매미가 시끄럽고 참새가 짹짹대고 온갖 벌레가 뒤섞여 울어대는 소리가 어지럽고 시끄러워, 소리를 듣느라 한가할 틈이 없었다. // 그러나 그 경지는 더욱 적막해지고 내 마음은 더욱 고요해져서 마음에 외물 하나 남아있지 않은 듯 담박하였다." 이처럼 자구 운용에 변화를 주어 어세語勢의 곡절을 꾀하는 목적은 문예미의 추구라 할 수 있다. 다만 김윤식이 수사적 측면을 고려하여 의도적으로 조성했다기보다는 자연의 소리, 사람의 소리, 사찰의 소리 등 각종의 소리를 형용하면서 자연스레 조성된 기세氣勢의 성과일 것이다.

(3) 산수에 대한 기벽

앞의 도표에 있는 산수에 대한 기문을 일별하면 김윤식은 수학기 때부터 사환기, 유배기까지 정치적 부침과 무관하게 산수 유람을 즐기고 있다. 심지어 일본에 사행을 간 와중에도 경쟁하듯 기이한 산수를 찾아다녔다고 술회한 바 있다.[102] 이와 같은 산수에 대한 남다른 관심과 취향은

102 金允植, 「日本歸路日人問今行得詩幾篇書此示之」, 『雲養集』 卷6. "예전에 태사[이

특히 山水記에 대한 각별한 관심에서도 드러난다. 그는 「팔가섭필八家涉筆」에서 유종원柳宗元의 산수기山水記를 4개 조목으로 할애하여 서술하였다.[103] 다음의 인용문은 유종원 산수기의 특징을 언급하며 그의 특별한 감식안을 고평한 것이다.

> 子厚는 감상에 정밀하여 "고서를 멀리서 바라보아도 그 연대를 알 수 있다."라고 스스로 말했다. 이 뿐만이 아니니, 산수에 대해서도 그러하였다. <u>다른 사람이 보는 것은 평이하고 온전한 것이었으나 자후는 유독 숨어있는 험준한 것과 기울어지고 이지러진 것을 보았으니, 숨어있는 험준함을 통해 생각이 생겨나고 기울어지고 이지러짐을 통해 기이함이 생겨났다.</u> 뭇사람들이 바야흐로 흐드러진 붉음과 소란스러운 푸름에 주목할 적에 자후는 홀로 그윽한 꽃술을 헤치고 외딴 풀을 어루만졌다. 때때로 그 작은 것들을 들어 점을 찍듯 늘어놓아 모사하면 풍격과 신운이 현격히 차이가 나니, 이것이 뺨에 털을 더 그리는 방법이다.[104]

토 순포] 따라 일본을 유람한 것 추억하니, 시를 읊으며 경쟁하듯 기이한 산수 찾아다녔지.(憶昨東遊隨太師, 吟中山水競探奇.)"

103 김윤식은 유종원의 山水記를 고금의 최고작으로 꼽았다. "子厚의 산수기는 고금에서 으뜸이다. 「遊黃谿記」 및 「柳州山水記」는 완전히 『山海經』을 모사했으나 격조가 절로 기이하고 예스럽다. 기타 여러 작품들은 모두 神靈과 意境이 만나 모두 필묵으로 쓸 수 있는 것을 벗어났다. 평범한 사람이 몹시 애쓴 곳에는 다듬은 흔적이 있으나 자후는 애를 쓸수록 천연스러워지니 일단의 정신에 어둡지 않은 것을 스스로 지니고 있기 때문이리라.(「八家涉筆」, 『雲養集』 권14. 柳文十・山水記. 子厚山水記, 冠絶古今. 「遊黃谿記」及「柳州山水記」, 全摹山海經而格自奇古. 其他諸作, 皆神與境會, 都在筆墨蹊徑之外. 凡人刻苦處, 便有斧鑿之痕, 子厚愈刻愈天然, 蓋其一段精爽, 自有不昧者存.)" 심지어 김윤식 본인이 특정한 산수에 대해 읊은 시를 가지고 유종원의 산수기에 비해 보잘 것 없다고 자조까지 하였다. "흰 구름 피어나는 곳에선 장차 시가 완성되고, 붉은 살구꽃 피어날 때면 술 받아오려 하네. <u>영주의 산수기일랑 읽지를 마오, 개울과 못이 불행히도 나같이 어리석은 사람 만났다네</u>.(「春日與諸詩伴登靈塔作」, 『雲養集』 권3. 白雲起處詩將就, 紅杏開時酒欲酤. <u>莫讀永州山水記, 溪潭不幸遇愚夫</u>.)"

104 金允植, 「八家涉筆」, 『雲養集』 卷14. "柳文八・山水記. 子厚精於鑒賞, 自謂於古書, 望之而知其年代. 非惟此也, 於山水亦然. <u>他人所見, 平易圓全, 子厚獨見其幽峭</u>

평이하고 온전한 남들의 감식안에 비해 유종원은 유독 숨어있는 험준한 것과 기울어지고 이지러진 것을 관찰하여 이를 통해 새로운 착상과 기이함을 촉발시켰음을 강조하고 있다. 평범하고 미미한 것들을 묘사할 때에도 전신傳神의 경지를 이루었으니, 동진東晉의 화가 고개지顧愷之가 배해裵楷의 초상화를 그릴 때 배해의 재주와 성품, 식견을 묘사하려고 뺨 위에 수염 세 올을 더 그려 신명神明함을 드러나게 한 것처럼 심혈을 기울였다. 이처럼 유종원의 산수에 대한 남다른 감식안은 김윤식의 글에서도 엿보인다. 아래에 인용한 글은 김윤식이 면천군沔川郡 상왕산象王山을 유람하고 지은 「의두암기依斗巖記」이다.

> 이 산이 있은 이래 이 바위가 있었으니, 나보다 먼저 이 바위에 놀러 온 사람 가운데 어찌 바위의 진가를 알아본 사람이 없었으랴. 애석하게도 아름다운 경치를 기록하고 이름을 지어주는 일이 없어 지금까지 묻혀 있었으니 어찌 依斗巖의 불행이 아니겠는가. 지금 내가 이름을 지어주고 아름다운 경치를 기록하여 나보다 나중에 놀러 오는 사람들에게 남긴다. 전에 놀러왔지만 찾아보지 못했던 사람들이 이제 이 바위에 대해 듣고 보고 싶어 한다면 어찌 依斗巖에게 다행한 일이 아니겠는가. 비록 그렇다고 해도 내가 산 왼편 가려진 곳에 푸른 등나무와 덩굴에 덮여있는 이 바위를 살펴보니 흡사 빛을 감추고 자취를 숨겨 세상 사람들이 아는 것을 즐거워하지 않는 듯하다. 지금 내가 이름을 짓고 記를 지어 털고 닦아 가려져있던 것을 드러냈으니, 이 바위에게 비웃음을 당하지 않을 수 있을까. 잘 모르겠다.[105]

欹缺, 因其幽峭而思生焉, 因其欹缺而奇生焉. 衆人方注目於紛紅駭綠, 子厚獨披拂幽蕊, 摩挲孤卉. 時擧其微者, 點綴摸寫, 風神逈然, 此畵頰添毛法也."

105 金允植, 「依斗巖記」, 『雲養集』 卷10. "自有此山, 便有此巖, 前乎吾而來遊此巖者, 豈無其人? 惜無記勝錫名之擧, 至今泯滅, 豈非巖之不幸也歟? 今吾錫其名而紀其勝, 以遺後乎吾者. 使前日之過而不顧者, 今焉聞而慕之, 豈非巖之幸也歟? 雖然, 余

김윤식은 상왕산象王山을 유람하다 3층의 석벽石壁을 발견하게 되자 각각 진의강振衣岡, 적취대積翠臺, 의두암依斗巖이라고 이름을 짓는다. 이곳에서 한가로이 배회하며 시를 읊기도 하고 큰 소리로 노래를 부르며 나그네의 근심을 달랜다. 인용문에서 보듯, 그는 이전에 이곳을 다녀갔던 이들이 의두암依斗巖을 비롯한 이 3층 석벽의 진면목을 알지 못했던 것을 안타깝게 여겨 뒤에 올 사람을 위해 이 기문을 지었다. 상왕산象王山 후미진 곳에 푸른 등나무와 덩굴에 덮여있는 이 석벽이 자신을 통해 세상에 드러나는 것을 의두암依斗巖의 다행으로 여겨 일견 자부하고 있는 듯하다. 이러한 의식은 그가 황해도黃海道 장수산長壽山을 유람하고 지은 「유장수산기遊長壽山記」에서도 엿볼 수 있다. 자산의 유람을 서술하는 가운데 다음과 같은 내용이 보인다. "사람으로 하여금 눈은 휘둥그레지고 마음은 혼미하게 만드니, 비장방費長房의 호리병에 들어간 듯 불야성不夜城에서 노니는 듯 황홀하다. <u>이것은 다른 산에는 없는 것이다</u>. [使人眼明心迷, 恍然如入費公之壺, 遊不夜之城, <u>此他山之所未有也</u>.]", "벽을 잡고 개미처럼 기어서 정상으로 올라가면 사방이 천 리 멀리까지 바라다 보이는데, 우러러 천지간 펼쳐진 기운과 접하고 굽어보아 드넓은 바다를 삼키니 가슴이 확 뚫려 번뇌의 생각이 없어지기 때문에 歡喜峰이라 부른다. <u>여기까지 일일이 구경하고 정상을 밟은 사대부는 아마도 적을 것이다</u>.[攀壁蟻行, 上出其頂, 四望有千里之遠, 而仰接灝氣, 俯呑溟渤, 胸次豁然無煩惱之想, 故名歡喜峯. <u>士大夫之遊歷至此, 而躡其巓者蓋寡焉</u>.]" 남들이 유람하지 못하고 관람하지 못한 승경勝景을 자신이 유력했다는 자긍심을 읽을 수 있다.

觀是巖之屛處山左, 蕪沒於蒼藤碧蔓之中, 似乎韜光鏟跡, 不樂爲時人之所知. 今吾名之記之, 拂拭而顯其晦, 得無爲此巖之所笑乎? 是未可知也."

한편 김윤식은 특정한 승경勝景이나 초목에 대해 비상한 관심을 보였다. 귀천歸川의 고향집 뒤 작은 언덕에는 참죽나무가 무성하게 자라고 있었다. 그래서 언덕 이름을 파자破字한 '춘목원春木園'이라 하고 기문을 짓기까지 했다. 그런데 기문의 첫머리가 심상치 않다.

> 내가 사는 땅에는 참죽나무[{木+⾳}]가 많은데, '{木+⾳}' 자는 '杶', '櫄' 자와 같다. 나무 가운데 좋은 목재이니, 『夏書』에 나오는 荊州의 공물에 "참죽나무[杶]·산뽕나무[榦]·전나무[栝]·측백나무[柏]" 라고 하였다. 또 琴의 재료이니, 『左傳』에 "孟莊子가 그 참죽나무를 베어 公琴을 만들었다"라고 하였다. 또 장수하는 나무이니, 『莊子』「逍遙遊」에 "상고 시대에 큰 참죽나무가 있어 팔천 년을 봄으로 삼고 팔천 년을 가을로 삼는다" 라고 한 것이 이것이다.
>
> 『書經』의 주석을 살펴보면, 참죽나무는 가죽나무, 옻나무와 비슷하다고 한다. 『唐草本』에는 가죽나무, 참죽나무 두 나무의 생김새가 비슷하나 가죽나무는 성기고 참죽나무는 여물다고 한다. 蘇頌의 『本草圖經』에는 참죽나무 잎은 향기로워 먹을 만하고 가죽나무는 냄새가 고약한데, 북쪽 사람이 '山椿'이라고 부른다고 하였다. 이 나무는 단단하고 튼튼하여 그릇 만들기에 적당하다. 흙에 들어가도 썩지 않고 곧바로 수백 자를 자라 드높이 구름과 하늘에 닿는다. 매년 추워지면 잎이 떨어져 멀리서 바라보면 길고 곧게 솟아 마치 절간의 깃대 같다. 그러므로 우리나라 사람들은 '眞僧木'이라 부른다. 가죽나무는 참죽나무와 비슷하지만 참죽나무는 아니다. 그러므로 '假僧木'이라 부른다. 그 모습과 바탕, 빛깔과 냄새를 살펴보면 이 나무가 참죽나무인 것에 의심할 여지가 없다.[106]

106 金允植, 「春木園記」, 『雲養集』 卷10. "吾所寓之地, 多{木+⾳}木, {木+⾳}之字與杶櫄同. 木之良材者也, 『夏書』荊州之貢曰杶·榦·栝·柏. 又琴材也, 『左傳』孟莊子斬其櫄, 以爲公琴. 又壽木也, 『莊子』「逍遙遊」上古有大{木+⾳}, 以八千歲爲春, 八千歲爲秋是也. 按『書』註杶木似樗漆. 『唐本草』樗{木+⾳}二樹形相似, 樗木疎{木+⾳}木實. 蘇頌『圖經』{木+⾳}葉香可啖, 樗氣臭, 北人呼爲山{木+⾳}. 是木也堅剛中器, 入

뒷동산에 우거진 참죽나무[{木+㽞}]는 김윤식에게 있어서 특별한 자연물이었던 것 같다. 앞서 살펴보았던 「금장기琴庄記」 역시 바로 이 참죽나무로 인해 짓게 된 작품이다. 이 작품의 첫머리는 참죽나무에 대한 백과사전식 서술로 점철되어 있다. 심지어 참죽나무에 해당하는 한자를 '{木+㽞}'과 같은 벽자僻字를 사용하기까지 한다.[107] 참죽나무를 뜻하는 다른 한자를 나열시키는 것을 시작으로, 『서경書經』, 『좌전左傳』, 『장자莊子』, 『당초본唐草本』, 『본초도경本草圖經』 등 각종 서적에서 보이는 참죽나무의 정보를 망라하고 있다. 『서경書經』과 『좌전左傳』을 통해서 참죽나무가 공물이면서 거문고의 좋은 재목이었음을 설명하고, 『장자莊子』를 통해서 참죽나무가 장수長壽의 상징물임을 드러내고, 『당초본唐草本』과 『본초도경本草圖經』을 통해서 가죽나무와 변별되는 참죽나무의 성질과 형상을 묘사하고 있다. 심지어는 가죽나무[樗]를 참죽나무의 사이비似而非로 간주하여 '가승목假僧木'이라 폄훼까지 하고 있다. 그가 살던 지역의 토산물일 뿐인 참죽나무가 각별하게 다가왔던 이유는 참죽나무가 지니고 있는 여러 가지 층위의 개념이 주요했기 때문일 것이다. 즉 거문고의 좋은 재목은 물론이거니와 장수의 상징물, 외형적인 아름다움, 튼튼하고 올곧은 성질, 사이비似而非인 가죽나무가 침범할 수 없

土不腐, 直上數百尺, 高拂雲霄. 每歲寒葉脫, 望之矗矗然如僧舍之旛竿, 故東人呼爲眞僧木. 樗似{木+㽞}而非, 故呼爲假僧木. 考其形質色臭, 是木之爲{木+㽞}無疑矣."

107 특정 산수에 대한 자세한 설명과 소개는 산문뿐만 아니라 樂府나 詞와 같은 운문에서도 보인다. 김윤식은 한라산을 바라보며 노래한 「沁園春」에서 시구 사이에 과감하게 小注를 부기하여 산수에 대한 설명에 치중한 모습을 보였다. 『雲養集』 卷6, 「詩餘學步 · 沁園春」. "변하는 모습이 천 가지로 다르네【한라산에서 제주성까지는 50리다. 어떨 때는 아득히 멀기만 해 마치 수백 리 밖에 있는 듯하고, 어떨 때는 가까이 지척에 있어 초목의 가지와 잎까지 분별할 수 있다. 이곳 사람들은 이 산은 왔다 갔다 할 수 있다라고 하는데, 대개 구름과 안개의 변동 때문이리라.】(變態殊千【漢挐山去州城五十里. 有時杳冥悠邈, 如在數百里外, 有時近在咫尺, 草木枝葉可辨. 土人云此山能往來, 蓋緣雲靄之變移.】)"

는 진승목眞僧木의 호칭 등은 참죽나무를 애호하지 않을 수 없는 요소들이다. 그런데 김윤식은 이 글의 말미에서 "나는 산의 나무가 재목이 되지 않아야 장수한다고 들었다. 지금 이 나무는 재목이면서도 장수할 수 있으니 어찌 고금의 마땅함과는 다른가. 그것이 처한 바가 제대로 된 땅을 얻어서 사람들에게 아낌과 사랑을 받기 때문이다.[吾聞山木以不材壽. 今是木則材而能壽, 豈古今之異宜耶? 則其所處得其地而爲人所愛惜故也.]"라고 하였으니, 참죽나무를 단순한 완상의 대상이 아닌 자신의 이상향을 투영한 자연경물로 승화시켰다고 할 수 있다.

4) 소결

이 글은 김윤식이 남긴 산문 작품들 가운데서 기문記文의 문학적 특징을 규명하였다. 이에 앞서 그의 문학적 성취에 대한 제가들의 평을 살펴보았는데, 부화浮華함을 배격하고 실사實事를 추구하는 '경세지문經世之文'으로서, 기이한 정취를 담은 '기위지문奇偉之文'으로서 그 성취를 가늠할 수 있다.

본격적인 기문 고찰에 앞서 전체적인 기문을 개관해 보았다. 건물에 대한 기문이 43편, 산수에 대한 기문이 6편으로 총 49편이다. 1855년 수학기에 지은 「경담기鏡潭記」부터 1911년 해배 이후 활동기에 지은 「애오려기愛吾廬記」까지 전 생애에 걸쳐 두루 기문을 창작한 것으로 보인다. 건물에 대한 기문에는 누정樓亭, 재실齋室, 사찰寺刹, 암자庵子, 공관公館, 별서別墅 등을 대상으로 한 것이 있고, 산수에 대한 기문에는 특정 승경勝景을 대상으로 하거나 유산기遊山記처럼 유람을 기록한 것이 있다. 건물에 대한 기문은 대부분 제3자의 부탁으로 지은 것인데 그 가운데에는 대작代作한 작품도 있다. 제3자의 부탁이 아닌 김윤식이 직접적으로 관련된 작품은 「금장기琴庄記」, 「경담기鏡潭記」, 「유장수산기遊長

壽山記」, 「의두암기依斗巖記」, 「등량산기登兩山記」, 「춘목원기春木園記」 등이 있다.

김윤식 기문에서 보이는 문학적 특징으로 세 가지를 거론하였다.

첫 번째는 상상을 통한 재구성이다. 「금장기琴庄記」를 통해 피상적인 외물을 초월한 홍취와 아름다움을 추구하는 미적 체험과 공간 인식의 확대를 살펴보았다. 이러한 사유는 상상을 통한 공간의 재구성에서 이루어진다. 상상을 통한 공간의 재구성은 개념의 재정립을 통해서도 이루어지는데, 이러한 사례로 「경담기鏡潭記」를 살펴보았다. 「금장기」에서 공간을 재구성하여 자연과 동화된 '천연의 거문고'를 묘사했듯, 「경담기」에서도 자연과 어우러진 거울의 모습으로 연못을 재구성하고 있다. 「금장기」와 「경담기」는 자연경물에 대한 철리적哲理的 사유가 전편을 이루고 있다. 이와 같은 사유는 그 기저에 격물치지格物致知의 전통적인 도학道學과 심성수양이 자리하고 있지만, 작자의 개인적 체험과 상상을 통해 인식을 전변시키고 공간을 재구성하는 재기발랄함이 도드라져 있는 것이 사실이다.

두 번째는 편장자구의 안배이다. 김윤식의 산문 작법으로 지적된 '기세氣勢'란 인위적이지 않고 주제와 내용에 따라 자연스럽게 조성되는 뉘앙스라 볼 수 있는데, 당송고문의 표현적 측면과 구성적 측면을 함께 아우르는 것을 가리킨다. 김윤식의 기문 가운데 「영담재기寧澹齋記」를 대상으로 구성적 측면, 즉 편장자구의 안배를 중심으로 고찰하였다. 문장 전편이 '영寧', '담澹(담淡, 담湛)', '계繫(누累)' 등 세 가지 문안文眼으로 점철되어 있다. 단락, 절, 조목별로 구성요소 간의 관계를 살펴보면 순차적인 부연의 과정 속에서 상호간에 떨어져 있는 단락들이 주제의 효과적인 전달과 문예미를 위해 유기적으로 조응하는 모습이 비교적 선명하게 보인다. 자구 운용에 있어서도 어세語勢를 변화시키는 참치參差와 교착

交錯에도 관심을 기울였다. 다만 김윤식이 수사적 측면을 고려하여 의도적으로 조성했다기보다는 주제와 관련된 같은 층위의 개념들을 나열하면서 자연스레 조성된 기세氣勢의 결과라 볼 수 있다.

세 번째는 산수에 대한 기벽이다. 김윤식은 수학기 때부터 사환기, 유배기까지 정치적 부침과 무관하게 산수 유람을 즐기고 있다. 심지어 일본에 사행을 간 와중에도 경쟁하듯 기이한 산수를 찾아다녔다고 술회하였다. 이와 같은 산수에 대한 남다른 관심과 취향은 특히 산수기山水記에 대한 각별한 관심에서도 드러난다. 「팔가섭필八家涉筆」에서 유종원柳宗元의 산수기山水記를 4개 조목으로 할애하여 서술한 태도에서도 엿볼 수 있는데, 유종원의 특별한 감식안을 고평하였다. 유종원의 산수에 대한 남다른 감식안은 김윤식의 글에서도 엿보이는데 「의두암기依斗巖記」가 그것이다. 상왕산象王山 후미진 곳에 푸른 등나무와 덩굴에 덮여있는 이 석벽이 자신을 통해 세상에 드러나는 것을 의두암依斗巖의 다행으로 여겨 자부하고, 남들이 유람하지 못하고 관람하지 못한 승경勝景을 자신이 유력함으로써 자긍심을 드러내었다. 김윤식은 특정한 승경勝景이나 초목에 대해 비상한 관심을 보이기도 했는데, 그 대표적인 자연경물이 참죽나무였다. 그가 살던 지역의 토산물일 뿐인 참죽나무가 그에게 각별하게 다가왔던 이유는 참죽나무가 지니고 있는 여러 가지 층위의 개념이 주요했기 때문일 것이다. 그런데 참죽나무는 그에게 있어서 단순한 완상의 대상에서 자신의 이상향을 투영한 자연경물로 인식되어 갔다.

기존에 여러 연구자들이 아쉬움을 토로했듯, 김윤식에 대한 제 방면의 연구는 그의 정치적 변절 이력으로 인해 자못 주춤하던 시기도 있었다. 그러나 최근에는 이른바 김윤식 제대로 알기라는 연구 분위기가 확산되고 있어 고무적이라 할 수 있다. 역사학, 정치사상사, 외교관계사 학계에서 이러한 연구가 활발히 진행되고 있고, 이에 발맞추어 문학 방면에서도 연구 성과들이 계속 도출되고 있다. 게다가 『운양집雲養集』이 완역되어 김윤식에 대한 연구가 보다 빠르고 폭넓게 진행되리라 예상된다. 동시대 저명한 한문학 작가인 김택영金澤榮(1850~1927), 이건창李建昌(1852~1898), 황현黃玹(1855~1910) 등에 비하면 김윤식의 문학 연구는 아직 초기 단계라 할 수 있는데, 향후 한문산문은 물론이고 한시, 사행록 등을 대상으로 한 연구가 더욱 확대되어야 할 것이다. 본고 역시 이러한 연구 분위기에서 작성되었다. 다만 김윤식의 한문산문 가운데 기문에 치중하다보니 전체적인 산문 세계를 조망하지 못한 아쉬움이 있고, 동시대 저명한 한문학 작가들과의 대비점을 부각시키지 못한 것도 큰 흠결이라 할 수 있다. 앞으로 이와 같은 문제의식을 견지한 문학 연구가 계속해서 발표되기를 고대한다.

5. 명자설名字說의 문학성과 장르적 글쓰기

1) 서론

이 글은 한국 한문학 속 명자설名字說[108]을 대상으로 그 문학성을 재고再考한 글이다.

오늘날 현대인이 자신의 이름 외에도 별도의 계정計定(아이디)를 사용하면서 자신의 정체성을 알리는 것처럼 전근대 시기의 개인 또한 이름 외에 다양한 호칭을 사용하였다. 태어나면서 이름[名]을 부여받은 뒤[109] 성년이 되면 자字를 갖게 된다. 이후에는 삶 속의 갖가지 계기를 통해 하나의 호號부터 많게는 십여 개의 호를 스스로 짓거나 타인에게 받기도 한다.[110] 또한 공훈을 세운 특정 인물에 한해서 사후에 국가에서 시호諡號를 내리기도 한다. 이렇듯 전근대를 살았던 인물은 태어나면서 죽을 때까지, 혹은 사후에 이르러서도 자신의 정체성을 표지하는 호칭이 삶의 단계마다 달라졌다. 물론 오늘날에도 자나 호를 사용하는 경우도 있지만 전근대의 문화처럼 일반적인 현상은 아니다.

전근대를 살았던 개인이 자신의 정체성을 확인하고 알리는 방편이었던 여러 호칭 가운데 본 논문에서는 성인이 되면 갖게 되는 자字에 주목하고자 한다. 자를 지어주는 행위 자체는 예의 범주에 속했다.[111] 『예기禮

---

108 일반적으로 개인의 字를 지은 경위를 밝히는 說을 論說類(혹은 論辯類) 산문의 하위 범주인 字說이라고 지칭한다. 다만 본 논문에서는 문자학에서 사용되는 개념인 字說, 字解 등과 구분하기 위해서 '名字說'이라고 지칭한다.

109 본명 외에도 兒名, 小名, 乳名 등과 같은 어릴 적 이름을 별도로 갖기도 한다.

110 丁若鏞 같은 경우 茶山, 與猶病翁, 俟菴, 籜翁, 苔叟, 紫霞道人, 鐵馬山人 등의 號, 洌叟, 洌水翁, 洌樵, 洌上老人 등의 別號, 與猶堂, 筠菴 등의 堂號가 있다. 심경호, 「이름과 호의 한자문화」, 『어문연구』 46, 한국어문교육연구회, 2018, 346~347면.

111 이 지점에서 성년이 되면서 가지는 字가 여타의 雅號, 別號, 堂號, 軒號 등과 구별된다고 할 수 있다.

記』「곡례 상曲禮上」에 “남자는 20세에 관례冠禮를 치르고 자字를 짓는다.[男子二十冠而字]”,[112] “여자는 시집가는 것을 허락 받으면 자字를 짓는다.[女子許嫁笄而字]”라고 하였는데, 정현鄭玄은 주注를 내면서 “성인이므로 그 이름을 공경해서이다.[成人矣, 敬其名.]”라고 하였다. 요컨대 성인이 된 남녀의 이름을 존중하고 공경하기 위해서, 즉 피휘避諱하기 위해 별도의 호칭인 자를 지었고 이러한 행위는 엄연한 예법 가운데 하나의 준칙으로 받아들여진 것이다. 그렇다면 자를 지어주는 과정에서 생겨난 명자설은 어떻게 산문 장르의 하나로 정립된 것인가. 명明나라 서사증徐師曾의 『문체명변文體明辯』에서는 「자설字說」의 항목을 「제명題名」과 「행장行狀」의 항목 사이에 배열하였다.

살펴보건대 『儀禮』「士冠禮」에 세 차례 관을 씌워 주고 세 차례 醮禮를 베풀 적에 字辭로 申飭한다고 하였는데, 후세 사람이 이를 따라 마침내 字說, 字序, 字解 등의 글을 지었으니 이러한 것들은 모두 字辭가 그 시초이다. 비록 그 글은 옛날과 몹시 동떨어져 있지만 정성스럽게 훈계하는 뜻은 크게 다르지 않다. 字辭와 祝辭의 경우는 古辭를 모방하여 지은 것이나, 근세에는 대부분 字說을 숭상하기 때문에 지금은 字說을 위주로 하고 그 나머지 또한 함께 배열하였다. 名說과 名字의 경우는 이러한 뜻을 이끌어와 확대한 것이고, 여자는 笄禮를 치르면 또한 字를 부를 수 있기 때문에 宋나라 사람이 여자를 위해 지은 名辭가 있는데 그것은 사실 字說이다. 지금은 비록 행해지지 않지만 예법에 근거할 바가 있으므로 또한 취하여 하나의 문체로 갖추어놓았다.[113]

112 『常變通攷』와 『朱子家禮』를 살펴보면, 관례를 치르는 나이가 반드시 20세인 것은 아니었다. 15세 이상으로 『孝經』과 『論語』에 능통하여 禮義를 대강 알기를 기다린 후에 관례를 치러도 또한 괜찮다고 한 것으로 보아, 20세 이전에도 관례를 행하였음을 알 수 있다.

113 徐師曾, 「字說」, 『文體明辯』 권52, . “按儀禮士冠, 三加三醮, 而申之字辭, 後人因之

서사증이 명자설을 하나의 문체로 설정하여 그 개념을 설명한 것이다.[114] 위 인용글을 통해 몇 가지 정보들을 간취할 수 있는데, 첫째 명자설은 자사字辭가 그 시초이다. 자사字辭는 자사字詞나 축사祝辭와 비슷한 개념인데 산문보다는 운문에 가까운 형식이다. 예컨대 유자휘劉子翬가 주희朱熹에게 지어준 「자주원회축사字朱元晦祝辭」가 대표적인 자사字辭라고 할 수 있다. "원회元晦라고 자를 지어 이름의 뜻을 드러내노라.[字以元晦, 表名之義.]"라고 시작되는 이 글은 운문 형식으로 지은 것이다. 또한 관례의 의식으로서 삼가례三加禮와 삼초례三醮禮에는 세 차례 의관을 바꿀 때마다, 세 차례 술을 내려줄 때마다 각기 축사祝辭를 낭독한다. 마지막 순서에는 관자冠者(관례를 치르는 당사자)에게 자를 지어주는 빈賓이 "예의가 이미 다 갖추었으니 좋은 달 좋은 날에 너에게 자를 밝게 알려주노라.[禮儀旣備, 令月吉日, 昭告爾字.]"라는 내용으로 축사를 하는데, 역시 운문 형식이다. 다만 이렇게 운문 형식으로 지어진 글이 차츰 산문 형식까지 아우르게 되었고 서사증 당시에는 산문 형식의 명자설이 일반적으로 지어진 것 같다. 둘째 자사字辭나 축사祝辭 외에 다양한 용어로 명자설이 지어졌다. 대표적인 자설字說을 비롯하여 자서字序, 자해字解, 자서字叙, 자의字義[115] 등으로 다양하게 창작한 것이다. 서사증은 이들에 해당하는 대표적인 글을 수록하였는데, 소순蘇洵의 「중형문보자설

遂有字說字序字解等作, 皆字辭之濫觴也. 雖其文去古甚遠, 而丁寧訓誡之義無大異焉. 若夫字辭祝辭, 則仿古辭而爲之者也, 然近世多尙字說, 故今以字說爲主, 而其他亦並列焉. 至於名說名字, 則援此意而推廣之, 而女子笄亦得稱字, 故宋人有女子名辭, 其實亦字說也. 今雖不行, 然於禮有據, 故亦取之以備一體云."

114 李裕元의 『林下筆記』 「瓊田花市編」에 「字說」 항목이 보이는데, 바로 徐師曾의 『文體明辯』 「字說」의 내용을 요약한 것이다.

115 명자설과 같은 성격인 字義는 중국이나 우리나라 문헌에 흔히 보이지 않는데, 崔錫鼎은 특이하게 「南生鶴增字義」, 「趙生駿命字義」 2편의 글을 지었다.

仲兄文甫字說」, 구양수歐陽修의 「장망지자서章望之字序」, 진사도陳師道의 「진소유서秦少游叙」, 유창劉敞의 「유경렬자해劉景烈字解」, 오징吳澄의 「우채우집자사虞采虞集字辭」 등이 그것이다. 셋째, 여성을 위해 지은 명자설도 있다. 서사증은 그 사례로 유구언游九言의 「황씨삼녀생명설黃氏三女甥名說」을 수록하였다. 이와 같은 몇 가지 정보들은 문체로서의 명자설을 연구하는 데 참조가 된다.

주지하다시피 이름과 자는 그 글자의 함의에 있어 불가분의 관계에 있다. 『태평어람太平御覽』에서는 "관례를 치르면 자字가 있으니 이름을 공경해서이다. 이름은 예에서 이루어지고 자는 이름에 의거하니, 이름은 자의 근본이요 자는 이름의 말단이다. 근본이 되기 때문에 공경하고, 말단이 되기 때문에 비루하게 여긴다. 공경하기 때문에 그 예가 상세하고, 비루하게 여기기 때문에 그 일이 소략하다."[116]라고 하여 자를 이름의 부차적인 요소로 간주하기도 하였으며, 『백호통의白虎通義』에서는 "그 이름에 의거하여 자字를 짓는 것이니, 이름을 들으면 곧 그 자를 알 수 있고 자를 들으면 그 이름을 알 수 있다. 사賜(단목사端木賜)의 자가 자공子貢이고, 리鯉(공리孔鯉)의 자가 백어伯魚인 경우가 그것이다."[117]라고 하여 이름과 자를 동등한 가치로 간주하기도 하였다. 또한 『안씨가훈顏氏家訓』에서는 "옛날에는 이름으로써 몸을 바르게 하고 자字로써 덕을 드러내었다."[118]라고 하여, 이름과 별도로 자를 고유한 상징과 가치로 인식하기도 하였다.

116 「人事部・名」, 『太平御覽』 권362. "冠而有字, 所以尊其名也. 名成乎禮, 字依乎名, 名字之本, 字名之末也. 爲本故尊, 爲末故卑, 尊故其禮詳, 卑故其事略也."

117 「德論下・姓名」, 『白虎通義』 卷下. "旁其名爲之字者, 聞名即知其字, 聞字即知其名, 若名賜字子貢, 名鯉字伯魚."

118 「風操篇第六」, 『顏氏家訓』. "古者, 名以正體, 字以表德."

이처럼 명자설은 그 연원과 변모 과정을 살펴보면 흥미롭다. 형식적으로는 유가의 전통적인 사례四禮 가운데 하나인 관례의 의식에서 일률적인 축사祝辭의 형태로 낭독되었던 것이, 다양한 제목을 사용하거나 산문의 형식을 표방하게 되었으며, 내용적으로는 단순히 이름을 피휘하기 위한 방편이나 목적에서 짓는 것에서 탈각하고 고유한 상징으로서 자를 상정하여 명자설을 짓게 되었다. 이러한 연원과 변모는 산문 장르의 하나인 명자설을 문학적으로 접근하고 그 문학성을 재고再考할 수 있는 동인이 되는데, 이에 대한 몇 가지 지점들을 아래에서 살펴보고자 한다. 문학 장르적 측면에서 장르의 속성을 충실히 내재화 하여 문학성을 제고한 사례를 살펴본 것이 '의론과 설득의 변주'이다. 문학성을 담론하는 요소는 텍스트상의 형식미와 표현미도 있겠지만, 텍스트 이면에 자리한 작자의 사유 체계, 사상과 지향이 글쓰기로 잘 구현되었는지도 중요한 요소이다. 또한 일방이 아닌 주고받는 교유의 장에서 창작되는 문학 양식도 사회관계 측면에서 그 문학성을 제고해볼 여지가 있다. 명자설은 실용적인 성격과 문학적인 성격을 겸비하는 장르적 성격으로 인하여 작품을 바라보는 시각의 차이가 존재하는데, 작자 개인의 측면에서 살펴본 것이 '자아 성찰의 계기'인 반면, 작자와 상대방, 그리고 그 교유 집단의 관계망 속에서 살펴본 것이 '돈독한 교유의 매개물'이다.

기존의 명자설에 대한 연구는 대체로 두 가지 구도에서 진행되었는데, 하나는 명名, 자字, 호號의 상관관계 속에서 거시적으로 접근한 것이다.[119] 각각의 호칭에 대한 개념 규정과 호칭의 형식에 따른 분류, 사례 등을 종합적으로 제시하고 있어 전근대 시기 여러 호칭을 입체적으로

119 신용호 · 강헌규, 『先賢들의 字와 號』, 전통문화연구회, 2010 ; 이복규, 『한국인의 이름 이야기』, 學古房, 2012 ; 심경호, 「이름과 호의 한자문화」, 『어문연구』 46, 한국어문교육연구회, 2018.

조망하기에 매우 용이하다. 다른 하나는 명자설에 국한하여 미시적으로 접근한 것이다. 특정 작가의 명자설을 총망라하여 내용적으로 분류한 다음, 명자설에 나타난 작자의 사상을 추론한 연구가 있으며,[120] 문화 풍속의 하나였던 관례의 실태와 변화 과정을 추적하되 17세의 양상에 주목하면서 아울러 관례의 과정에서 창작되는 축사祝辭와 자설字說의 운용 방식과 의의를 규명한 연구가 있다.[121] 전자는 산문 문체의 하나로 설정한 명자설 최초의 연구라는 측면에서, 후자는 관례 의식의 추이에 따른 명자설의 성격 변모 양상을 다양한 자료들을 통해 적시한 측면에서 그 의의를 찾을 수 있다. 위와 같은 기존의 연구 성과를 토대로 이 글은 명자설을 산문 장르로서, 글쓰기 형태로서 어떻게 이해할 수 있는지, 즉 논설류論說類(혹은 논변류論辯類)의 하위 범주인 명자설의 문학성을 재고再考한 것이다. 기존 연구들에서 명자설을 통해 작자의 사상을 도출하거나 사적 성격의 글쓰기로 접근한 방식은 문학성을 염두에 둔 연구이기 때문에, 이 글은 그 연장선에서 명자설의 문학성을 다시 고찰하려는 것이니 기존 연구에 대한 반론이나 문제 제기가 아님을 미리 밝혀둔다. 요컨대 한국 한문학 속 명자설을 대상으로 그 문학성을 제고提高하려는 시론試論에 가깝다.

2) 의론과 설득의 변주

우선 문학 장르적 측면에서 논설류 장르의 속성을 충실히 내재화 하여 문학성을 제고한 명자설의 사례를 살펴보겠다. 명자설의 미덕은 서사증

120 유이경, 「牧隱 李穡의 名字說에 나타난 思想」, 『연구논총』 33, 이화여자대학교 대학원, 1997.

121 이은영, 「祝辭와 字說을 통해 본 冠禮 - 17세기 양상을 중심으로 -」, 『정신문화연구』 29, 한국학중앙연구원, 2006.

이 이미 언급한 것처럼 '정성스럽게 훈계하는 뜻[丁寧訓誡之義]'이 담겨야 한다. 다만 평생 자신의 정체성을 대신할 자字를 받는 상대방의 입장에서는, 간곡하고 절실한 언사와 훈계로 타이르기보다는 자신의 삶의 태도와 지향을 확고히 할 수 있도록 만드는 설득력 있는 주제와 내용의 전달이 더욱 효과적이다. 또한 자를 지어주는 입장에서도 상대방이 깊이 자각하고 성찰하여 거듭나기를 희망하는데, 이를 위해 자신의 의론을 펼치되 설득력 있는 주제와 내용으로 명자설을 구성하게 된다. 이와 같은 논리성과 참신성을 관건으로 하는 명자설은 특히 개자改字나 개명改名처럼 기존의 자나 이름을 바꾸기 위해 설득하는 과정에서 더욱 잘 드러난다.

> 유생 鄭梓의 예전 字는 美材인데, 내가 敬之라고 고쳐주었으니 예전의 자는 『詩經』에서 아름다운 나무라고 한 가래나무[梓]에서 따온 것이다. 사람이 가래나무를 생장시키고자 한다면 모두 사랑하는 방법을 안다. 그러나 간혹 허허벌판에서 자라는 것으로 부모가 심은 것이라면, 비단 사랑할 뿐만 아니라 반드시 공경한다. 어찌 나무가 공경할 만해서이겠는가.
>
> 그대는 그대의 몸이 자라난 경위를 알고 있는가. 신체발부는 부모에게서 받았고, 크고 굳센 기운과 순수하고 튼튼한 덕은 천지에 근본을 두고 있다. 부모가 남겨주신 몸으로 천지의 가운데에 서 있으니 감히 공경하지 않을 수 있겠는가. 머리카락과 피부가 상해도 불효가 되는데, 도끼와 자귀로 천성을 해친다면 사람이 될 수 있겠는가. 孔子가 말하기를 "몸이라는 것은 어버이의 지엽이다."라고 하였다. 제 몸을 공경하지 못하면 어버이를 다치게 하는 것이요, 어버이를 다치게 하면 근본을 다치게 하는 것이요, 근본이 다치면 지엽은 따라서 망한다. 아, 두려워할지어다.
>
> 『시경』은 선한 마음을 일으키니, 이를 바탕으로 『小學』에서 배양하고 「西銘」에 이르러 이른바 "받은 몸을 온전히 가지고 돌아간다."라는 말을 추구한다면, 나를 낳고 나를 길러준 어진 부모와 조부모를 저버리지 않을

것이다. 공경하고 공경하라.[122]

이재李縡(1680~1746)가 정재鄭梓를 위해 쓴 명자설이다. 정재의 자는 미재美材였는데, 이는 이름인 재梓에서 연유한 것이다. 앞서 살펴본 것처럼 기존의 이름과 반드시 유기적인 함의를 지녀야 하는 자를 짓고 또 이에 대한 명자설을 쓰는 과정은, 우선 이름과 유기적인 함의를 지닌 글자를 선정해야 하고 다음으로 그 함의를 설득력 있게 펼쳐내야 한다. 이 지점에서 명자설을 짓는 이의 작가로서의 역량과 통찰이 요구된다.

미재美材라는 자는 『시경詩經』「용풍鄘風 정지방중定之方中」의 "개암나무와 밤나무, 의나무와 오동나무, 가래나무와 옻나무를 심으니 이것을 베어 거문고와 비파를 만들도다.[樹之榛栗, 椅桐梓漆, 爰伐琴瑟.]"에서 유추한 개념이다. 즉 거문고나 비파를 만들 수 있는 아름다운 재목 가운데 하나가 가래나무[梓]이기 때문에 미재美材라고 자를 지은 것이다. 물론 가래나무는 악기를 만드는 데 사용되는 아름다운 재목이기도 하거니와 미재美材 그 자체는 동량지재棟梁之材를 함의하기 때문에 이름과 유기적인 함의를 지닌 자라고 할 수 있다. 그런데 이재는 이미 완성된 상태의 재목인 가래나무가 아니라 앞으로 꾸준히 배양하고 검속해야 하는 불완전한 상태의 가래나무로 전환시켜 상대방을 환기시킨다. 이재가 이를 위해 인용한 전거는 『맹자孟子』와 『시경』이었다. "한두 줌 굵기의 오동

122 李縡, 「鄭梓字說」, 『陶菴集』 권25. "鄭生梓始字美材, 余改命之曰敬之, 蓋取詩梓美木也. 人苟欲生之, 皆知所以愛之, 然是或生於墟落之間, 爲父母之所種植, 則不徒愛之, 而必恭敬止, 豈爲木之可敬哉? 子知子身之所由以生乎? 身體髮膚, 受之父母, 而浩然剛大之氣, 粹然健順之德, 則本乎天地. 以父母之遺體, 立乎天地之中, 敢不敬與? 髮膚之或傷, 猶爲不孝, 斧斤而伐其天, 可以爲人乎? 孔子曰, 身也者, 親之枝也. 不能敬其身, 是傷其親, 傷其親, 是傷其本, 傷其本, 枝從而亡. 嗚呼! 可畏也已. 夫詩所以感發善心, 苟因是而培於小學, 達於西銘, 以求所謂體受而歸全者, 則庶幾不負父母大父母生我育我之仁也歟! 敬之敬之."

나무와 가래나무를 사람이 생장시키고자 한다면 모두 이것을 기르는 방법을 알지만, 제 몸에 이르러서는 기르는 방법을 알지 못하니 어찌 몸을 사랑함이 그것만 못해서이겠는가. 생각하지 않음이 심한 것이다.[拱把之桐梓, 人苟欲生之, 皆知所以養之者, 至於身, 而不知所以養之者, 豈愛身不若桐梓哉? 弗思甚也.]"라는 『맹자』 구절을 인용함으로써, 우선 가래나무와 인간 존재를 연관시킨다. 가래나무와 같은 식물은 기르고 사랑할 줄 알지만 정작 인간으로서 제 몸은 기르고 사랑할 줄 모른다는 일침이다. 게다가 이 가래나무는 상재桑梓로 상징되는 어버이를 사모하고 공경하는 대상이니, 『시경』 「소반小弁」의 "뽕나무와 가래나무에 반드시 공경해야 한다.[惟桑與梓, 必恭敬止.]"라는 구절에 근거하고 있다. 『맹자』를 끌어와 가래나무를 초월한 인간 존재를 각성하게 한 다음, 기존의 자가 근거하고 있는 『시경』을 다시 끌어와 어버이를 공경하는 마음을 일으킨다. 여기서 명자설이 마무리되었다면 새로 지은 경지敬之라는 자는 결국 어버이를 비롯한 선조를 항상 공경하는 마음을 지닌다는 뜻을 드러낸 것이라 할 수 있다.

그런데 이재는 어버이가 가래나무를 심고 기르는 행위를 어버이가 자식을 낳고 기르는 것으로 치환하여, 도끼나 자귀로 훼손되지 않는 가래나무처럼 자식으로서 신체발부와 천성을 해치지 않도록 제 몸을 사랑하고 공경해야 함을 강조한다. 식물 자체로서의 가래나무에서 인간 존재의 존귀함을 이끌어내고, 어버이를 상징하는 가래나무에서 자식으로서 제 몸을 보전하는 수신修身으로 나아가는 논리의 전개와 중첩은, 경지敬之에서 공경하는 대상이 선조와 제 자신임을 중의적으로 드러낸 것이다. 명자설 말미에 이러한 함의를 표현하였으니, 『시경』을 통해 선한 마음을 일으키는 것은 선조를 위한 공경의 마음이요, 『소학小學』과 「서명西銘」을 통해 수신하는 것은 스스로를 공경하는 것이다. 더욱이 도학자로서 『소학』을 가장 중요시했던 이재였기에 명자설과 같이 타인을 대상으로 하는 글에서도 그의 실천 유학 정신이 기저에 깔려있음을 읽어낼 수 있다.

개자改字의 당위성, 논리성과 참신성까지 겸비해야 하는 명자설의 경우 이전의 자를 성공적으로 극복하는 난제가 부여된다. 권봉수權鳳洙의 원래 자는 왈서曰瑞였다. 봉황[鳳]이 상서로운 새라는 것을 표방한 것이다. 하루는 선친의 벗인 황현黃玹(1855~1910)을 찾아가 자신의 자를 바꾸어주기를 청하였는데, 그 이유는 왈曰 글자의 소리가 고아하지 않아서였다. 그러자 황현은 빙그레 웃으며 왈曰 글자를 자로 쓰는 것이 안 될 것이 없으며 게다가 서애徐愛나 양희梁熙처럼 자에 왈曰 글자를 사용한 사례가 있다고 타일렀는데, 평소 행실이 방정한 그가 자의 소리까지 단속하는 태도를 가상히 여겨 경소景韶라는 자를 지어주었다. 『서경書經』「익직益稷」의 "소소簫韶를 아홉 번 연주하자, 봉황이 와서 춤을 추었다.[簫韶九成, 鳳凰來儀.]"에서 소韶 글자를 취하고 상서롭다는 뜻의 경景 글자를 합친 것이다. 결국 상서로운 소소簫韶 음악의 뜻이 되어 기존의 자인 왈서曰瑞와 크게 다르지 않은 것 같은데, 여기서 황현의 의론은 기존의 관념을 뒤집는다.

> 봉황은 본래 상서로운 새이지만, 韶가 아니었으면 그 상서로움이 영험할 수 없었다. 만약 소를 연주하던 날 鶡鷄가 날아와 춤추었다면 할계 역시 상서로움이며, 鶴이 날아와 울었다면 학 역시 상서로움이니, 어찌 꼭 봉황일 필요가 있겠는가. 중요한 것은 韶이다.[123]

123 黃玹, 「權曰瑞改字景韶」, 『梅泉集』 권6. "鳳固瑞鳥也, 非韶則無以靈其瑞. 使韶成之日, 有鶡翙舞則鶡亦瑞也, 有鶴飛鳴則鶴亦瑞也, 何必鳳哉? 所重者在韶也."

이 의론의 참신성은 상서로움이 봉황이라는 신령스런 새에 있는 것이 아니라 그러한 봉황을 날아오게 하여 춤을 추게 한 소소簫韶에 있다는 역발상에 있다. 이어지는 논의에서 황현은 이를 토대로 공덕功德에 뒤따르는 찬란한 영예로움을 강조하고, 시문을 업으로 삼고 있는 그에게 성대한 덕이 바탕이 된 훌륭한 시문을 짓는다면 저절로 고아하게 될 것이라 권면하는데, 점층과 유비類比를 사용하여 논리를 강화하는 한편 고아하지 않다는 문제를 앞뒤에서 조응시킴으로써 설득력을 높였다.[124]

이재의 명자설을 한 편 더 살펴보기로 한다. 이 글 역시 앞서의 명자설처럼 의론과 설득에 있어 논리성과 참신성이 돋보이는 작품이다. 영조英祖 조정의 문장가로 명성이 높았던 오원吳瑗(1700~1740)은 이재의 제자이기도 하였다. 오원은 자신의 동생 오관吳瓘(1703~1740)이 관례를 치르게 되자 그의 자를 이재에게 부탁하였다.

> 吳瓘 군이 관례를 치르게 되자 그의 형 吳瑗이 내게 자를 지어달라고 부탁하였다. 내가 대답하기를 "伯玉(吳瑗의 字)이여. 그대가 蘧伯玉에게서 字를 따왔으니, 어찌 또 了翁의 字로 자를 지어주지 않겠는가." 하고, 마침내 瑩中이라고 지어주었다.
>
> 옥의 덕은 바탕이 밝고 깨끗하므로 그 모습이 따스하면서도 위엄이 있다. 속에 있는 것이 밖으로 드러나니, 밖에 드러나는 흠집은 갈아 없앨 수

124 黃玹, 「權日瑞改字景韶」, 『梅泉集』 권6. "今夫公卿將相, 斯民之所仰望也. 其榮耀赫奕, 尊嚴若神明, 而苟無功德以享之, 則不徒有殃咎, 訕罵四集以爲不祥之物. 而至於委巷之士蘊道德, 粹盎煥發, 終不能掩其文章, 則世爭拭目以爲希有之瑞. 然則士當究其榮辱之判, 不以此而易彼者審矣. 子方業詩文, 詩文者小技也, 不可遽語以道德之懿. 然古之名世者, 其詩文亦皆爛然, 未必不用力而能之也. 待子藝成之日, 使世之見子者, 其亦指而語曰, 斯人也蓋嘗惡其字之不雅而易之以景韶者也, 如此則子始不負景韶矣, 余焉能雅子之字乎?"

> 있어도 속에 있는 흠집은 어찌할 수가 없다. 이 때문에 군자는 반드시 몸과 마음을 돌아보며 갈고 닦는 노력을 다한다. 이것이 지극한 경지에 이르면 더러운 것이 모두 사라지고, 사업으로 드러나는 것도 거대하고 찬란하여 겉과 속이 환히 들여다보인다. 『禮記』에 이르기를 "군자는 덕을 옥에 비유하였다.[君子比德於玉]"라고 하였으니, 요옹이 뜻을 취한 것도 이 때문이리라.
>
> 옛적 司馬相如는 藺相如를 사모하여 자기 이름을 지었다. 인상여는 단지 전국시대의 일개 호걸일 뿐이니, 비록 그와 똑같아지더라도 무슨 취할 것이 있겠는가. 지금 사모하는 것은 이와 다르다. 張紫巖(張浚)이 말하기를 "元符 연간의 귀인으로 금대를 두르고 보라색 인끈을 늘어뜨린 자들이 어찌 한정이 있겠는가마는 오직 陳瑩中의 이름이 해와 달과 빛을 다툰다." 하였다. 그 말을 읊으면 가슴 속이 시원해진다. 그렇게 된 이유를 찾자면 朱子가 말한 대로 강직하고 방정하며 학문의 힘으로 보완했기 때문이 아니겠는가. 오관은 한갓 그 이름만 취하지 말고 그 덕을 취할 수 있겠는가.[125]

오원의 자는 백옥伯玉이었는데, 바로 공자孔子가 현인이라 칭찬한 거백옥蘧伯玉을 따른 것이다. 그래서 이재는 형제 사이인 오관의 자를 옥玉이 들어가는 영중瑩中이라 짓는 한편 오원처럼 송宋나라 진관陳瓘의 자를 따랐다. 참고로 오원 형제의 경우처럼 형제들의 자를 지을 적에 이름

125 李縡, 「吳瓘字說」, 『陶菴集』 권25. "吳君瓘將冠, 其兄瑗請字於余, 余應之曰, 伯玉乎! 爾旣取諸蘧大夫矣, 盍又以了翁之字字之? 遂命之曰瑩中. 夫玉之爲德, 其質明以潔, 故其色溫而栗. 有諸中者, 形諸外, 外之玷, 尙可磨也, 中有玭, 不可爲也. 是以君子必反之於身心, 以致琢之之功, 及其至也, 査滓便渾化, 發於事業者, 亦磊落光明, 表裏洞然矣. 禮曰君子比德於玉, 了翁之所取義, 其以斯歟! 昔司馬相如慕藺相如而名, 相如特一戰國豪俠, 雖直似之, 奚取焉? 今之所慕者, 異乎是. 張紫巖云, 元符間貴人紆金拖紫者何限? 惟陳瑩中名字, 與日月爭光. 誦其言, 胸中灑然. 若求其所以然者, 則豈非朱子所稱剛方正直而輔之以學問之力者耶? 瓘也毋徒取其名而取其德, 可乎?"

에 항렬자를 쓰듯 비슷한 뜻의 글자를 연용하여 자를 지은 경우는 빈번하였다. 의론의 출발은 옥의 덕에 규정에서 시작한다. 옥의 덕은 두 가지 측면이 있으니, 하나는 깨끗하고 온화함이요 나머지 하나는 속이 텅 비어있음이다. 다만 텅 비어있는 속에 흠집이 생기면 외면의 흠집처럼 쉽사리 갈아 없앨 수 없기 때문에 밝고 깨끗한 옥의 형상은 사라지고 만다. 이러한 옥의 덕을 군자가 간취하여, 안으로 마음을 수양하고 밖으로 갈고닦는 노력을 다하기 때문에 옥의 상징은 군자의 수신과 심성수양을 뜻한다. 그러므로 오관의 자인 영중瑩中은 찬란하게 빛을 내는 옥이 외면이 아니라 내면에서 연유한 것임을 함의하게 된다. 이 자체로 주제나 내용이 충실한 명자설이 되기에 무방하지만 이재는 하나의 의론을 덧붙여 설득력을 높인다. 기존의 인물을 사모하여 그의 이름이나 자를 따르는 행위는 인상여藺相如를 사모하여 자신의 이름을 사마상여司馬相如로 지은 경우처럼 그 지조를 높일 만하지만, 그 대상의 덕성과 성취가 관건이 된다. 이재는 인상여를 한갓 전국시대의 일개 호걸로 규정하고 오관의 자를 취한 진관의 수준을 드높임으로써, 자신이 지은 자의 당위성을 확고히 하면서 설득력을 배가시키는 효과를 거둔다. 이 과정에 장준張浚, 주희朱熹 등과 같은 제3자의 언급을 인용하여 그 신빙성을 높였기 때문에 그 논리를 보다 더 관철시킬 수 있는 것이다.

3) 자아 성찰의 계기

여기에서는 자신의 자字을 스스로 지은 명자설을 살펴보고자 한다. 창작한 계기가 일반적인 명자설과 상이하기 때문에 작자의 사유 체계, 사상과 지향이 글쓰기로 잘 구현되어있다. 타인으로부터 자를 받는 것이 관례의 예법이었으므로 스스로가 지은 명자설은 모두 개자改字할 경우이다. 이덕무李德懋(1741~1793)가 명숙明叔이라는 원래의 자를, 28세 때 스스로 무관懋官으로 고친 사례가 대표적이다. 이와 관련된 내용이 「연보年譜」에 수록되어 있고 아울러 자신이 지은 명자설도 부기되어 있다.

> 공이 스스로 지은 字說은 대략 다음과 같다.
> 내가 16세에 관례를 치르고 字를 明叔이라 한 지 12년이 되었다. 그러나 자는 본래 구별되어 서로 뒤섞이지 않아야 하고 일정하여 서로 엇갈리지 않아야 한다. 그런데 이제 열 가구 정도 되는 마을에 일족이 모여 사는데 명숙으로 자를 하는 사람이 많다. 『書經』에 "덕이 많은 자에게는 관직을 성대히 내린다.[德懋懋官]'고 하였으니, 이제부터 마땅히 나의 자를 懋官이라 하여 장차 譜牒에도 쓰고 도장에도 새길 것이다. 나의 친척과 벗들은 마땅히 나를 무관이라 불러야 할 것이다.[126]

이덕무가 자신의 자를 스스로 고치게 된 것은 한 마을에 사는 일족들 가운데 같은 자를 사용하는 이가 많았다는 단순한 이유 때문이었다. 이러한 이유로 그는 『서경書經』「중훼지고仲虺之誥」에 "덕이 많은 자에게는 관직을 성대히 내리고, 공이 많은 자에게는 성대히 상을 내린다.[德懋懋官, 功懋懋賞.]"라는 말에서 자를 취하였으니, 덕을 닦아 입신양명에 이르는 지향을 스스로 다짐한 것이다.

아래에 인용한 글 또한 스스로 자를 바꾸면서 명자설을 지은 사례이다. 임상덕林象德(1683~1719)은 본래의 자가 윤보潤甫였는데, 그 뜻을 성찰하여 자를 이호彝好로 바꾸었다. 이덕무와는 달리 임상덕은 본질적으로 자신의 자를 반성하여 적극적으로 삶의 지향을 바꾸고자 하였다.

126 李德懋, 「附錄上 · 年譜」, 『青莊館全書』 권70. "公自說畧曰. 余十六冠, 字以明叔, 行十二年. 然字固可別而不相混, 壹而不相歧, 十室之邑, 一旅之聚, 以明叔字者益多矣. 書曰, 德懋懋官, 從今以往, 宜字我懋官, 將書之譜牒, 刻之圖章, 凡我族姻朋輩, 其宜呼我以懋官."

나의 처음 字는 潤甫이니, 『大學』의 "덕은 몸을 윤택하게 한다.[德潤身]"에서 취한 것이다. 얼마 뒤 생각해보니 윤택[潤]이라는 것은 덕이 이루어진 효과이다. 지금 내가 덕을 구하는 처지에서 대번에 덕이 이루어진 효과를 자처하는 것이 옳겠는가. 바꾸려는 자를 찾아보았으나 여의치 않았는데, 『詩經』을 읽다가 「大雅·烝民」의 "하늘이 여러 백성을 내시니, 사물이 있으면 법이 있도다. 사람들이 마음에 떳떳한 본성을 가지고 있는지라 이 아름다운 덕을 좋아한다.[天生烝民, 有物有則, 人之秉彝, 好是懿德.]"라는 구절을 보고서 마침내 스스로 彝好라는 자를 지었다. 옛사람이 말하기를 "사람됨이 그 사람을 이름나게 하는 것이지 이름이 그 사람을 이름나게 하는 것이 아닌데, 하물며 자는 어떻겠는가." 하였다. 세속의 사람들은 그 실질에 힘쓰지 않은 채 자신의 이름과 자를 좋게 하려고 여러 번 바꾸기도 하고 名公巨人을 찾아가 序나 說을 구하여 스스로 전하기도 하니, 이는 잘못이다. 나는 처음의 자가 이미 동류들에게 사용되고 있는 와중에 지금 대번에 자를 바꾸었기 때문에 벗들에게 해명하지 않을 수 없다. 마침내 거칠게나마 字說을 지어 나의 뜻을 밝히노라. 덕을 이룬 일로 자처함을 혐의해서이지 나의 자를 좋게 하려는 것이 아니다.[127]

윤보潤甫나 이호彝好는 공히 덕을 지향하는 삶의 자세를 뜻한다. 다만 윤보가 이미 완성된 덕의 효과로 제 몸을 윤택하게 만드는 뜻이라면, 이호는 인간으로서의 평소 떳떳한 본성을 지켜가면서 완성된 덕을 지향하는 삶의 태도라 할 수 있다. 이렇게 타인으로부터 받은 자가 아닌 스스로가 명명한 자의 가치는 자신의 정체성을 확고히 인지하고 절실히 표방

127 林象德, 「改字說」, 『老村集』 권4. "余初字潤甫, 取傳之德潤身云爾. 旣而思之, 潤者, 德成之效也, 今余方求德者, 遽以德成之效自居可乎? 求所以易之而不得. 讀詩, 得大雅之天生烝民, 有物有則, 人之秉彝, 好是懿德, 遂自命曰彝好. 古人言人能名人, 名不能名人, 況於字乎? 世俗之人不務其實, 苟欲好其名字, 或屢改之, 或就名公巨人, 求序說以自傳, 是過也. 余以初字行輩流中, 今遽易之, 是不可以無解於朋友, 遂粗爲說, 以明余之志. 嫌以成德之事自居, 非欲好其字者也."

하는 데 있다. 또한 그만큼 작자의 사유 체계나 사상과 지향이 분명히 드러난다. 자아를 성찰하고 각성하여 지향을 명백히 밝히는 명자설은, 작자가 자신의 과거를 반추하고 현재를 성찰하여 미래를 기약하는 자전적自傳的 문학이자 결기를 다지는 맹서盟誓로도 기능한다.

김성호金性豪(1659~1720)는 자신의 자를 스스로 바꾼 다음 이전의 삶과 확연히 다른 삶을 살아던 인물이다. 특히 그가 자를 바꾼 시기는 만년 시절이었다. 만년에 본래의 자인 영숙英叔을 기옹嗜翁으로 바꾸면서 스스로 명자설을 지었다는 기록은 있으나[128] 확인할 수는 없다. 다만 자를 바꾼 이후의 삶의 모습은 이재가 지은 그의 행장行狀에 구체적으로 드러나 있는데,[129] 과거공부에 뜻을 접고 만년에 오로지 학문에 침잠하고 강학하는 삶으로 일관한 그의 모습에서 자신의 자를 '학문을 즐긴다'는 뜻을 취해 기옹嗜翁이라 지은 것이리라 짐작할 수 있다.

이덕무, 임상덕, 김성호의 사례처럼 인생의 특정 시기에서 자신의 자를 과감하게 바꾸는 행위는, 자기 성찰의 계기로 삼아 삶의 변곡점을 만들고자 하는 주체적인 태도이다. 그 과정에서 창작하는 명자설은 주제의 심각성이나 문세文勢의 비장함이 안팎으로 드러나기에 작자의 목소리가 보다 더 독자에게 핍진하게 다가오는 글이라 할 수 있다.

4) 돈독한 교유의 매개물

전근대 시기 관례가 사례四禮 가운데 하나의 절목이자 관념으로 존재하는 것이 아니라 실제 문화와 풍속으로 자리매김하여 시행된 의례儀禮

128 宋德相, 「素隱金公墓碣銘」, 『果菴集』 권11. "公諱性豪字英叔, 晩改嗜翁, 作說以見志."

129 李縡, 「參奉素隱金公行狀」, 『陶菴集』 권50.

를 살펴보면, 의식에 동원되는 인사들과 참석하는 하객들의 숫자가 많게는 100명에 이를 만큼 그 규모가 방대하였다. 집안의 직계와 방계 친족들, 멀고 가까운 인척들, 그 집안과 대대로 교의交誼를 쌓았던 다른 집안의 인사들, 빈賓과 찬贊의 역할을 수행했던 행사의 중요 인사들 등이 한데 모여 엄숙하게 진행하는 대규모의 자리였음을 상상할 수 있다. 관례를 치르는 당사자는 성인으로서 집안에 일정 정도의 책무를 지는 동시에 대외적으로 자신의 정체성을 인정받는 계기가 되었고, 그 당사자를 둘러싼 인사들은 그간의 교유를 다시금 돈독히 하는 계기가 되었다. 이 가운데 빈賓의 자격으로 초빙된 이가 가례加禮와 초례醮禮가 끝날 때마다 낭독하는 자사字辭나 축사祝辭 등이 훗날 자설字說의 문체로 정립되었음을 앞서 살펴보았다. 조선후기로 오면서 차츰 간소화되는 관례의 문화적 요인으로, 관례의 상징이나 정신이 비교적 희박해진 것도 사실이지만 그럴수록 비용과 수고가 적게 드는 명자설을 주고받는 행위를 더욱 중요시하였다.

교유의 장에서 매개물로 기능하는, 즉 교유의 목적에서 창작되는 문학 양식은 실로 다양하다. 일상적으로 주고받는 편지글에서부터 전별연이나 시사詩社 활동에 뒤따르는 수창시酬唱詩와 연구시聯句詩, 역시 전별연에서 창작되는 송서류送序類·증서류贈序類 산문 등의 문학 양식은 대표적인 교유 문학이다. 한편 망자를 위한 만사挽詞, 애제류哀祭類·비지류碑誌類 산문도 넓은 범주에서는 생전의 교유 관계를 바탕으로 한 문학 활동으로 이해할 수 있다. 이와 같은 맥락에서 명자설 또한 교유를 바탕으로 하여 그 관계를 지속 가능하게 하고 결속을 매개하는 문학 양식이다. 외려 개인의 정체성을 확인시키고 개인이 포함된 집단의 관계성을 공고히 하는 글이라는 점에서 그 의미를 보다 적극적으로 부여할 수 있다. 이런 의미에서 명자설은 실용성과 공공성을 지닌 것으로 이해할 수 있는 한편 사회관계 측면에서의 문학성을 제고해볼 여지도 있다.

> 나의 벗 兪武仲(兪棨)이 모월모일에 아들의 관례를 행하려고 내게 賓이 되어주기를 청하였다. 빈이라는 것은 姬公(周公)의 『儀禮』에서는 점친다고 하였고, 晦翁(朱熹)의 『家禮』에는 택한다고 하였다. 제대로 일을 수행하지 못하면서도 또 근실한 우리의 情誼를 어길까 두려워 사양하지 못하였다. 三加禮를 마치자 계단 아래의 자리로 나아가 그 아들에게 다음과 같이 고하였다.[130]

이유태李惟泰(1607~1684)가 유계兪棨의 아들을 위해 쓴 명자설의 소서小序에 해당하는 부분인데, 돈독한 교유를 손상시키지 않기 위해 관례의 빈賓으로 참석하는 작자의 심사가 드러나 있다.

관례의 빈賓으로 초대되었어도 부득이한 사정이 생기면 명자설만 보내는 경우도 있었는데, 이 역시 관례의 중요성에 못지않게 청탁한 자와 관계성을 중시했기 때문이다.

> 임인년(1662) 1월 4일에 晉陽 鄭鳳輝 씨가 그의 아들 是僑의 冠禮를 거행하려고 편지를 보내 초대하기를 "그대가 와서 가르침이 있기를 바랍니다."라고 했다. 마침 나는 寒疾에 걸려 바람을 맞을 수 없었기에 감히 사양하였다. 나는 이미 贊者의 말석에도 참여할 수 없었으니, 字를 지어주면서 권면하는 말을 해 주는 것도 다른 사람의 임무가 아니랴. 비록 그렇지만 나는 봉휘 씨를 마치 형제처럼 대했기에 시교도 형제의 자식처럼 대해야 하니, 어떻게 가지 못한다고 그만둘 수 있으랴. 그리하여 希直으로 字를 지어주면서 그 뜻을 부연하여 글을 짓고 三加禮 때 다음과 같이 고하게

130 李惟泰, 「兪命丙字說」, 『草廬集』 권23. "吾友兪武仲, 以月日冠其子, 請余賓. 賓, 姬公儀禮之所筮也, 晦翁家禮之所擇也. 懼不能供事, 而重違事契之勤, 不得以辭也. 三加畢, 就階下席告其子."

> 하였다. ……(중략)…… 지금 심부름꾼이 대번에 돌아가는 터에 곧고 방정하고 크다[直方大]는 대한 설을 자세히 말할 겨를이 없었다. 대저 관례를 치른 뒤에는 고을의 선생과 부친의 벗을 찾아뵙는 것이 예법이므로 나는 시교의 방문을 기다리노라.[131]

홍여하洪汝河(1620~1674)는 형제처럼 지내던 정봉휘鄭鳳輝의 아들 관례에 빈賓으로 초대되었지만 마침 한질寒疾에 걸려 의식에 참가할 수가 없었다. 찬贊의 말석에도 참여할 수 없는 몸이기에 명자설을 짓는 것은 형식상 온당하지 않았음에도 불구하고 심부름꾼을 통해 명자설을 건네고 대신 낭독하게 한 것은 정봉휘 그리고 아들 시교是僑와의 교유 관계 때문이었다. 게다가 미진한 명자설의 내용을 부연설명하기 위해 당사자의 방문을 고대한 것은, 자를 지어준 계기로 교유를 더욱 돈독히 하려는 마음이었을 것이다.

한편 자신의 벗을 위해 자를 짓는 경우도 있었다. 정구鄭逑(1543~1620)는 그의 벗인 이섭李涉을 위해 중긍仲兢라는 자를 주면서 명자설을 지었다.

> 仲兢은 나의 벗 李君 涉氏의 字이다. 군이 일찍이 나에게 자를 지어 달라고 청하기에 나는 감히 거절하지 못하였다. 물을 건너가는 것은 위험한 방도인데, 그의 부친이 涉이라고 이름을 지었으니, 어찌 깊은 뜻이 위험한 곳을 건너가는 데에 있지 않았겠는가. 물을 건너가면서 삼가지 않는다

131 洪汝河, 「鄭是僑字說」, 『木齋集』 권5. "壬寅月正之四日, 晉陽鄭鳳輝氏冠其子是僑, 以書宿之曰, 願吾子之來教. 屬余有寒疾, 不可以風也, 敢辭. 余旣未廁於贊者之後, 則字之而勖之以辭, 非異人任耶? 雖然, 吾於鳳輝氏, 視猶兄弟也, 於是僑, 視猶兄弟之子也, 惡可以不往而遂已也. 則字之曰希直, 演其義而文之, 俾於其三加告之曰 ……(중략)…… 今使者之歸遽也, 未暇究乎直方大之說. 夫冠而後, 見鄕先生父執, 禮也, 吾以俟夫是僑之見."

> 면 나는 무사히 건널 것이라고 보장할 수 없다. 옛사람이 말하기를 "두려워하고 조심하여 깊은 못가에 임한 듯이 얇은 얼음을 밟은 듯이 하라.[戰戰兢兢, 如臨如履.]" 하였다. 나는 물을 건너가는 도리는 마땅히 이와 같이 해야 한다고 생각하기 때문에 삼가 자를 仲兢이라고 지었으니, 兢의 뜻은 경계하고 삼가는 것이다.
>
> 중긍이여, 그대의 아버지가 이름을 지어 준 뜻을 항상 염두에 두기 바란다. 또한 군자는 장차 온 천하를 위험 속에서 건져 주는 것을 목표로 하니, 어찌 자기 한 몸만 건질 뿐이겠는가. 그러니 더욱 삼가지 않으면 안 될 것이다. 군의 아버지는 나의 선친의 벗이자 또 내 아내의 오라비이다. 나는 그분의 사랑을 각별히 받았고 또 중긍과의 정이 각별하기에 중긍을 위해 말하노라.[132]

이 글 말미에 제시된 양자의 관계를 보면, 두 부친에서부터 함께한 우의友誼가 있었고 상대방의 부친은 자신과 인척 관계에 있었다. 이렇듯 세대를 내려가고 친인척이라는 겹겹의 관계망 속에서 창작되는 명자설은 그 관계를 지속 가능하게 하고 결속을 다지는 문학 양식으로 기능했던 것이다.

이러한 관계망 속에서 명자설이 창작되었기 때문에 단순히 자를 짓는 주제와 내용 외에도 상대방의 부친을 추억하기도 하고 그 사이 세상을 떠난 망자를 애도하는 정서를 깊이 드러내기도 한다. 허목許穆(1595~1682)은 정동익鄭東益 5형제의 부친과의 인연으로 이들 5형제의 자를 각기 지어주었다.

132 鄭逑, 「李君涉字說」, 『寒岡集』 권9. "仲兢, 吾友李君涉氏字也. 君嘗求字於余, 余不敢辭. 惟涉危道也, 父名之而命之曰涉, 夫豈深意之不在於涉哉? 涉而不愼, 吾未見其利涉也. 古人有言曰, 戰戰兢兢, 如臨如履, 余謂涉之道, 當如是也. 故謹奉字曰仲兢, 兢, 戒愼也. 仲兢乎, 其念玆尊丈名之之意乎! 且君子將以大涉, 豈惟吾身而已, 則尤不可以不愼也, 丈, 吾先友也, 又吾妻舅也. 特蒙愛厚, 而又與兢厚, 斯爲兢言."

鄭東益 형제가 나에게 字를 지어주기를 청하였다. 내가 다음과 같이 대답하였다.

"알았다. 내가 다행히 자네들의 先君과 서로 깊이 아는 사이였다. 자네들의 선군이 자네 형제를 위하여 書室을 짓고는 나에게 학문에 힘쓰도록 면려하는 글을 지어 달라 했는데, 내가 승낙을 하고도 여태 글을 짓지 못하였다. 아! 자네들의 선군은 이미 세상을 떠났으나 지금 자네들 형제가 선인의 교훈을 저버리지 않았으니, 참으로 훌륭하다.

자네들 형제 중 맏이는 이름이 東益이요, 다음은 東稷이요, 다음은 東卨이요, 다음은 東奭이요, 다음은 東龍이니, 자네들 선군이 이렇게 이름을 지은 것은 모두 옛날 현인을 사모하는 마음에서 나온 것이다. 나는 그 뜻을 따라 동익의 자를 伯虞로, 동직의 자를 文翁으로, 동설의 자를 玄叟로, 동룡의 자를 言叔으로 짓겠다. 益의 공렬과 稷의 文과 卨의 德과 龍의 賢은 모두 百代의 모범이 되는 것이니, 힘쓰도록 하라. 이것이 자네들의 선군이 일찍이 자네들을 권면해 달라고 나에게 부탁했던 뜻이다. 아! 동석은 지난해에 불행하게도 일찍 죽어서 홀로 여기에 끼지 못하고 한갓 나로 하여금 눈물만 뚝뚝 흘리게 하는구나."[133]

5형제의 이름에 기초하여 각기 자를 짓게 된 이유는 이미 세상을 떠난 벗의 부탁이었다. 먼저 세상을 떠난 벗을 추억하며 슬퍼하기도 하고, 부친 없이 훌륭하게 자란 형제들이 기특하기도 한 감정이 뒤섞여있다. 또한 그 사이 요절한 아이의 빈자리가 더욱 가슴에 사무치는 심정은 명자

133 許穆, 「鄭君兄弟字說」, 『記言』 別集 권11. "鄭東益兄弟, 請字, 吾應之曰, 諾. 吾幸而與子之先君深相知. 子之先君, 爲子之兄弟, 築書室, 使我爲之文以勉之, 我諾而未就. 嗟乎! 子之先君, 已下世, 今子之兄弟能不墜先人之訓, 良賢也. 子之兄弟長曰東益, 次曰東稷, 次曰東卨, 次曰東奭, 次曰東龍, 子之先君命名, 皆慕古人之賢. 吾竊其意, 字之益曰伯虞, 稷曰文翁, 卨曰玄叟, 龍曰言叔. 益之烈, 稷之文, 卨之德, 龍之賢, 皆可法於百代, 勉之! 此子之先君嘗教諭我, 使之勉子之志也. 嗟乎! 奭也, 前年不幸殀死, 獨不及於此, 徒使我潸然出涕."

설이지만 애제류와 같은 망자를 위한 애도의 글에 못지않은 비감이 서려 있다. 위의 명자설처럼 작자와 청탁자, 당사자 사이의 관계와 상황에 집중하여 감정을 쏟아 서술하고, 외려 자의 연원과 설명은 간략히 처리하는 경우, 장르 속성의 변주를 통한 명자설의 문학성을 간취할 수 있을 것이다.

5) 소결

이상에서 한국 한문학 속 명자설을 대상으로 그 문학성을 고찰하였다. 명자설은 산문 장르로서, 글쓰기 형태로서 어떻게 이해할 수 있는지, 즉 논설류의 하위 범주인 명자설의 문학성을 제고提高하려는 시론試論에 가까웠다.

명자설이 산문 장르의 하나로 정립된 것은 명나라 서사증의 『문체명변』에 보이는 「자설字說」에서 그 유래를 찾을 수 있다. 서사증의 설명을 참고하면, 명자설의 연원과 변모 과정이 흥미롭다. 형식적으로는 유가의 전통적인 사례四禮 가운데 하나인 관례의 의식에서 일률적인 축사祝辭의 형태로 낭독되었던 것이, 다양한 제목을 사용하거나 산문의 형식을 표방하게 되었으며, 내용적으로는 단순히 이름을 피휘하기 위한 방편이나 목적에서 짓는 것을 탈각하여 고유한 상징으로서 자를 상정하여 명자설을 짓게 되었다. 이러한 연원과 변모는 산문 장르의 하나인 명자설을 문학적으로 접근하고 그 문학성을 재고할 수 있는 동인이 된다.

이에 대한 몇 가지 지점들을 살펴보았다. '의론과 설득의 변주'에서는 논설류 장르의 속성을 충실히 내재화 하여 문학성을 제고한 사례를 살펴보았고, '자아 성찰의 계기'에서는 일반적인 명자설과는 달리 자신의 자를 고치기 위해 쓴 명자설의 사례를 살펴보았는데, 작자의 사유 체계, 사상과 지향이 글쓰기로 잘 구현되었다. '돈독한 교유의 매개물'에서는 일방이 아닌 주고받는 교유의 장에서 창작되는 명자설이 사회관계 측면에서의 문학성을 제고해볼 여지가 있음을 제시하였다. 명자설은 교유를 바탕으로 하여 그 관계를 지속 가능하게 하고 결속을 매개하는 문학 양식인데, 작자 개인의 정체성을 확인시키고 개인이 포함된 집단의 관계성을 공고히 하는 글이라는 점에서 문학적 의의를 보다 적극적으로 부여할 수 있다.

이름, 자, 호를 명명命名하는 행위는, 명명하는 주체가 그 대상에게 정체성을 부여하고 명명되는 대상은 그 정체성을 사회에 표방하고 확인받는 인간관계의 산물이라 할 수 있다. 이러한 행위에 수반되는 글쓰기 양식 가운데 하나가 명자설이다. 특히 명자설은 관례라는 전통 문화 안에서 자리한 고유한 글쓰기이므로, 실용성, 공공성, 문학성이 한데 어우러져있는 독특한 장르로 규정할 수 있다. 이 글은 한국 한문학 가운데 이러한 복합적 성격을 지니는 명자설을 대상으로 그 문학성을 재고하려는 시도에서 기획되었다. 몇 가지 층위에서 그 문학성, 문학적 의의 등을 설명할 수 있는 작품들을 살펴보았는데, 수많은 문헌에 전해지는 방대한 명자설 전반을 검토한 것이 아니기 때문에 실제로는 이보다 높은 수준의 문학성과 문학적 특징을 지닌 작품들이 다수 있을 수 있음을 끝으로 밝히며, 이에 대한 조사와 연구는 후고를 기약하는 바이다.

참고문헌

1. 資料

金尙憲,『淸陰集』, 韓國文集叢刊 77, 民族文化推進會.

金聖嘆 著; 曹方人 · 周錫山 標點,『金聖嘆全集』, 江蘇, 江蘇古籍出版社, 1985.

金　淨,『冲庵集』, 韓國文集叢刊 23, 民族文化推進會.

金宗直,『佔畢齋集』, 韓國文集叢刊 12, 民族文化推進會.

金昌協,『農巖集』, 韓國文集叢刊 162, 民族文化推進會.

金允植,『雲養集』·『雲養續集』, 韓國文集叢刊 328, 民族文化推進會.

南公轍,『金陵集』, 韓國文集叢刊 272, 民族文化推進會.

南鶴鳴,『晦隱集』, 韓國文集叢刊續 51, 韓國古典飜譯院.

朴世堂,『西溪集』, 韓國文集叢刊 134, 民族文化推進會.

朴趾源,『燕巖集』, 韓國文集叢刊 252, 民族文化推進會.

朴趾源,『燕巖集』, 景仁文化社, 1974.

朴趾源,『孔雀館集』, 국립중앙도서관.

徐居正,『四佳集』, 韓國文集叢刊 10~11, 民族文化推進會.

徐宗泰,『晩靜堂集』, 韓國文集叢刊 163, 民族文化推進會.

宋德相,『果菴集』, 韓國文集叢刊 229, 民族文化推進會.

申翊聖,『樂全堂集』, 韓國文集叢刊 93, 民族文化推進會.

申翊全,『東江遺集』, 韓國文集叢刊 105, 民族文化推進會.

申　欽,『象村稿』, 韓國文集叢刊 72, 民族文化推進會.

沈魯崇,『孝田散稿』, 연세대학교 중앙도서관 국학자료실.

安錫儆,『霅橋集』, 아세아문화사 영인본, 1986.

安錫儆, 『霅橋集』, 韓國文集叢刊 233, 民族文化推進會..
吳熙常, 『老洲集』, 韓國文集叢刊 280, 民族文化推進會.
兪晩柱, 『欽英』, 서울大學校奎章閣, 1997.
柳夢寅, 『於于集』, 韓國文集叢刊 63, 民族文化推進會.
尹根壽, 『月汀集』, 韓國文集叢刊 47, 民族文化推進會.
李勉伯, 『岱淵遺藁』, 韓國文集叢刊 290, 民族文化推進會.
李德懋, 『靑莊館全書』, 韓國文集叢刊 259, 民族文化推進會.
李維泰, 『草廬集』, 韓國文集叢刊 118, 民族文化推進會.
李 縡, 『陶菴集』, 韓國文集叢刊 194~195, 民族文化推進會.
李 縡, 『陶菴語錄』, 국립중앙도서관 소장본.
李 植, 『澤堂集』, 韓國文集叢刊 88, 民族文化推進會.
李 植, 『杜詩澤風堂批解』, 진우회, 1977.
李 植, 『澤堂先生別稿刊餘』, 규장각소장 필사본.
李宜顯, 『陶谷集』, 韓國文集叢刊 181, 民族文化推進會.
李 瀷, 『星湖全集』, 韓國文集叢刊 197~200. 民族文化推進會.
李恒福, 『林白湖集』, 韓國文集叢刊 2, 民族文化推進會.
李獻慶, 『艮翁集』, 韓國文集叢刊 234, 民族文化推進會.
林象德, 『老村集』, 韓國文集叢刊 206, 民族文化推進會.
林 椿, 『西河集』, 韓國文集叢刊 1, 民族文化推進會.
張 維, 『谿谷集』, 韓國文集叢刊 92, 民族文化推進會.
鄭 逑, 『寒岡集』, 韓國文集叢刊 53, 民族文化推進會.
鄭 澔, 『丈巖集』, 韓國文集叢刊 157, 民族文化推進會.
趙 絅, 『龍洲遺稿』, 韓國文集叢刊 90, 民族文化推進會.
崔 岦, 『簡易集』, 韓國文集叢刊 49, 民族文化推進會.
崔錫鼎, 『明谷集』, 韓國文集叢刊 154, 民族文化推進會.
許 筠, 『惺所覆瓿藁』, 韓國文集叢刊 74, 民族文化推進會.
黃 玹, 『梅泉集』, 韓國文集叢刊 348, 民族文化推進會.
洪汝河, 『木齋集』, 韓國文集叢刊 124, 民族文化推進會.
徐師曾, 『文體明辯』 1~4, 影印本, 旿盛社, 1984.

『朝鮮王朝實錄』, 한국고전번역원 제공, http://db.itkc.or.kr/index.jsp?bizName
『承政院日記』, 국사편찬위원회 제공, http://sjw.history.go.kr/main.do
한국고전종합DB http://db.itkc.or.kr

2. 單行本

강명관, 『공안파와 조선후기 한문학』, 소명출판, 2007.
김태준, 『조선한문학사』, 한성도서주식회사, 1931.
민족문화연구소 역, 『18세기 조선 인물지』, 창비, 1997.
박기석, 『박지원 문학 연구』, 삼지원, 1984.
송혁기, 『조선후기 한문산문의 이론과 비평』, 월인, 2006.
신용호·강헌규, 『先賢들의 字와 號』, 전통문화연구회, 2010.
심경호, 『한문산문의 미학』, 고려대학교 출판부, 1998.
안대회, 「조선시대의 두보 시 주석 - 이식의 『찬주두시택풍당비해』를 중심으로 -」, 『한국 한시의 분석과 시각』, 연세대학교 출판부, 2000.
윤호진, 「金允植의 八家涉筆 - 柳文 연구」, 『한국고문의 이론과 전개』, 태학사, 1998.
이복규, 『한국인의 이름 이야기』, 學古房, 2012.
이창룡, 『한중 시의 비교문학적 연구』, 일지사, 1984.
정 민, 「雲養 金允植의 貫道論과 歷代文評」, 『조선후기 고문론 연구』, 아세아문화사, 1989.
정옥자, 「운양 김윤식 연구」, 『역사와 인간의 대응』, 한울, 1984.
조윤제, 『한국문학사』, 탐구당, 1948.
한영우, 「17세기 중엽 嶺南南人의 歷史敍述 - 『彙纂麗史』와 『東國通鑑提綱』 -」, 『조선후기 사학사 연구』, 일지사, 1989.
허권수 외, 『한국인물유학사3』, 「陶菴 李縡」, 한길사, 1996.
김윤식 저 ; 이지양 외 역, 『雲養集』 1~8, 한국고전번역원 한국문집번역총서, 연세대학교 국학연구원, 혜안, 2013~2014.
원굉도 저 ; 심경호 외 2인 역, 『역주 원중랑집』, 소명, 2004.
진필상 저 ; 심경호 역, 『한문문체론』, 이회문화사, 2001.

3. 論文

1) 學位論文

강혜규, 「雪橋 安錫儆의 散文 硏究」, 서울대학교 석사학위논문, 2006.
김선화, 「洪汝河의 歷史認識」, 한양대학교 석사학위논문, 1987.
김소영, 「雲養 金允植 漢詩 硏究」, 성균관대학교 석사학위논문, 1998.
김영진, 「조선후기 明淸小品 수용과 小品文의 전개양상」, 고려대학교 박사학위논문, 2003.
김영택, 「木齋 洪汝河의 歷史意識과 文學觀 硏究」, 안동대학교 석사학위논문, 2004.
김은정, 「樂全堂 申翊聖의 문학 연구」, 서울대학교 박사학위논문, 2005.
김의진, 「운양 김윤식의 서학수용론과 정치활동」, 연세대학교 석사학위논문, 1985.
김종현, 「陶菴 李縡의 『論語講說』 硏究」, 경상대학교 석사학위논문, 2011.
김현정, 「崔鳴吉 疏箚의 서술기법 연구」, 고려대학교 석사학위논문, 2009.
박영호, 「조선중기 고문론 연구」, 경북대학교 박사학위논문, 1992.
박은영, 「회은(晦隱) 남학명(南鶴鳴)의 산문 연구」, 고려대학교 석사학위논문, 2017.
연석환, 「南鶴鳴의 『晦隱集』 譯註」, 고려대학교 고전번역협동과정 박사학위논문, 2018.
우응순, 「조선중기 사대가의 문학론 연구」, 고려대학교 박사학위논문, 1990.
윤지훈, 「18世紀 農巖系 文人의 文學論과 批評에 관한 硏究 - 雪橋 安錫儆을 중심으로 -」, 성균관대학교 박사학위논문, 2007.
이상일, 「운양 김윤식의 사상과 활동 연구」, 동국대학교 박사학위논문 1995.
이한우, 「택당 이식 문학 연구」, 대구대학교 박사학위논문, 1996.
이현식, 「燕巖 朴趾源 文章의 硏究」, 연세대학교 박사학위논문, 1993.
장윤석, 「17世紀 嶺南 南人 吳澐과 洪汝河의 歷史認識」, 경북대학교 석사학위논문, 2007.
짱위자, 「陶菴 李縡의 예학과 爲人之道 연구」, 경희대학교 석사학위논문, 2015.
조준호, 「朝鮮 肅宗~英祖代 近畿地域 老論學脈 硏究」, 국민대학교 박사학위논문, 2004.
韓 梅, 「朝鮮後期 金聖嘆 文學批評의 受容樣相 硏究」, 성균관대학교 박사논문, 2002.
홍우의, 「한국 문기론 연구」, 서강대학교 박사학위논문, 2005.

2) 一般論文

강명관, 「16세기 17세기 초 秦漢古文派의 산문비평론」, 『대동문화연구』 41, 성균관대 대동문화연구원, 2002.

______, 「택당 이식 산문비평의 재검토」, 『한문학보』 8, 우리한문학회, 2003.

강석중, 「회은(晦隱) 남학명(南鶴鳴)의 삶과 시세계」, 『한국한시작가연구』 13, 한국한시학회, 2009.

강혜선, 「남학명(南鶴鳴) 산문문학 연구」, 『한국문화연구』 26, 이화여대 한국문화연구원, 2014.

權五惇, 「近朝의 漢文學에 對한 一考察 - 滄江과 雲養을 中心으로-」, 『인문과학』 5, 연세대 인문과학연구소, 1960.

권정의, 「운양 김윤식의 전통유학사상에 대하여」, 『역사학연구』 12, 전남사학회, 1998.

권진옥, 「도암(陶菴) 이재(李縡)의 상소문(上疏文) 연구」, 『동양고전연구』 68, 동양고전학회, 2017.

______, 「陶菴 李縡의 「代李太白魂誦傳竹枝詞」 일고」, 『고전과해석』 23, 고전문학한문학연구학회, 2017.

______, 「도암(陶菴) 이재(李縡) 비지류(碑誌類) 문장의 일고찰 - 신도비를 중심으로 -」, 『온지논총』 54, 온지학회, 2018.

김광년, 「息庵 金錫胄의 疏箚類 散文 硏究」, 『동방한문학』 44, 동방한문학회, 2010.

김경희, 「春沼 申最의 散文 硏究」, 성균관대학교 석사학위논문, 2009.

김근태, 「삽교 안석경의 생애와 시」, 『문헌과 해석』 28, 태학사, 2004.

김덕수, 「『찬주두시택풍당비해』 소고」, 『한국한시연구』 10, 한국한시학회, 2002.

______, 「택당 이식의 시세계」, 『한국한시연구』 11, 한국한시학회, 2003.

김도련, 「연암 문학에 대한 소고 - 고문론을 중심으로 -」, 『한국학논총』 2, 국민대 한국학연구소, 1981.

김동준, 「陶菴 李縡의 삶과 시문학」, 『한국한시작가연구』 14, 한국한시학회, 2010.

김민종, 「孟子 · 曹丕 · 劉勰의 文氣論 비교」, 『중국학연구』 37, 중국학연구회, 2006.

______, 「『典論 · 論文』 文氣論의 형성 배경 고찰」, 『중국연구』 37, 한국외국어대학교 중국연구소, 2006.

김영진, 「박지원의 필사본 소집들과 작품 창작년 고증」, 『대동한문학』 23, 대동한문학회, 2005.

김용태, 「애국계몽기 雲養 金允植의 사상과 활동」, 『한문학보』 22, 우리한문학회, 2010.

______, 「김윤식과 스에마쓰겐초의 시문 수창에 대하여」, 『열상고전연구』 42, 열상고전연구회, 2014.

김우정, 「선조 · 광해 연간 文風의 변화와 그 의미 – 前後七子 수용 논의의 반성적 고찰을 겸하여 –」, 『한국한문학연구』 39, 한국한문학회, 2007.

______, 「申欽의 散文과 前後七子」, 『대동문화연구』 69, 성균관대 대동문화연구원, 2010.

______, 「申欽의 '視古修辭'와 이정구의 '隨意抒寫'에 관하여」, 『한문학논집』 30, 근역한문학회, 2010.

______, 「宣祖 연간의 文風의 변화와 壽序」, 『동방한문학』 47, 동방한문학회, 2011.

김은정, 「東陽尉 申翊聖의 駙馬로서의 삶과 문화활동」, 『열상고전연구』 26, 열상고전연구회, 2007.

______, 「春沼子 申最의 詩文學 연구」, 『한국한시연구』 16, 한국한시학회, 2007.

김주수, 「회은(晦隱) 남학명(南鶴鳴) 시세계 연구 – 역(易)의 시학적 접근으로 –」, 『한국한시연구』 13, 한국한시학회, 2005.

김하윤, 「淸陰 金尙憲 上疏文의 특징과 설득전략」, 『한민족어문학』 70, 한민족어문학회, 2015.

남종진, 「韓愈 所撰 墓誌銘의 記述 特徵」, 『중국문학연구』 28, 한국중문학회, 2003.

류혜자, 「陶菴 李縡의 『三官記』 : 그 내용을 중심으로」, 『국어국문학논문집』 5, 동국대학교 국어국문학회, 1964.

박기석, 「연암 박지원의 문학론」, 『국어교육』 110, 한국어교육학회, 2003.

박동주, 「申最 原體散文의 時代綱領的 의미」, 『한국언어문화』 45, 한국언어문화학회, 2011.

박수밀, 「연암 박지원의 '眞' 문학론」, 『동방학』 1, 한서대 동양고전연구소, 1996.

______, 「연암 박지원의 문학본질론 – 「鍾北小選自序」를 중심으로 –」, 『동방학』 6, 한서대 동양고전연구소, 2000.

______, 「박지원의 「幻戱記」에 나타난 글쓰기 요령」, 『한문교육연구』 26, 한국한문교육학회, 2006.

______, 「「象記」에 나타난 박지원의 글쓰기 전략」, 『국어교육』 122, 한국어교육학회, 2007.

박영호, 「택당의 학문의 태도와 문론의 성격」, 『한국학논집』 제15집, 한양대학교 한국학연구소, 1989.

박현옥, 「金允植의 歸川 紀俗詩 硏究」, 『한문학논집』 14, 근역한문학회, 1996.

백승철, 「운양 김윤식의 국제 정세인식과 외교론」, 『열상고전연구』 42, 열상고전연구회, 2014.

서한석, 「李恒福의 문학관에 대한 소고」, 『동방한문학』 29, 동방한문학회, 2005.

_____, 「16세기 후반 碑誌類 文章의 美意識 분화에 관한 考察」, 『동방한문학』 50, 동방한문학회, 2012.

성당제, 「藥泉 上疏文의 文藝美와 現實對應」, 『인문과학』 36, 성균관대 인문과학연구소, 2005.

송혁기, 「소차류(疏箚類) 산문의 입의(立意)와 수사(修辭) 양상 일고」, 『민족문학사연구』 36, 민족문학사학회 · 민족문학사연구소, 2008.

_____, 「사직상소문의 문학적 연구를 위한 일고」, 『한국한문학연구』 48, 한국한문학회, 2011.

_____, 「農巖 金昌協의 上疏文의 연구」, 『우암논총』 6, 충북대학교 우암연구소, 2012.

_____, 「剡溪 李潛의 丙戌年 上疏 연구」, 『민족문화연구』 60, 고려대학교 민족문화연구원, 2013.

_____, 「災異 관련 應旨上疏文의 관습과 수사」, 『동아시아고대학』 33, 동아시아고대학회, 2014.

신두환, 「상소문의 문예미학 탐색」, 『한국한문학연구』 33, 한국한문학회, 2004.

신익철, 「우리나라 산수와 누정에 대한 남학명의 평」, 『문헌과 해석』 40, 문헌과 해석사, 2007.

신항수, 「17세기 중반 洪汝河의 田制認識」, 『韓國思想史學』 8, 1997.

심경호, 「17세기 초반 지성사의 한 단면: 지천 최명길과 상촌 · 월사 · 계곡 · 택당」, 한국한문학회 2001년도 하계 학술대회, 2001.

_____, 「조선후기 한문학과 袁宏道」, 『韓國漢文學研究』 34, 한국한문학회, 2004.

_____, 「이름과 호의 한자문화」, 『어문연구』 46, 한국어문교육연구회, 2018.

안득용, 「16세기 후반~17세기 전반 碑誌文의 典範과 서술 양상에 대한 고찰」, 『한국한문학연구』 39, 한국한문학회, 2007.

_____, 「農巖 金昌協 碑誌類 散文 研究 – 인물 형상화 양상과 그 의미를 중심으로 –」, 한국어문학국제학술포럼 제1차 국제학술대회, 한국어문학국제학술포럼, 2007.

안세현, 「조선후기 누정기의 특징적 면모」, 『동양한무학연구』 31, 동양한문학회, 2010.

_____, 「農巖 碑誌論 형성 배경과 碑誌文의 특징」, 『우암논총』 6, 충북대 우암연구

소, 2012.

연석환, 「晦隱 南鶴鳴의 「雜說」 연구」, 『고전번역연구』 8, 한국고전번역학회, 2017.

유이경, 「牧隱 李穡의 名字說에 나타난 思想」, 『연구논총』 33, 이화여자대학교 대학원, 1997.

윤지훈, 「雪橋 安錫儆의 金剛山 遊記」, 『漢文學報』 12, 우리한문학회, 2005.

______, 「悔窩 안중관의 문학론에 대한 연구」, 『漢文學報』 15, 우리한문학회, 2006.

______, 「삽교 안석경의 문장관과 비평의 실제 - 牧隱·簡易·谿谷의 散文을 중심으로 -」, 『한문교육연구』 26, 한문교육학회, 2006.

______, 「18세기 筆記의 一樣相 考察 - 『雪橋漫錄』을 중심으로 -」, 『동방한문학』 32, 동방한문학회, 2007.

______, 「『삽교예학록』을 통해 본 안석경의 산문 비평과 고문 작법 - 편장구성과 자구 운용을 중심으로 -」, 『동방한문학』 34, 동방한문학회, 2008.

이군선, 「春沼 申最의 文學的 性向과 文學觀」, 『동방한문학』 28, 동방한문학회, 2005.

이만열, 「17·18세기의 史書와 古代史認識」, 『韓國史硏究』 10, 1974.

이명학, 「『雪橋漫錄』 연구: 漢文短篇 作家 및 作家意識에 대한 一考察」, 성균관대학교 석사학위논문, 1982.

______, 「漢文短篇作家의 연구: 安錫儆의 경우」, 『李朝後期 漢文學의 再照明』, 창작과 비평사, 1983.

이상일, 「雲養 金允植의 政治思想 硏究」, 『태동고전연구』 6, 한림대 태동고전연구소, 1990.

______, 「雲養 金允植의 社會·經濟思想」, 『태동고전연구』 9, 한림대 태동고전연구소, 1993.

이성민, 「'秦漢古文派'의 성립 배경과 秦漢古文에 대한 인식」, 『한국어문학연구』 48, 한국어문학연구학회, 2007.

이승수, 「金聖嘆의 사유과 글쓰기 방식 - 『貫華堂批第六才子書』의 批評을 중심으로 -」, 『한국언어문화』 26, 한국언어문화학회, 2004.

______, 「<虎叱>과 <許生傳>의 讀法 하나 - 金聖嘆 서사론의 적용 -」, 『고소설연구』 20, 고소설학회, 2005.

이우일, 「공안파와 북학파의 문학이론 연구 - 원굉도와 박지원을 중심으로 -」, 『중어중문학』 19, 한국중어중문학회, 1996.

______, 「원굉도와 박지원의 잡기류 소품문 연구」, 『한문고전연구』 7, 한국한문고전학회, 2003.

_____, 「원굉도와 박지원의 사상 비교연구」, 『한문고전연구』 8, 한국한문고전학회, 2004.

이은영, 「祝辭와 字說을 통해 본 冠禮 - 17세기 양상을 중심으로 -」, 『정신문화연구』 29, 한국학중앙연구원, 2006.

이정선, 「연암 박지원의 「楚亭集序」를 통해 본 작법태도」, 『溫知論叢』 8, 온지학회, 2002.

이종묵, 「안중관・안석경 부자와 충주의 가흥강」, 『문헌과 해석』 28, 태학사, 2004.

이한우, 「택당 이식 고문 연구」, 『한국사상과 문화』 제24집, 한국사상문화학회, 2004.

이화형, 「문학적 氣의 개념과 성격에 대한 제고 - 고려 詩話를 중심으로 -」, 『동아시아고대학』 11, 동아시아고대학회, 2005.

장유승, 「前後七子 수용과 秦漢古文派 성립에 대한 비판적 고찰」, 『한문학논집』 3집, 근역한문학회, 2013.

정 민, 「雲養 金允植 詩論攷」, 『한양어문연구』 5, 1987.

정순희, 「陶菴 李縡 시의 문예미」, 『한국한문학연구』 34, 한국한문학회, 2004.

정시열, 「寒岡 鄭逑의 上疏文 硏究」, 『한국학논집』 48, 계명대학교 한국학연구원, 2012.

정우봉, 「조선 후기 산문이론의 전개와 그 성격(Ⅰ)」, 『한국문학연구』 창간호, 고려대 민족문화연구원 한국문학연구소, 2000.

_____, 「『삽교예학록』에 나타난 한시비평론」, 『한문교육연구』 18, 한국한문교육학회, 2002.

_____, 「『삽교예학록』의 산문 수사학 연구」, 『한국한문학연구』 32, 한국한문학회, 2003.

_____, 「삽교 안석경의 비평 의식」, 『문헌과 해석』 28, 태학사, 2004.

_____, 「한문수사학 연구의 한 방법 - 주객법의 이론과 그 활용을 중심으로 -」, 『어문논집』 49, 민족어문학회, 2004.

조성식, 「『文心雕龍』의 '文氣'에 관한 一考察」, 『철학・사상・문화』 17, 동국대학교 동서사상연구소, 2014.

최태림, 「택당 이식의 시세계」, 단국대학교 석사학위논문, 1989.

_____, 「택당 이식의 시세계」, 『한문학논집』 11, 근역한문학회, 1993.

_____, 「택당 시에 대한 비평 - 시화총림에 나타난 택당 시 논의를 중심으로 -」, 『한국사상과 문화』 제2집, 한국사상문화학회, 1998.

_____, 「택당 이식의 「독서남루기」 분석」, 『한국사상과 문화』 제19집, 한국사상문화

학회, 2003.

허경진·최해연, 「운양 김윤식의 사행시를 통해 본 인식 변화」, 『영주어문』 21, 영주어문학회, 2011.

허남욱, 「조선 전후기 문학의 본질에 대한 인식 변화 연구」, 『한문고전연구』 7, 한국한문고전학회, 2003.

황의열, 「碑誌類의 특징과 변천 양상」, 『동방한문학』 31, 동방한문학회, 2006.

황재문, 「雲養 金允植 散文 硏究 – 文論과의 관계를 중심으로 –」, 『한국문화』 38, 서울대 규장각한국학연구원, 2006.

王學鈞, 「施耐庵·施伯雨與“水滸傳自序”」, 『東南大學學報』 9卷2期, 哲學社會科學版, 2007.

저자 소개 **권진옥**

한국고전문학텍스트연구소 책임연구원. 동양학연구원 선임연구원을 겸하고 있다. 고려대학교에서 「택당 이식의 변문 · 고문 연찬과 산문 창작의 실제」로 석사학위를, 「귤산 이유원의 학문 성향과 유서 · 필기 편찬에 관한 연구」로 박사학위를 취득하였다. 고전문헌학, 한시, 한문산문, 한문비평, 번역학 분야의 학술논문 다수가 있다. 번역서로 『낙전당집』 · 『어우집』 · 『도암집』 · 『만정당집』 · 『현주집』 · 『오천집』 · 『한비자집해』 등이 있다.

학술연구총서 3

한문산문의 이론과 비평에서 창작의 지평으로

2020년 4월 3일 초판 발행

지은이 : 권진옥
발행인 : 김병환
발행처 : 학자원
주소 : 서울 강동구 천호대로 1121
전화 : 02 6403-1000
팩스 : 02 6338-1001
E-mail : hakjaone@daum.net
등 록 : 2011년 3월 24일 제2011-14호

ISBN 979-11-6247-179-1 94810
979-11-6247-176-0 (세트)
값 25,000원